教育部名师领航工程赵祥枝名师工作室暨《基于深度学习的高中数学概念教学研究》（DHA190444）成果

教|育|知|库

走向核心素养的高中数学深度学习课堂实践

赵祥枝　白福宗——主编

光明日报出版社

图书在版编目（CIP）数据

走向核心素养的高中数学深度学习课堂实践 / 赵祥
枝，白福宗主编 . -- 北京：光明日报出版社，2022.6
ISBN 978 - 7 - 5194 - 6668 - 8

Ⅰ.①走… Ⅱ.①赵… ②白… Ⅲ.①中学数学课—
教学研究—高中 Ⅳ.①G633.602

中国版本图书馆 CIP 数据核字（2022）第 107486 号

走向核心素养的高中数学深度学习课堂实践
ZOUXIANG HEXIN SUYANG DE GAOZHONG SHUXUE
SHENDU XUEXI KETANG SHIJIAN

主　编：赵祥枝　白福宗			
责任编辑：刘兴华		责任校对：李　晶	
封面设计：中联华文		责任印制：曹　净	

出版发行：光明日报出版社

地　　址：北京市西城区永安路 106 号，100050

电　　话：010 - 63169890（咨询），010 - 63131930（邮购）

传　　真：010 - 63131930

网　　址：http://book.gmw.cn

E - mail: gmrbcbs@gmw.cn

法律顾问：北京市兰台律师事务所龚柳方律师

印　　刷：三河市华东印刷有限公司

装　　订：三河市华东印刷有限公司

本书如有破损、缺页、装订错误，请与本社联系调换，电话：010 - 63131930

开　　本：170mm×240mm

字　　数：420 千字　　　　　　　印　　张：23.5

版　　次：2022 年 6 月第 1 版　　　印　　次：2022 年 6 月第 1 次印刷

书　　号：ISBN 978 - 7 - 5194 - 6668 - 8

定　　价：95.00 元

编　委

主　编：赵祥枝　白福宗

副主编：许　波　王陈勇　李光裕　苏圣奎

编　委：白福宗　邓世兵　范承禹　李光裕

　　　　李名济　彭小阳　潘　凌　阮金锋

　　　　苏圣奎　唐传琛　王陈勇　魏　琦

　　　　王成焱　许　波　谢怡然　袁琴芳

　　　　张　卓　赵祥枝

序　言

在基础教育改革不断深化之时，面前这本《走向核心素养的高中数学深度学习课堂实践》书稿令笔者精神振奋。这是一本很有数学学科教育特色与教学实践特色的作品。笔者初步研读，得到以下两方面的启示。

启示之一：重视数学核心素养的教学。《普通高中数学课程标准（2017 年版）》2020 年修订，指出："数学抽象是指通过对数量关系与空间形式的抽象，得到数学研究对象的素养。"数学研究对象主要是抽象出的数学概念，以及概念与概念之间的关系，而这个关系的通常表现形式是命题。概念与命题是数学中最核心的内容，概念与命题的教学是数学教学的核心任务。本书紧紧抓住了数学概念课与数学命题课的教学作为本书的重要组成部分，我认为这就是抓住了数学教学的根本。数学概念是进行判断、推理的基础，清晰的概念是正确思维的前提。提出一个新的概念，就是要揭示概念的内涵与外延，是对事物本质属性的刻画。数学概念的教学能够培养学生理解数学对象，掌握数学本质，发展数学思维。数学命题是数学的主体内容，数学中的公理、公式、性质、法则、定理都是数学命题。这些都是用推理方法判断命题真假的依据。数学命题教学能够使学生掌握数学的基本规律，理解数学的基本结构，提高解决问题的能力。

启示之二：教学设计的案例。教学设计是根据课程标准的要求和教学对象的特点，将教学诸要素有序安排，确定合适的教学方案的设想和计划。一般包括教学目标、教学重难点、教学方法、教学步骤与时间分配等环节。该书始终立足于深度学习理念，指向学生数学核心素养的培育，在教学设计中体现了如下的几个特点：首先，对教学内容从内容的本质、蕴含的思想方法、知识的上下位关系和育人价值等几个方面进行深入剖析；接着，对教学目标确立、教学问题诊断、教学支持条件、教法学法选择逐个做精准分析；在教学过程设计的开头给出了教学流程，让读者明晰本节课的行走路线，提倡以"问题串"的形式将课程逐步引向深入，环环相扣，让学生的思维自然地流露、碰撞、发展与完善；每个环节、节点的设计都指出了设计意图，凸显了教学目的；教学设计的最后还附上教学实践心得，将教学设计在实施过程中的感受与读者做了分享。该书共有20个案例，这些案例为同行的教学提供了很好的参考。

这是一本很好的教学参考书。不仅提供了很好的数学教育思想，也提供了数学教学行动的案例。该书作者们长期在中学数学教学第一线，他们用很好的数学素养、先进的教育理念、丰富的教学经验，最终撰写出这样一本好书。

我很高兴将该书推荐给同行们。

高夯写于长春

2021年夏季

前　言

　　2018年5月我入选了教育部"中小学名师领航工程"教师名单，领到了组建名师工作室的任务。经过一段时间的精心筹划，"教育部名师领航工程赵祥枝名师工作室"于2019年12月11日获教育部授牌。

　　在授牌仪式上，我向在场的领导、嘉宾和数学教育的同仁们表达了自己当时的心情："……上台领（工作室）牌和上台领奖的心情是不一样的，领奖时的心情一般都比较轻松，而今天这个场合，好比在某个战役中，首长授予你一面旗，让你带领一批人去完成一项重要的任务。此时的我，就类似于那个尖刀班的班长，感觉既光荣，又有压力！……作为福建省入选教育部首期名师领航工程的唯一一位中学教师，作为领航名师工作室的领衔人，我知道肩上的责任，不过，我有足够的信心。因为，我们这个集体有特别强的战斗力，每位成员都是有追求、能战斗的'尖兵'；我们的身后有双十中学这个国内少有的优秀群体，有一直支持我们工作的领导和老师们。我将认真履行职责，领着这批年轻人一起奔跑。用奋斗定义人生价值，在奔跑中抵达新的远方，为党和人民的教育事业、为祖国更美好的未来不断追梦。"

　　工作室组建近两年来，我们以习近平新时代中国特色社会主义思想为指导，深刻领会党的十九大和全国教育大会精神，努力培养一批具有教育情怀和职业追求、具有鲜明教学思想、富有创新精神的高素质专业化教师队伍。

　　工作室立足教学第一线，积极开展中学数学的教学研究。目前工作室成员有三个教育部重点课题，七个省级课题，多个市级课题；两位成员（黄雄、苏圣奎）的成果分别荣获2020年福建省基础教育教学成果评选特等奖和一等奖，起到了很好的引领示范作用。

　　在教学实践中，我们深刻地感悟到，数学教学有一般的规律，但针对不同思维载体（知识类型）及培养目标的教学模式是有区别的。为此，工作室组织力量成功申请了"基于深度学习的高中数学概念教学研究"课题（课题批准号：DHA190444），由白福宗老师主持。目前，该课题研究进展顺利，并取得了阶段性成果（部分成果将在本书第一章展示）。

随着课题 DHA190444 研究的逐步深入，课题组成员对深度学习理念的理解也逐渐深刻。我们认为，指向核心素养发展的学习应是深度学习，核心素养落地于课堂的教学应是深度教学，深度学习只有走向深度教学才更具有发展性的意义和价值。为此，工作室再组织力量对课题 DHA190444 做了拓展性研究，其中的一些成果将在本书的第二章至第五章中展示。

本书第六章"数学建模与创新实践"是工作室成员苏圣奎老师主持的教育部重点课题"基于创新人才培养的高中数学建模教学实践研究"（课题批准号：DHA190434）的部分研究成果，本章节内容由苏圣奎老师执笔撰写。《普通高中数学课程标准（2017 年版）》将"数学建模"确定为六大数学核心素养之一，并将数学建模活动正式编入新教材。与此同时，"模型建构、模型认知、建模"也出现在中学物理、化学、生物、信息技术、通用技术等学科的核心素养体系之中，体现了数学建模在跨学科教学体系中的桥梁和纽带作用。数学建模活动以生活中的现实问题为研究对象，由学生自主组建研究团队进行合作探究，共同寻求解决问题的最优方案，使学生既能"异想天开"地发散创新思维，也能"脚踏实地"地构建数学模型进行推理和演算，有效推动数学教育从"应试解题"转向"问题解决"，成为撬动数学创新教育的支点。

本书立足于深度学习理念，指向学生数学核心素养的培育；深刻理解和领会课程目标，关注主题、单元教学目标，力求整体把握教学内容，从"一节课"转向"一类课"，从"点状"转向"结构状"的设计，促进学科核心素养连续性和阶段性发展；深度理解学科知识，努力体现学科本质，有效促进理性思维和科学精神的形成。

感谢工作室和课题组成员的辛勤工作，愿我们的实践与心得感悟对广大一线同仁具有借鉴价值。

赵祥枝　白福宗

2021 年 5 月 30 日

目　录
CONTENTS

第一章

数学概念课教学

第一节　数学概念教学及建议

一、总述

（一）数学概念

《普通高中数学课程标准（2017 年版）》（以下简称"高中课标 2017 年版"）指出：要发展学生的数学抽象、逻辑推理、数学建模、直观想象、数学运算和数据分析等数学核心素养，让学生学会用数学眼光观察世界、用数学思维分析世界、用数学语言表达世界，其关键是教会学生用数学观念思考问题、分析问题、解决问题。数学教学要通过数学概念反映数量关系与空间形式等本质属性，在数学教学中应加强对数学概念和数学思想的理解、掌握和应用。显然，高中课标 2017 年版强调了概念教学对于培育高中生数学核心素养的重要价值。

相对于初中数学概念，高中数学的集合、函数、导数等代数概念，椭圆、双曲线、抛物线、垂直、平行等几何概念，都更加抽象，学生更不容易理解。即便认识到这一点，部分教师对概念教学依然重视不够，用"一个定义，三项注意"简化概念教学的现象普遍存在，以至于学生觉得学习数学概念枯燥、乏味，甚至因此失去对数学学习的兴趣。故此，我们有必要对当前的数学概念教学做一番新审视，查找概念教学效率低下的问题之所在。

一般而言，学生希望教师讲解数学概念时，能重视概念的来源，帮助他们从实际问题中找到概念的原型；希望教师在教学中生动形象地揭示概念的内涵、外延，帮助他们深入分析、逐步理解、渐次掌握、灵活运用数学概念。故此，教师阐释概念时应尽可能放慢速度，让学生充分理解概念，真正做到学概念、析概念、用概念。高中课标 2017 年版颁布后，概念教学作为数学核心素养的基础性工程，其重要性被反复强调。如何帮助学生有效地理解概念、灵活地运用概念，如何通过概念教学深挖数学的育人价值，如何依托概念教学提升学生的数学核心素养，解决这些问题的关键，还在于通过深度教学和深度学习，提升数学概念教学的有效性，通过有效的概念教学使学生真正地掌握数学概念。

（二）深度学习

深度学习（deeper learning）的概念源于杰里弗·辛顿（Geoffrey Hinton）等人于 2006 年提出的有关人工神经网络的研究。深度学习引入到教育领域主要指一种在教师引领下，学生基于理解围绕着具有挑战性的内容，全身心积极参与、体验成功、获得发展的有意义的学习过程。学生以高阶思维的发展和实际问题的解决为目标，以整合的知识为内容，积极主动地、批判地学习新的知识和思想，并将它们融入原有的认知结构中，且能将已有的知识迁移到新的情境中。深度学习应该在教师深度理解高中数学概念后，对学什么、怎么学的问题重新整合，通过深度教学，激发学生学习的积极性和主动性，开展深度学习，从而提升其核心素养。

随着核心素养概念的提出，专家、学者以及一线教师对核心素养的培育话题展开了热烈的讨论。深度学习作为促进核心素养培育的有效途径得到了较为广泛的认同，成为联系传统教学与核心素养的一个重要桥梁。真正的深度学习一定是与学科教学联系在一起的，是在对问题的一次次自我追问与深度思考后，越来越接近问题的本质的学习过程，一定是具有思维深度的。这就意味着以深度学习来促进核心素养的培育，要真正从学生的角度去理解深度学习，这样才能为核心素养及其培育奠定良好的基础。从这一思考出发，我们在高中数学概念教学中尝试进行科学的深度教学、深度学习，并在其基础上寻找核心素养培育的途径。

（三）分层教学

"最近发展区"理论是由苏联教育家维果茨基（Lev Vygotsky）提出来的。他的研究表明：教育对学生的发展能起到主导作用和促进作用，但需要确定学生发展的两种水平。一种是学生可能达到的发展水平，表现为"学生还不能独立地完成任务，但在成人的帮助下，在集体活动中，通过模仿却能够完成这些任务"；另一种是已经达到的发展水平。这两种水平之间的距离，就是"最近发展区"。在教学过程中，把握"最近发展区"，能加速学生的发展。此外，本杰明·布卢姆（Benjamin Bloom）的"掌握学习"理论也认为："只要提供恰当的材料，且进行教学的同时给每个学生提供适度的帮助和充分的时间，几乎所有的学生都能完成学习任务或达到规定的学习目标。"因此，我们认为，合理的分层施教，能更有效地促进学生的发展。

分层教学指在提升学生核心素养的基础上，在有效教学理念的指引下，明确数学概念教学的目标，教师根据学生现有的心理状况、知识状态、能力水平和潜力倾向，把学生科学地分成几组水平相近的群体，并有针对性地提供帮助和指导。在教师恰当的分层教学策略和相互作用中，这些学生分层群体在自己的"最近发展区"得到最好的发展和提高，最后逐层达到总体教学目标。

教师在新课程背景下，立足课堂，遵循因材施教原则，根据学生的不同层次，有区别地设计教学环节、进行教学活动，以促进学生全面发展和提高课堂教学质量为目的，有针对性地对具体的情景做出决策，对不同类别学生的学习进行指导，使每个学生都能在自己的"最近发展区"得到充分和谐的发展，彰显个性，从而真正体现以学生为本。

二、深度理解定义，还原抽象过程，提炼概念本质

（一）还原抽象过程，理解概念本质

高中课标 2017 年版指出：核心素养之数学抽象是指通过对数量关系与空间形式的抽象，得到数学研究对象的素养。具体而言，学生通过对图形与图形关系、数量与数量关系的比较，抽象出数学概念，进而研究概念之间的关系；借助数学的具体背景，由特殊情况抽象出一般规律，透过实际问题情境抽象出数学概念，理解后再运用数学语言表述出概念。显然，学生的概念学习过程，即为数学抽象过程。

如立体几何中的许多概念，其教学过程就是培养学生空间想象力的重要依托，也是培养学生数学抽象能力的重要依托。借助三棱锥、长方体、球等几何模型的特征，教师抽象出符号语言，再通过点、直线、平面及其位置关系的解析，抽象出平行和垂直等位置关系。概念教学过程就是让学生不断地体验、实践概念的抽象过程，让学生的思维真正"动"起来，概念教学课堂才能真正"活"起来。

关于平面的概念，亦是如此。教师可以通过优化问题，用"问题串"还原

概念的抽象过程，以达成教学目标。我们来看长方体等实物模型的教学，教师可以提出以下问题：构成长方体的要素有哪些？观察长方体的直观图，我们可以找到哪些长方体的构成要素？实物模型中的顶点、棱、底面、侧面等与直观图中的点、直线、平面等对应关系是什么？在立体几何中如何表示点、直线、平面？长方体的实物模型的顶点与棱、侧面、底面的位置关系是什么？空间中点、直线、平面三者之间有何位置关系？如何对点、直线、平面之间的位置关系进行刻画？设置上述"问题串"，意在让学生直观感知空间中点、直线、平面的位置关系，帮助学生接受和理解直观图中抽象出的点、直线、平面等概念，引导学生学会用平行四边形表示平面，实现由文字语言到图形语言、符号语言的抽象过程，形成抽象概括能力。

立体几何概念教学中，教师一定要重视数学问题、数学概念的抽象过程，让学生感知数学的抽象美，调动其研究立体图形的兴趣，提升其数学抽象等核心素养。

（二）重视逻辑推理，优化概念生成

高中课标 2017 年版指出：要让学生通过类比、归纳、演绎等推理，了解、熟悉概念的条件与结论之间的逻辑关系；利用概念有条理、讲逻辑、分层次地表述和论证数学问题。正如伍鸿熙先生所言："推理是数学的命根子。"在数学概念教学中，教师要尽可能地优化概念的生成，真正让学生掌握逻辑推理的形式，学会符合逻辑地、严谨地思考问题，能够在比较复杂的情境中，把握事物间关联、发展的脉络，形成重论据、有条理、合乎逻辑的思维品质。以高一对数概念教学为例，大部分学生由于刚接触对数，严重依赖教师，自主性不够，信心不足，此时，教师应引导学生敢于接近对数，充分认识对数模型。如何做到这一点呢？我们不妨布置一系列的幂指数运算题，如由" $2^3 = 8$, $2^{-1} = 0.5$ "得出"底数是 2，幂分别是 8，0.5，可求出指数分别是 3，-1"。若底数是 2，幂是 3 和 5，那指数是多少？学生根据题意可找出对应关系" $2^? = 3$, $2^? = 5$ "，继续思考如何表示" ? "。类比减法是加法的逆运算，得到指数式 $a^b = N$ 和对数式 $\log_a N = b$ 的互化。接着，教师进一步引导学生思考：为什么对数的定义中要求底数 $a > 0$ 且 $a \neq 1$？是否所有的实数都有对数呢？通过求值 $\log_3 1$, $\log_{0.5} 1$, $\ln 1$, $\lg 1$，还原指数式发现 $\log_a 1 = 0$；通过求值 $\log_3 3^2$, $\log_{0.5} 0.5^{-2}$, $\ln e^3$, $\lg 1000$，还原指数式发现 $\log_a a^x = x$；通过求值 $3^{\log_3 2}$, $0.5^{\log_{0.5} 3}$, $e^{\ln 3}$, $10^{\lg 1000}$，还原指数式，发现 $a^{\log_a x} = x$；进而通过提出问题：$\log_a a^x = x$ 中 x 与 $a^{\log_a x} = x$ 中 x 的取

值范围一样吗？从而优化对数概念的生成。

在对数的概念教学过程中，教师应反复强调指数式与对数式的互化，由特殊到一般，由具体到抽象，灵活运用转化、归纳、类比等方法，引导学生探索、发现、研究对数概念；应不断强化学生对概念的理解，同时对书写规范提出要求，这有利于学生养成思维规范、书写规范的解题习惯；要制订符合教学内容和学生实际的教学流程，设计出层次明晰、脉络清楚的教学环节。

（三）构建数学模型，强化概念应用

高中课标 2017 年版指出：数学建模是对现实问题进行数学抽象，用数学语言、数学方法表达和构建模型，从而解决问题。数学概念学习的过程，即学生有意识地用数学语言表述问题、发现问题、提出问题，感悟现实与数学之间的关联，积累实践经验、提升实践能力、增强创新意识和培养科学精神的过程。高中的解析几何教学，正是培养学生数学建模核心素养的重要载体。解析几何通过研究动点满足的位置关系求出点的轨迹，分析几何图形之间的位置与数量关系，利用坐标运算解决几何问题，这些都有助于学生数学建模能力的培育。解析几何教学的关键，在于通过概念教学使得几何图形坐标化，利用代数方法求出轨迹方程，构建方程、函数等数学模型，最终实现用代数方法研究几何问题。那么，如何在解析几何的概念教学和概念应用之中合理分配教学时间，又如何给学生充分的思考、讨论时间呢？

在日常的概念教学中，教师若只简单地考查学生对于定义、概念的认识，而不深入研究解析几何本质——坐标化研究几何图形的关系，习题教学会显得冗余、低效，学生的建模素养也无法得到提升。以 2016 年高考数学全国卷 Ⅱ（理）第 20 题第一问为例来说明。

设圆 $x^2 + y^2 + 2x - 15 = 0$ 的圆心为 A，直线 l 过点 $B(1, 0)$ 且与 x 轴不重合，l 交圆 A 于 C，D 两点，过 B 作 AC 的平行线交 AD 于点 E。

（Ⅰ）证明 $|EA| + |EB|$ 为定值，并写出点 E 的轨迹方程。

本题当年难倒了一大批学生，原因何在？

研究后我们发现，本题难点在于它既考查了考生的阅读理解能力（要求考生对条件进行转化，通过对概念的理解找到动点所满足的等量关系），又考查了考生的三种语言转换能力（要求考生在数学的文字语言、符号语言和图形语言间熟练转化，从而构建数学模型）。解决此类问题，师生需抓住两个关键点：其一，要能准确地画出图形。离开图形，考生没了动态体验，从静态的文字中很难找到等量关系，也就很难构建相应的数学模型。因此，准确画出图形是解决此类问题的关键。这也提醒我们在教学过程中要亲自示范规范地作图过程。其二，要明确"动点与定点"之间的关系，抓住研究动点与定点关系的步骤，利用概念寻找椭圆等定义满足的条件，从而构建数学模型。这提醒我们，在教学过程中要提升概念应用意识，通过教学示范，充分发挥解析几何概念教学的建模价值。

　　教师的概念教学，若少了生成、抽象、概括等过程，必然导致学生概念理解上的先天不足、概念应用上的盲目自信。唯有充分落实基础知识、基础技能、基础思想、基础活动经验这"四基"，充分培育从数学角度发现问题、提出问题、分析问题、解决问题这"四能"，方能促进学生数学核心素养的形成与发展。教师应摒弃用例题教学替代概念教学的错误习惯，转变"应用概念的过程就是理解概念的过程"的陈旧观念，通过经整体规划、精心设计的数学概念教学，让学生明白，掌握数学是需要日积月累的，数学核心素养的提升也是需要循序渐进的。

　　在具体概念的教学过程中，教师应提供丰富的感性材料，引导学生对材料进行比较、分析、综合；在学生观察的基础上进行启发、引导，抽象概括出概念的本质属性，构建起数学模型；通过教学优化，使得抽象的数学概念得到运用、得以巩固，引导学生的逻辑思维能力逐级提升。但如何能真正做到深度理解定义、还原抽象过程、提炼概念本质，这就需要教师在深度理解高中数学概念后，对学什么、怎么学的问题重新整合，通过深度教学，激发学生学习的积极性和主动性，开展深度学习，从而提升其核心素养。这个过程也需要教师在概念教学时进行分层指导、分层教学。

三、数学概念的深度学习呼唤分层教学

（一）深度学习理念与因材施教决定了教师分层教学的必要性

　　深度学习引入到教育领域主要指一种在教师引领下，学生基于理解，围绕着具有挑战性的内容，积极参与、体验成功、获得发展的学习过程。这种学习以高阶思维的发展和实际问题的解决为目标、以整合的知识为内容，积极主动、批判地学习新知识，并且能将已有的知识迁移到新的情境中并将它们融入原有的认知结构。深度学习是在教师深度理解数学后，通过深度教学，激发学生学习的积极性和主动性，开展深度学习，从而提升其核心素养的学习过程。

《普通高中数学课程标准（2017年版）》要求数学教学能实现"人人都能获得良好的数学教育，不同的人在数学上得到不同的发展"。数学概念的课堂教学要就同一问题情景提出不同层次的开放性问题，以使不同的学生得到不同的发展；练习设置要有巩固性、拓展性、探索性等多种层次；要使所有的学生都能参与到课堂教学中，在所有学生获得必要发展的前提下，不同的学生可以获得不同的体验；教师在拓展内容时注意数学思想方法，注重利于学生认识数学的本质，达到深度学习和深度教学。

在高中数学概念的深度教学中，分层教学、分层推进是针对学生的个体差异进行的一种教学方式，是因材施教教育理念的体现。要使因材施教落到实处，使全体学生都能得到不同程度和最大限度的发展，教师就要通过学生分层、目标分层、预习分层、课堂分层、练习分层和评价分层等，更好地调动所有学生的学习主动性。分层教学是一种好的教学策略、教学模式，是"因材施教"原则在教学中的具体运用。通过教育教学上的分层，实行教学的针对性，让深度教学所提倡的"教育要面向全体"得到很好的落实。

（二）初高中数学概念和知识结构的转变呼唤教师分层教学

从教材来看，初中知识之间的连贯性不足，偏重于数、式的运算，图形的辨识等，主要研究"是什么"，而缺少对概念的严格定义、对定理的严格论证，知识呈现零散化、碎片化；而高中数学更多体现知识联系，其概念、符号多，定义严格，论证要求高，不仅要弄清楚"是什么"，而且要研究"为什么"和"怎么样"，知识呈现立体化、结构化。初高中知识在难易程度、知识容量等方面的巨大反差，对学生提出了不同层次的要求，所以要实现深度学习，让不同学生的核心素养都得到提升，就需要分层教学。

从学习方法来看，初中数学通过老师上课讲解、学生课后多练就可能学好；而高中数学使很多学生、老师感到无奈，究其本质，或是不理解、记不住，或是记住了但不会用，或是会用了但无法迁移，从而导致学生不想学、不爱学、不会学。学生的学习方法、习惯、接受程度的不同，也给数学教学带来了较大的困难。所以教师要分层指导，让学生深度学习、深刻理解、提前预习、认真听讲、实时复习整理，才可能学好数学。

教育学家理查德·梅耶（Richard E. Mayer）认为，深度学习是概念、事实、策略、程序等与信念的协同作用形成可迁移的知识，最终发展成个体的核心素养[3]。通过深度学习，学生可获得数学知识、模型的网络结构、思维的认知策略以及对学习的积极心态、坚持的信念等。所以在教与学的过程中，师生不仅要考虑知识的内在联系和知识系统的完整性、严密性，还要注意知识本身的条件性、应用性，将学理内容（是什么、学什么）、问题条件（为什么、为何学）以及认知过程（怎么学、如何学）三者融合在一起形成立体结构。为此，在高中数学教学中有必要进行分层递进式教学，从而解决学生在实际学习数学过程中的差异性问题，让不同的学生通过分层教学，能逐渐明白"是什么、为什么、怎么样"的交互作用。这样才能够形成结构化的知识体系，提升学生的核心素养。

（三）高中数学基于问题教学的特点决定了教师分层教学的可能性

数学的教学离不开问题的提出、讨论和解决，基于问题进行深度学习，着眼于解决问题，培养创造性思维，注重学生的独立钻研和主动性。通过发现问题、分析问题、解决问题等，培养学生的创新精神和实践能力。深度学习的课程设计过程始终以问题作为纽带，"带着问题进课堂，带着更多的问题出课堂"，让学生在问题的解决过程中感受到"没有新知识，新知识均是旧知识的组合"，并在创设、解决问题的过程中充分发挥学生的创造性。

基于问题的教学是以学生为中心，在真实情景中解决具体问题的教学。每个学生都是智力、能力、习惯等不同的个体。认知心理学和建构主义学习理论认为"只有把经验与其知识相联系，学生才能产生有意义的学习，他们的认知结构才能有意义地同化和建构知识，否则只能是囫囵吞枣、死记硬背"。由于学生的经验、需要和兴趣不同，教师应通过分层教学，尊重其个性，引导他们的探究兴趣，促进其较好地发展。

学生通过分层教学，充分发挥学习潜能，提出问题、分析问题、解决问题，从而提升其核心素养。教师面对个体差异，一方面必须尊重个体差异因材施教，另一方面在教学的广度、深度、进度上要适合学生的认知水平。分层教学选择适合不同层次学生的教育途径和方法，开发潜能，使其在原有的基础上都有提升，最终达到深度学习和深度教学的目的。

四、分层教学实现教师的深度教学和学生的深度学习

（一）通过合理分组为深度学习打下良好的基础

深度学习理念下的分层教学需要合理定位，对学生进行合理分组。在高中数学概念教学中，教师在学生原有水平、学习能力、非智力因素的基础上，根据学生学习差异、心理状况、教学实际进行分组，将学生划分为优、中、差三个层次互相搭配。教师根据学生各自学习能力情况，提出不同层次的要求，使优生能"吃饱"，中等生能"吃好"，后进生能"吃香"。特别是对于后进生，教师要关心爱护、培养兴趣、严格要求、耐心辅导，使其感受到自身存在的价值，并能充分发挥自身潜能。教师的个别指导及学生小组讨论，为教师分层教学打下坚实的基础，为深度学习做好必要的准备，使学生达到各自的学习目标。

（二）目标分层让教师做好深度教学的准备

为了达成深度教学，在对学生进行合理分组后，教师备课的教学目标也要分层。只有目标分层，数学概念教学才会有针对性，教师的概念教学才会更有效。针对三个层次的学生，教师需要确定目标的指导思想，为后进生设立基础性目标，即低起点、补台阶、拉着走、多鼓励；对中等生采用提高性目标，即慢变化、小步走、抓反馈、多练习；对优生采用发展性目标，即多变化、小综合、主动走、促能力。

譬如，《导数的概念及其几何意义》这节课在备课时目标分成四个层次：层次一，经历解决生活中各种瞬时变化率问题，探究其数学共性，抽象生成导数概念，抽象概括导数的几何意义，生成函数图像在某一点处的切线的定义；层次二，理解导数的概念，明确求导数的方法，运用导数的概念和几何意义解决与瞬时变化率有关的问题。这两个层次是所有学生通过课堂教学应该达到的目标。层次三，探究导数概念的形成和几何意义及"数"与"形"相辅相成的过程，体会从具体到抽象、特殊到一般的思维方式，发展学生观察、类比、概括的数学能力，提升直观想象、数学抽象、逻辑推理的数学核心素养，这是中等生通过努力能够达到的；层次四，经历从实际情境抽象出数学概念的过程，让学生感知数学源于生活、用于生活，引导学生会用数学观察、思考、表达世界，这是优生应该具有的思维品质。

（三）预习分层让学生做好深度学习的准备

预习是学生深度学习的起点，由于学生在学习基础、认知结构上存在差异，所以在预习时教师要提出不同要求。对于后进生，只需初步了解新学知识，知道重点内容是什么，疑问是什么，并能看懂书上例题即可；对于中等生，要求除了预习课本新知识外，还应该完成课后练习；而对优等生，要求他们在弄清重点、难点的基础上，还应该寻找解题过程中的规律、方法和蕴含的数学思想，并完成书本中的相应习题。

譬如，在《函数奇偶性》这节课提出如下问题进行预习和思考：问题一，现实问题中有很多美的图形，请列举出一些具有对称性的图形，并指出它们关于什么对称；问题二，请画出常见函数图像，观察其图象特征（如中心对称、轴对称）；问题三，是否有更特殊的函数图象关于原点和 y 轴对称呢？问题四，从图象上看，这些函数自变量和函数值的变化有何对称关系？问题五，能否总结出"当自变量互为相反数时，函数值是也互为相反数的"？问题六，能否用数学符号来表示这一类函数的特征？问题七，能否同样归纳出奇函数的特征？问题八，能否实现图形语言、文字语言和符号语言的转换？

教师在课堂教学中把目标细化到层，提出具体的学生预习方向，以便不同的学生根据自身情况，解决不同的预习问题，真正做到大处着眼，小处着手。一方面，教师应避免制定的目标具有随意性、模糊性，强化针对性、具体性，从而为分层教学和深度教学做好准备；另一方面，学生的预习也可以真正做到在不同层次思考和着力，让不同的学生在预习时建立知识间的联系，有不同的收获。这样通过分层预习，提出分层问题，实现指向学生核心素养发展的深度学习。

（四）通过分层授课逐步达到深度教学的目的

课堂教学中学生是主体，要提高课堂教学效率，必须发挥学生的主体作用。进行分层教学，一个重要环节便是对学生实行分层授课[4]。在课堂教学中应该对不同层次的同学提出不同的要求，要加强基本概念、基础知识的教学。分层教学可通过分层讲解、练习，把数学知识分解为若干个不同层次的数学问题，把抽象的数学知识转变为数学问题的解决。教师的课堂教学应充分调动学生学习的积极性，让他们主动自觉地参与到课堂中来，使其思维的广阔性和深刻性得到升华，从而真正让课堂教学变得有效、高效，逐渐达到深度教学的目的。

譬如，教师在讲《不等式的性质》时，首先让学生学习比较两实数大小的方法，这是论证不等式性质的基本出发点，引导所有学生从实际问题引入不等关系，进而用不等式来表示不等关系，理解不等式的基本性质。用求解方程和求解不等式进行对照的方法，让所有学生梳理已学习的等式、不等式性质，指导中等生和优生探索等式、不等式的共性，归纳出等式、不等式性质的研究思路和思想方法，猜想不等式的其他性质，并给出证明。对于性质的证明，需要中等生和优生努力理解论证的方法和要点，同时引导优生认识到数学中的定理、法则要通过公理化的论证才能予以认可，培养学生的数学理性精神。要求后进生对类似的问题加以巩固，中等生和优生要掌握题外的引申，从而实现不同层次学生在课堂中的深度学习。

（五）通过分层作业和分层辅导让深度的课堂学习得以延续

在课后巩固作业中要避免学生出现"听懂不会做，会做做不对，做对做不好"的现象，在作业设计时也要根据不同学生的不同需求分层设计。在分层作业中可以采用"分层式题组"来进行训练，即是采用循序渐进的分层作业方式进行教学，以利于学生根据自己的能力，在教师的指导下，自我调整学习的难度，达到教学目标。形成"分层式、分阶段"的作业训练，充分发挥学生在课堂中的主体作用，使学生在学习上有更大的自主空间。根据"循序渐进、认识转化、理解记忆、反复巩固"，从而使不同层次的学生得到不同程度的提高。

譬如，在讲完双曲线的概念后，通过例题"已知双曲线的两个焦点分别为 $F_1(-5, 0)$、$F_2(5, 0)$，双曲线上的点 P 使 $||PF_1| - |PF_2|| = 6$，求双曲线标准方程"来强化概念，再给学生留一些分层练习：练习 1，动点 P 与两定点 $F_1(-5, 0)$、$F_2(5, 0)$ 的距离满足 $||PF_1| - |PF_2|| = 10$，则点 P 的轨迹是什么？$|PF_1| - |PF_2| = 0$ 呢？$||PF_1| - |PF_2|| = 12$ 呢？练习 2，在 ΔMAB 中，已知 $AB = 4$，当动点 M 满足条件 $\sin A - \sin B = \frac{1}{2}\sin M$ 时，求动点 M 的轨迹方程；练习 3，求与圆 $A:(x + 5)^2 + y^2 = 49$ 和圆 $B:(x - 5)^2 + y^2 = 1$ 都外切的圆的圆心 P 的轨迹方程。通过这一系列的分层练习，让不同的学生从不同的角度深刻地理解双曲线的定义。在平常的教学过程中，笔者通过"每日必过题（所有学生完成）、限时作业题（不同学生要求时间不一样）、反复训练题（后进生和中等生强化训练）、自我挑战题（优生挑战）"的形式分层次布置作业，增强了学生学习的积极性，使每位学生都参与其中，让深度学习的课堂得以延续。

在深度学习理念下，学习辅导、考试评价等是学生巩固知识和掌握知识的重要环节。在课堂分层授课后，教师通过个别辅导、对学生的作业和测试等当面批改的形式，让学生之间相互辅导。对不同层次的学生给予不同起点为标准的相应评价，通过分层评价，调动学生的积极性，增强其自信心，从而达到有效测试、深度教学的目的。

五、结语

章建跃博士提出：深刻理解数学内容的本质，为学生构建研究一个数学对象的"基本套路"，设计系列数学活动，让学生经历"事实—概念—性质（关系）—结构（联系）—应用"的完整过程，使学生完成"事实—方法—方法论—数学学科本质观"的超越，是"教好数学"的本义，也是落实核心素养的关键。所以高中数学概念教学既要关注学生概念的生成、发展和应用，又要着眼于学生数学抽象、逻辑推理、数学建模等核心素养的形成与发展。在高中数学概念教学实践过程中，教师通过对学生、备课目标分层，实施分层预习、分层教学、分层辅导和分层评价，使深度学习落到实处，让全体学生都能得到最大限度的发展。在教学过程中教师通过分层教学，让不同学生得到不同的收获，使学生在高中数学概念学习过程中找到了自信，体验到学习的成功和喜悦，更好地调动了所有学生的学习主动性和自信心。

　　分层教学、分层推进是针对学生的个体差异而进行的一种教学方式，是深度学习教育理念的体现。分层教学的教学策略、教学模式，是深度学习理念在高中数学概念教学中的具体运用。提倡深度学习的数学课堂上实施分层教学，使教学更有针对性，更贴近不同学生。在深度教学理念的指引下，通过分层教学做到因材施教，关键不在于使用何种方法，而在于实实在在的行动，在于使我们的教学更加具有深度学习的特征，更有利于学生核心素养的提升。分层教学必然使不同层次的学生得到相应的提高，使数学课堂变得更加高效，使得数学课堂教学真正达到提高学生数学核心素养的目的。

参考文献

　　[1] 史宁中. 数学思想概论 [M]. 长春：东北师范大学出版社，2014.

　　[2] 章建跃. 核心素养统领下的数学教育变革 [J]. 数学通报，2017，56（04）：1-4.

　　[3] 郭华. 深度学习及其意义 [J]. 课程. 教材. 教法，2016，36（11）：25-32.

　　[4] 中华人民共和国教育部. 普通高中数学课程标准 [M]. 北京：人民教育出版社，2018.

　　[5] 杨玉琴，倪娟. 深度学习：指向核心素养的教学变革 [J]. 当代教育科学，2017（08）：43-47.

　　[6] 孙娟. 以分层教学为主导的高中数学教学模式探究 [J]. 考试周刊，2018（83）：83.

　　[7] 瞿敏. 普通高中数学课堂分层教学模式初探 [J]. 数学学习与研究，2018（14）：24.

[8] 陈柏良. 在深度学习中发展数学核心素养 [J]. 中学数学教学参考，2017（13）：9-11.

[9] 郑毓信. 以"深度教学"落实数学核心素养 [J]. 小学数学教师，2017（09）：4-10.

[10] 朱学丰. 关于高中数学深度学习的深度思考 [J]. 数学教学通讯，2018（21）：52-53.

[11] 刘志成. 高中数学概念教学中核心素养培养策略研究 [J]. 数学学习与研究，2018（18）：14.

[12] 黄祥勇. 数学核心素养导向下的深度教学 [J]. 数学通报，2018，57（07）：29-32，63.

（福建省厦门双十中学　白福宗）

第二节　数学概念教学设计案例

案例1　对　数

《数学必修第一册》（人教 A 版）第四章 4.3.1

一、内容和内容解析

（一）内容

本节课是新课标高中数学（人教 A 版）必修第一册第四章《指数函数与对数函数》中 4.3.1 的内容，即《对数的概念》，教学课时为 1 课时。

（二）内容解析

1. 内容的本质

对数引入是进一步解决方程 $a^b = N$（$a > 0$ 且 $a \neq 1$）中已知两个量，求第三个量的问题的延续，对数运算是指数运算的逆运算。

2. 蕴含的思想和方法

对数概念的研究和学习过程，与先前学习的加法与减法、乘法与除法类似，在指数运算的基础上提出对数运算，引入对数的概念，体现了从特殊到一般、

13

从具体到抽象的思维过程，渗透了对立统一、相互联系、相互转化的数学思想。

3. 知识的上下位关系

对数函数是继指数函数的又一重要初等函数。对数是在指数运算基础上定义的一种新运算，也可以认为是一种新形式的数，是指数运算的深化。利用指数式与对数式的互化，展现转化思想在对数计算中的作用，强调"对数源于指数"以及对数运算是指数运算的逆运算，从而帮助学生理解对数的概念。将对数安排在指数及指数函数之后进行学习，实现了新知识与原有知识体系的对接。对数作为对数函数的入门，其概念的学习为学生之后发现与论证对数的运算性质、研究对数函数的性质和应用做了必要的知识和方法准备。对数与对数函数的学习过程是"概念—运算—函数"研究路径的又一次强化，可以很好地帮助学生熟悉并巩固数学模型的建立过程。

4. 育人价值

对数符号比较抽象，抓住指数式与对数式的内在联系，建立新知识与旧知识的相互关联，有助于理解对数式的含义，从而熟练进行对数运算，此过程可以很好地提升学生的逻辑推理、数学抽象及数学运算等核心素养，培养学生锲而不舍的探究精神，树立严谨的科学态度。

5. 教学重点

理解对数的概念，掌握指数式与对数式的等价关系，会进行对数式与指数式的互化。

二、目标和目标解析

（一）目标

1. 通过对同一情境的不同问题、不同情境的同一问题的探究，学会对比分析、逆向思维，渗透对立统一、相互联系、相互转化的数学思想。

2. 能从对数概念的形成过程中，抓住对数与指数的等价关系，理解对数的概念，提升逻辑推理、数学抽象等核心素养。

3. 能熟练进行指对互化，并在此基础上进行对数性质和对数恒等式的探究和应用，培养运用对数概念分析问题、解决问题的能力，提升探究能力和数学素养。

4. 了解对数产生的实际背景和发展过程，体会对数的科学价值和应用价值，培养学生锲而不舍的探究精神和科学态度。

（二）目标解析

1. 通过追问的方式对同一情境的不同问题、不同情境的同一问题进行探究，使学生体会引入对数的必要性，了解指数和对数的关系，经历特殊到一般的思维过程。利用指数函数图象探究对数的存在性和唯一性，渗透数形结合的思想，培养学生思维的严谨性。

2. 对数概念的形成过程是转化和抽象的过程。对数是指数幂中指数的一种等价形式。要抓住对数运算是指数运算的逆运算的本质，体会数学运算在知识建构中的意义，树立转化意识，为后续分析问题、解决问题做好知识和方法上的铺垫。通过对对数符号整体性的把握、对数意义的理解，提升学生的数学抽象、逻辑推理等核心素养。

3. 运用对数概念进行指对互化练习、探究对数恒等式，进一步体会对数和指数的本质联系，感受转化思想的应用，加深对对数概念的理解，实现逻辑推理、数学抽象和数学运算素养的一体培养。

三、学生学情分析

学生通过对指数与指数函数的学习，有了一定的知识基础，比如能够熟练进行指数运算，清楚地知道指数的性质，能够借助指数函数图象分析函数值与自变量的关系等，并已多次体会了对立统一、相互联系、相互转化的思想，在探究能力、逻辑思维能力、抽象思维能力方面得到了一定的锻炼。

学生的理解能力及逆向思维能力等方面参差不齐，大部分学生比较抵触概念学习。对数学习需要很强的抽象能力和逻辑推理能力，在学生仍是形象思维占主导的情况下，学生对对数的学习或多或少有恐惧感，存在信心不足的情况。

四、教学问题诊断分析

对数符号是直接引入的，带有"规定"的性质，学生对符号整体性的把握不准，不易接受，从而影响对对数概念的理解。可利用已经学习过的类似知识点（如无理数 $\sqrt{2}$、三角函数值 $\sin\dfrac{\pi}{6}$），回顾其学习历程，用熟悉带动陌生，拉近距离。

指对互化的过程中，运算会增加难度，需要学生具备更强的抽象能力和逻辑推理能力。因而教师在教学过程中，问题设置要慢慢深入，由具体到抽象。比如讲解对数恒等式的发现与证明，要做好铺垫，引导学生大胆思考、积极探索，充分调动学生学习的积极性。

教学难点：对数概念的理解与应用。

五、教学支持条件分析

在本节课的教学中，注意发挥信息技术的优势，可以利用信息技术中的几何画板画出图象，创设教学情境，化抽象为具象，让学生更好地理解对数的概念。可利用 Excel 表格计算列表（图 1-1），展现对数运算的魅力。另外，为了及时反馈不同组学生的学习成果，可以借助授课助手类软件完成实时的实物投影，及时分享并及时协助学生解决问题。

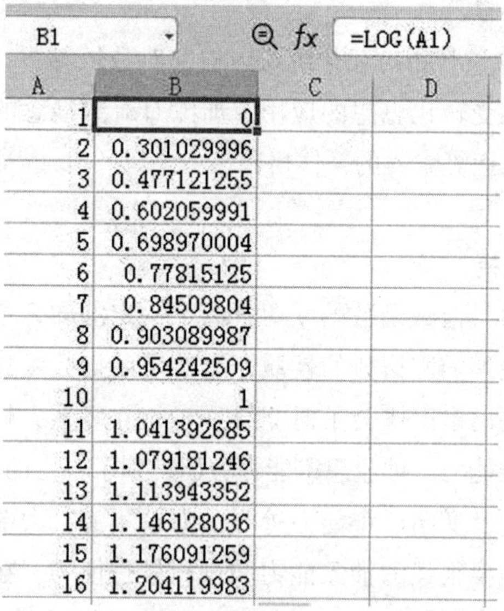

B1	▾		🔍	*fx*	=LOG(A1)	

A		B	C	D
1		0		
2		0.301029996		
3		0.477121255		
4		0.602059991		
5		0.698970004		
6		0.77815125		
7		0.84509804		
8		0.903089987		
9		0.954242509		
10		1		
11		1.041392685		
12		1.079181246		
13		1.113943352		
14		1.146128036		
15		1.176091259		
16		1.204119983		

图 1-1

六、教法学法选择分析

数学教学是数学活动的过程，是师生之间、学生之间交往互动、共同发展的过程。新课程倡导保证学生的主体地位，强调学生探索新知识的经历和获得新知的体验。高一学生的理解能力、逆向思维能力和抽象思维能力等方面参差不齐，大部分学生对概念的学习不够重视，也比较害怕概念的学习。为了培养学生自主学习的能力，本节课采用提问式和启发式的教学方式，从实际问题出发，不断创设疑问，激发学生的求知欲和调动学生的学习主动性。让学生自己去分析、探索、领悟，进而得出结论，在获得知识的同时又发展了技能，使不同层次的学生都能获得相应的满足。

学生是学习的主体，其在学习中的参与状态、参与度是决定教学效果的重要因素。引导学生进行自主性学习，主动去类比、联想、探索，鼓励他们大胆质疑、突破难点，并在此过程中形成思想，掌握方法，学会探究。

七、教学过程

（一）教学流程设计（图1-2）

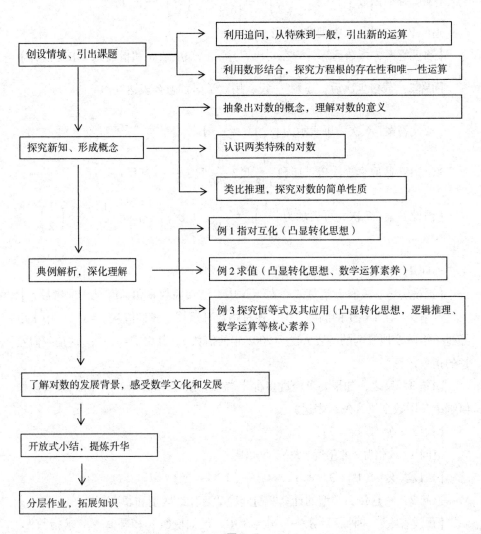

图 1-2

（二）教学过程设计

环节一：创设情境、引出课题

情境1：《庄子·天下》曰："一尺之棰，日取其半，万世不竭。"

问题1：一尺的棍子截取2次后，还剩多长？

追问1：截了3次后呢？4次呢？……n次呢？

【预设答案：$\left(\dfrac{1}{2}\right)^3 = \dfrac{1}{8}$，$\left(\dfrac{1}{2}\right)^4 = \dfrac{1}{16}$，$\cdots$，$\left(\dfrac{1}{2}\right)^n = ?$】

追问2：它是什么类型的计算？

【预设答案：指数运算——在$a^b = N$中，已知底数a和指数b，求幂值N】

问题2：截多少次后，还剩$\dfrac{1}{64}$尺，用数学语言怎么表达？

【预设答案：6次，可表示为$\left(\dfrac{1}{2}\right)^? = \dfrac{1}{64}$】

追问1：截取多少次后，还剩$\dfrac{1}{128}$尺？$\dfrac{1}{256}$尺？……N尺？

【预设答案：7次，可表示为$\left(\dfrac{1}{2}\right)^7 = \dfrac{1}{128}$；8次，$\left(\dfrac{1}{2}\right)^8 = \dfrac{1}{256}$；$\cdots$ $\left(\dfrac{1}{2}\right)^? = N$】

追问2：它是什么类型的计算？

【预设答案：一种新运算——$a^b = N$中，已知底数a和幂值N，求指数b】

情境2：在4.2.1的问题1中，通过指数幂运算，我们能从$y = 1.11^x$中求出经过4年后B地景区的游客人次为2001年的倍数y，其中$y = 1.1^4$，这是我们熟悉的指数运算。

问题3：反之，如果要求经过多少年游客人次是2001年的2倍，那么该如何解决？用数学语言怎么表达？

【预设答案：$1.1^x = 2$】

追问1：3倍呢？4倍呢？……N倍呢？

【预设答案：$1.1^x = 3$，$1.1^x = 4$，$\cdots$，$1.1^x = N$】

追问2：它是什么类型的计算？与问题2有什么区别和联系？

【预设答案：一种新运算——$a^b = N$中，已知底数a和幂值N，求指数b。与问题2的本质是一样的】

追问3：可以举出生活中其他的例子吗？

【师生活动】教师提出问题，启发学生思考；学生积极思考后回答相应问题。

【设计意图】学生对情境 1 的计算很熟悉，通过同一情境不同问题的研究，让学生简单感受指数的逆运算；学生对情境 2 的计算是陌生的，但二者本质一样。通过两个情境的设置，逐步深入，引导学生思考，激发学生的学习兴趣，感受引入对数的必要性。引导学生用对立统一、相互联系的观点看问题。

问题 4：$\left(\dfrac{1}{2}\right)^x = \dfrac{1}{64}$，$\left(\dfrac{1}{2}\right)^x = \dfrac{1}{128}$，$\left(\dfrac{1}{2}\right)^x = \dfrac{1}{256}$，$1.1^x = 2$，$1.1^x = 3$，$1.1^x = 4$ 中的 x 存在吗？唯一吗？

【师生活动】引导学生利用指数函数的图象（图 1-3，图 1-4）和性质说明 x 的存在性和唯一性

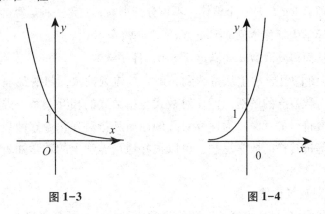

图 1-3   图 1-4

【设计意图】引导学生用已知的知识解决问题，反映知识的联系性，体现数形结合的思想，为引入对数打下基础。

问题 5：怎么表示这些数呢？怎么称呼它们呢？

【师生活动】教师铺垫：在当时学习计算方程 $x^2 = 2$ 时，是怎么处理的呢？引导学生引入新的符号。

【设计意图】通过已知知识体系进行类比学习，自然地引出对数符号及对数的概念。

环节二：探究新知，形成概念

1. 对数的概念

一般地，如果 $a^x = N$（$a > 0$，且 $a \neq 1$），那么数 x 叫作以 a 为底 N 的对数，记作 $x = \log_a N$。其中 a 叫作对数的底数，N 叫作真数。

问题 6：（1）完成这个图表（图 1-5），说明 $x = \log_a N$ 的含义是什么？

（2）表示问题 4 中的 x，再思考 $(-2)^4 = 16$ 可以改写为对数式吗？为

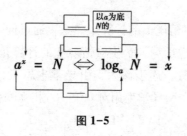

$$a^x = N \Leftrightarrow \log_a N = x$$

图 1-5

什么?

【师生活动】引导学生回忆类似的符号表达，如 $\sin \frac{\pi}{6}$，感受符号的整体性，让学生理解 $\log_a N$ 是一个整体，不可分开书写，它是一种运算的结果，仍是一个数;引导学生抓住本质 $x = \log_a N \Leftrightarrow a^x = N$ ($a > 0$，且 $a \neq 1$)，对数是指数的逆运算，从而得到底数 a 要满足 $a > 0$，且 $a \neq 1$。

【设计意图】引导学生从特殊到一般、具体到抽象，归纳整理出对数的概念。通过对对数概念的解析，抓住对数式与指数式的相互关系，进而理解对数的概念及对数符号的意义，为探究对数的性质和指对互化做好铺垫。这个过程充分体现了等价转换的数学思想，可以很好地培养学生的数学抽象、逻辑推理等核心素养。

2. 常用对数与自然对数

通常，我们将以 10 为底的对数称为常用对数，为了简便起见，对数 $\log_{10} N$ 简记为 $\lg N$。

另外在科学技术领域中，常常使用以 e 为底的对数，这种对数称为自然对数（其中 $e = 2.718\,28\cdots$ 是一个无理数），正数 N 的自然对数 $\log_e N$ 一般简记为 $\ln N$。（图 1-6）

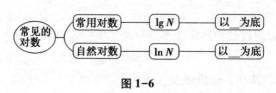

图 1-6

问题 7：指数有哪些性质? 通过对数与指数的关系，你能得到对数的性质吗?

【师生活动】引导学生回顾旧知识;学生积极思考，创建新知识。

【设计意图】引导学生主动探究对数的一些基本性质，体会数学定义的价值和指对互化过程中所蕴含的等价转化的思想方法。

3. 对数的性质

（1）零和负数无对数，即真数 $N > 0$；

（2）底的对数为1，1的对数为0，即 $\log_a a = 1$，$\log_a 1 = 0$（$a > 0$，且 $a \neq 1$）。

环节三：典例解析，深化理解

例1　将下列指数式化为对数式，对数式化为指数式：

（1）$5^4 = 625$；　　　（2）$2^{-6} = \dfrac{1}{64}$；　　　（3）$\left(\dfrac{1}{3}\right)^m = 5.73$；

（4）$\log_{\frac{1}{2}} 16 = -4$；　　（5）$\lg 0.01 = -2$；　　（6）$\ln 10 = 2.323$.

例2　求下列各式中 x 的值：

（1）$\log_{64} x = -\dfrac{2}{3}$；　　（2）$\log_x 8 = 6$；　　（3）$\lg 100 = x$；

（4）$-\ln e^2 = x$.

【师生活动】学生独立思考、积极回答问题，教师引导学生规范表达、总结方法。

【设计意图】例1是指数式与对数式的互化问题，让学生了解两类表达式的意义。从说、写两个角度来规范学生的数学表达，加深对数概念的理解。体会转化思想，总结转化方法：将指数式化为对数式，只需要将幂作为真数，指数当成对数值，底数不变，写出对数式；将对数式化为指数式，只需将真数作为幂，对数作为指数，底数不变，写出指数式。例2是通过指数幂运算求对数表达式中真数、底数和对数的具体数值，让学生进一步感受对数运算与指数幂运算的关系，提升学生的数学运算、逻辑推理等核心素养。

例3　（1）解方程 $\log_4(\log_3 x) = 0$；（2）求值：① $\log_5 25$；② $2^{\log_2 3}$.

【师生活动】引导学生利用对数的性质 $\log_a a = 1$，$\log_a 1 = 0$（$a > 0$ 且 $a \neq 1$）解题；（2）中的两个小题先转化为方程，再利用指对互化，把未知问题转化为已知问题。

（变式）求值：（1）$\ln e^2$；（2）$\lg 0.0001$；（3）$3^{\log_3 4}$；（4）$e^{\ln 2}$.

问题8：通过例3第（2）题及变式，你能得到什么结论？怎么证明？

【师生活动】通过小组讨论的形式，总结得到对数恒等式：$\log_a a^n = n$（$a > 0$，且 $a \neq 1$）；$a^{\log_a N} = N$（$a > 0$，且 $a \neq 1$）。教师引导学生通过指对互化从多个角度证明对数恒等式。

【预设答案：先证明 $\log_a a^n = n$（$a > 0$，且 $a \neq 1$）：

方法一：设 $\log_a a^n = x$，则 $a^n = a^x$。因为 $y = a^x$（$a > 0$，且 $a \neq 1$）在定义域单调，所以 $x = n$，即 $\log_a a^n = n$；

方法二：设 $a^n = x$，则 $n = \log_a x$。因为 $\log_a a^n = \log_a x = n$．

再证明 $a^{\log_a N} = N$（$a > 0$，且 $a \neq 1$）：

方法一：设 $a^{\log_a N} = x$，则 $\log_a N = \log_a x$，因为 $y = \log_a x$（$a > 0$，且 $a \neq 1$）在定义域单调，所以 $x = N$，所以 $a^{\log_a N} = N$；

方法二：设 $\log_a N = x$，则 $N = a^x$，所以 $a^{\log_a N} = a^x = N$．】

【设计意图】本题思考量较大，利用分组讨论的方式，让学生自己提炼出结论并证明，培养学生分析问题、解决问题的能力，进一步深化学生对对数概念的认识，为后面对数运算性质的学习做好铺垫。渗透特殊到一般、具体到抽象的数学思想，提升学生的逻辑推理、数学运算等核心素养。

问题 9：我们现在是先学习指数再学习对数，符合我们的认知规律，但事实上对数的发现在指数之前，大家知道对数式是怎么发明的吗？

【师生活动】学生发言，老师补充。

背景介绍：在 16 世纪，随着哥白尼"日心说"的盛行，天文学蓬勃发展，需要对庞大的"天文数据"进行快速准确地计算，但是当时没有计算机，人们需要找到一种提高运算效率的方法，那该怎么办呢？

在对数发明之前，人们对三角运算中将三角函数的积化为三角函数的和或差的方法已经很熟悉，而且德国数学家斯蒂弗尔（M. Stifel）在《综合算术》（1544 年）中阐述了如下所示的一种对应关系（表 1-1）：

表 1-1

1	r^1	r^2	r^3	r^4	⋯	
0	1	2	3	4	⋯	

该关系可被归纳为 $r^n \rightarrow n$，同时该种关系之间存在的运算性质（即上面一行的乘、除、乘方、开方对应下面一行数字的加、减、乘、除）已广为认知。比如：$256 \times 1024 = 2^8 \times 2^{10} = 2^{8+10} = 2^{18}$；$4096 \div 128 = 2^{12} \div 2^6 = 2^{12-6} = 2^6$，大数的乘、除、乘方、开方运算可以转化为小数的加、减、乘、除运算。

那怎么计算 254×986 呢？只要把 254 和 986 表示成 2^x，然后按照上述方法，即可求出近似解。

这给当时的科学家一个启示：如果制作足够多组数的表格，就可以利用它来计算类似的问题了。历史上许多数学家为了这项工作奉献了毕生的精力。其中，纳皮尔（John Napier）花了 20 多年的时间编制了这样的表格，不过他选取的底数不是 2，而是一个比较复杂的数。后来英国数学家布里格斯（Briggs Henry）拜访纳皮尔，建议将底数改为 10，更符合人们使用十进制的习惯，在数值计算上具有优越性，这也是把以 10 为底的对数称为常用对数的原因。1624 年，布里格斯出版了《对数算术》，公布了以 10 为底包含 1~20000 及 90000~100000 的 14 位常用对数表（表1-2 为其中一部分）。但是直到 18 世纪，瑞士数学家欧拉（Leonhard Euler）才发现了指数和对数的互逆关系。

表 1-2

N	以 10 为底	N	以 10 为底
1	0	9	0.954242509
2	0.301029996	10	1
3	0.477121255	11	1.041392685
4	0.602059991	12	1.079181246
5	0.698970004	13	1.113943352
6	0.77815125	14	1.146128036
7	0.84509804	15	1.176091259
8	0.903089987	...	...

对数在现实生活中的应用遍布各大领域，比如：在生物领域，利用半衰期来求生物死亡的年数；在化学领域，对数用于测量 pH 值；在地理领域，对数用于计算地震强度；在物理领域，对数用于测量声音的分贝等。拉普拉斯（Pierre-Siman Laplace）说："对数用缩短计算时间延长了天文学家的寿命"；伽利略（Galieo Galillei）说："给我空间、时间和对数，我可以创造一个宇宙"；恩格斯（Friedrich Engels）说："对数的发明、解析几何的创始、微积分的建立是 17 世纪数学史上的三大成就。"

【设计意图】通过阐述对数产生的历史背景和发展历程，使学生了解数学家在解决问题的过程中所做的努力，培养学生锲而不舍的探究精神和严谨的科学态度，通过介绍对数在科学领域的广泛应用和科学家们对对数的高度评价，使学生了解对数的科学价值和应用价值。同时也合理解释了之前介绍的常用对数，形成前后呼应。

环节四：开放式小结，提炼升华

问题9：本节课我们学习了哪些知识？用到了那些思想和方法？了解了对数

的发展过程，你有什么启发和感受？

【师生活动】学生口述，老师补充完整。

【设计意图】选择开放式小结，使得不同的学生有不同的学习体验和收获.

环节五：分层作业，拓展知识

必做题：（1）教材 P_{123} 第 1 题、第 2 题和第 3 题；

（2）阅读教材 P_{128} 的"阅读与思考"；根据 P_{157} 的"文献阅读与写作"的要求，写一篇小论文；

选做题：无理数 e 是一个很神奇的数字，网上有很多与之相关的文章，如《浅谈无理数 e》《著名的无理数 e》等，也有一些与之相关的书籍，如《不可思议的 e》（图 1-7）、《漫话 e》（图 1-8）等，对它感兴趣的同学可以查询资料，进一步了解。

图 1-7

图 1-8

【设计意图】分层作业有利于不同层次的学生巩固基础知识和拓展知识面，激发学生的学习兴趣。

八、教学实践心得

（一）创设合理情境，促进概念自然生成

对数是一个比较抽象的概念，教师要认真体会教材的编写意图，充分利用教材的教学资源，巧妙合理地创设问题情境，通过同一情境的不同问题、不同情境的同一问题，设计循序渐进的"问题串"，引导学生积极思考，主动生成对数的概念，让概念的认识过程，变成概念的建构过程。学生在经历对数概念的

发生、发展过程中，学习兴趣和学习主动性得到了很好的发挥，对新的概念不仅从情感和逻辑上更容易接受，也更能深刻地理解，提升了他们的抽象思维能力。

（二）基于问题设计，落实核心素养

建构主义学习理论认为，学习是学生在已有知识和经验的基础上进行的一种主动建构，适当的问题可以激发学生的学习热情，促进学生积极反思，不断拓展、更新、重构知识体系。本节课通过问题链的方式把课堂内容串了起来，循序渐进地引导学生积极思考，使学生在探究问题的过程中经历概念的生成、发展及应用。问题1至问题6是对数概念的形成过程，由特殊到一般、具体到抽象，培养了学生的数学抽象、逻辑推理等核心素养；问题7和问题8通过指对互化推导对数的性质、发现和证明对数恒等式，实现了数学抽象、逻辑推理和数学运算等核心素养的一体化培养。

（三）合理展现数学发展史，重视数学史料在课堂内外的积极作用

对数的发明与发展历史及其价值是数学文化的重要体现，能让学生感受数学知识的产生和发展源于生活且不断推动着社会发展。在课堂中利用一些时间介绍对数的发展历程，不仅可以活跃课堂的气氛，增加学生学习兴趣，提高教学效果，激发学生的求知欲，还可以让学生对对数有更系统和深刻的理解，完善知识体系，渗透数学思想。作业以论文的形式呈现，可以培养学生查阅资料的习惯，让每位同学都会有不同的收获。对于喜爱数学的同学而言，推荐阅读相关文章和书籍可以极大地丰富学生的知识，将学生对知识的渴望从课内延伸至课外。

当然，本堂课的设计也存在一些问题。既想遵从学生的认知规律，从对数是指数的逆运算的角度引入，使学生对概念的理解更为顺畅，又想给学生展现对数的真实发展过程，在兼顾二者的过程中，导致课堂容量过大，时间颇为紧张，留给学生思考的时间偏少。

（厦门双十中学 彭小阳）

案例2　任意角和弧度制

《数学必修第一册》（人教A版）第五章5.1.1和5.1.2

一、内容和内容解析

（一）内容

任意角的概念、运算及表示，象限角的定义，用集合表示终边相同的角，弧度制的概念，弧度与角度的互换。

（二）内容解析

1. 内容的本质

初中阶段把两条终边相同的射线构成的图形称为角，这是角的静态定义，这样得到角的范围是 $0° \sim 360°$。高中阶段将从运动的观点来认识角，从大小和方向两个维度来给出角的定义，这样使得角的范围得到进一步推广，从而发展和完善了角的定义。

关于度量，初中学过两类，一是线段、平面图形和空间图形的大小度量，是十进制，其中线段的长度是基础；二是"用角量角"的角度制，是六十进制。弧度制的本质是用线段长度度量角的大小，具体而言就是定义弧长等于半径的圆心角的大小为1弧度。弧度制的引进是为了满足函数定义的要求、三角函数的可用性，有利于数学后续发展的需要。

2. 蕴含的数学思想

（1）数形结合：基于直角坐标系表示任意角，给出象限角的定义，使得角的研究标准得到统一，进而研究终边相同的角、相反角以及刻画周期性变化现象，充分体现了数形结合的数学思想；

（2）转化与化归：通过类比正、负数的定义，认识正角、负角的概念；引入象限角的概念，使角放在一个统一的标准下进行讨论，进而可利用任意角、直角坐标刻画周期性变化现象，充分体现了转化与化归的数学思想；

（3）特殊到一般：在探求如何科学合理地定义弧度制这一新概念的过程中，从不同半径的圆周中提炼出不变的量是周角的大小和周长与半径的比值，进一步推广到一般的圆心角为所对的弧长与半径的比值不变，通过认识、理解、把握弧度制的本质，充分体现了从特殊到一般的数学思想。

3. 知识的上下位关系

《三角函数》是在学习了集合和函数基础知识之后的又一重要章节，是对初中解直角三角形内容的拓展，也是在集合与函数的知识后的又一具体函数的内容，在函数中占有重要地位，是描述周期现象的重要数学模型。而"角的概念的推广"是研究三角函数的后续课程的逻辑基础，在这之中起着承上启下的作用，在三角函数知识的发展过程中起着重要作用，它决定着学生对三角函数的概念、性质的理解和把握的深度和广度，也为今后学习解析几何、复数等相关知识提供有利的工具。

4. 育人价值

激发学生应用数学的意识，逐步形成分析问题、解决问题的能力，提升学生的数学抽象、逻辑推理、数学建模、数学运算等核心素养。

5. 教学重点

将 0° 到 360° 范围的角扩充到任意角，任意角概念的建构，用集合表示终边相同的角，弧度的概念，弧度制，弧度与角度的互换。

二、目标和目标解析

（一）目标

了解任意角的概念，能够复述角的概念推广的实际背景和意义，能够识别推广之后的角。对一个任意的角，能通过其正负来判断旋转方向，或能通过角的图形的旋转方向来判断角的正负。能够判断一个角是哪一象限的角或者对界限角进行举例，能够解释象限角、界限角的意义。能够借助终边相同的角的关系、体会周期性变化现象。

初步体会弧度制引入的背景及必要性，明白同一个量可以用不同的单位制来度量。能够利用初中所学的扇形的弧长公式发现弧长与半径之比不变，从而体会用该比值作为弧度制定义的合理性，加深弧度制概念的理解。学习过程中，感悟数学抽象的层次性及逻辑推理的严谨性。体会弧度制是度量角的一种方式，并能进行弧度制与角度制的互化，利用单位圆中弧长等于半径的圆心角，直观感受用长度度量 1 弧度的大小，能证明并灵活运用一些关于扇形的公式，同时能理解角与实数之间的一一对应关系。

通过任意角和弧度制的学习，培养学生数学抽象、逻辑推理、直观想象和数学运算等核心素养。

（二）目标解析

以生活实例为引例，从生活数学向学科的数学转化，加深数学化的数学基本活动经验，使学生能够陈述任意角的定义，并简要评价这种定义的必要性。

突出角的生成过程的本质特点（旋转中生成的），类比正负数的学习，定义正角、负角、零角。使学生能够根据角的旋转方向判断正负角，能根据提供的角的数学表达式还原出它的动态形成过程。让学生动手画一些数值比较大的角，直观体会在直角坐标系内考察角的必要性，让学生自己总结角在直角坐标系中如何放置，并通过角的终边位置的不同引入象限角和界限角概念，使学生会在直角坐标系中画出任意一个角，并能判断它是哪一象限角或界限角，从而完成对任意角的概念的认识。

通过比较扇形弧长公式和面积公式的两种角度制的不同表达形式，发现弧度制可以简化公式，初步达成体会引入弧度制的必要性的目标。在探求如何科学合理地定义弧度制这一新概念的过程中，学生经历从特殊到一般的探求过程，从不同半径的圆周中提炼出不变的量是周角的大小和周长与半径的比值，进一步推广到更为一般的圆心角为所对的弧长与半径的比值不变，通过认识、理解、把握弧度制的本质，学生经历概念形成的全过程，能描述1弧度角的概念，达成理解弧度制这一目标。帮助学生逐渐养成思考问题的一般性习惯和在学习中主动运用数学抽象的思维方式解决问题的能力，逐步培养学生直观想象和数学抽象的核心素养。在弧度制概念的应用过程中，学生认识到了角度制和弧度制之间的关系，体会了新概念的"来龙去脉"，学生能找到两种度量制之间的换算桥梁，通过写特殊角的弧度数来熟练角度与弧度的换算，提高运用有关知识解决问题的能力，达成角度与弧度互化的目标。通过证明弧度制下扇形的弧长和面积公式，培养实事求是和扎实严谨的数学态度，达成进一步体会弧度制的优越性这一目标。

三、教学问题诊断分析

（一）问题诊断

作为章节的起始课，在简单的知识背后蕴含了丰富的数学思想，任意角的学习是培养学生用数学眼光看世界、用数学语言表达世界的数学素养难得的素材。首先，用数学眼光来看，生活中大量超出原有认知中角的范围的实例，要求我们必须把角的概念推广到任意角，才能解释清楚这些生活现象。其次，推广后的任意角在数学中如何刻画，怎样描述更加合理、方便，即用数学语言表达世界。最后，在直角坐标平面内表示任意角，会出现不同的角终边重合，如何区别这些具有相同几何特征的角，体现了数学中处理周期现象的一般原则，这一点对于学生来说是陌生的，理解有一定困难。

　　生硬地记忆弧度制的概念及形式化地运用公式进行计算是容易的，但真正理解为什么引入弧度制，如何定义 1 弧度有一定难度。很多学生习惯用角度制的转换来代替 1 弧度角的定义，也就是说，学生在学习了弧度制内容后，留下的最深刻印象是弧度制与角度制的转化，而忽略了 1 弧度角定义的核心和依据。同时，一些学生由于"习惯"了角度制，觉得用量角器度量角度制很直观而拒绝用弧度制，还有部分学生在后续学习中经常把角度制与弧度制混用，以及一些学生认为 π 就是弧度制中角的单位。另外，还有少数学生混淆了弧长与弧度的概念等，这些都是学生对弧度制的背景和形成弧度制的概念理解不够深刻而导致的。而且弧度制的概念较为抽象，学生学起来相对比较困难，因此在弧度制定义的探索过程中，培养学生主动探索、勇于发现弧度制与角度制之间联系的精神，渗透由特殊到一般的思想方法。

　　（二）教学难点：任意角概念的重建、弧度制的概念、用集合表示终边相同的角。

四、教学支持条件分析

　　在任意角教学过程中，为了加强学生对任意角的旋转量与旋转方向的动态体会，以及动态的表现角的终边旋转过程，帮助学生观察到角的变化与终边的位置关系，从特殊到一般，让学生发现并验证终边相同的角的表示方法。需要利用信息技术工具（如 GeoGebra，几何画板）动态地进行展示。

　　在弧度制教学过程中，本课时需要可改变半径的圆及扇形，进而可以借助信息技术（如 GeoGebra，几何画板）演示，让学生体会周角及扇形的圆心角不会因为其所在圆的半径的改变而改变，同时还需要用到计算器进行弧度制与角度制的互化。

五、教法学法选择分析

　　教法：启发探究，互动讨论，问题解决；

　　学法：自主探究，动手操作，归纳总结。

六、教学过程

（一）教学流程设计（图1-9，图1-10）

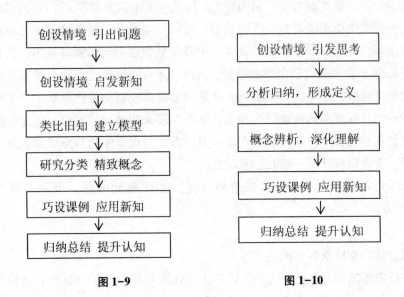

创设情境 引出问题
↓
创设情境 启发新知
↓
类比旧知 建立模型
↓
研究分类 精致概念
↓
巧设课例 应用新知
↓
归纳总结 提升认知

图1-9

创设情境 引发思考
↓
分析归纳，形成定义
↓
概念辨析，深化理解
↓
巧设课例 应用新知
↓
归纳总结 提升认知

图1-10

（二）教学过程设计

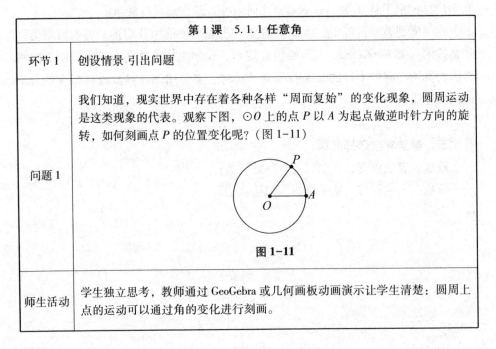

第1课 5.1.1 任意角	
环节1	创设情景 引出问题
问题1	我们知道，现实世界中存在着各种各样"周而复始"的变化现象，圆周运动是这类现象的代表。观察下图，⊙O上的点P以A为起点做逆时针方向的旋转，如何刻画点P的位置变化呢？（图1-11） 图1-11
师生活动	学生独立思考，教师通过 GeoGebra 或几何画板动画演示让学生清楚：圆周上点的运动可以通过角的变化进行刻画。

	第 1 课 5.1.1 任意角
设计意图	通过具体问题引出本节课的研究主题——角。
追问 1	请同学回忆，初中数学是如何定义 0°～360° 角的？

师生活动	老师：角是同学们非常熟悉的一个几何图形，请同学们结合初中所学知识回顾如何定义 0°～360° 角？
	学生：认真思考老师所提出的问题，预设答案如下：
	   角是有公共端点的两条射线构成的图形；
	   角是一条射线绕着端点旋转而成的图形。
	老师：同学们从两个角度给出了 0°～360° 角的定义。其实关于角的定义，它既有静态的定义，即共顶点的两射线成角，同时也有动态的定义，即旋转成角。

设计意图	对初中角的定义的复习，实现旧知重现、温故知新，同时使学生明确角可以从动态和静态两个方面来定义，体会角概念的推广过程，由已知到未知，类比学习，培养学生合情推理的能力。
环节 2	创设情境 启发新知
问题 2	我们知道，现实生活中随处可见超出 0°～360° 的角，针对下图中所呈现的实际情形，如何对其进行精确描述？ （1）将慢了 5 分钟的时钟进行校对（图 1-12）； （2）目的地在北偏东 30° 方向（图 1-13）； （3）体操运动员腾空转体 720°，侧身转体 360°（图 1-14）； （4）跳水运动员向内向外转体 1080°（图 1-15）。 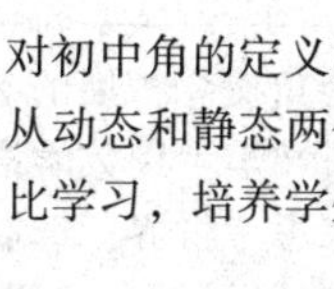 图 1-12 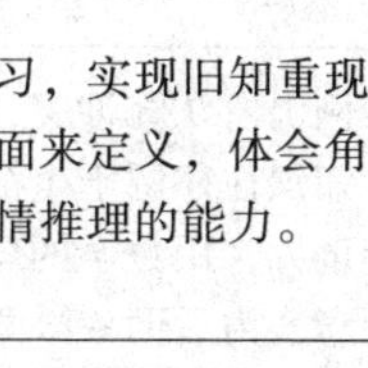 图 1-13 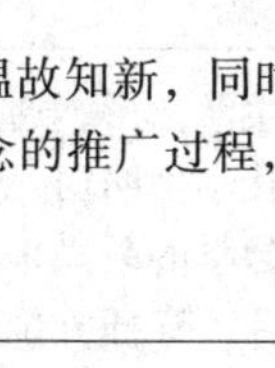 图 1-14 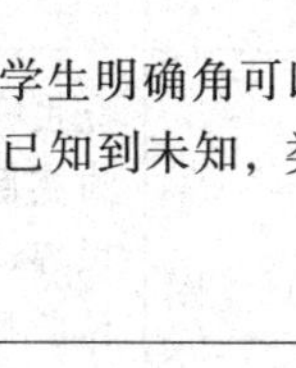 图 1-15

续表

第 1 课　5.1.1 任意角	
师生活动	老师：同学们请看老师准备的这两个时钟，现在的准确时刻是多少呢？ 学生：现在的准确时刻是早上 7：45。 老师：和准确时刻相比，这两时钟一个刚好快 5 分钟，而另一个刚好慢 5 分钟，老师请一位同学上台将两个时钟进行校对。 学生：被抽到的同学上台演示，其余同学认真观察台上同学的演示动作。 老师：请同学们描述同学的操作。 学生：将快 5 分钟的时钟校正，需将分针逆时针旋转 30°，将慢 5 分钟的时钟校正，需将分针顺时针旋转 30°。 老师：在图片（2）（3）（4）中涉及的角度既有一定的大小，也有一定的旋转方向，而且已经不是 0°~360°，为了刻画这些问题，我们需要对角的定义进行一定的推广和延伸，并板书如下： 任意角的定义：按逆时针方向旋转形成的角叫作正角，按顺时针方向旋转形成的角叫作负角，如果一条射线没有旋转形成的角叫零角，可用希腊字母 α，β，γ，… 表示任意角。
设计意图	立足实际生活情形，通过实例引发认知冲突，体会角概念扩展的必要性。通过实例，让学生明白，数学知识往往源于生活，引导学生用数学语言来描述世界，用数学的眼光来看待世界，用数学的思维来思考世界。选取简单的定位罗盘图片，穿插方位角理念，为后面象限角的教学做铺垫，选取与体操运动员和跳水运动员相关的图片，可简单介绍我国在这两项运动上的突出成就，激发学生爱国情怀。
追问 2	你能分别作出 210°、−150°、750°、−660°角吗？
师生活动	学生作图，教师用 GeoGebra 展示动画作图过程，如图 1-16 所示： 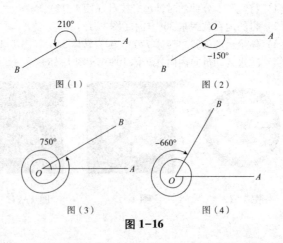 图 1-16

续表

第1课　5.1.1 任意角	
设计意图	帮助学生熟悉正角、负角的定义，理解"符号"与"方向"之间的关系，形成对角从数到形的认识。
追问3	你知道什么是两角相等？两角相加又是怎样规定的？
师生活动	可叫个别学生回答问题，通过回答，观察学生对角的关系与运算的理解是否清楚。预设答案：如果两角的旋转方向相同且旋转量相等，就称两角相等；规定：把角 α 的终边旋转角 β，这时终边所对应的角是 $\alpha+\beta$。
设计意图	定义了一个具有数量特征的数学概念之后，接下来需要研究两个这种数对象之间的关系以及运算，帮助学生留传研究方向、形成思维。
追问4	你知道什么是互为相反角？两角怎样相减？
师生活动	抽个别学生回答，预设答案：如果两角的旋转方向不同且旋转量相等，就称两角互为相反角；类比实数减法，我们有 $\alpha-\beta=\alpha+(-\beta)$。
设计意图	类比实数，得到相反角的定义及两个任意角之间的减法运算。
环节3	类比旧知　建立模型
问题3	类比实数与数轴上点的对应关系，有什么方法可以用来表示角？
师生活动	老师：任意角和实数可形成鲜明的对比，用数轴表示实数可以使得数与数轴上的点之间建立一一对应的关系，进而可以通过点的位置关系来对数与数之间的关系进行探究，在这样的类比思维的启发下，我们可以用什么工具来表示任意角呢？ 学生：可以用平面直角坐标系表示任意角。 老师：如何表示呢？ 学生：可将角的顶点和坐标系的原点重合，角的始边和 x 轴的非负半轴重合，这样就可以在平面直角坐标系内画出一个任意角。 老师：很好！请同学按照这样的思路在平面直角坐标系内分别画出 30° 角、−120° 角、150° 角、270° 角，并观察这些角的终边位置。 学生：在平面直角系内画出老师所给出的三个角，回答 30° 角的终边在第一象限，−120° 角的终边在第三象限，150° 角的终边在第二象限，270° 角的终边不在任何一个象限。 老师：老师请一位同学在黑板上的平面直角坐标系内画出以上三个角。并引导同学们描述终边的位置，给出象限角的定义，板书如下： 2. 象限角 在坐标系内表示任意角时，角的终边在第几象限，我们就说这个角是第几象限角，如果终边在坐标轴上，就认为这个角不属于任何一个象限。

续表

	第 1 课　5.1.1 任意角
设计意图	对现实问题进行抽象，用数学语言对其进行表达，用数学方法构造模型解决问题是数学建模素养的本质。角是生活中实际存在的几何图形，也是人们脑海中熟悉的概念模型，就任意角的概念而言，它和实数（可分为正数、负数和 0）可形成鲜明的对比。利用实数与数轴点的对应关系，培养学生类比的数学思想；利用方位角，培养学生合情推理的能力，让学生在操作确认的基础上直观感知象限角的概念。
环节 4	研究分类　精致概念
探究 1	在直角坐标系中，给定一个角，只有唯一一条边与这个角相对应吗？反之，在直角坐标系中，给定一条终边，只有唯一一个角与之相对应吗？如果不唯一，终边相同的角有什么位置关系呢？（图 1-17） 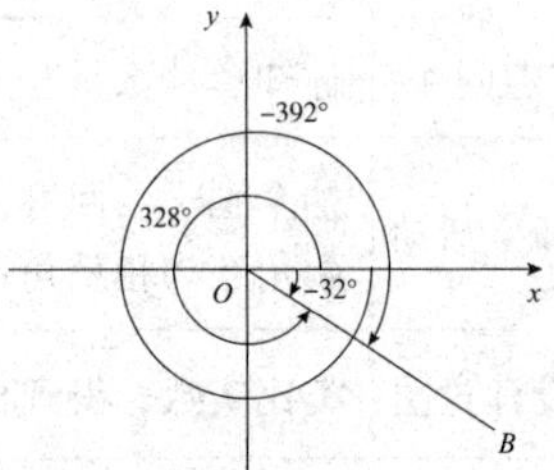 图 1-17
师生活动	老师：请同学们写出下图中给定终边所对应的角（图 1-18）。 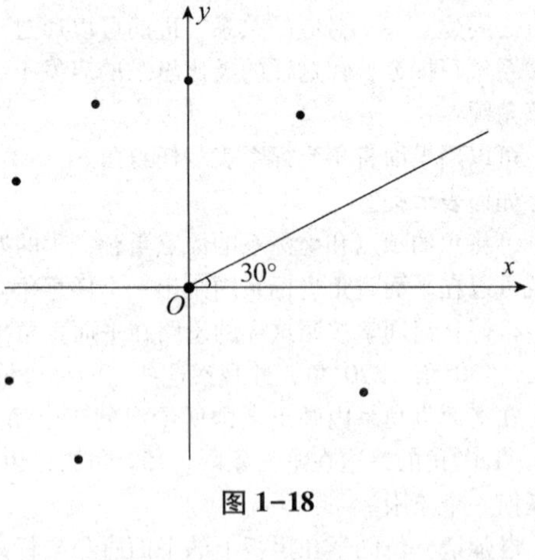 图 1-18 学生：与图中终边相同的角有 -690°，-330°，30°，390°，750°，… 老师：从同学们所给出的答案可以看出大家写了很多个满足条件的角，那么请问大家，与这条终边相同的角有多少个？个数是有限的还是无限的？ 学生：无穷多个。

续表

	第 1 课 5.1.1 任意角
师生活动	老师：既然有无穷多个，那么这些角可以用一个集合来表示吗？ 学生：根据观察可知这些角构成的集合可表示成 $S = \{\beta \mid \beta = 30° + k \cdot 360°, k \in \mathbf{Z}\}$. 老师：通过这个具体的例子我们发现，在直角坐标系中，给定一条终边，会有无数个角与之相对应，这些角可构成一个集合，集合中的两个角刚好相差了 360° 的整数倍。并板书如下： 3. 终边相同的角 一般地，我们有：所有与 α 终边相同的角，连同 α 在内可构成集合 $S = \{\beta \mid \beta = \alpha + k \cdot 360°, k \in \mathbf{Z}\}$. 即任一与角 α 终边相同的角，都可以表示成角 α 与整数个周角之和。
设计意图	让学生在较为复杂的情景中把握事物之间的关系，把握事物发展的脉络，学会有逻辑地分析问题和解决问题是培养学生逻辑推理素养的重要目标。终边相同的角的集合表示是本小节学习的主要难点。从给定的具体角入手，探究终边相同的角的集合表示，通过对具体数据的分析处理，体会从特殊到一般的合情推理的数学思想方法，进而培养学生观察、猜想和归纳的能力，为研究周期性做铺垫。
环节 5	巧设课例 应用新知
问题 5	例 1 在 0°~360° 范围内找出与角 -950°12′ 终边相同的角，并判定它是第几象限角。
师生活动	老师：请同学们认真思考，完成这个练习题。 学生：因为 -950°12′ = -2×360°-230°12′，所以 0°~360° 内与 -950°12′ 相同的角是 -230°12′，这是第三象限角。 老师：请同学们思考，这个答案是否正确？ 学生：不对！因为 -230°12′ 不在 0°~360°，所以应该继续加 360°，即答案为 129°48′，它为第一象限角。 学生：因为 -950°12′ 为负角，根据终边相同的角的定义，我们可直接在这个角的基础上加 3 个周角即可，即 -950°12′+3×360° = 129°48′。 老师：很好！同学们在将角 β 用 $\beta = \alpha + k \cdot 360°$ 的形式表示时，一定要注意 α 的取值范围。
设计意图	巩固学生对终边相同的角概念的理解，为后面学习诱导公式（大角化小角）做铺垫。这类角的度数相对比较复杂，学生容易出现计算错误，借此机会强化学生数学运算的核心素养。

续表

第 1 课　5.1.1 任意角	
问题 6	例 2 写出终边在 y 轴上角的集合（图 1–19）. 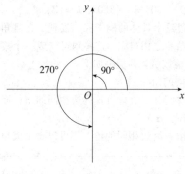 **图 1–19**
师生活动	老师：请同学写出终边在 y 轴上的角的集合。 学生：集合 $S = \{\beta \mid \beta = k \cdot 360° + 90°, k \in \mathbf{Z}\}$ 学生：集合 $S_1 = \{\beta \mid \beta = k \cdot 360° + 270°, k \in \mathbf{Z}\}$ 或 $S_2 = \{\beta \mid \beta = k \cdot 360° + 90°, k \in \mathbf{Z}\}$ 老师：请同学思考这两个答案正确吗？ 学生：集合 $S = \{\beta \mid \beta = k \cdot 360° + 90°, k \in \mathbf{Z}\}$ 表示的是终边在 y 轴非负半轴的角的集合，所以不正确。集合为 $S_1 = \{\beta \mid \beta = k \cdot 360° + 270°, k \in \mathbf{Z}\}$ 或 $S_2 = \{\beta \mid \beta = k \cdot 360° + 90°, k \in \mathbf{Z}\}$ 是正确的。 老师：很好！请问是否可以对 $S_1 = \{\beta \mid \beta = k \cdot 360° + 270°, k \in \mathbf{Z}\}$ 或 $S_2 = \{\beta \mid \beta = k \cdot 360° + 90°, k \in \mathbf{Z}\}$ 进行合并或者化简呢？ 学生：因为集合 $S = \{\beta \mid \beta = k \cdot 360° + 270°, k \in \mathbf{Z}\}$，可写成 $S = \{\beta \mid \beta = (2k+1) \cdot 180° + 90°, k \in \mathbf{Z}\} \cup \{\beta \mid \beta = 2k \cdot 180° + 90°, k \in \mathbf{Z}\}$， β 刚好是 90°加上 180°的奇数倍和偶数倍，所以这个集合可以化简为 $S = \{\alpha \mid \alpha = 90° + k \cdot 180°, k \in \mathbf{Z}\}$. 老师：这个化简集合方法非常好，请问同学们还有别的方法吗？ 学生：根据周期变化可知，终边落在 y 轴上的角旋转半周之后终边仍将与 y 轴重合，所以可直接得到 $S = \{\alpha \mid \alpha = 90° + k \cdot 180°, k \in \mathbf{Z}\}$. 老师：以上两位同学分别从代数的方法和数形结合方法来化简集合，其中旋转半周这种操作是我们本节课学习的重点，请同学认真领会。另外，请同学们在写集合表示时不要漏写角度单位和 $k \in \mathbf{Z}$。

第 1 课 5.1.1 任意角	
活动意图	让学生理解终边落在坐标轴的角的表示以及终边共线的角的表示。最后采用两种方法化简集合：方法 1 是教材所给的方法，分析 S_1 和 S_2 的定义，通过代数式化简，存同去异，合二为一；方法 2 是数形结合，终边落在 y 轴上的角旋转半周之后终边仍将与 y 轴重合。在课例 2 的教学过程中培养学生数形结合、先猜后证等数学思想方法，让学生深刻体会"周而复始"的变化规律。
问题 7	例 3 写出终边在直线 $y = x$ 上角的集合，并写出 $-360° \sim 720°$ 范围内的角（图 1–20）. 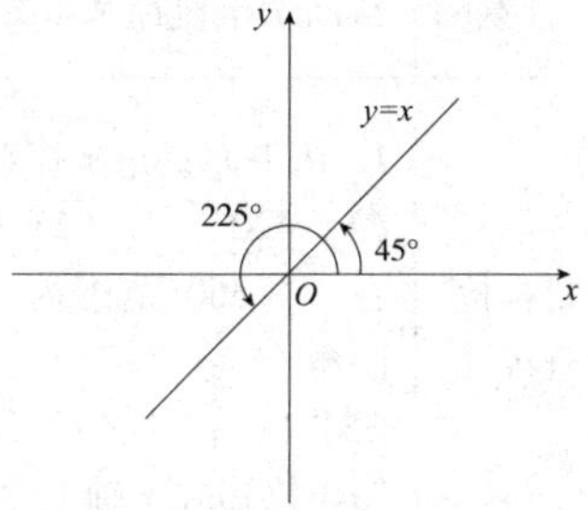 图 1–20
师生活动	老师：请同学们认真审题，思考题目问题，若有疑问小组间可进行讨论。 学生：集合 $S = \{\alpha \mid \alpha = 45° + k \cdot 180°, k \in Z\}$，在 $-360° \sim 720°$ 范围内的角度是 $-315°$，$-135°$，$45°$，$225°$，$405°$ 和 $585°$。 老师：通过以上两个例题，同学们进一步熟悉了如何去表示终边落在某些特殊位置的角的集合，并且也学会了如何在给定范围内求角的大小。
设计意图	问题 8 实际上是问题 6、问题 7 的变式和强化，目的在于帮助学生进一步熟悉终边落在某些特殊位置的角的集合表示，强化学生数形结合、一般到特殊的数学思想，培养学生数学运算和几何直观的核心素养。
环节 6	归纳总结 提升认知
问题 8	本节课我们一起学习了任意角等相关概念，请问关于角的概念出现了几个定义？分别是怎样规定的？你能从数与形两个角度进行描述吗？
师生活动	学生自主总结，展示交流，预设答案如下： 角的概念主要是任意角、象限角、终边相同的角，规定：一条射线绕其端点按逆时针方向旋转形成的角为正角，按顺时针方向旋转形成的角为负角。如果一条射线没有做任何旋转，就称它形成了一个零角。 在直角坐标系中，将角的顶点与原点重合，角的始边与 x 轴的非负半轴重合，角的终边落在第几象限就称角为第几象限角。

续表

	第 1 课　5.1.1 任意角
师生活动	在直角坐标系中，将角的顶点与原点重合，角的始边与 x 轴的非负半轴重合，所有与角 α 终边相同的角，连同角 α 在内，可构成一个集合 $S=\{\beta\mid\beta=\alpha+k\cdot360°, k\in\mathbf{Z}\}$，即任一与角 α 终边相同的角，都可以表示成角 α 与整数个周角的和，从图形上看，终边相同的角就是"终边旋转整数周回到原来的位置"。
设计意图	帮助学生梳理基本知识，提升数学抽象素养。
目标检查设计	1. 在平面直角坐标系内作出下列各角，并指出它们是第几象限角： （1）420°；　　（2）-75°；　　（3）855°；　　（4）-510° 在 0°~360° 范围内，找出与下列各角终边相同的角，并指出它们是第几象限角： -54°18′；　　（2）395°′；　　（3）-1190°30′ 写出终边在 x 轴上的角的集合.
设计意图	检测对任意角的概念、象限角的定义以及如何表示终边相同的角等知识的掌握情况。

	第 2 课　5.1.2 弧度制
环节 1	创设情境　引发思考
问题 1	度量可以用米、英尺、码等不同单位制，我们知道，篮球明星姚明的身高是 2.26 米，但在 NBA 官方数据中却是 7.5 英尺，为什么？你还知道哪些量有哪些不同的度量制？举例说明。
师生活动	学生针对老师提出的问题进行思考与回答。主要的原因是：因为用了不同的单位。再如，度量重量可以用千克、斤、磅等不同的单位制，度量体积可以用立方米、升等不同的单位制。
设计意图	通过生活中度量长度可以用米、尺、码等不同的单位制等熟悉实例，让学生体会同一个量可以有多种度量制。
环节 2	归纳分析，形成定义
问题 2	我们知道，角可以用度为单位进行度量，1 度等于周角的 $\dfrac{1}{360}$，那么度量角除了角度制，还有什么单位制呢？

续表

第 2 课　5.1.2 弧度制	
师生活动	如图 1-21，射线 OA 绕端点 O 旋转到 OB 形成角 α. 在旋转过程中，射线 OA 上的点 P（不同于点 O）的轨迹是一条圆弧，这条圆弧对应于圆心角 α. 设 $\alpha = n°$，$OP = r$，点 P 所形成的圆弧的长为 l. 回忆初中所学知识，弧长 l 如何用圆心角 α 来表示？ 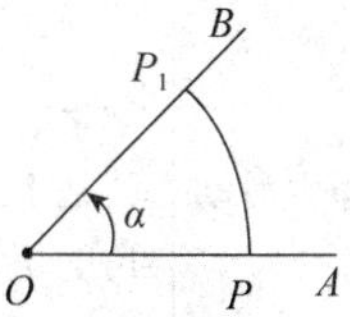 图 1-21
师生活动	学生经过观察、讨论得出结论：$l = \dfrac{n\pi r}{180}$.
探究 1	如图 1-22，在射线 OA 上任取一点 Q（不同于点 O 和 P），$OQ = r_1$. 在旋转过程中，点 Q 运动所形成的圆弧的长为 l_1，那么 l_1 与 r_1 的比值是多少？你能得出什么结论？ 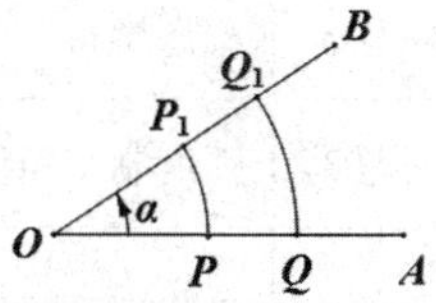 图 1-22
师生活动	学生经过观察、讨论得出结论：$\dfrac{l_1}{r_1} = n\dfrac{\pi}{180}$，即圆心角所对的弧长与半径的比值，与半径的大小无关，只与 α 的大小有关，也就是说，这个比值随 α 的确定而唯一确定，因此可以用弧长和半径的比值表示圆心角。
设计意图	通过复习初中所学知识，使学生得到弧长与半径的比只与角的大小有关，推广到一般也成立，因此我们可以利用这个比值来度量角，引出新课将要学的概念，使学生明白概念的由来并了解定义的合理性。
追问 1	结合上面的探索过程，你能试着说一说什么是 1 弧度角吗？
师生活动	学生用自己的语言表述清楚即可，教师在学生表述的基础上进行完善。 我们规定：长度等于半径的圆弧所对的圆心角叫作 1 弧度的角，弧度单位用符号 rad 表示，读作弧度。
设计意图	引导学生得出定义，体会定义产生的背景、缘由及过程。
追问 2	(1) 我们把半径为 1 的圆叫作单位圆。既然角的大小与半径无关，那么在单位圆中如何确定 1 rad 的角呢？ (2) 在半径为 r 的圆中，弧长为 l 的弧所对的圆心角 α 的弧度数是多少？ (3) 角有正、负、零角之分，那它的弧度数呢？

第 2 课　5.1.2 弧度制	
师生活动	学生思考后得出，单位圆中长度为 1 的弧所对的圆心角就是 1 rad（图 1-23）；在半径为 1 的圆中；类比角度制，角的正负由角的终边的旋转方向决定。 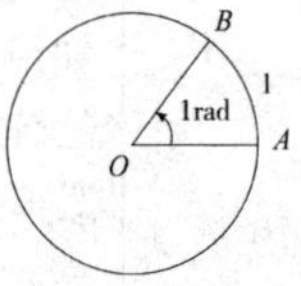 图 1-23
设计意图	深化理解弧度的定义。在单位圆中，直观感受 1 rad 的角的大小，体会 1 rad 角的几何表示。帮助学生通过图形得到对新概念的直观印象，培养学生数形结合的能力。
环节 3	概念辨析　深化理解
问题 3	弧度制与角度制都是角的度量制，二者有何不同呢？
师生活动	学生展开讨论之后总结提炼，预设答案如下： （1）弧度制以线段长度来度量角，角度制是"以角量角"； （2）弧度制是十进制，角度制是六十进制； （3）1 弧度是等于半径长的弧所对的圆心角的大小，而 1° 的角是周角的 $\dfrac{1}{360}$； （4）无论是以"弧度"还是以"度"为单位，角的大小都是一个与半径大小无关的定值。
探究 2	弧度制与角度制都是角的度量制，它们之间应该可以换算，那么如何换算呢？
师生活动	学生思考后回答，得出答案，预设答案如下： 这两种角度度量制之间的关系是：$360° = 2\pi\text{rad}$，其中，最为基础也是最为关键的是 $180° = \pi\text{rad}$，即 $$1° = \frac{\pi}{180}\text{rad} \approx 0.01745\text{rad}, \qquad 1\text{rad} = \left(\frac{180}{\pi}\right)° \approx 57°18'$$
设计意图	通过思考，让学生掌握弧度和角度换算的方法，体会同一个数学对象用不同方式表示时，它们之间的内在联系。认识这种联系性是数学研究的重要内容之一。
环节 4	巧设课例　应用新知

续表

第 2 课　5.1.2 弧度制	
问题 4	例 4 按照下列要求，把 67°30′ 化成弧度： （1）精确值；（2）精确到 0.001 的近似值。
师生活动	学生自行完成并回答问题，预设答案如下： 因为 $67°30' = \left(\dfrac{135}{2}\right)°$，所以 $67°30' = \left(\dfrac{135}{2}\right) \times \dfrac{\pi}{180} = \dfrac{3}{8}\pi\,\mathrm{rad}$ 利用计算器可算得 $67°30' = \dfrac{3}{8}\pi\,\mathrm{rad} \approx 1.178\,\mathrm{rad}$.
设计意图	在换算中学会根据要求的精度不同，选择不同的计算方式。
问题 5	例 5 将 3.14rad 换算成角度（用度数表示，精确到 0.001）.
师生活动	使用计算器完成，预设答案如下： 利用计算器可得 $3.14rad = 3.14 \times \left(\dfrac{180}{\pi}\right)° \approx 179.909°$.
设计意图	进一步帮助学生理解和应用角度制和弧度制之间的互换。

问题 6：填写特殊角的角度数与弧度数的对应表（见课本 174 页，表 1-3）。

表 1-3

度	0°	30°	45°			120°	135°	150°			360°
弧度				$\dfrac{\pi}{3}$	$\dfrac{\pi}{2}$				π	$\dfrac{3}{2}\pi$	

师生活动：师生共同完成（表 1-4）

表 1-4

度	0°	30°	45°	60°	90°	120°	135°	150°	180°	270°	360°
弧度	0	$\dfrac{\pi}{6}$	$\dfrac{\pi}{4}$	$\dfrac{\pi}{3}$	$\dfrac{\pi}{2}$	$\dfrac{2}{3}\pi$	$\dfrac{3}{4}\pi$	$\dfrac{5}{6}\pi$	π	$\dfrac{3}{2}\pi$	2π

设计意图：这些角是之后要常用到的特殊角，学生不仅要会换算，而且要记住这些特殊角的度数与弧度数的对应值。另外，熟练角度和弧度的换算，进一步加深对 $180° = \pi\,\mathrm{rad}$ 的理解和掌握。同时进一步体会角的概念推广后，无论是角度制还是弧度制，都能在角的集合与实数集 R 之间建立一一对应关系。

续表

第2课 5.1.2 弧度制	
问题7	例6 利用弧度制证明下列关于扇形的公式. (1) $l = \alpha R$ (2) $S = \dfrac{1}{2}\alpha R^2$ (3) $S = \dfrac{1}{2}lR$ 其中 R 是圆的半径,$\alpha(0 < \alpha < 2\pi)$ 为圆心角,l 是扇形的弧长,S 是扇形的面积.
师生活动	学生利用弧度制证明关于扇形的公式,教师进行点评及板书,预设答案: 证明:(1) 由公式 $\|\alpha\| = \dfrac{l}{r}$ 可得 $l = \alpha R$,(2)(3) 证明如下:由于半径为 R,圆心角为 $n°$ 的扇形的弧长公式和面积公式分别是 $l = \dfrac{n\pi R}{180}$,$S = \dfrac{n\pi R^2}{360}$. 将 $n°$ 转化为弧度,得 $\alpha = \dfrac{n\pi}{180}$,于是 $S = \dfrac{1}{2}\alpha R^2$,(2) 得证. 将 $l = \alpha R$ 代入上式,即得 $S = \dfrac{1}{2}lR$,(3) 得证.
设计意图	体会弧度制下扇形弧长、面积公式的简洁美,这是引入弧度制的一个便利。
环节5	归纳总结 提升认知
问题8	本节课我们学习了用弧度制度量角,你如何认识弧度制的合理性?在度量角的时候你觉得需要注意哪些问题?你现在觉得用弧度制度量角有什么好处?为什么会出现这种情况?
师生活动	1. 先由学生独立思考、交流讨论,再由教师帮助学生总结。预设答案如下: 圆心角 α 所对的弧长与半径的比值随 α 的确定而唯一确定,因此,利用圆的弧长与半径的关系度量圆心角是合理的; 2. 在度量角的时候需要注意:联系两种度量制的桥梁是 $360° = 2\pi \text{rad}$; 3. 用弧度制度量角的好处:弧度制下的扇形弧长、面积公式非常简单,这是引入弧度制带来的一个便利。实际上,角度制下角的度量制是六十进制,与长度、面积的度量进位制不一样,于是在公式中要有"换算因子"$\dfrac{\pi}{180}$,而弧度制下角度与长度、面积一样,都是十进制,就可以去掉这个"换算因子"了。

续表

第 2 课 5.1.2 弧度制	
设计意图	帮助学生梳理所学知识，并让学生初步体会引入弧度制的必要性，以及这样定义的合理性，逐步提升学生逻辑推理的核心素养。
目标检测设计	1. 把下列角度化成弧度： (1) $22°30'$；(2) $-210°$；(3) $1\ 200°$. 2. 把下列弧度化成角度： (1) $\dfrac{\pi}{12}$ (2) $-\dfrac{\pi}{3}$ (3) $\dfrac{7}{4}\pi$. 3. 已知半径为 120 mm 的圆上，有一条弧的长是 144 mm，求该弧所对的圆心角（正角）的弧度数.
设计意图	检测学生对弧度制与角度的转化及弧度制下弧长公式的知识掌握情况。

七、教学实践心得

（一）研读课标教材 深悟知识本质

一个新的概念出现之后，不能只停留在概念表面，需要深入思考，掌握其内容，理解其本质，知道其外延。教师自身对知识和核心素养的深刻认识是能将其落实于课堂的重要前提，加强对教学课程标准的研读和掌握、加强教师课前对教材编写意图的分析和理解、加强对教材中显性知识所蕴含的数学思想方法的认识和揭示，将直接影响学生数学核心素养的获得和发展。数学的六大核心素养既相互独立，也相互融合，更是一个有机的整体。不空谈素养，在课堂教学中，基于教材，剖析核心素养在每一个概念和知识点中的呈现；立足课堂，寻求让核心素养落地生根的方式方法；关注学生，重视其思维的启迪和关键能力的培养。

（二）把握知识本质 问题导向教学

高中数学教学以发展学生数学学科核心素养为导向，创设合适的教学情境，启发学生思考，引导学生把握数学内容的本质。本课从"类比"导入，以"提问题"的形式，赋予学生想象力，增强学生学习的兴趣，提供学习新知的源动力。在这个学习过程中，学生充满疑问和好奇地进入了本课题的探究。可见，恰当的"导入"为创造性学习奠定了基础，也是学生思维品质提升的源泉，加强了对学生创新思维品质的培养，从而促进学生创新能力的形成与发展。

（三）扎根教学课堂 落实核心素养

从教学的设计和教学实践而言，学生在这两节课基本能通过自主探究、小组合作、讨论交流，发现角的概念推广的必要性，能够完成相应概念的生成，并对相关知识进行应用。学生不仅获得了新知，数学思维和素养也得到了一定的提升，体会到了学习数学的成就感，同时在教师的引导下构建了新的数学知识体系。由于课堂时间的有限以及学生的个体差异，在课堂引入部分，教师没有充足的时间进行举例，没有给学生足够的想象空间，加之由于部分学生受认知水平的限制，在构建"角"的过程中，容易产生表面化、片面性的理解，不利于他们对实例共同特征的归纳、概括继而形成角的定义，更不能很好地认识和把握概念的准确内涵。

（四）融合信息技术 促进知识生成

教育资源和教学手段基于信息技术的日新月异，正改变着数学教与学的方式。教师要适应时代的发展，按照课程标准的要求，发挥信息技术直观便捷、资源丰富的优势，注重信息技术与数学课程的深度融合，提高教学的实效性，帮助学生发展数学学科核心素养，感悟数学的科学价值、应用价值、文化价值和审美价值。

（福建厦门双十中学 邓世兵）

案例3 三角函数的概念

《数学必修第一册》（人教 A 版）第五章 5.2.1

一、内容和内容解析

（一）内容

本节课选自普通高中教科书《数学必修第一册》（人教 A 版）第五章5.2.1。主要内容是三角函数的概念，包括三角函数研究的对象，函数的对应关系特点，三角函数定义的拓展及应用。

（二）内容解析

1. 内容的本质

通过单位圆上点的坐标定义任意角的正弦、余弦、正切函数体现了三角函数的本质。首先，圆周运动是典型的周期性变化现象，而单位圆上点的圆周运动不失一般性，这个过程实质上是数学抽象过程；其次，三角函数的概念是通过几种对应关系实现正弦、余弦、正切函数的定义。通过角与角的终边是唯一对应的，角的终边与单位圆的交点是唯一对应的，交点与交点的横（纵）坐标是唯一对应的，交点的横（纵）坐标与对应的比值是唯一对应的，从而实现三角函数定义中角（实数）与三角函数值（实数）对应关系的存在性和唯一性；再次，这个定义不仅清楚地表明了正弦、余弦、正切函数中从自变量到函数值之间的对应关系，而且也表明了这三个函数之间的关系。最后，由于角 α 是弧度数，即 $\angle xOP = \alpha rad$，所以正弦、余弦、正切函数就是关于任意实数 α 的函数，这时函数的自变量（角）和函数值（对应比值）都是实数，这与函数的一般概念完全一致，正是由于这种一致性，使得我们可以通过比值来描述这三个函数的对应关系。

2. 蕴含的数学思想和核心素养

（1）数形结合思想：借助单位圆理解任意角三角函数（正弦、余弦、正切函数）的定义，借助坐标学习角的终边与单位圆的交点的坐标与三角函数值之间的一一对应关系；

（2）转化与化归思想：角转化为角的终边，角的终边转化为终边与单位圆的交点，交点转化为交点的横（纵）坐标，交点的横（纵）坐标转化为对应的比值，对应的比值就是定义的三角函数值；

（3）特殊与一般思想：由特殊角到任意角，由角的终边与单位圆的交点到角的终边上任意一点（除原点外）；

（4）直观想象素养：从三角函数的定义方法可以看出，三角函数与圆有着直接的联系，借助单位圆的几何图形直观观察是非常重要的手段；

（5）数学抽象素养：通过单位圆上点的坐标定义任意角的正弦、余弦、正切函数体现了三角函数的本质。首先，通过不失一般性的单位圆上点的圆周运动，认识圆周运动的周期性变化现象，抽象出三角函数定义并认识三角函数的周期性，这个定义过程本身就是数学抽象过程。

3. 知识的上下位关系

三角函数是对现实世界中普遍存在的"周而复始"的现象进行抽象，从而得出变量间的关系和规律。《普通高中教学课程标准（2017 年版）》加强了函数内容和三角函数内容的整体性：在"内容要求"中把"三角函数"纳入主题二"函数"中,把"三角恒等变换"纳入"三角函数"中,并在"教学提示"中明确提出教师应把本主题的内容视为一个整体,在"教材编写建议"中明确提出教材编写必须遵从课程标准设定的课程结构。

为了体现整体性思想,教学中应注重体现内容之间的有机衔接,按照"事实(周期性现象)—角与弧度—数学对象(三角函数的定义)—图象与性质(周期性、单调性、奇偶性、最大值与最小值等)—三角恒等变换—联系—应用"的结构来展开。其中,"角与弧度"是刻画圆周运动的预备知识,而"三角恒等变换"是三角函数的特殊研究内容。

在教学中注意以函数的一般概念为指导,借鉴指数函数、对数函数的研究经验,设计三角函数的研究路径,引导学生自主构建三角函数的研究内容、过程和方法;引导学生关注三角函数的特殊性,充分利用周期性简化研究过程;强调单位圆的作用,引导学生利用圆的几何性质(特别是对称性)发现和研究三角函数的性质,等等。

4. 育人价值

激发应用数学的意识,逐步形成分析问题、解决问题的能力,提升数学抽象、逻辑推理、数学建模等核心素养。

5. 教学重点

分析单位圆上点与点在的旋转中涉及的量及其相互关系,获得其相应关系并抽象出三角函数概念;能根据定义求出给定角的三角函数值。

二、目标和目标解析

(一)目标

1. 借助单位圆理解任意角三角函数(正弦、余弦、正切)的定义。

(1)能用直角坐标系中角的终边与单位圆交点的坐标来表示任意角的三角函数;

(2)能用直角坐标系中角的终边与单位圆交点的坐标定义初中的锐角三角函数;

(3)知道三角函数是研究一个实数集(角的弧度[实数]构成的集合)到另一个实数集(角的终边与单位圆交点的坐标或其比值[实数]构成的集合)的对应关系,正弦、余弦和正切都是以角为自变量,以单位圆上点的坐标或坐标的比值为函数值的函数。

2. 在借助单位圆认识任意角三角函数的定义的过程中，体会数形结合的思想，并利用这一思想解决有关定义应用的问题。

3. 在定义三角函数的过程中，让学生体会抽象建模的过程，并注意由角到角的终边、到角终边上的点，再到角的终边与单位圆的交点、交点的横纵坐标，最后到正弦、余弦、正切函数定义的转化化归思想。

（二）目标解析

达成上述目标的标志是：

1. 学生能如了解线性函数、反比例函数、二次函数、幂函数、指数函数、对数函数的现实背景那样，知道三角函数是刻画现实世界中"周而复始"变化规律的数学工具，能体会到匀速圆周运动在"周而复始"变化现象中的代表性。

2. 学生在经历"周期现象—圆周运动—单位圆上点的旋转运动"的抽象活动中，明确研究的问题（单位圆 $\odot O$ 上的点 P 以 A 为起点做旋转运动，建立一个数学模型，刻画点 P 的位置变化情况），使研究对象简单化、本质化；学生能分析单位圆上点的旋转中涉及的量及其相互关系，获得对应关系并抽象出三角函数概念；能根据定义求出给定角的三角函数值。

3. 学生能根据定义得出三角函数在各象限取值的符号规律。

4. 学生能根据定义，结合终边相同的角的表示，得出公式一，并能据此描述三角函数"周而复始"的取值规律，求某些角（特殊角）的三角函数值。

5. 学生能利用定义以及单位圆上点的横、纵坐标之间的关系，发现并得出"同角三角函数的基本关系"，并能用于三角恒等变换。

三、教学问题诊断分析

（一）问题诊断

三角函数概念的学习，其认知基础是函数的一般观念以及对幂函数、指数函数和对数函数的研究经验，另外还有圆的有关知识。这些认知准备对于分析"周而复始"变化现象中涉及的量及其关系、认识其中的对应关系并给出定义等都能起到思路引领作用。在三角函数中，影响单位圆上点的坐标变化的因素较多，对应关系不以"代数运算"为媒介，是 α 与 x，y 的直接对应，无须计算。虽然 α，x，y 都是实数，但实际上是"几何元素间的对应"。所以，要让学生理解三角函数的对应关系，包括影响单位圆上点的坐标变化的因素分析，以及三角函数的定义方式。

对于三角函数的定义，可以通过以下几点帮助学生理解。

第一，α 是一个任意角，同时也是一个实数（弧度数），所以设 α 为一个任意角的意义实际上是"对于 R 中的任意一个数 α"。

第二，"它的终边 OP 与单位圆相交于点 $P(x, y)$"，实际上给出了两个对应关系，即

（1）实数 α（弧度）对应于点 P 的纵坐标 y；

（2）实数 α（弧度）对应于点 P 的横坐标 x。

其中 $y, x \in [-1, 1]$。因为对于 R 中的任意一个数 α，它的终边唯一确定，所以交点 $P(x, y)$ 也唯一确定，也就是纵坐标 y 和横坐标 x 都由 α 唯一确定，所以对应关系（1）及对应关系（2）分别确定了一个函数，这是理解三角函数定义的关键。

第三，引进符号 $\sin\alpha$，$\cos\alpha$ 分别表示" α 的终边与单位圆交点的纵坐标" " α 的终边与单位圆交点的横坐标"，于是对于任意一个实数 α，按对应关系（1），在集合 $B = \{z \mid -1 \leqslant z \leqslant 1\}$ 中都有唯一确定的数 $\sin\alpha$ 与之对应；按对应关系（2），在集合 B 中都有唯一确定的数 $\cos\alpha$ 与之对应。所以，$\sin\alpha$，$\cos\alpha$ 分别都是一个由 α 所唯一确定的实数。对符号 $\sin\alpha$，$\cos\alpha$ 和 $\tan\alpha$ 的认识可以通过类比引进符号 $\log_a b$ 表示 $a^x = b$ 中的 x，说明引进这些符号的意义。

在理解将终边上任意一点取在终边与单位圆的交点这一特殊位置上时，又可能会出现障碍，原因是学生可能会认为这一特殊点不具有任意性。针对这一问题，应引导学生利用相似三角形的知识来帮助理解，明白对于一个确定的角，其三角函数值也就唯一确定了，表示该三角函数的比值不会随终边上所取点的位置的改变而改变。

（二）教学难点

难点一，理解三角函数的对应关系，包括影响单位圆上点的坐标变化的因素分析，以及三角函数的定义方式的理解；难点二，对符号 $\sin\alpha$，$\cos\alpha$ 和 $\tan\alpha$ 的认识；难点三，对三角函数内在联系性的认识。

四、教学支持条件分析

为了加强学生对单位圆上点的坐标随角（圆心角）的变化而变化的直观感受，加强学生对三角函数定义的理解，帮助学生克服在理解定义过程中可能遇到的障碍，需要利用信息技术建立任意角、角的终边与单位圆的交点、角的旋

转量、交点坐标等之间的关联。教学中，可以动态改变角 α 的终边 OP（P 为终边与单位圆的交点）的位置，引导学生观察 OP 位置的变化所引起的点 P 坐标的变化规律，感受三角函数的本质，同时感受终边相同的角具有相同的三角函数值，以及各三角函数在各象限中符号的变化情况。利用几何画板动态地研究任意角与其终边和单位圆交点坐标的关系，构建有利于学生建立概念的"多元联系表示"的教学情境，使学生能够数形结合地进行思考。

五、教法学法选择分析

教法：启发探究，互动讨论，问题解决；

学法：自主探究，动手操作，归纳总结。

六、教学过程

（一）教学流程设计（图 1 - 24）

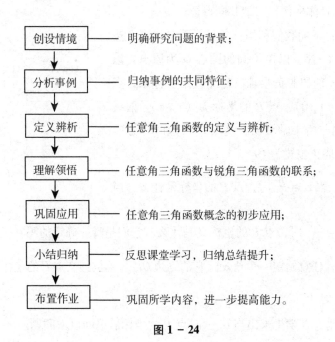

图 1 - 24

（二）教学过程设计

1. 创设情境，明确背景

引导语：我们知道，现实世界中存在着各种各样的"周而复始"的变化现象，圆周运动是这类现象的代表。如图（图1-25），⊙O 上的点 P 以 A 为起点做逆时针方向的旋转。在把角的范围推广到任意角后，我们可以借助角 α 的大小变化刻画点 P 的位置变化。又根据弧度制的定义，角 α 的大小与 ⊙O 的半径无关，因此，不失一般性，我们可以先研究单位圆上点的运动。现在的任务是：

如图1-25，单位圆 ⊙O 上的点 P 以 A 为起点做逆时针方向旋转，建立一个函数模型，刻画点 P 的位置变化情况。

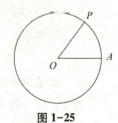

图 1-25

问题1：根据已有的研究函数的经验，你认为可以按怎样的路径研究上述问题？

师生活动：学生在独立思考的基础上进行交流，通过讨论得出研究路径是：明确研究背景—对应关系的特点分析—下定义—研究性质。

设计意图：明确研究的内容、过程和基本方法，为具体研究指明方向。

2. 分析具体事例，归纳共同特征

引导语：下面我们利用直角坐标系来研究上述问题。如图1-26，以单位圆的圆心 O 为原点，以射线 OA 为 x 轴的非负半轴，建立直角坐标系，点 A 的坐标为 $(1,0)$，点 P 的坐标为 (x,y)。射线 OA 从 x 轴的非负半轴开始，绕点 O 按逆时针方向旋转角 α，终止位置为 OP.

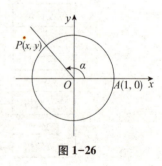

图 1-26

问题2：当 $\alpha = \dfrac{\pi}{6}$ 时，点 P 的坐标是什么？当 $\alpha = \dfrac{\pi}{2}$ 或 $\alpha = \dfrac{2\pi}{3}$ 时，点 P 的坐标又是什么？它们是唯一确定的吗？

一般地，任意给定一个角 α，它的终边 OP 与单位圆交点 P 的坐标能唯一确定吗？

师生活动：在学生求出当 $\alpha \dfrac{\pi}{6}$ 时点 P 的坐标后追问以下问题。

追问：（1）求点 P 的坐标要用到什么知识？设定答案：直角三角形的性质

（2）求点 P 的坐标的步骤是什么？点 P 的坐标唯一确定吗？设定答案：画出 $\dfrac{\pi}{6}$ 的终边 OP，过点 P 作 x 轴的垂线交 x 轴于 M，在 Rt$\triangle OMP$ 中，利用直角三

角形的性质可得点 P 的坐标是 $\left(\dfrac{\sqrt{3}}{2},\ \dfrac{1}{2}\right)$．

（3）如何利用上述经验求当 $\alpha=\dfrac{2\pi}{3}$ 时点 P 的坐标？设定答案：可以发现，

$\angle MOP=\dfrac{\pi}{3}$，而点 P 在第二象限，可得点 P 的坐标是 $\left(-\dfrac{1}{2},\ \dfrac{\sqrt{3}}{2}\right)$．

（4）利用信息技术，任意画一个角 α，观察它的终边 OP 与单位圆交点 P 的坐标，你有什么发现？你能用函数的语言刻画这种对应关系吗？设定答案：对于 R 中的任意一个角 α，它的终边 OP 与单位圆交点为 P（x，y），无论是横坐标 x 还是纵坐标 y，都是唯一确定的。这里有两个对应关系：

a：实数 α（弧度）对应于点 P 的纵坐标 y；

b：实数 α（弧度）对应于点 P 的横坐标 x。

根据上述分析，a：$R\rightarrow[-1,1]$ 和 b：$R\rightarrow[-1,1]$ 都是从集合 R 到集合 $[-1,1]$ 的函数。

设计意图：以函数的对应关系为指向，从特殊到一般，使学生确认相应的对应关系满足函数的定义，角的终边与单位圆交点的横、纵坐标都是圆心角 α（弧度）的函数，为给出三角函数的定义做好准备。其中，直角坐标系是展示函数规律的载体，是构架"数形结合"的天然桥梁。把任意角放在平面直角坐标系内进行研究，借助坐标系，通过单位圆，可以简化角的讨论，有效地表现出角的终边位置"周而复始"的现象，坐标系也为我们从"数"的角度定义任意角三角函数提供了有效载体。

3. 任意角三角函数的定义与辨析

问题3：请同学们先阅读教科书第 177 及 178 页，再回答如下问题：

（1）正弦函数、余弦函数和正切函数的对应关系各是什么？

（2）符号 $\sin\alpha$，$\cos\alpha$ 和 $\tan\alpha$ 分别表示什么？在你以往的学习中有类似的引入特定符号表示一种量的经历吗？

（3）为什么说当 $\alpha\neq k\pi+\dfrac{\pi}{2}$，$k\in Z$ 时，$\tan\alpha$ 的值是唯一确定的？

（4）为什么说正弦函数、余弦函数的定义域是 R？而正切函数的定义域是 $\left\{\alpha\in R\ \middle|\ \alpha\neq k\pi+\dfrac{\pi}{2},\ k\in Z\right\}$？

师生活动：学生独立阅读教科书，再回答上述问题。

设计意图：在问题引导下，通过阅读教科书、辨析关键词等，紧扣函数概念的内涵，把三角函数知识纳入函数知识结构，突出变量之间的依赖关系或对应关系，增强函数观念。使学生明确三角函数的三要素，引导学生类比已有知识（引入符号 $\log_a b$），理解三角函数符号的意义。给出任意角三角函数的定义，引导学生用函数三要素说明定义的合理性，明确任意角三角函数的对应法则、定义域、值域。

4. 任意角三角函数与锐角三角函数的联系

问题 4：我们在初中学了锐角三角函数，知道它们都是以锐角为自变量，以比值为函数值的函数。设 $x \in \left(0, \dfrac{\pi}{2}\right)$，把按照锐角三角函数定义而求得的锐角 x 的正弦记为 z_1，并把按照本节三角函数定义求得的 x 的正弦记为 y_1，z_1 与 y_1 相等吗？对于余弦、正切也有相同的结论吗？

师生活动：教师引导学生作出 $\text{Rt}\triangle ABC$，其中 $\angle A = x$，$\angle C = \dfrac{\pi}{2}$，再将它放入直角坐标系中，使点 A 与原点重合，AC 在 x 轴的正半轴上，得出 $y_1 = z_1$ 的结论。

设计意图：建立锐角三角函数与任意角三角函数的联系，使学生体会两个定义的和谐性。关键是让学生理解这样"规定"的合理性，对定义合理性认知基础就是三角函数的"函数"本质——函数三要素。

5. 任意角三角函数概念的初步应用

例 1 利用三角函数的定义求 $\dfrac{5\pi}{3}$ 的正弦、余弦和正切值。

师生活动：先由学生发言，再总结出从定义出发求三角函数值的基本步骤，并得出答案。

设计意图：通过概念的简单应用，明确用定义求三角函数值的基本步骤，进一步理解定义的内涵。

课堂练习：（1）利用三角函数的定义，求 π，$\dfrac{3\pi}{2}$ 的三个三角函数值.

（2）说出几个使 $\cos\alpha = 1$ 的 α 的值.

师生活动：学生逐题给出答案，并说明解答步骤，最后教师可以总结为"画终边，找交点坐标，算比值（对正切函数）"。

设计意图：检验学生对定义的理解情况。

（3）填表（表1-5）。

表 1-5

角 α	0°	30°	45°	60°	90°	180°	270°	360°
角 α 的弧度制								
角 α 与单位圆的交点坐标								
交点纵坐标（$\sin\alpha$）								
交点横坐标（$\cos\alpha$）								
交点纵、横坐标之比（$\tan\alpha$）								

设计意图：通过应用三角函数定义，熟悉和记忆特殊角的三角函数值的符号、公式，以及求三角函数值，加强对三角函数概念的理解。

例2　如图 1-27，设 α 是一个任意角，它的终边上任意一点 P（不与原点 O 重合）的坐标为 $(x，y)$，点 P 与原点的距离为 r。求证：$\sin\alpha = \dfrac{y}{r}$，$\cos\alpha = \dfrac{x}{r}$，$\tan\alpha = \dfrac{y}{x}$。

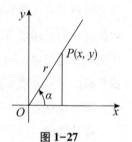

图 1-27

师生活动：给出问题后，教师可以引导学生思考如下问题，再让学生给出证明：

（1）你能根据三角函数的定义作图表示 $\sin\alpha$，$\cos\alpha$ 吗？

（2）在你所作图形中，$\dfrac{y}{r}$，$\dfrac{x}{r}$，$\dfrac{y}{x}$ 各表示什么，你能找到它们与任意角 α 的三角函数的关系吗？

（3）你能找到这些函数值不会随点 P 的改变而改变的原因吗？

设计意图：通过问题引导，使学生找到 ΔOMP，ΔOM_0P_0，并利用它们的相似关系，根据三角函数的定义得到证明。

追问：例2实际上给出了任意角三角函数的另外一种定义，而且这种定义与已有的定义是等价的。你能用严格的数学语言叙述一下这种定义吗？

师生活动：由几个学生分别给出定义的表述，在交流的基础上得出准确的定义。

设计意图：加深学生对三角函数定义的理解。用角的终边上任一点的坐标比来定义三角函数，这与利用单位圆上点的坐标定义三角函数是等价的。教学中应侧重引导学生思考这种等价性的原因，并让学生自己给出新的定义。

课堂练习：已知点 P 在半径为 2 的圆上按顺时针方向做匀速圆周运动，角速度为 $1\ rad/s$. 求 $2\ s$ 时点 P 所在的位置.

师生活动：由学生独立完成后，学生代表展示作业。

设计意图：三角函数是刻画匀速圆周运动的数学模型，通过练习使学生从另一个角度理解三角函数的定义。

6. 课堂小结反思，归纳总结提升

从任意角的三角函数的定义到锐角三角函数的定义，你能回顾一下我们是如何借助单位圆给出任意角的三角函数的定义的吗？

解锐角三角函数与解直角三角形相关，在初中我们利用直角三角形边的比值来表示锐角的三角函数。通过今天的学习，我们知道任意角的三角函数虽然是锐角三角函数的推广，但它与解三角形已经没有什么关系了，我们是利用单位圆来定义任意角的三角函数。借助平面直角坐标系中的单位圆，我们建立了角的变化与单位圆上点的变化之间的对应关系，进而利用单位圆上点的坐标或坐标的比值来表示圆心角的三角函数。

本节课学习三角函数的定义，你能感知哪些数学思想和方法？

设计意图：回顾和总结本节课的主要内容，感悟三角函数在本节课中的应用及蕴含的数学思想。

7. 课堂练习，目标检测设计

（1）利用三角函数定义，求 $\dfrac{5\pi}{6}$ 的三个三角函数值.

（2）已知角 θ 的终边过点 $P(-12,5)$ ，求角 θ 的三角函数值.

设计意图：考查学生对三角函数定义的理解情况.

七、教学实践心得

（一）通过模型建构三角函数概念，达成问题研究路径

明确三角函数概念的建构过程与前面各类基本初等函数概念的建构过程是不一样的，幂函数、指数函数、对数函数等是通过具体实例的共性归纳而抽象出来的，是通过运算得到相应的定义，而三角函数概念是直接由单位圆上点的运动规律的描述得到的。建构三角函数的概念，是一个数学化的过程。把定义三角函数这个问题归结为点 P 的坐标与旋转角 α 之间对应关系的探索。然后通过"探究"，引导学生从特殊到一般，对单位圆上点的坐标与相应的角之间的对应关系展开研究，得出"点 P 的横坐标 x、纵坐标 y 都是角 α 的函数"的结论，接着再给出三角函数的定义。这是一个在一般函数概念指导下的探究活动，其思路是先确认"这样的对应关系是函数"，然后给出形式化定义。其在教学过程中关注同一主线内容的逻辑关系，关注不同主线内容之间的逻辑关系，关注不同数学知识所蕴含的通性通法、数学思想。

利用单位圆上点的坐标定义任意角的正弦函数、余弦函数体现了圆周运动这个典型的周期性变化现象，而单位圆上点的圆周运动又不失一般性，这个过程本身就是一个数学抽象过程；再者，通过单位圆清楚地表明了正弦函数、余弦函数中从自变量到函数值之间的对应关系。所以，利用单位圆定义三角函数可以更好地反映三角函数的本质，也正是三角函数的这种形式决定了它们在数学（特别是应用数学）中的重要性。从三角函数的定义方法可以看出，三角函数与单位圆有着直接的联系。事实上，任意角、任意角的三角函数、同角三角函数的关系式、诱导公式、三角函数的图象、三角函数的性质（周期性、单调性、最大值、最小值）等，都可以借助单位圆得到认识，这也是人们把三角函数称作"圆函数"的原因。因此，在三角函数的研究中，借助单位圆的几何直观是非常重要的手段，而且这也是使学生领会数形结合思想，学会数形结合地思考和解决问题的好机会。

注意以函数的一般概念为指导，借鉴指数函数、对数函数的研究经验，设计三角函数的研究路径，引导学生自主构建三角函数的研究内容、过程和方法；注意引导学生关注三角函数的特殊性，充分利用其周期性简化研究过程，并在正切函数中有意设计"先研究性质，再画图象"的过程，使学生体验研究函数图象与性质的方法的多样性；特别是强调单位圆的作用，引导学生利用圆的几何性质（特别是对称性）发现和研究三角函数的性质等。

（二）突出数学思想方法，引导分析思考解决方法

新教材的教学理念之一是让学生去体验新知识的发生过程，那么到底应该怎样去合理定义任意角的三角函数，让学生去体验一个新的数学概念如何形成，在形成的过程中可以从哪些角度加以科学辨思。这样有助于学生对任意角三角函数概念的理解。让学生充分体会在任意角三角函数定义的推广中，是如何将直角三角形这个"形"的问题，转换到直角坐标系点的坐标这个"数"的过程，从而培养数形结合思想。

而类比、联系、特殊化、推广、化归等是数学研究中的常用方法。在教学过程中要注意特殊与一般思想，譬如由特殊角到任意角，由终边与单位圆的交点到终边上任意点，由单位圆定义三角函数到角终边上任意一点定义三角函数，这都是特殊与一般转化思想的体现。这一节课随处可见转化与化归思想，例如，角这个几何图形转化为角的终边，角的终边转化为终边与单位圆的交点，而交点又转化为交点的横（纵）坐标，交点的横（纵）坐标转化为对应的比值，对应的比值就是定义的三角函数值。用单位圆上点的坐标表示的任意角三角函数定义，与初中学习的锐角三角函数定义有一定的区别，一个侧重几何的边与边的比值表示，一个侧重代数的坐标（比值）表示。三角函数是实数（弧度数）到点的坐标的对应，实数（弧度数）到实数（横坐标或纵坐标）的对应。学生对于定义的理解很难一步到位，需要分成若干个层次，逐步加深。这就需要教师在深度理解三角函数的概念后，帮助学生经历定义的形成过程，增强学习活动的体验，在教师的引导下独立思考、自主探究，用数学思想和方法学习数学概念的方向，从而真正完成三角函数概念的意义建构。

（厦门双十中学　白福宗）

案例4　直线的倾斜角与斜率

《数学选择性必修第一册》（人教 A 版）第二章 2.1

一、内容和内容解析

（一）内容

本节课选自普通高中教科书《数学选择性必修第一册》（人教 A 版）第二章《直线与圆的方程》第 1 节《直线的倾斜角与斜率》，教学课时为 2 课时。

（二）内容解析

1. 内容的本质

利用代数方法刻画直线的倾斜程度。在代数与几何图形之间建立联系，利用代数研究几何性质，同时根据几何性质得到代数关系。

2. 蕴含的思想和方法

利用直线上两点的坐标刻画直线的斜率，体现了化归与转化的数学思想。同时通过研究两点坐标来研究整条直线的倾斜程度，体现了特殊与一般的数学思想。利用直线上两点的坐标计算得到直线的斜率，用代数方法刻画直线的倾斜角，同时给定直线的倾斜角计算直线上的点坐标，体现了数形结合的数学思想方法。在推导直线斜率的过程中，体现了分类与整合的数学思想。

3. 知识的上下位关系

直线的倾斜角与斜率这节课是解析几何的第一节课。这节课开始，学生将尝试利用代数的方法来解决几何问题，因此本节课是这个章节甚至是解析几何部分的启蒙课。学生将在这节课中第一次体会利用代数方法解决几何问题的一般步骤。

4. 育人价值

直线的倾斜角与斜率这节课让学生体会概念的形成以及推导过程，渗透了数学抽象素养。在直线斜率推导的过程中体现了分类讨论的数学思想方法，渗透了逻辑推理的核心素养。同时在解决图形问题时，渗透了直观想象的核心素养。利用点坐标来解决直线斜率的过程渗透了数学运算的核心素养。重在培养学生自主解决问题，提升其应用数学解决实际问题的能力。

5. 教学重点

斜率的概念，用代数方法刻画直线斜率的过程，过两点的直线斜率的计算公式，用代数方法刻画直线的方向向量。根据斜率判定两条直线平行或垂直，利用代数方法研究几何图形的位置关系。

二、目标和目标解析

（一）目标

从确定直线的几何要素出发，感知确定直线需要了解直线的倾斜程度。同时从不同直线过同一点以及不同直线所对应的倾斜角不相同得出直线的倾斜角概念，渗透数学抽象核心素养。紧接着通过探究活动发现直线上两点坐标与直线斜率的关系，进而推导出直线斜率的公式，渗透分类讨论的数学方法以及逻辑推理的素养。利用斜率公式判断直线的倾斜角，体会数形结合的数学思想以及数学运算的素养。最后利用斜率解决两条直线平行与垂直问题，充分体现解析几何相对于几何综合法的优势，体现了数形结合的数学思想。

（二）目标解析

本节课是解析几何的第一节课，学生没有系统接受过解析几何中研究问题的方法，而平面解析几何所用的方法区别于欧式几何。在直角坐标系中，利用坐标来研究几何性质是解析几何的精髓所在。因此本节课最重要的目标就是引导学生理解为何使用坐标来研究问题以及应用坐标研究几何问题的一般步骤。在研究的过程中，体会解析几何应用坐标法研究几何图形的优越性。同时体会数形结合的数学思想方法，应用代数方法研究几何图形、代数结果解释几何性质。本节课还要不断渗透数学抽象素养，教师需要通过不同的例子让学生理解何为倾斜角，为何定义倾斜角的正切值为直线的斜率。在推导斜率公式以及研究两条直线的位置关系时渗透分类与整合的数学思想方法，培养逻辑推理的核心素养。教师需要引导学生自我完善定理证明，通过实际证明定理来明确分类的标准如何确定。

三、教学问题诊断分析

数形结合的思想方法在解析几何内容中体现得淋漓尽致。在前面的学习中，学生只有利用几何图形的性质来解决问题一个途径。本节课要学习的解析几何内容就是用代数的角度来分析几何问题。学生不仅要用从"形"中找出"数"的方法来解决，同时还要从"数"的结果中看出"形"的性质。只有二者互相呼应解决问题，几何问题才能化简，找到不一样的思路。

分类讨论思想在解决一个问题的多个方面时应用比较广泛。在本节课的斜率证明以及第二课时直线的位置关系讨论中，学生必须将不同的情况区分出来，做到"不重不漏"，严谨地证明问题。在这个过程中，体现学生逻辑推理的严谨性。

本节课中还渗透了数学抽象核心素养。在给出直线倾斜角以及斜率概念时，学生需要从不同的事物中归纳总结出相同的属性，了解决定直线的几何要素。同时在相关的几何要素中定义倾斜角又需要学生从不同的视角发现其中的共同点，进而自行发现倾斜角的定义。

教学难点：数学抽象出倾斜角的概念，利用两点坐标自行推导出直线斜率公式，利用直线的斜率公式代数解决几何问题，用代数的结果对几何性质进行解释说明。

四、教学支持条件分析

在初中阶段，学生已经学习了一次函数，对直线在直角坐标系下的表现形式有了初步的了解。同时在平面几何的学习中，学生已经对直线以及直线的位置关系有了初步的了解，明确知道决定直线的几何要素有哪些。

在高中阶段，学生学习了任意角三角函数的定义以及如何求角的三角函数值，同时了解了如何用向量来表示一个已知方向和长度的量。

五、教法学法选择分析

教法：启发探究，互动讨论，问题解决；

学法：自主探究，合作交流，归纳总结。

六、教学过程

（一）教学流程设计（图1-28）

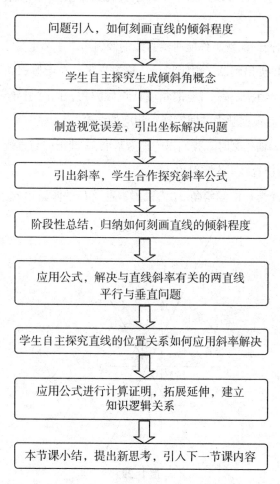

图 1-28

（二）教学过程设计

环节一：问题导向，引导概念生成

问题 1：我们已经学过了直线，了解如何确定一条直线。请同学们思考并回答：

（1）确定一条直线需要知道几个几何要素？

（2）已知两条直线过同一点，你如何确定两条直线的倾斜程度？

（3）如果将这两条直线放入平面直角坐标系中，你应该用什么数学量来刻画这两条直线的倾斜程度？你是否可以给这个数学量下一个定义。

（4）请利用你所定义的倾斜程度辨析图中（图 1-29）的两条直线的倾斜角分别是多少度？你是否可以判断一下你定义的数学量是否合理？是否需要进行改进？

（5）根据前面的问题，你能否给直线的倾斜角下一个定义。

【教师活动】提出问题，组织讨论，启发思考，在给倾斜角下定义的时候，教师一定要引导学生从一一对应的角度认识倾斜角，同时引导学生自行归纳总结倾斜角的定义。根据学生的回答展示相应的结论：

当直线 l 与 x 轴相交时，我们以 x 轴为基准，x 轴正向与直线 l 向上的方向之间所成的角 α 叫作直线 l 的倾斜角。

图 1-29 中直线 l_1 的倾斜角 α_1 为锐角，直线 l_2 的倾斜角 α_2 为钝角。

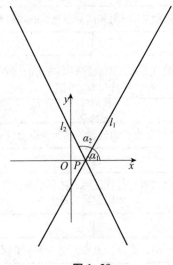

图 1-29

当直线 l 与 x 轴平行或重合时，我们规定它的倾斜角为 $0°$，因此直线的倾斜角 α 的取值范围为 $[0，\pi)$；

每一条直线都有一个确定的倾斜角，而且方向相同的直线倾斜程度相同，则其倾斜角相等；方向不同的直线，倾斜程度不同，则其倾斜角不相等，因此我们可以用倾斜角表示平面直角坐标系中一条直线的倾斜程度，也就是表示直线的方向。

学生活动：根据老师提供的问题进行思考，分组讨论不同情况，明确倾斜角的概念。根据倾斜角的概念将直线与倾斜角建立对应关系。

【活动说明】创设问题情境，从数学发展的逻辑链条上寻求问题的生长点。本节课的第一个概念倾斜角一直是学生容易理解错误的点，学生总是会在倾斜角的范围问题上出现错误，而这个问题的根源在于学生对于倾斜角的定义了解不够深刻，同时没有从一一对应的角度去理解倾斜角，因此教师在设计问题时要牢牢抓住这点进行突破，在建立概念之前就让学生明确倾斜角的定义。

【设计意图】在引入直线倾斜角的概念时，教师让学生体会为什么如此定义倾斜角，让学生体会概念引入的一般过程。教师有意识地让学生从一般图形中归纳总结出不同特征，明确研究问题的标准。学生在教师提供的不同例子中体会概念的基本特征，归纳出他们的共同属性。同时让学生在明确概念时要注意概念的严谨性，确认关键的属性，并学会用符号表达概念。学生更多地参与概念形成的过程才能知道概念的内涵与外延，才能更好地理解概念。

环节二：承前启后，培养数形结合思想和逻辑推理素养

问题2：刚才我们已经学习了用直线的倾斜角来刻画直线的倾斜程度，请同学们观察图 1-30 并思考以下几个问题：

（1）直线 l_1 的倾斜角为 $60°$，直线 l_2 过点 $A(1，1)$，$B(3，4.4)$，试用倾斜角来比较这两条直线的倾斜程度。你能比较出来大小吗？

（2）如果没办法利用量角器来度量两条直线的倾斜角，那你能根据提供的条件使用其他方法来比较两条直线的倾斜角大小吗？

（3）你可以采用哪些计算的方法来比较这两条直线的倾斜角大小？

【教师活动】引导学生思考，当两条直线非常接近时，如何采用更为合理的方式来比较两条直线的倾斜程度。根据学生的回答，教师在黑板上展示相应的结论：

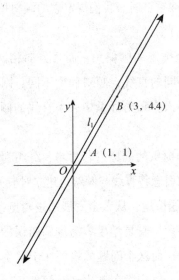

图 1-30

我们把一条直线的倾斜角 α 的正切值叫作这条直线的斜率。斜率常用小写字母 k 表示，即

$k = \tan\alpha$

倾斜角是 90° 的直线没有斜率，倾斜角不是 90° 的直线都有斜率。

学生活动：小组活动，利用作图工具发现用量角器进行度量无法精确比较出两条直线的倾斜角的大小。思考在没有精确工具的前提下，小组讨论如何采用其他办法来解决。在教师的引导下，学生可以从计算的角度去解决问题。

【活动说明】教师引导、师生合作、学生自主发现问题，既可以保证教师的思维引领和示范作用，同时也让学生在矛盾冲突中体验探索和证明过程的乐趣和成就感，为后续内容的展开打好心理基础。

【设计意图】引导学生的图中两条直线的倾斜角很接近，用测量工具很难判断，设计的主要目的就是希望让学生明白为何需要利用解析的方法来解决问题以及用解析方法解决问题的便捷。引导学生在研究几何问题时可以尝试用计算的方法来解决。由此及彼，学生在今后解决几何问题时，就会思考如何利用解析的方法来解决问题，为今后解决几何问题提供了更多的方法。

问题 3：在问题 2 中，我们发现还可以通过计算直线倾斜角的正切值来比较两条直线的倾斜程度，据此，请回答以下问题：

（1）当直线的倾斜角由 0° 逐渐增大到 180° 时，其斜率如何变化？为什么？

（2）如问题 2 所展示的，如果知道直线上两点的坐标，你是否可以计算得出直线的斜率？请你根据刚才倾斜角的变化情况分类讨论如何用直线上两点的坐标计算直线的斜率。

【教师活动】提出问题并组织学生思考、交流、回答，从倾斜角的变化情况了解计算斜率会有几种情况，便于进一步探索利用两点的坐标如何表示直线的斜率。根据学生的回答，教师在黑板上展示相应的结论：

直线的倾斜角 α 与直线 l 上的两点 $P_1(x_1, y_1)$，$P_2(x_2, y_2)$（$x_1 \neq x_2$）的坐标有如下关系：

$$\tan\alpha = \frac{y_2 - y_1}{x_2 - x_1}$$

学生活动：在教师的指导下，从不同的图形中分类讨论得出已知两点的坐标计算直线斜率的公式，并填写表格归纳总结出直线斜率的计算公式。

【活动说明】不急于引导学生得出结论，教师在引导学生了解变化过程中的几种特殊状态后让学生自行证明直线的斜率公式。学生只有主动参与到定理的证明过程，才能够更深刻地理解如何利用坐标计算解决问题。同时也锻炼了学生的逻辑推理素养，有助于培养学生自主学习的能力。

【设计意图】学生通过前面学习的铺垫知道用倾斜角的正切值来表示斜率，那利用两点坐标推导斜率公式就是接下来的重点。这个过程教师交给学生来进行推导，因为学生有前面的铺垫，已经具备了独立完成推导公式的能力，这时候就应该让学生有充分展示思考过程的机会。学生虽然在推导的过程中存在着思考不够缜密的可能，但是只有不断地训练才能明白如何分类才能完善证明的过程。

问题 4：根据前面我们学习过的直线的倾斜角和斜率内容，请回答以下问题：

（1）已知直线上的两点，运用上述公式计算直线的斜率时，与这两点的顺序有关吗？

（2）我们还学过哪些具有方向的量，我们还能用什么量来表示直线的方向？

（3）直线的方向向量与直线的斜率之间有何关系？

【教师活动】教师引导学生了解直线的方向向量与直线的斜率之间的联系，让学生能将之前学习过的知识与现有的知识进行联系，建立知识体系。

学生活动：学生在教师的引导下思考问题，探究直线的方向向量与斜率之间的关系。

【活动说明】本活动旨在引导学生建立知识体系，能够将原有知识跟新知识进行迁移，建立联系。学生的感觉或许是陌生的，但他们在教师的主导下进行必要的归纳总结会让其思维更加立体。这也帮助学生在获取知识的同时掌握方法、形成思想、发展素养、学会学习。

【设计意图】引导反思，阶段概括，进一步对方法进行总结，形成理性认识，强化数形结合思想，并将本节课的内容提升到一个新的高度。

环节三：应用公式，培养数学运算以及逻辑推理素养

例1 已知 $A(3, 2)$，$B(-4, 1)$，$C(0, -1)$，求直线 AB，BC，CA 的斜率，并判断这些直线的倾斜角是锐角还是钝角。

【设计意图】应用公式解决问题，探索快速高效的运算策略，掌握算理、优化算法，归纳总结出用两点计算直线斜率的办法，同时利用计算出来的结果进行几何解释，做到数形结合。用数解决形的问题，同时用数解释形的特征。

(2) 例2 经过点 $P(0, -1)$ 作直线 l，若直线 l 与连接 $A(1, -2)$，$B(2, 1)$ 两点的线段总有公共点，求直线 l 的倾斜角 α 与斜率 k 的取值范围，并说明理由。

【设计意图】进一步理解直线倾斜角与斜率的联系，并熟练运用二者之间的联系，通过两点的坐标计算得到取值范围，体现学生逻辑推理能力，同时也能够反馈学生对于一一对应的理解是否到位。

(注：建议到此处为第一课时。)

环节四：承前启后，发展直观想象和逻辑推理素养

问题5：我们已经探究了直线的倾斜角与斜率的定义，学会利用直线上两点坐标计算直线的斜率，下面我们利用直线的斜率来判断两条直线的位置关系，请回答以下问题：

(1) 在初中阶段，你是如何证明两条直线平行的？如果给定两条直线 l_1，l_2，直线 l_1 过点 $A(2, 3)$，$B(-4, 0)$，直线 l_2 过点 $P(-3, 1)$，$Q(-1, 2)$，你能否判断这两条直线的位置关系？

(2) 平面中的两条直线平行时，它们的斜率满足什么关系？

(3) 如果两条直线的斜率相等，你能判断这两条直线的位置关系吗？

(4) 你能否利用直线的斜率来证明三点共线？

【教师活动】指导学生利用直线的斜率来解决平面几何中两条直线平行的判定问题，引导学生从解析几何的角度分析解决问题，同时利用数的关系来解释图形之间的关系。根据学生的回答，教师在黑板上展示相关结论：

对于斜率分别为 k_1，k_2 的两条直线 l_1，l_2，有

$$l_1 /\!/ l_2 \Leftrightarrow k_1 = k_2$$

学生活动：独立思考、合作探究、小组讨论。学生能够利用上一节课留下的知识来解决相关问题，并通过计算的结果来解释几何关系，学会用代数的方法来解决几何问题，从不一样的角度解决相关问题。

【活动说明】学生在前面的活动中已经能够熟练运用两点的坐标表示直线的斜率，因此在证明两直线平行问题上，学生应该能够迅速找到解决方法。同时本活动还需要学生能够从代数的角度去思考几何问题，将几何问题转化成代数问题去解决，应用数形结合思想。

【设计意图】主要是希望学生能够将代数方法与几何方法进行对比，找出代数方法的优越性。在解决相关几何问题时，可以思考其代数表达，能够将数与形真正结合在一起进行考虑，同时又可以用代数的结论来解释几何关系。

问题6：刚才已经解决了两条直线平行的位置关系，两条直线还有相交的位置关系。在相交的位置关系中比较重要的是垂直关系，我们应该如何利用斜率来判定两条直线垂直关系呢？请回答以下问题：（1）请你从倾斜角的角度写出两条直线互相垂直的关系式，并根据这个关系式推导出斜率之间的关系。

（2）我们还学习过两条直线的方向向量，你能否从方向向量的角度分析两条直线垂直时斜率的关系。

【教师活动】引导学生从不同角度思考两条直线互相垂直的斜率关系，在学生感到困难的地方给予引导，帮助学生寻找到两条直线互相垂直的条件。特别是从倾斜角的角度分析问题时需要进行多种情况的讨论。根据学生的回答，教师在黑板上板书展示相关结论：

如果两条直线都有斜率，且它们互相垂直，那么它们的斜率之积等于-1；反之，如果两条直线的斜率之积为-1，则它们互相垂直，即

$$l_1 \perp l_2 \Leftrightarrow k_1 \cdot k_2 = -1$$

学生活动：思考、观察、小组合作讨论，通过不同角度的证明得出两条直线互相垂直时斜率的关系式。特别是在利用倾斜角证明斜率相乘为-1的时候要分类讨论不同情况。

【活动说明】本活动希望学生能够通过不同的角度证明直线垂直时斜率之间的关系。在证明的过程中培养学生严谨的逻辑推理素养，同时利用数与形的关系，将几何问题进行适当转化，通过代数的方法以及向量的方法来证明。

【设计意图】从不同的角度思考问题，培养学生用数学的思维思考问题，同

时建立数学知识之间的联系。在证明的过程中通过分类讨论思想培养学生严谨的逻辑推理能力。

环节五：应用公式，发展数学运算和逻辑推理素养

(3) 例3：已知四边形 $ABCD$ 的四个顶点分别为 $A(0, 0)$，$B(2, -1)$，$C(4, 2)$，$D(2, 3)$，试判断四边形 $ABCD$ 的形状，并给出证明。

【设计意图】利用代数方法来证明几何关系，旨在通过这道题让学生体会代数方法的重要性以及利用代数计算来证明几何关系的便捷性。

拓展与思考：这个平行四边形 $ABCD$ 是特殊的平行四边形吗？

【设计意图】在拓展思考中，教师引导学生思考问题要更加严谨，不能仅仅局限在简单的平行四边形的判断上，还要对角、对角线进行深入研究，引导学生发现这个四边形只是一般的平行四边形，没有其他特殊的位置关系。利用这个题也能很好地复习本节课的内容。同时在学生的练习中反复利用代数方法判断几何关系的方法。

例4 已知点 $M(2, 2)$，$N(5, -2)$，点 P 在 x 轴上，且 $\angle MPN$ 为直角，求点 P 的坐标。

【设计意图】进一步利用直线垂直的计算公式来求点的坐标，这是一个逆向问题。前面的问题都是已知坐标来证明直线关系，而这个题目是已知位置关系，求解点坐标。目的在于让学生能够更加灵活地利用斜率和坐标的关系解决问题。

环节六：反思总结，发展逻辑推理素养

本节课的主要内容：

(1) 利用倾斜角与斜率刻画直线的倾斜程度。

(2) 利用直线上两点坐标计算直线的斜率，利用斜率来判断两条直线的位置关系。

(3) 本节思想、方法与素养——"数形结合思想""分类讨论思想""转化与化归思想""特殊——一般——特殊"思想，数学抽象、数学运算、逻辑推理核心素养。

【设计意图】反思总结的过程本身也是数学抽象的一个环节，通过小结使学生进一步明确如何利用代数的方法来解决几何问题，同时能够利用代数的结果来解释几何关系，在解决几何问题中真正树立起用代数方法、坐标方法的思维。

七、教学实践心得

创设问题情境引导教学是现阶段课程改革的重点。"课程标准"中的教学建

议反复强调设计合适的教学情境、提出合适的数学问题、给学生具有挑战性的问题有助于学生数学学科核心素养的形成和发展。教师要不断学习、探索、研究、实践，创设符合学生认知规律的问题情境。因此问题情境不能仅仅局限在简简单单地问问题，还要对问题情境进行设计。在设计问题情境时，笔者认为应该重视以下四点：

（一）重视概念形成过程

中学阶段所教授的数学概念与定理都是数学历史长河中留下的宝藏。学生不能只是学习这些内容本身，还应该体会这些定理与概念背后所蕴含的思想方法。因此教师在讲授这些知识的同时要更多地还原知识形成的过程，让学生能够与数学家的思维建立联系。

很多教师在讲授概念时习惯性地将概念告知学生，然后再进行概念辨析。殊不知学生在概念讲授时就没有深刻理解，囫囵吞枣式地进行辨析练习更是云里雾里，摸不着概念的完整内涵。所以教师不应着急于概念的讲授，而要重视形成过程，把概念辨析内容前置。学生通过各种形式的辨析，了解不同事物之间的相同属性才能真正体会概念，才能更深刻地理解概念。同时在过程中也学习了数学家们成熟的数学思维，养成良好的数学学习习惯和思考问题的方式，有助于学生自我思考问题。因此教师要有意识地在这方面下功夫，让学生在思考的同时明确概念与定理形成的背景，明确数学知识的结构以及客观事物间的内部联系。

（二）重视问题被发现的过程

课堂上教师提供的问题情境往往只提供了问题本身，而忽略了会产生这样问题的背景。教师在提供问题时比较注重学生应用意识的培养，突出如何利用原有的知识解决问题。但是这样的教学模式不利于培养学生的创新意识以及问题意识。学生并不知道如何发现问题，《中国学生发展核心素养》中"问题解决"指标的重点是：善于发现和提出问题。发现和提出问题是创新的基础。创新素养又对于高科技高速发展的今天非常重要。我们不能只培养会解决问题的学生，还要培养能善于发现问题的人才。因此学生不能只会根据老师提供的题目进行解题，而忽略了解决这种问题的必要性，不明白为何解决这个问题，以及解决问题的价值是什么。因此教师在设置问题情境时需要更多地让学生体会产生问题的必要性以及解决问题的价值，引导学生会用数学的眼光来看待问题、看待世界。

（三）重视方法的思考过程

教师在讲授解决问题时，经常会遇到这样的情况，教师在课堂上对一个问题讲解了三到四种解法，学生对于教师的"十八般武艺"满眼羡慕，可是再遇到相关类型的问题时，学生仍然不会做。这时候总会招来老师的一句抱怨"我都讲过很多遍了，还用了那么多种方法，怎么还不会呢"。殊不知，学生在教师展示时只是充当了观众而已，并没有参与其中，根本不知道为何用这样的方法解决问题以及何时用这种方法。对于学生来说不仅问题本身是抽象的，方法本身也是抽象的。因此教师在讲授方法时一定要通过问题情境让学生感受为什么采用这样的方法。只有学生明确方法适用的情境，下次遇到类似问题时才能有相关的联想。而要明确方法适用的场景就需要教师设置问题让学生体会不同方法在相同问题以及相同方法在不同问题中使用的优劣。学生只有感悟方法本身的意义才能知道如何应用方法去解决问题。

（四）重视结论推导的过程

教师在结论推导的过程中一定要以学生的操作为主。只有自己操作才能体会在结论推导中所渗透的数学逻辑推理的素养。《课程标准》中指出，逻辑推理过程是得到数学结论、构建数学体系的重要方式，是数学严谨性的基本保证，是人们在数学活动中进行交流的基本思维品质。学生在教师前期的铺垫下已经完成了大部分的探索，最后一步的总结与归纳更加考验学生对于前置知识的梳理、建构以及抽象表达。学生需要在教师前期的铺垫下自主完成最后的结论推导，因为这是学生能独立自主完成一个数学活动的标志。在此过程中，学生必须要调动所有的条件，明确条件之间的关系，理清事物发展的脉络，形成严谨完整的数学语言表述。因此，教师在这个过程要提供相关问题情境让学生得以完善自己的推导过程。

有深度的数学课堂是充满数学思维的。在这个思维训练的过程中，需要教师创设出适当的问题情境。合适的问题情境有助于学生思维品质的提高以及理性精神的培养。能够帮助学生不仅知道如何做，特殊的问题如何解决，还知道为什么可以这么做，以及如何在后续的活动中策略性地选择方法来帮助他认识一般性问题的课堂，一定是充满数学智慧的，学生在这样的课堂中也能收获数学的智慧。

（厦门双十中学　唐传琛）

案例5　椭圆及其标准方程

《数学 2 选择性必修一 A 版》(人教版) 第三章 3.1

一、内容和内容解析

（一）内容

本节课选自普通高中教科书《数学》(人教 A 版) 选择性必修第一册第三章第一节《椭圆及其标准方程》第一课时，教学课时共一个课时。

（二）内容解析

1. 内容的本质

认识椭圆的几何特征，给出椭圆定义，选择坐标系，得到椭圆的标准方程。

2. 蕴含的思想和方法

利用类比思想，使学生经历实践、观察、猜想、论证、交流、反思等理性思维的基本过程，体会研究圆锥曲线的一般思路和方法，是分类与整合思想、数形结合思想的具体体现。

3. 知识的上下位关系

解析几何是数学的一个重要分支，它沟通了数学中数与形、代数与几何等最基本对象之间的联系。学生在第二章中已初步掌握了解析几何研究问题的主要方法，并在平面直角坐标系中研究了直线和圆这两个基本的几何图形。本章内容是对前面所学的运用坐标法研究曲线的又一次实际演练，同时它也是进一步研究椭圆几何性质的基础；由于教材先以椭圆为重点说明了求方程、利用方程讨论几何性质的一般方法，然后在双曲线、抛物线的教学中应用和巩固，因此"椭圆及其标准方程"起到了承上启下的重要作用。

4. 育人价值

通过主动探究、合作学习，感受探索的乐趣与成功的喜悦；培养认真参与、积极交流的主体意识和乐于探索创新的科学精神，提升数学抽象、数学建模、数学运算、逻辑推理等核心素养。

5. 教学重点

椭圆定义的形成过程、椭圆的标准方程、坐标化的基本思想。

二、教学目标

（一）目标

类比圆的学习过程，经历椭圆概念的产生，学习从具体实例中提炼数学概念的方法，由形象到抽象，从具体到一般，掌握数学概念的数学本质，提高学生的归纳概括能力。在掌握椭圆的标准方程与化简椭圆方程的过程中提高学生的运算能力。对学生进行数学思想方法的渗透，培养学生运用数学思想方法分析和解决问题的意识，落实数学抽象、数学建模、数学运算、逻辑推理等核心素养。

（二）目标解析

在椭圆概念的产生中，充分发挥学生在学习中的主体地位，引导学生进行活动、观察、思考、合作、探究、归纳、交流、反思，促进形成研究氛围和合作意识，通过对椭圆定义的严密化，培养学生形成扎实严谨的科学作风，重视化简运算的过程体验，体会到前人探索的艰辛与创新的乐趣，增强学生战胜困难的意志品质并体会数学的简洁美、对称美。充分运用逻辑思维来推进学习进程，让学生学会思考，落实数学素养。

三、教学问题诊断分析

通过类比圆的定义及圆的方程的推导过程，启发理解椭圆的定义及椭圆的标准方程的推导，让学生体会到类比思想的应用；通过利用椭圆定义探索椭圆方程的过程，指导学生进一步理解数形结合思想，产生主动运用的意识；通过由于椭圆位置的不确定所引起的分类讨论，进行分类讨论思想的运用。教学的难点在于椭圆方程的形成与化简过程。

四、教学支持条件分析

前面已经学习过圆的案例，以整体观的教学理念来引导学生系统地学习，才是真正落实新课程理念的根本。教师成为学生学习的引导者、组织者、合作者和促进者的理念已深入人心，学生已经形成教学过程是师生交流、积极互动、共同发展的过程的观念。

五、教法学法选择分析

新课程倡导学生自主学习，采用的教学方法是"类比问题—回顾展望—启发讨论—探索结果"以及"观察—类比—操作—归纳—抽象—总结规律"的探究式教学方法，注重"引、思、探、练"的结合。学生动手实践、自主探究、合作交流及教师启发引导的教学方法，并以多媒体手段辅助教学，使学生经历实践、观察、猜想、论证、交流、反思等理性思维的基本过程，切实让学生成为课堂学习的主体。

六、教学过程

（一）教学流程设计（图 1-31）

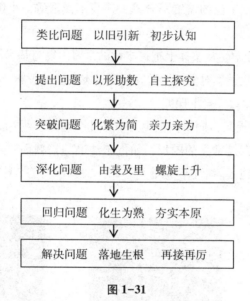

类比问题　以旧引新　初步认知

提出问题　以形助数　自主探究

突破问题　化繁为简　亲力亲为

深化问题　由表及里　螺旋上升

回归问题　化生为熟　夯实本原

解决问题　落地生根　再接再厉

图 1-31

（二）教学过程设计

环节一：化异为同　初步认知

【教师活动】（提问）今天要学习《椭圆及其标准方程》，大家看着课题眼熟吗？

学生活动：（回答）前面刚学习过《圆及其标准方程》，一字之差啊！

【活动说明】教师引导学生回顾旧知，学生能快速地回答教师提出的问题，并从中得到启发。

【设计意图】教师开门见山直奔主题，引导学生明确本节的教学目标，让学生用数学的思维去思考目标问题的分解，培养学生用前瞻的眼光去回顾和总结"过去"，使得学生能从自己知识结构的"最近发展区"出发，寻找新旧知识的联系，使新问题的解决建立在旧知识的基础上，这才是真正地将培养逻辑推理素养的起点依托于课堂教学。

【教师活动】（提问）既然是"一字之差"，那说明两者之间是不是具有某种特定的关系啊？请大家回顾一下我们是如何研究圆的？你们能类比《圆及其标准方程》的研究方法去学习吗？

学生活动：圆的研究的基本思路为现实背景—曲线的概念—曲线的方程—曲线的性质—实际应用。我们可以试一试！

【活动说明】学生能正确地进行列表、描点、连线，但可能出现列表的点的计算出错、坐标长度单位的设置不合理、连线不光滑等，小组间的讨论有助于小问题的解决。

【设计意图】让学生从整体上把握本章的学习内容与基本框架，为后续学习奠定基础，同时深化学生对坐标法研究问题基本方法的理解。

环节二：以形助数　自主探究

【教师活动】（提问）同学们在生活中见过"椭圆"吗？能否举例？

学生活动：椭圆是常见的图形，如汽车油罐的横截面、立体几何中圆的直观图、天体中行星绕太阳运行的轨道等。（图1-32，图1-33，图1-34）

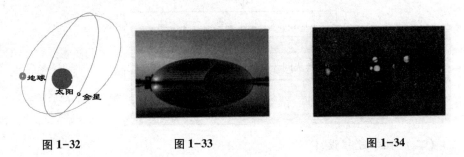

图1-32　　　　　　图1-33　　　　　　图1-34

【活动说明】学生举例，教师利用网络直接搜索，将椭圆的现实示意图呈现出来。

【设计意图】让学生真正成为课堂的主体，体验现实生活与数学的紧密联系。为后面探究椭圆的数学定义做铺垫。

【教师活动】请同学们类比圆的几何特征与圆的定义——"与一定点的距离等于定长的点的集合"表述关系，探究"与两定点的距离和等于定长的点的集合"与椭圆的定义形成。

学生活动：学生先各自思考、作图，然后小组间相互观察、探讨图象的异

同点。首先，$|F_1F_2| < l$，3 名学生顺利完成任务（也为推导椭圆标准方程画好图形）；其次，$|F_1F_2| = l$，学生 A 与学生 B 固定好绳子后，学生 C 用粉笔勾不动绳子，在其他同学的提示下，画出线段；最后，$|F_1F_2| > l$，学生 A 与学生 B 拉着绳子相互用力，在学生笑声中"结束表演"。（图 1-35，图 1-36）

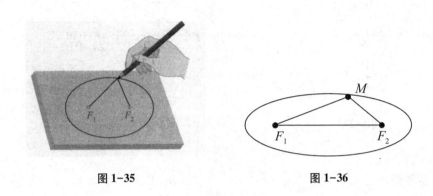

图 1-35　　　　　　　　　　　　　　图 1-36

【设计意图】在学生亲自经历动手探究椭圆的过程中，形成有类有同与有异有不同的活动体验，小组间的讨论能够让思想碰撞出更多火花，从而使学生学会思考，真正提升逻辑推理素养与直观想象素养。

【教师活动】几何画板演示椭圆的画法，并请学生尝试用精确的数学语言给出椭圆的定义。

学生活动：<u>平面内与两个定点 F_1，F_2 的距离之和等于常数（大于 $|F_1F_2|$）</u>的点的轨迹叫作椭圆。

【活动说明】在此基础上，教师关注学生对定义中相关用语及符号表示，如"平面内""定点""距离之和""常数""常数大于两定点间的距离""点的轨迹"的使用是否准确，注意分类不重、不漏。

【设计意图】以活动为载体，学生经历知识的形成过程，积累感性经验。并给学生自主探索的机会，让他们通过观察、讨论，概括出椭圆的定义，这样既获得了知识，又培养了学生的抽象思维、概括能力，增强了学生思维的严谨性与语言表达能力。

3. 化繁为简　亲力亲为

【教师活动】（提问）能类比圆的方程猜测椭圆的方程形式并推导出方程吗？分小组解决问题。

学生活动：要建立椭圆的方程，类比圆的方程大致步骤有"建""设"

"限""代""化"，即根据椭圆的几何特征建立适当的直角坐标系—设出椭圆上的点—明确点的几何条件的限制—将几何条件转化为代数表示列出方程—化简方程与检验方程。（图1-37，图1-38）

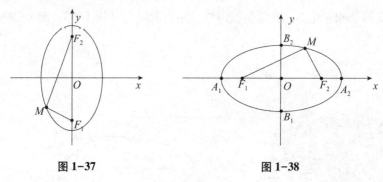

图1-37   图1-38

根据椭圆定义可得到 $\sqrt{(x-c)^2+y^2}+\sqrt{(x+c)^2+y^2}=2a$

化简得到方程 $(a^2-c^2)x^2+a^2y^2=a^2(a^2-c^2)$ （＊）

令 $b^2=a^2-c^2$，（＊）式变形为：$b^2x^2+a^2y^2=a^2b^2$；

通过同除 a^2b^2 得到 $\dfrac{x^2}{a^2}+\dfrac{y^2}{b^2}=1(a>b>0)$。

【活动说明】教师巡视，一是提醒学生学会观察图形。椭圆具有对称性，并且过两个焦点的直线是它的对称轴。受圆心在原点时圆的标准方程最简单启发，以经过椭圆两焦点 F_1，F_2 的直线为 x 轴，线段 F_1F_2 的垂直平分线为 y 轴，建立直角坐标系 $O-xy$。二是提醒学生化简的目标是什么，通过什么手段达到这一目的。三是鼓励学生大胆尝试，小心求解，学会选择数学运算的直觉。四是提醒学生从简化、美化的角度出发继续优化方程，同时方程的变形须是同解变形。

【设计意图】教师创造和谐平等自由的氛围，让学生真正成为课堂教学的主体。学生经历运算过程，体会方程所蕴含的简洁美、对称性、和谐美，体会"数"与"形"的内在一致性，学会以严谨的治学态度对待学习，养成理性思维的科学品质，才能让逻辑推理素养与数学运算素养落地生根。

环节四　由表及里　螺旋上升

【教师活动】利用PPT展示完整的运算推导过程，（并提问）推导出的椭圆方程的形式与猜想的形式是否一致？与圆的方程是否具有相关性？椭圆方程中的 b 有什么几何意义？为什么要用 $2a$，$2c$ 而不是 a，c 表示椭圆的定长与焦距？

【活动说明】学生回答问题，在他们清晰地认识到椭圆与圆的关系后，教师再利用几何画板从形的运动角度，让点 M 运动到 y 轴正半轴上，让学生观察图形自行获得 a，c，b 的几何意义，让学生在表达中进一步梳理知识的本质含义，体会数形结合思想，引出特征三角形，也为后续学习做好准备。

【设计意图】利用信息技术进一步促进学生及时回顾与整理运算的过程性，加深理解数与形的转化，并挖掘数学定义与数学符号的内涵与外延，让学生经过日积月累的学习让思考成为一种习惯，学会知其然，还能知其所以然，最后达到何由以知其所以然。

环节五：化生为熟 夯实本原

【教师活动】例 1 已知椭圆的两个焦点分别是 $(-2, 0)$，$(2, 0)$，并且经过点 $\left(\dfrac{5}{2}, -\dfrac{3}{2} \right)$，求它的标准方程。

【设计意图】体会求椭圆标准方程的一般解法。

【教师活动】（超链接）展示丹德林双球试验（视频）（图 1-39，图 1-40）

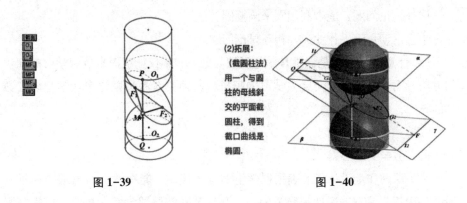

图 1-39   图 1-40

【活动说明】数学文化的背景深刻，但学生对此了解太少，教师要恰到好处地引导学生用数学的眼光来认识世界。

【设计意图】数学是从现实生活中抽象出来的，要让学生学会用数学的眼光观察现实世界。通过演示实验，使学生明了数学文化的内涵，让学生对数学产生学习兴趣。

环节六：落地生根 再接再厉

【教师活动】（提问）本节课大家学习哪些知识、哪些方法？

学生活动：焦点在 x 轴上的标准方程为 $\dfrac{x^2}{a^2} + \dfrac{y^2}{b^2} = 1$（$a > b > 0$），

焦点在 y 轴上的标准方程为 $\dfrac{y^2}{a^2} + \dfrac{x^2}{b^2} = 1$ （$a > b > 0$）。

【教师活动】（总结）一动二定求和常，两个方程大对焦，三个字母勾股弦，四个素养留心间。

【活动说明】学生归纳的内容通常是教师上课强调的知识的重难点，但思想的高度还不够，有时表达也不完善，教师要耐心地倾听学生叙述，多从学生的闪光点处引导学生认识不足，让学生越说越好。

【设计意图】用数学语言来表达，对学生来说比较难，需要经历逻辑思维的加工，需要梳理与重组词语，但只有不断地积累，才能更好地突破数学抽象、逻辑推理核心素养的培养难点。

【教师活动】（书面作业）课本第 109 页练习 第 2（3）题、第 3 题、第 4 题；

第 115 页习题 3.1 第 1 题、第 2 题、第 4 题。

课外讨论问题：能否利用圆来画椭圆？

学生活动：记下作业，并相互讨论问题。

【设计意图】作业是课堂教学的延伸与助力，不仅能巩固本节课学习的知识与方法，而且是学生学会自主学习的契机，教师要在潜移默化中让学生体会数学的魅力，促进学生素养的全面发展。

七、教学实践心得

本节课的教学设计能准确把握学生的认知规律，能在学生的思维"最近发展区"内提出具有普适性的数学问题；并且精准掌握课堂教学规律，在问题驱动下引发学生实质性的数学思考，从而实现让学生既掌握知识、技能，又提升了数学素养的教学目标。

从生活的情境中来又回到数学中去，就是从学生的实际生活出发，才能更好地让学生产生共鸣，教师不仅类比了圆的学习过程，还创设了实际问题的情景，充分引出了学生对形的思考，再引导学生从形中提炼出来椭圆的定义问题，充分地调动了学生的注意力与思考力，让数学抽象素养能落地生根；通过"化简椭圆标准方程"的计算困境，触动学生再次思考，于问题处碰撞出思维的火花，启发学生从特殊到一般地进行逼近式挖掘，从而形成简洁的表达；此时教师需进一步充分了解学生的潜能是无限的，通过类比圆的性质，从数学建模出发，引导学生进行数学符号的再认识，真正将数学抽象素养、数学建模素养的培养融入教学中去。

数学抽象、数学建模与数学运算素养的培养都需要学生全身心的投入，而且需要教师能充分地吊足学生的"胃口"。课堂伊始，便利用情境激发学生热情地参与，接着恰到好处地利用信息技术从多方面展现数学的美，让学生对数学更感兴趣，步步创设适合于学生学习的活动，并让其在成功的学习经验中体会数学的魅力。不仅让学生学会学习数学的知识与方法，更为学生的数学抽象素养、数学建模与数学运算素养的培养提供"沃土"。数学抽象素养与数学运算素养的培养是一项长远工作，若教师能时时刻刻将其渗透于平时的教学，那学生的全面培养素养就指日可待了。

数学的核心素养培养要落实到学生，就需要落实到师生的交流活动中去，本节课教师设计富有层次的问题进行引领，充分地利用类比思想，将数学概念发生、发展的过程简洁明了地展现了出来，将数学抽象素养、数学建模与数学运算等素养悄然落到实处，恰到好处的数学文化渗透更好地促进了学生的学习。本节课中蕴含的逻辑思维量较大，因此需要给学生更多时间讨论与思考，若能提供更多的时间给学生，效果会更好。

（柘荣县第一中学　袁琴芳）

案例 6　抛物线及其标准方程

《数学选择性必修第一册》（人教 A 版）第三章 3. 3

一、内容和内容解析

（一）内容

本节课选自普通高中教科书《数学选择性必修第一册》（人教 A 版）第三章《圆锥曲线的方程》第 3 节《抛物线》，教学课时为 2 课时。

（二）内容解析

1. 内容的本质

抛物线作为圆锥曲线之一，本节课主要研究其标准方程和简单的几何性质。通过对五条特殊曲线的学习，要求学生对解析几何的基本思想方法有深刻的理解，能够自觉地运用解析几何的思想方法解决问题。《普通高中课程标准》中强调："在圆锥曲线的教学过程中，学生应了解圆锥曲线的起源和发展，强调圆锥曲线的几何背景，能用坐标法解决一些简单的几何问题和实际问题。"

2. 蕴含的思想和方法

在研究抛物线标准方程的过程中，我们感悟了解析几何的思维方法和解题的基本策略，即用代数方法求解几何问题。它渗透了化归与转化的思想、数形结合的思想。

3. 知识的上下位关系

本节课具有"统前"的功能：把前面的所有思想方法统一起来，在抛物线标准方程建立的过程中，深刻体会解析几何的思想方法和解决问题的基本策略。同时，本节课具有"启后"的意义：通过本节课的"收尾"，让学生独立运用解析几何的思想方法去解决问题。

4. 育人价值

数学与其他学科之间的联系越来越多。新课程特别注重数学在教材编写中的应用，注重数学与物理、化学等学科和其他领域的联系。例如，水平或倾斜弹丸在重力作用下的轨迹是抛物线的一部分，教科书例子 2 中的卫星接收天线问题。然而，物理学只为数学创造问题和解决问题提供了情境，这些问题的解决还需要数学知识和方法。教师把学生放在更广阔的知识背景中，让学生对数学有多维度、多层次的理解，帮助学生学会运用数学知识、方法和思想解决其他领域的问题，帮助学生在全面的知识背景中形成良好的数学素质，理解解析几何的基本思想，掌握抛物线的定义和标准方程，并能根据抛物线的标准方程求出其焦点坐标和准线方程。通过对抛物线标准方程的探索，引导学生理解建立合适的平面直角坐标系的意义，理解数学思维的力量。

5. 教学重点

掌握抛物线的定义及标准方程，并能根据抛物线的标准方程，求其焦点坐标和准线方程。

二、目标和目标解析

（一）目标

掌握抛物线的定义及标准方程；并能根据抛物线的标准方程，求其焦点坐标和准线方程。通过探求抛物线标准方程的过程，引导学生体会建立平面直角坐标系的意义，感悟数学思想的力量。

（二）目标解析

引导学生将研究椭圆、双曲线的基本方法、基本思想迁移到抛物线的学习过程中，引导学生主动探索抛物线的标准方程。本节课以问题的提出、解决为主线。

三、教学问题诊断分析

（一）问题诊断分析

在中学阶段，抛物线的概念出现了三次。第一次是在义务教育阶段，二次函数图象是抛物线，第二次是在高中物理学中，在重力作用下，平抛物体或斜抛物体的运动轨迹是抛物线的一部分，第三次出现在这里，抛物线是圆锥截面曲线的形状之一。在此基础上，我们应该思考如何利用好学生所学的知识——根据认知心理学的观点，抛物线作为一门新知识，其哪些方面可以被吸收，哪些方面可以与抛物线作为二次函数图象顺利衔接，并融入学生现有的认知结构中；抛物线的哪些方面需要学生认知结构的变化才能进入学生的知识体系。认知结构变化的外在表现之一是学生表现出的困惑，在准确把握学生困惑的基础上，设置适当的问题，帮助学生独立思考和建构，从而实现学生元认知结构的重组或重构。

本节中的模型属于二次曲线和方程。学生学习了椭圆和双曲线，抛物线也属于圆锥曲线。他们的共同特征和个性涉及二次曲线的差异。抛物线是平面截圆锥的截面形状之一，与椭圆和双曲线的来源相同。用解析几何研究抛物线的思想是一样的，即建立一个系统，找到标准方程，然后通过对方程的研究来了解抛物线的几何性质。教师首先要掌握三条曲线的同构关系，这是对教材体系的整体认识。但抛物线有其特殊性。教师必须认清抛物线与椭圆、双曲线的区别，思考如何在教学中帮助学生理解抛物线的特点。

（二）教学难点

1. 对抛物线的重新认识；
2. 抛物线的标准方程的推导。

四、教学支持条件分析

学生已经学习了椭圆和双曲线，对圆锥曲线有了初步的认识。通过曲线与方程的学习已经对解析法有了一定的了解。

学生需要对研究的目标、方法和途径有初步的认识，需要具备较好的归纳、猜想和推理能力。

五、教法学法选择分析

教法：启发探究，互动讨论，问题解决

学法：自主探究，合作交流，归纳总结

六、教学过程

（一）教学流程设计图（图 1-41）

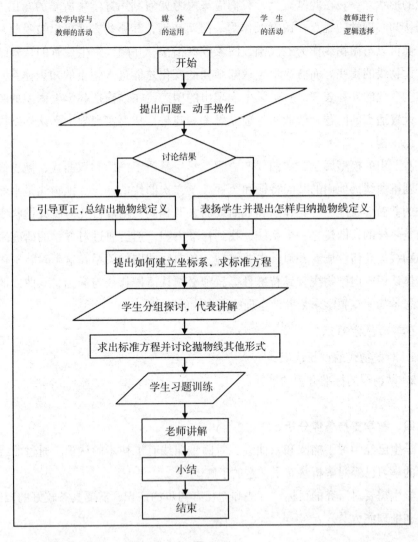

图 1-41

（二）教学过程设计

环节一：温故知新，搭建思维桥梁

师：向学生分别展示生活中投篮时篮球的运动轨迹、桥梁的拱形、喷泉的纵截面等图片以及一元二次函数 $y = ax^2(a \neq 0)$ 的图象。

初中老师告诉同学们一元二次函数 $y = ax^2(a \neq 0)$ 的图象是抛物线，但一元二次函数 $y = ax^2(a \neq 0)$ 的图象为什么是抛物线而不是双曲线的一支呢？那满足什么条件的点的轨迹是抛物线？

【设计意图】兴趣是最好的老师，本环节是新课引入环节，通过激发学生的求知欲，更好地开展后面的环节。

通过前面的学习我们知道如果动点 P 到定点 F 的距离与点 P 到定直线（不过 F 点）的距离之比为 k，当 $0 < k < 1$ 时，点 P 的轨迹为椭圆，当 $k > 1$ 时，点 P 的轨迹为双曲线，那么，当 $k = 1$ 时，点 M 的轨迹会是什么形状呢？下面请大家一起动手做一做：（同桌一组）把直尺固定在纸板上面，把一块三角板的一条直角边紧靠在直尺的边缘，取一根直线，它的长度与另一直角边相等，细绳的一端固定在顶点 A 处，另一端固定在纸板上点 F 处。（图1-42）用笔尖扣紧绳子，靠住三角板，然后将三角板沿着直尺上下滑动，画出抛物线。

（走下讲台，及时对学生给予指导）

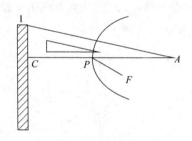

图1-42

师：思考一下，这个过程中有什么不变量？

生：点 P 到点 F 的距离和点 P 到直尺的距离相等。

师：好，下面谁来归纳一下抛物线的定义？

生：到定点的距离和到定直线的距离相等的点的轨迹叫作抛物线。

师：如果 F 点在直线上呢？得到的轨迹还是抛物线吗？如果不是，会是什么？

生：不是。如果 F 在直线上，只能是一条直线。

师：说得很对。通过刚才的探讨，可以归纳出抛物线的定义：

平面内与一个定点 F 和一条直线 l（l 不过点 F）的距离相等的点的集合（展示 PPT）

这里：F 是抛物线的焦点；l 是抛物线的准线；强调 l 不过点 F。

【设计意图】通过新旧知识对比，以及演示抛物线的形成过程，使学生真正看到了"轨迹"，突出了轨迹点的几何特性。不仅有利于学生概括抛物线的定义，也为后面求抛物线的轨迹方程做了铺垫。

环节二：启发引导，推导方程

师：类比于椭圆的学习（简单回顾一下椭圆标准方程的推导），接下来我们共同来推导抛物线的标准方程。根据抛物线的定义，到定点和到定直线的距离相等，设 P 是抛物线上的任一点，要求抛物线方程，需要借助直角坐标系。有几种方法建立直角坐标系，并求出方程？（分组讨论）

（一段时间后，请各组代表讲解）

1. 以 F 为原点，过 F 且垂直于定直线 l 的直线为 y 轴建立平面直角坐标系，此时得方程：$y^2 = 2px + p^2 (p > 0)$；（图 1-43）

2. 以 K 为原点，定直线 l 所在的直线为 y 轴建立平面直角坐标系，此时得方程为：$y^2 = 2px - p^2 (p > 0)$；（图 1-44）

3. 以垂线段 KF 的中点为原点，K 所在的直线为 x 轴建立平面直角坐标系，此时得方程：$y^2 = 2px (p > 0)$。（图 1-45）

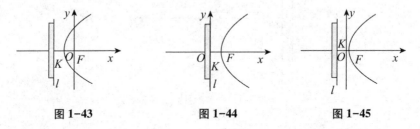

图 1-43　　　　　　图 1-44　　　　　　图 1-45

第三种所得方程最简洁。我们把 $y^2 = 2px (p > 0)$ 叫作抛物线的标准方程。

师：请大家将课本逆时针旋转 90 度，观察图形有什么变化？

生：开口方向变成向上了。

师：其实抛物线的开口方向是可以任意的，可以向右、向左、向上，还可以向下。

【设计意图】在建立抛物线标准方程的过程中，感悟解析几何的思维方法和解题的基本策略，即用代数方法求解几何问题，渗透转化与化归、数形相结合的数学思想，同时培养学生自主探究与合作交流的意识。

环节三：引导更正，归纳总结

师：那么，请大家完成表格（PPT展示）（表1-6）

表 1-6

图　　形	焦点坐标	准线方程	标准方程
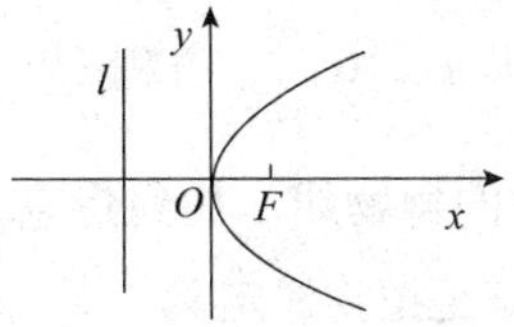	$\left(\dfrac{p}{2},\ 0\right)$	$x = -\dfrac{p}{2}$	$y^2 = 2px$ $(p > 0)$
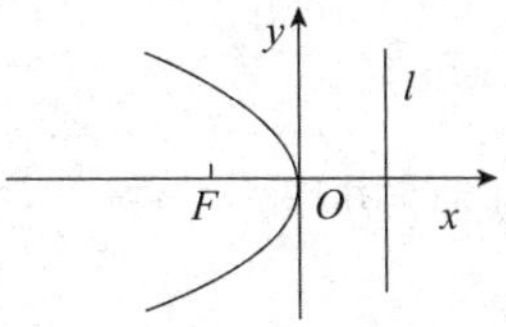	$\left(-\dfrac{p}{2},\ 0\right)$	$x = \dfrac{p}{2}$	$y^2 = -2px$ $(p > 0)$
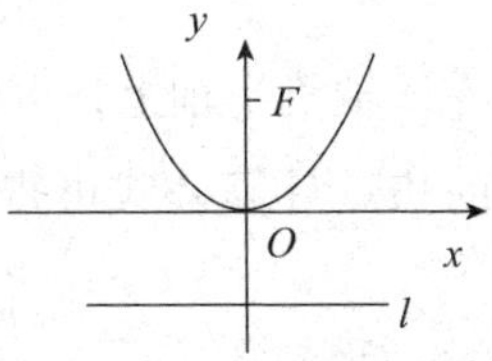	$\left(0,\ \dfrac{p}{2}\right)$	$y = -\dfrac{p}{2}$	$x^2 = 2py$ $(p > 0)$
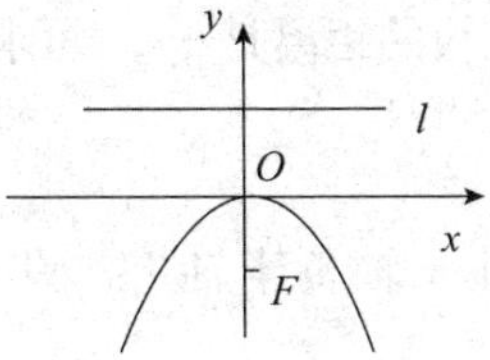	$\left(0,\ -\dfrac{p}{2}\right)$	$y = \dfrac{p}{2}$	$x^2 = -2py$ $(p > 0)$

【设计意图】了解曲线与方程的"完备性"与"纯粹性"，渗透"数"与"形"的矛盾与统一。培养学生把握事物的全面性与多样性的能力，并学会用对称与类比的方法解决问题。展示图表，总结四种形式的抛物线标准方程，使本节的知识系统化。

环节四：对比巩固，加深理解

师：思考一元二次函数 $y = ax^2 (a \neq 0)$ 的图象为什么是抛物线？（分组讨论）（一段时间后，请各组代表讲解）

生：顶点在原点，焦点在 y 轴正半轴的抛物线的方程是 $x^2 = 2py(p > 0)$，而方程 $x^2 = 2py(p > 0)$ 对应的图象就是抛物线。因为一元二次函数 $y = ax^2(a \neq 0)$ 的表达式可化成 $x^2 = \dfrac{1}{a}y$，从而可说明当 $a > 0$ 时，方程 $x^2 = \dfrac{1}{a}y$ 表示的是顶点在原点，焦点在 y 轴正半轴，开口向上的抛物线；当 $a < 0$ 时，方程 $x^2 = \dfrac{1}{a}y$ 表示的是顶点在原点，焦点在 y 轴负半轴，开口向下的抛物线。找到焦点，找到准线，取抛物线上的点，然后用距离公式证明是否满足抛物线定义。

【设计意图】将已学过的旧知识和新知识进行对比，更好地对新知识和旧知识加深理解。

环节五：习题训练，巩固知识

（PPT 展示）例　根据下列条件分别写出抛物线的标准方程：

（1）焦点是 $F(1, 0)$；

（2）焦点到准线的距离为 $\dfrac{1}{2}$，焦点在 y 轴的正半轴上。

分析：（1）由焦点是 $F(-1, 0)$，知抛物线焦点在 x 轴负半轴上，可以设抛物线的标准方程为 $y^2 = 2px(p > 0)$，根据抛物线的焦点计算公式可得到 p 的值；

（2）设焦点在 y 轴的正半轴上的抛物线的标准方程为 $x^2 = 2py(p > 0)$，则焦点坐标为 $\left(0, \dfrac{p}{2}\right)$，准线为 $y = -\dfrac{p}{2}$，根据焦点到准线的距离是 $\dfrac{1}{2}$，可求得 p 的值，进而求出结果。

解：（1）由焦点是 $F(-1, 0)$ 知抛物线焦点在 x 轴负半轴上，设 $y^2 = 2px(p > 0)$，

且 $\dfrac{p}{2} = 1$，则 $p = 2$，故抛物线的标准方程为 $y^2 = -4x$；

（2）设焦点在 y 轴的正半轴上的抛物线的标准方程为 $x^2 = 2py(p > 0)$，

则焦点坐标为 $(0, \dfrac{p}{2})$，准线为 $y = -\dfrac{p}{2}$，

则焦点到准线的距离是 $\left| -\dfrac{p}{2} - \dfrac{p}{2} \right| = p = \dfrac{1}{2}$,

因此所求的抛物线的标准方程是 $x^2 = y$.

【设计意图】巩固四种方程的形式及曲线特征, 熟悉相关的公式。关注图形在解题过程中的作用, 渗透数形结合的思想。

七、教学实践心得

（一）以深度学习的理念, 重视概念的引入与形成

数学概念的引入是数学概念教学的必经环节, 通过这一过程使学生明确"为什么引入这一概念"以及"将如何建立这一概念", 从而使学生明确活动目的, 激发学习兴趣, 获得有关知识, 为建立概念的复杂活动做好心理准备。同时由于新概念是对已有概念的继承、发展和完善, 有些概念由于其内涵丰富、外延广泛等, 学生的理解很难一步到位。因此本节课在抛物线概念的引入与形成过程中, 从学生熟悉的生活中的例子, 如投篮时篮球的运动轨迹、桥梁的拱形、喷泉的纵截面等图片以及一元二次函数 $y = ax^2 (a \neq 0)$ 的图象出发, 让学生感知抛物线的重要应用。通过数学实验探索抛物线上点的几何特征, 组织学生讨论、合作学习, 挖掘抛物线的内涵, 帮助学生完成对抛物线概念的概括。

（二）以问题为导向, 激发学生参与课堂的积极性

抛物线是中学数学的重要内容, 它贯穿在整个中学数学教材中, 其内容随着学生认知水平的提高而不断加深。抛物线最早见于初三数学的学习中, 但初中老师只是直观地告诉同学们一元二次函数的图象是抛物线, 并没有证明为什么一元二次函数的图象是抛物线。学生对于这种曲线的本质并不清楚。本节以"一元二次函数 $y = ax^2 (a \neq 0)$ 的图象为什么是抛物线?"为引导, 激发学生的求知欲望。

首先在探究出抛物线的定义后, 学生发现并不能用定义来判断一元二次函数 $y = ax^2 (a \neq 0)$ 图象上的点满足抛物线定义的几何特征, 从而激励他们探究抛物线的方程, 通过曲线方程的代数形式来解释方程所表示的几何图形, 即顶点在原点, 焦点在 y 轴正半轴的抛物线的方程是 $x^2 = 2py (p > 0)$, 而方程 $x^2 = 2py (p > 0)$ 对应的图象就是抛物线。进而因为一元二次函数 $y = ax^2 (a \neq 0)$ 的表达式可化成 $x^2 = \dfrac{1}{a} y$, 从而可说明当 $a > 0$ 时, 方程 $x^2 = \dfrac{1}{a} y$ 表示的是顶点在原

点，焦点在 y 轴正半轴，开口向上的抛物线；当 $a < 0$ 时，方程 $x^2 = \dfrac{1}{a} y$ 表示的是顶点在原点，焦点在 y 轴负半轴，开口向下的抛物线。从而完善了学生的认知，让他们体验到了成功与提升的喜悦，激发了学生学习数学的兴趣。教材的这种安排，不仅是解析几何"用方程研究曲线"这一基本思想的再次强化，也符合认知的渐进性原则。

（三）以学生为主体，围绕学生的认知规律设计合理的情境

课堂上的真正主人应该是学生，教师只是活动的组织者、引导者、合作者。要在教学中，让学生充分经历探索与发现的过程，着重于知识形成过程的探索，更加注重对学生能力的培养。上课不是为了展示教师自己的水平有多高而盲目地增加难度和技巧。注重引导学生自我探索与自我发现，注重挖掘教材的能力生长点，着眼于学生终身发展的需要才是上课的目的。

（厦门双十中学　张卓）

案例 7　全概率公式

《数学选择性必修三》（人教 A 版）第七章 7.1.2

一、内容和内容解析

本节选自普通高中教科书《数学选择性必修三》（人教 A 版）第七章。

（一）内容

1. 全概率公式

一般地，设 A_1，A_2，$\cdots$，A_n 是一组两两互斥的事件，$A_1 \cup A_2 \cup \cdots \cup A_n = \Omega$ 且 $P(A_i) > 0$，$i = 1$，2，$\cdots$，n，则对任意的事件 $B \subseteq \Omega$，有

$$P(B) = \sum_{i=1}^{n} P(A_i) \, P(B \,|\, A_i) 。$$

2. 贝叶斯公式

设 A_1，A_2，$\cdots$，A_n 是一组两两互斥的事件，$A_1 \cup A_2 \cup \cdots \cup A_n = \Omega$ 且 $P(A_i) > 0$，$i = 1$，2，$\cdots$，n，则对任意的事件 $B \subseteq \Omega$，$P(B) > 0$，有

$$P(A_i \,|\, B) = \frac{P(A_i) \, P(B \,|\, A_i)}{P(B)} = \frac{P(A_i) \, P(B \,|\, A_i)}{\sum_{k=1}^{n} P(A_k) \, P(B \,|\, A_k)}$$

（二）内容解析

1. 内容的本质

全概率公式：如图 1-46 所示，利用一组两两互斥的事件 A_1，A_2，…，A_n（和为必然事件），将复杂事件 B 表示为它们的和事件，再由概率的加法公式和乘法公式求出事件 B 的概率：

$$P(B) = P(A_1 B \cup A_2 B \cup \cdots \cup A_n B) = \sum_{i=1}^{n} P(A_i B) = \sum_{i=1}^{n} P(A_i) P(B|A_i).$$

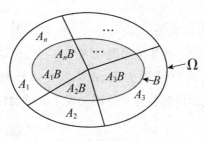

图 1-46

从另一个角度出发，如图 1-47 所示，假定 A_1，A_2，…，A_n 是导致试验结果的"原因"，利用全概率公式求 $P(B)$ ，即"由因求果"。

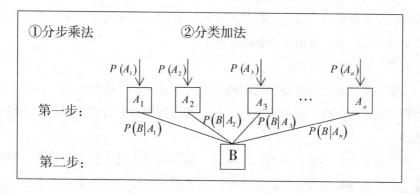

图 1-47

贝叶斯公式：本质上是求条件概率。若将复杂事件 B 分割成一组两两互斥的事件 A_1，A_2，…，A_n 的并，如图 1 - 48 所示，$P(A_i|B) = \dfrac{P(A_i B)}{P(B)} = \dfrac{P(A_i) P(B|A_i)}{P(B)}$。

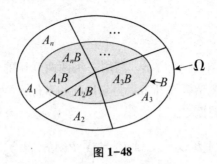

图 1-48

从另一个角度出发，假定 A_1，A_2，…，A_n 是导致试验结果的"原因"，$P(A_i)$ 反映了各种"原因"发生的可能性大小，它们在试验前是已知的，称为先验概率。现在已知试验结果为事件 B 发生，可利用贝叶斯公式求出 $P(A_i|B)$，它反映了试验后对各种"原因"发生的可能性大小的新的认识，这个过程即"由果索因"。

2. 蕴含的思想和方法

从特殊到一般、从具体到抽象的方法：通过具体实例总结出求复杂事件概率的基本思路，将其一般化从而得到全概率公式的过程。

将复杂问题化为简单问题的思想：利用全概率公式，在解决实际问题时根据事件的意义附加一个条件，按某种标准将复杂事件分解为简单事件，从已知的简单事件的概率计算出复杂事件的概率。

3. 知识的上下位关系

本节内容位于选择性必修三的第七章，是基于必修课程概率内容的活动经验和知识技能的延续，也为学生后续学段人工智能的学习引发兴趣，并奠定知识基础。

在必修二中，学生经历过由特殊到一般研究概率基本性质的过程。教材中已建立古典概率模型和事件的加法公式。在前一节中，通过条件概率建立了概率的乘法公式。在本节中，教材以一个古典概型问题引发思考：在不放回的摸球实验中，求第二次摸到红球的概率。基于学生当时研究球的个数为具体数的活动经验，本节的思考将探究球的个数是抽象的数时的解决方法，并将此过程一般化，归纳得到全概率公式，再进一步由全概率公式与条件概率得到贝叶斯公式，丰富概率的运算法则（图 1-49）。

在后续学段的学习中，本节内容是概率论中的重要基础知识，同时，以贝叶斯公式为基础发展出系统的推理和决策方法——贝叶斯方法，在人工智能领

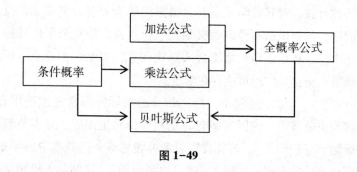

图 1-49

域发挥重要作用。

4. 育人价值

提升应用数学的意识，激发数学学习的兴趣，培养用数学的眼光看待随机事件的概率，通过条件概率等已知知识分析复杂问题，由具体实例抽象得出一般性的数学结论，逐步形成分析问题、解决问题的能力；在公式推广的过程中利用集合的运算法则进行严谨计算，逐步培养严密的逻辑思维，提升数学抽象、逻辑推理、数学运算等素养。

5. 教学重点

全概率公式及其应用。

二、目标和目标解析

（一）目标

1. 结合古典概型，会利用全概率公式计算概率；

2. 了解贝叶斯公式（选学）。

（二）目标解析

1. 会利用概率的加法公式和乘法公式归纳得到全概率公式，能用全概率公式计算较复杂的概率问题。

2. 能通过实例了解贝叶斯公式，知道它是描述两个条件概率之间的一种关系。

三、教学问题诊断分析

（一）问题诊断分析

在全概率公式的学习过程中，要求学生从实际问题的解决中归纳研究方法，再一般化得到公式，对其数学抽象、逻辑推理等素养有较高要求。反之，面对一个实际问题，如何根据事件的意义附加一个条件，使复杂事件可按某种标准分解为简单事件，从而运用全概率公式解决问题，也是一个难点。因此，学生对公式的理解、记忆及应用可能存在困难。

在贝叶斯公式的学习过程中，与之相关的实际问题常常无法用直觉判定，难以迅速得到正确答案，或因答案与直觉相悖而产生困惑。如本节教学设计中的课后拓展题"三门问题"，若凭直觉思考可能忽略条件概率中的"条件"，错将先验概率作为后验概率；如例2"病毒检测问题"，已知某人检测结果呈阳性的情况下，此人得传染病的概率并不是我们直觉的接近100%。因此，学生对公式的理解可能会存在困难。

（二）教学难点：运用全概率公式求概率。

四、教学支持条件分析

在前一阶段的学习中，学生已有古典概率模型、概率的加法公式和乘法公式、条件概率等知识技能，经历过由特殊到一般研究概率基本性质的过程。因此，在概念引入时，教师可选取学生熟悉的、有趣的、经典的情境，由具体到抽象，逐步引导学生自主探究概念生成过程。在分析问题时，可借助树状图、列表等直观化的方式，帮助学生深刻理解公式的内涵与实际意义。也可借助随机模拟的方法，用信息技术工具获得重复随机试验的结果，估计随机事件（如三门问题）发生的概率，帮助学生直观地验证结果。在应用公式时，教师可设置侧重点不同的情境强化学生对知识的应用，使其能利用数学模型解决实际问题。例如，有些问题利用全概率公式计算概率较简洁清晰，而对于有些问题，利用全概率公式求解则是唯一的选择。

五、教法学法选择分析

教法：启发探究，互动讨论，问题解决；
学法：自主探究，合作交流，归纳总结。

六、教学过程

（一）教学流程设计（图 1-50）

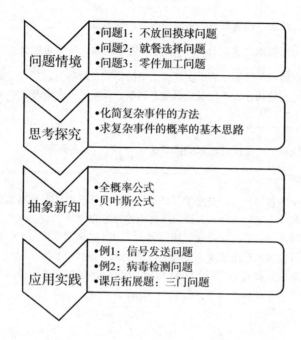

图 1-50

（二）教学过程设计

环节 1	创设情境，抽象全概率公式
引入	引导语：在上节课中，我们学习了条件概率，拓展得到了乘法公式 $P(AB) = P(A)\,P(B \mid A)$。在计算较复杂的事件的概率时，我们先把它分解为一些简单事件的运算结果，再利用概率的加法公式和乘法公式求其概率。在这样的计算过程中，还有什么规律和方法我们尚未发现呢？让我们先从求一个复杂随机事件的概率开始吧！
问题 1	（不放回摸球问题）从有 a 个红球和 b 个蓝球的袋子中，每次随机摸出 1 个球，摸出的球不再放回。显然，第 1 次摸到红球的概率为 $\dfrac{a}{a+b}$，那么第 2 次摸到红球的概率是多大？如何计算这个概率呢？

师生活动	学生思考并尝试解决问题，教师发现学生的闪光点并加以引导。
活动说明	在引入阶段，侧重直观感知概率的值。因为抽签具有公平性，所以第 2 次摸到红球的概率应该也是 $\dfrac{a}{a+b}$。对于这个结果，学生可能会产生疑惑，以为第 2 次摸球的结果受第 1 次摸球结果的影响。教师可以指出，数学上有许多问题与直觉相悖，不能仅凭感觉来判断，而要进行严格的数学证明。
追问 1	你能证明第 2 次摸到红球的概率是 $\dfrac{a}{a+b}$ 吗？怎么证明？
师生活动	先由学生自主论证，交流学习结果。老师引导学生从古典概型的角度分步思考，对学生进行点评，并给出严格的推导过程： 记事件 R_i＝"第 i 次摸到红球"，B_i＝"第 i 次摸到蓝球"，$i = 1, 2$。 我们可以用树形图来表示事件之间的关系。图 1-51 所示为第 1 次摸球的可能结果（红或蓝）；如图 1-52 所示，事件 R_2 可按第 1 次摸球的可能结果表示为两个互斥事件的并，即 $R_2 = R_1R_2 \cup B_1R_2$。 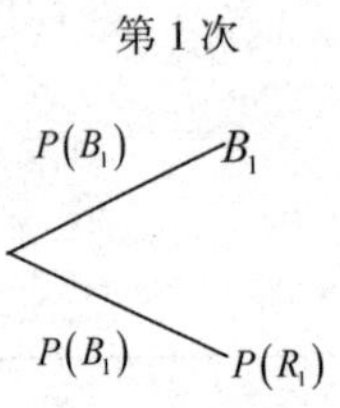 图 1-51 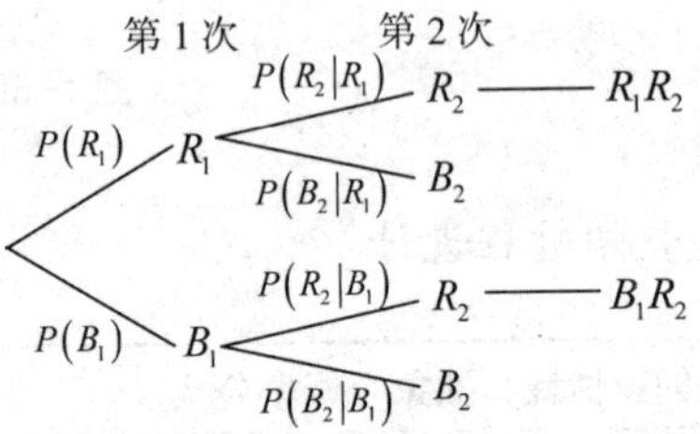　　　　　　　图 1-52 利用概率的加法公式和乘法公式，得 $$P(R_2) = P(R_1R_2 \cup B_1R_2) = P(R_1R_2) + P(B_1R_2)$$ $$= P(R_1)\,P(R_2|R_1) + P(B_1)\,P(R_2|B_1)$$ $$= \frac{a}{a+b} \times \frac{a-1}{a+b-1} + \frac{b}{a+b} \times \frac{a}{a+b-1}$$ $$= \frac{a}{a+b}.$$

活动说明	这是一个古典概型问题。在必修课程概率的学习中，当球的个数为具体数时，通过列举试验的样本空间，求出第二次摸到红球的概率（与第一次摸到红球的概率相等）。现在球的个数是抽象的数，教师可借助树状图，帮助学生更加直观地理清思路。在这个过程中，教师应引导学生理解将复杂事件分解为简单事件时，这两个简单事件应互斥，且并集为全集。
追问 2	若一开始袋子中还有 c 个黄球，其他条件不变，那么第 2 次摸到红球的概率是多大？如何计算这个概率呢？
师生活动	学生仿照问题 1 的研究过程进行思考，展示成果。
活动说明	记事件 R_i = "第 i 次摸到红球"，B_i = "第 i 次摸到蓝球"，Y_i = "第 i 次摸到黄球"，i = 1，2。教师可引导学生类比问题 1 画出树形图（如图 1-53）。首先，研究追问 2 与问题 1 中树形图的变化，发现两个问题在思路分析时的共性与不同——共性：两个问题都可以用树形图分步研究，事件 R_2 都可按第 1 次可能的摸球结果表示为互斥事件的并；不同：问题 1 中每一步有两种可能的结果，追问 2 中则有三种，在树形图中体现为每步多一支。 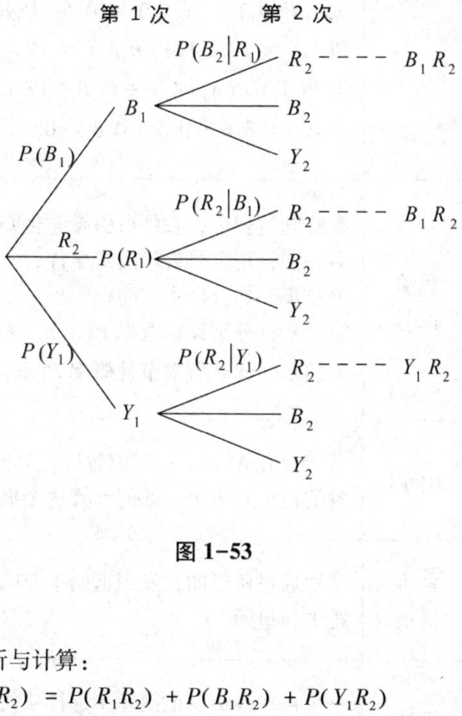 图 1-53 其次，进一步进行代数式的分析与计算： $P(R_2) = P(R_1R_2 \cup B_1R_2 \cup Y_1R_2) = P(R_1R_2) + P(B_1R_2) + P(Y_1R_2)$ $= P(R_1) P(R_2 \vert R_1) + P(B_1) P(R_2 \vert B_1) + P(Y_1) P(R_2 \vert Y_1)$ $= \dfrac{a}{a+b+c} \times \dfrac{a-1}{a+b+c-1} + \dfrac{b}{a+b+c} \times \dfrac{a}{a+b+c-1} + \dfrac{c}{a+b+c} \times$ $\dfrac{a}{a+b+c-1} = \dfrac{a}{a+b+c}$. 学生经历问题从简单到复杂的过程（复杂事件分别分割成 2 个、3 个互斥事件的并），为之后公式一般化（复杂事件分割成 n 个事件的并）、归纳出全概率公式作铺垫。

问题2	（就餐选择问题）某学校有 A，B 两家餐厅，王同学第 1 天午餐时随机地选择了一家餐厅用餐。如果第 1 天去 A 餐厅，那么第 2 天去 A 餐厅的概率为 0.6；如果第 1 天去 B 餐厅，那么第二天去 B 餐厅的概率为 0.8。计算王同学第 2 天去 A 餐厅用餐的概率。
师生活动	学生类比问题 1 的求解思路进行思考，与同桌交流，并展示成果。教师引导学生采用类比的方法，借助树状图理清思路，对学生在解题过程中的不严谨之处进行补充。最后，师生共同得出严谨的解题过程： 记事件 A_i = "第 i 天去 A 餐厅用餐"，B_i = "第 i 天去 B 餐厅用餐"，$i = 1$，2。 则 $A_2 = A_1A_2 \cup B_1A_2$，且 $\Omega = A_1 \cup A_2$，A_1，A_2 互斥， 又由 $P(A_1) = P(B_1) = 0.5$，$P(A_2|A_1) = 0.6$，$P(A_2|B_1) = 0.8$，得 $P(A_2) = P(A_1A_2 \cup B_1A_2) = P(A_1A_2) + P(B_1A_2)$ $= P(A_1) P(A_2|A_1) + P(B_1) P(A_2|B_1)$ $= 0.5 \times 0.6 + 0.5 \times 0.8 = 0.7.$
活动说明	在解题过程中，教师可引导学生归纳解题步骤： 第一步，用符号表示随机事件； 第二步，划分样本空间； 第三步，分别计算概率 $P(A_1)$，$P(B_1)$，$P(A_2|A_1)$，$P(A_2|B_1)$； 第四步，计算所求事件概率 $P(A_2)$。
追问1	若学校有 A，B，C 三家餐厅，其他条件不变，那么王同学第 2 天去 A 餐厅用餐的概率是多少？如何计算这个概率？
师生活动	学生通过树形图，发现追问 1 与问题 2 在解题过程中的不同与共性（类似问题 1 与追问 1）。
设计意图	学生再次经历类似问题 1 这样从简单到复杂的过程（复杂事件分别分割成 2 个、3 个互斥事件的并），感受两个问题的共同点，为得到一般化的公式作铺垫。
追问2	以上两个问题的求解思路有何共同点？将这个过程一般化，你能归纳出求复杂事件概率的基本思路吗？你能从问题解决的过程中抽象出关键公式，并用代数式表示吗？

续表

师生 活动	师生共同归纳： （1）问题1与问题2的共同点：都将事件进行了分步，第一步中包含多种情况且互斥。 （2）求复杂事件概率的基本思路：复杂事件可表示为两两互斥的事件的并，再由概率的加法公式和乘法公式求得这个复杂事件的概率。 （3）关键公式（全概率公式）：一般地，设 A_1，A_2，$\cdots$，A_n 是一组两两互斥的事件，$A_1 \cup A_2 \cup \cdots \cup A_n = \Omega$ 且 $P(A_i) > 0$，$i = 1, 2, \cdots, n$，则对任意的事件 $B \subseteq \Omega$，有 $P(B) = \sum\limits_{i=1}^{n} P(A_i) \, P(B \mid A_i)$ 。 教师指出这个公式称为全概率公式，它是计算概率的最基本公式之一。
活动 说明	在一般化的过程中，教师可用结构图（图1-54），引导学生归纳两个问题的共性特征，帮助学生更加深刻地理解全概率公式。同时，教师应注重从具体问题中归纳出公式的使用条件。 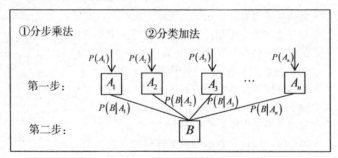 **图1-54** 结合图形，教师可更直观地引导学生从两个角度进一步挖掘全概率公式的本质： （1）如图1-55，"全"部概率 $P(B)$ 被分解成了许多部分之和，它的实际意义为：在较复杂的情况下直接计算 $P(B)$ 不易，但事件 B 总是伴随着某个 A_i 出现，因此，只要根据事件的意义附加一个条件（构造一组 A_i），将复杂事件 B 分解，计算即可简化。 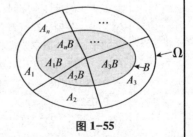 **图1-55** （2）如图1-54，假定事件 A_1，A_2，$\cdots$，A_n 是导致试验结果的"原因"，各种"原因"发生的可能性大小 $P(A_i)$ 已知，利用全概率公式求 $P(B)$，即"由因求果"。

续表

设计 意图	由具体实例，通过数学抽象得出一般性的数学结论，是培养学生抽象素养的重要途径。在这一环节中，设置了两个学生熟悉的、经典的情景，通过比较异同，归纳出解决问题的方法。在这个过程中，培养学生用数学的眼光看待随机事件的概率，逐步形成分析问题、解决问题的能力，提升数学抽象、逻辑推理、数学运算等素养。
环节2	拓展思考，了解贝叶斯公式
问题3	(零件加工问题) 有 3 台车床加工同一型号的零件，第 1 台加工的次品率为 6%，第 2，3 台加工的次品率均为 5%，加工出来的零件混放在一起。已知第 1，2，3 台车床加工的零件数分别占总数的 25%，30%，45%。 (1) 任取一个零件，计算它是次品的概率； (2) 如果取到的零件是次品，计算它是第 i ($i = 1$，2，3) 台车床加工的概率。
师生 活动	教师先提出问题 3 (1)。 首先要求学生用几何语言表示问题 3 中的事件，引导学生利用图象 (如图 1-56) 将事件 B 表示为 3 个两两互斥事件的并。接着，学生自主解决问题，可与同学讨论，并由一位学生代表展示思路。 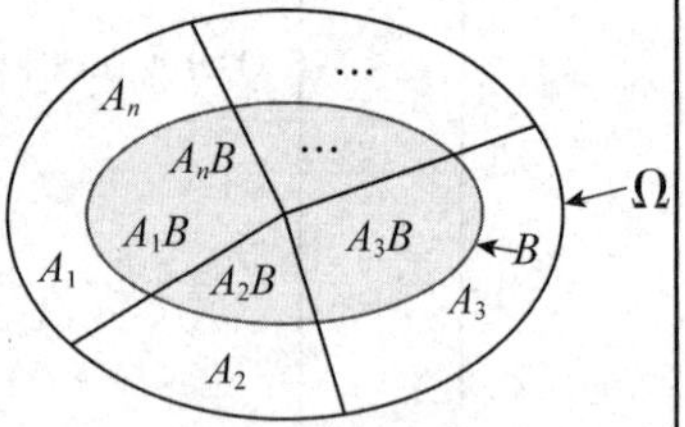 图 1-56 教师引导学生按步骤解决问题： 第一步，用符号表示随机事件：记事件 B = "任取一零件为次品"，A_i = "零件为第 i 台车床加工"，$i = 1$，2，3。 第二步，划分样本空间：$\Omega = A_1 \cup A_2 \cup A_3$，且 A_1，A_2，A_3 两两互斥。 第三步，分别计算概率。 第四步，由全概率公式求出概率： $P(B) = P(A_1) P(B|A_1) + P(A_2) P(B|A_2) + P(A_3) P(B|A_3)$ $= 0.25 \times 0.06 + 0.3 \times 0.05 + 0.45 \times 0.05$ $= 0.0525$。 对于问题 3 (2)，教师引导学生想到所求的概率为条件概率，再由学生自行运算求解。根据学生作答情况，教师做分析与解答，可示范计算 $i = 1$ 时的概率： $P(A_1|B) = \dfrac{P(A_1 B)}{P(B)} = \dfrac{P(A_1) P(B|A_1)}{P(B)} = \dfrac{0.25 \times 0.06}{0.0525} = \dfrac{2}{7}$。 类似的，可得 $P(A_2|B) = \dfrac{2}{7}$，$P(A_3|B) = \dfrac{3}{7}$。

设计意图	通过例题进一步强化应用全概率公式计算概率的方法与步骤，通过对问题3（2）中的条件概率的计算，为引出贝叶斯公式做准备。
问题4	在上面的例题解答中，概率 $P(A_i)$，$P(A_i \mid B)$ 的实际意义是什么？
师生活动	教师在学生已有先行思考的基础上进行讲解，指出 $P(A_i)$ 是试验之前就已知的概率，它是第 i 台车床加工的零件所占的比例，称为先验概率。当已知抽到的零件是次品（B 发生），$P(A_i \mid B)$ 是这件次品来自第 i 台车床加工的可能性，通常称为后验概率。 如果对加工的次品，要求操作员承担相应的责任，那么 $\frac{2}{7}$，$\frac{2}{7}$，$\frac{3}{7}$ 就分别是第1，2，3台车床操作员应承担的份额。
追问	你能梳理出解决问题3（2）过程中的关键等式吗？仿照全概率公式的一般化，你能写出该关键等式的一般形式吗？
师生活动	首先，教师引导学生梳理出解决问题3（2）过程中的关键等式： $$P(A_i \mid B) = \frac{P(A_i B)}{P(B)} = \frac{P(A_i) P(B \mid A_i)}{P(B)}, \quad i = 1, 2, 3.$$ 接下来，学生先仿照全概率公式的一般化过程，尝试用符号化表示问题，然后教师指导学生由关键等式写出贝叶斯公式的一般形式： 设 A_1，A_2，$\cdots$，A_n 是一组两两互斥的事件，$A_1 \cup A_2 \cup \cdots \cup A_n = \Omega$ 且 $P(A_i) > 0$，$i = 1, 2, \cdots, n$，则对任意的事件 $B \subseteq \Omega$，$P(B) > 0$，有 $$P(A_i \mid B) = \frac{P(A_i) P(B \mid A_i)}{P(B)} = \frac{P(A_i) P(B \mid A_i)}{\sum_{k=1}^{n} P(A_k) P(B \mid A_k)}。$$ 教师补充，这个公式是由英国数学家贝叶斯（Thomas Bayes）首先发现的，称为贝叶斯公式，它用来描述两个条件概率之间的关系。贝叶斯公式在统计学中有着广泛的应用。
活动说明	教师可借助结构图（图1-57），引导学生通过对比图1-54与图1-55，研究贝叶斯公式与全概率公式的本质关联，体会贝叶斯公式的思想： 假定 A_1，A_2，$\cdots$，A_n 是导致试验结果的"原因"，$P(A_i)$ 反映了各种"原因"发生的可能性大小，它们在试验前是已知 图1-57

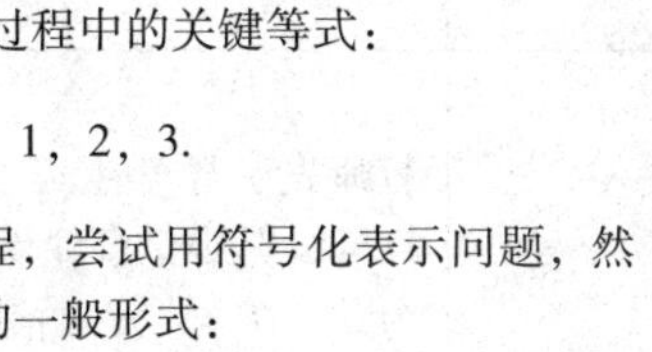

续表

活动说明	的，称为先验概率。现在已知试验结果为事件 B 发生，可利用贝叶斯公式求出 $P(A_i|B)$，它反映了试验后对各种"原因"发生的概率的新的认识，这个过程即"由果索因"。
设计意图	借助具体实例，让学生经历贝叶斯公式的一般化过程，在此过程中提升学生的数学抽象能力，使学生认识到事物之间存在广泛的联系，而这种联系需要有敏锐的数学眼光才能发现。
环节3	运用公式，深化概念理解
例1	（信号发送问题）在数字通信过程中，信号是由数字 0 和 1 组成。由于随机因素的干扰，发送的信号 0 或 1 有可能被错误地接收为 1 或 0。已知发信号 0 时，接收为 0 和 1 的概率分别为 0.9 和 0.1；发送信号 1 时，接收为 0 和 1 的概率分别为 0.95 和 0.05。假设发送信号 0 和 1 是等可能的。 （1）分别求接收的信号为 0 和 1 的概率； （2）已知接收的信号为 0，求发送的信号是 1 的概率。
师生活动	教师先引导学生通过画图（如图 1-58，其中记事件 A ="发送信号为 0"，B ="发送信号为 1"）分析复杂事件，选择适当的方法求解（第一问用全概率公式，第二问用贝叶斯公式）。再结合学生的解答情况，给出分析和解答过程。 答案：0.475，0.525，$\frac{1}{19}$ 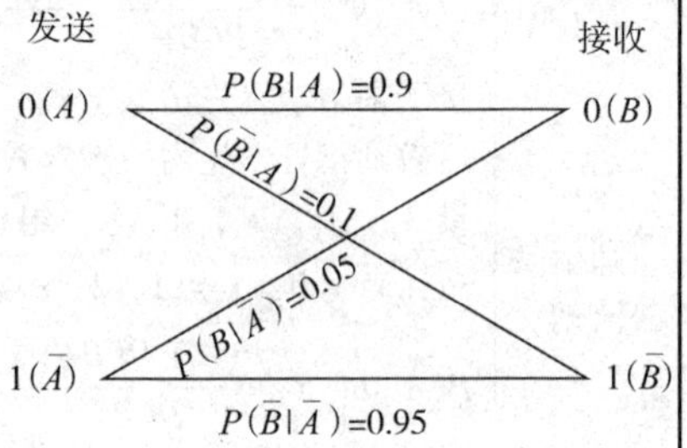 . 图 1-58
设计意图	让学生熟悉用树形图分析复杂事件的方法，通过具体实例，巩固全概率公式和贝叶斯公式，加强它们的应用，使学生积累灵活选用条件概率、概率的乘法公式、全概率公式、贝叶斯公式来解决问题的经验。
例2	（病毒检测问题）用验血的方式诊断某人是否感染乙肝病毒，用 A 表示"被检者感染了乙肝病毒"，B 表示"被检者验血结果为阳性"，$P(B|A)=0.99$，$P(B|\bar{A})=0.05$。假设某一群体感染乙肝病毒的概率为 0.5%，如果该群体中某人检测结果呈阳性，他感染乙肝病毒的概率是多大？（保留两位有效数字）。

师生活动	教师先引导学生通过文氏图（如图 1-59）分析复杂事件，后选择贝叶斯公式求解。再结合学生的解答情况，给出分析和解答过程。 答案：0.091。 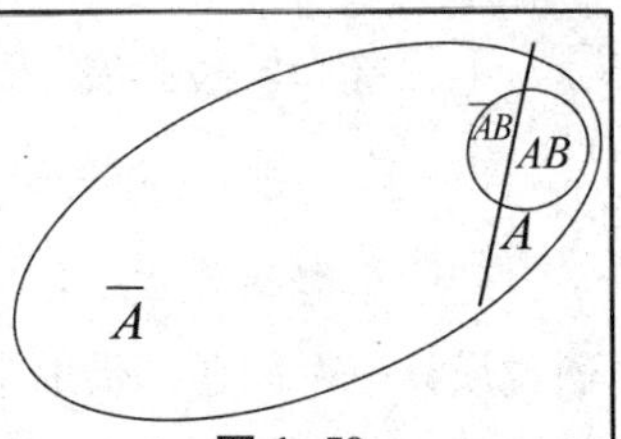 图 1-59
设计意图	让学生熟悉用文氏图分析复杂事件的方法，通过医学实例进一步体会贝叶斯公式中各条件概率的实际意义，深入理解概率。另外，根据结果再次引导学生对于数学问题，不能仅凭感觉来作判断，而要进行严格的推导证明。
环节 4	总结提升，启迪思维
小结与反思	1. 全概率公式中将样本空间分拆成若干两两互斥事件的并集的作用是什么？ 2. 应用全概率公式计算概率的步骤是什么？ 3. 条件概率和贝叶斯公式有什么联系？ 4. 结合本单元的学习，谈一谈如何从数学特例中归纳出一般性的结论？有哪些操作步骤？你有什么体会？
师生活动	教师引导学生回顾本单元的学习过程，学生回答以上问题。
设计意图	通过问题组梳理全概率公式的基本思想和应用步骤，有助于学生把握数学思想方法，提升数学素养。
课后拓展题	（三门问题）：在一个抽奖游戏中，主持人从编号为 1，2，3 的三个外观相同的空箱子中随机选择一个，放入一件奖品，再将三个箱子关闭。主持人知道奖品在哪个箱子里。游戏规则是主持人请抽奖人在三个箱子中选择一个，若奖品在此箱子里，则奖品由抽奖人获得。不妨设你选了 1 号箱，在箱子打开之前，主持人先打开此箱之外的一个空箱子（不妨设为 3 号箱）。给你一次重新选择箱子的机会，你是坚持选 1 号，还是改选 2 号？ 提示：结合教材第 53 页"阅读与思考"，解决上述问题，并了解贝叶斯公式与人工智能的关系。
设计意图	为学生课后拓展提供方向，指出数学在高科技发展中占有的重要地位，激发学生数学学习热情，提升数学应用的意识。

七、教学实践心得

(一) 问题导向设计，促进概念理解

理解全概率公式、贝叶斯公式的生成过程与本质是本节课的重点和难点，通过设计三个问题，借助学生熟悉的情境，结合学生的"最近发展区"，让学生经历从现实抽象出数学问题，并将公式一般化、代数化的过程，力求强调重点、突破难点，实现基于理解的深度教学。

(二) 突出概率思想，提升核心素养

抽象出全概率公式和贝叶斯公式之后，本设计注重引导学生剖析其数学本质。虽然这两个公式是通过概率的加法公式和乘法公式综合应用推导而来，但其本身蕴含着严谨的数学思想，如全概率公式能使计算化繁为简，可"由因求果"，而贝叶斯公式可"由果索因"。对公式的数学本质的剖析，有助于真正实现学生严密逻辑思维的培养，提升数学抽象、逻辑推理、数学运算等数学核心素养。

(三) 分层差异考虑略有不足

本设计强调逻辑推理，重视运算，对学生的理解能力和思维水平有较高要求，适合功底扎实的示范性高中学生，对于基础薄弱的学生则不太适合。

（厦门双十中学　谢怡然）

第二章

数学命题课教学

第一节　数学命题教学及建议

一、数学命题教学及其原则

命题简单来说就是用语言、符号或式子表达的且可以判断真假的陈述句。高中数学命题的教学指的是包括数学公理、定理、公式、法则在内的数学真命题的教学。公式教学有球的体积和表面积、点到直线的距离、三角函数的诱导公式等；定理教学有正弦定理、余弦定理、平面向量基本定理等；法则教学有平面向量的加减运算法则、导数的运算法则等；常见性质教学有指数函数的性质，正弦函数、余弦函数的性质，空间直线与平面、平面与平面的平行和垂直的性质定理等。

数学命题是以数学概念为基础，经过一系列的逐级抽象进一步深化得到的，因此具有高度的抽象性；数学命题描述准确、推理严密、结论确定，因此数学命题具有严谨性，除此之外，数学命题还有符号简明、应用广泛等特点。

数学命题的学习需要经历命题的探索、命题的证明和命题的应用等不同的环节，学生需要在教师的帮助下抽象出命题的结论并理解其意义，最终内化为学生自己的知识结构。数学命题的教学一般应遵循并坚持主体性原则、建构性原则、求异性原则和过程性原则。

（一）主体性原则

学生是学习的主体，命题教学应以学生为中心，教师通过问题促进学生的思考，引导学生思维的发展，让学生有意识地、主动地将所学知识用于实践，整个教学过程中，学生是主体，教师是助手，为学生的学习提供材料。

（二）建构性原则

学习活动是认知框架的不断变革或重组，学习不是简单的积累过程，而是包含一定质变的、可以区分出不同阶段的个体的认知发展，包含着对不恰当或错误观念的纠正与更新。教师要帮助学生在探索和思考的基础上自主发现命题、建构命题，而不是把命题直接告诉学生。

（三）求异性原则

命题的理解是一个开放的过程，教学中需要多方位、多角度对命题进行思考和研究，这包括了命题的不同形式的真假判断，条件的增减等，教师通过不同的方式促进学生知识的建构，通过教学有意创造机会，使学生自主发现知识，让学生有意识地、主动地将所学知识运用于实践。

（四）过程性原则

知识只能由学生依据自身的经验与知识去主动地加以建构，而不是简单的由教师或其他人传授，这说明学习活动是具有创造性质的活动，学生要理解或消化教师所讲的内容，需要一个过程，一个意义赋予的过程，学生要凭借自己已有的认知结构去解释教师所说的，建立起已有的知识和经验与新的学习材料之间的非任意的、实质性的联系。

二、数学命题学习方式

数学命题学习是一个概念的系统建构过程，是旧的学习内容和新的学习内容之间相互作用，形成新的认知结构的一个过程，新知识和旧知识之间的关系大致可以分为上位关系、下位关系和并列关系。

（一）上位学习

在个体原有认知体系中已有命题的基础上学习一个概括程度更高的命题，这种学习方式称为上位学习，在上位学习中新命题中的几个概念之间的关系是通过归纳、综合与提炼比它层次低的原命题中的有关知识而获得的，因此上位学习又称为"总括学习"，上位学习的思维方式是归纳，学生在理解的基础上要"顺应"数学知识的发展脉络建构自己的认知结构，因此，一般需要较多的实例作为支撑，帮助学生去理解上位的概念和法则。

学习者在对相关材料归纳、整合、概括成一个新的命题时都需进行上位学习，比如学习者在学习直线方程一般式时，需对直线方程的斜截式、点斜式、截距式、两点式等形式进行归纳，改变原有的对直线方程特殊式的认知结构，重新组合，从而归纳出一般式。

（二）下位学习

如果新学习的命题从属于个体原有认知结构中概括程度更高的命题，这种学习方式就称为下位学习，在下位学习中，新命题可以直接纳入个体原有的认知结构中，并充实原有的认知结构，因此下位学习又称为"归属学习"。下位学习的思维方式是演绎，学生在学习过程中把新的知识"同化"并丰富原有的知识结构。

下位学习中新的命题之间的关系是从原来认知结构中的外延性比较宽的知识中分出来，并补充进新的知识形成的，不断地进行这种下位学习就不断产生新的知识层次，使新的命题不断分化，不断精确化。

下位学习又分为相关下位学习和派生下位学习两种。其中相关下位学习是指新命题类属的概念具有较高的概括水平，新命题能让原来的认知扩大、准确，使新知识获得完善。相关下位学习中，虽然新的命题能与一些具有高概括性的数学命题和概念发生相互作用，但是新的命题意义并不能完全被原有的数学命题或概念包摄，也无法被原有的数学命题或概念代表。例如，在高中学习立体几何时，由于研究范围由二维扩大到三维，两直线之间的关系除了相交和平行，还加入了异面这种情况，因此，初中所学的"两直线要么平行，要么相交"这个命题就要修正为"平面上两直线要么平行，要么相交"。如果新的数学命题是原有认知结构中原有命题和概念的特例，那么这种下位学习就是派生下位学习。新的命题可以作为原有命题的例子来帮助理解，也就是说，新的命题能够直接从认知结构中原有的命题或者概念中衍生出来，新的命题是旧的命题或者概念的派生物。例如，学习者在学完函数单调性后，再去探索指对数函数单调性，这就是派生下位学习。派生下位学习能够使新的学习知识变得有意义，也使原有的数学命题和概念更加充实、巩固。

（三）并列学习

如果个体新学习的命题与原有认知结构中的命题具有某种关系，但既不是上位关系，也不是下位关系，那么我们称这种学习方式为并列学习。在并列学习中，新学习的命题与原有认知结构中的有关法则、规律、性质等相关联，个体可以运用分析、类比等方法合理的组合成新命题，因此并列学习又称为"组合学习"。

并列学习模式不能包摄原有的概念，也不从属于原有概念，也无法概括原有概念，但是这种模式中新的学习内容和旧知识之间具有明显的同项，可以并列组合，因此，寻找新旧知识的共同点是并列学习模式的关键。例如，在学习了椭圆的相关概念、性质，再学习双曲线的概念和性质，就可以通过类比来建立椭圆和双曲线的联系，使学习者学习新命题更加轻松易懂。学习了等差数列的相关概念和性质，在学习等比数列的概念和性质时，也可以通过类比来猜想等比数列的对应性质，并帮助学生建立联系，促进理解，加深记忆。

三、数学命题教学设计

数学命题的教学设计包含命题的发现、命题的证明和命题的应用三个环节的设计。

命题的发现需要联系学生的实际，创设适当的情境，引领学生发现命题、感受命题的形成过程，既要帮助学生建立新旧知识之间的联系，掌握深层次的、复杂的概念等非结构化知识，又要帮助学生在自身原有的理解的基础上批判性的学习新思想和新知识，并将它们与原有认知结构相融合，与学科思想相互关联，将已有的知识迁移到新的情景中去解决问题。

命题的证明是数学教学中的重要环节，是学生吃透数学命题的本质，了解命题的结构，明确命题的证明方法以及证明的思维过程。教师在设计教学时需要了解命题与其他命题之间的区别与联系，并且引导学生能够尝试总结、归纳出证明规律等。如果能够用批判的眼光审视新的命题，在探寻新的规律法则的过程中，做到及时反思反省，也有利于对命题本质的理解。

命题的应用和推广是命题学习的第三个环节，同时也可能是新的命题学习的基础和引子，举一反三，灵活运用所学理论知识到实践中去，并且在运用的过程中逐步加深理解，主动的自我反思，培养起高阶思维。命题应用和推广大致可划分为三个层次：第一，命题的直接应用；第二，命题的辨识辩题及间接应用；第三，致力于发展性的命题推广和拓展应用。

落实立德树人根本任务和促进人的全面发展教育目标，以研究怎样教的深度教学和解决怎样学的深度学习是核心素养落地的基本途径。培养和发展高阶思维，命题教学设计要时刻关注以思维为基础的问答策略的设计。教师教学问题的设计，包括口头和书面问题，是教学能够培养学生高阶思维的最有效手段。开放性的、挑战性的、没有标准答案的，需要学生收集查询资料才能有结论，运用他们的思维深度思考才能够回答的问题，才是激发学生的高阶思维技能的好问题。从实际经验出发，结合学生原有的知识经验，探寻规律法则，注重批判理解，鼓励审视新观点，用批判的眼光看待问题，强调信息整合，面向问题解决，强调学习者的自我监控和不断反省，促进知识建构，着意迁移运用，并提倡主动学习和终身学习。教师的教学设计是在对数学整体的认识、对模块整体的理解以及命题在单元中的地位和作用认识的基础上的一个环节，在教学预设中要以单元整体教学为依托，要贯彻和落实数学的整体观，更加关注知识的整体性、逻辑的连贯性、思想方法的一致性，紧紧围绕命题的逻辑联系，从学生的生活和学习经验入手，系统设计教学，帮助学生掌握命题的来龙去脉，吃透命题的本质。

四、数学命题教学实施

（一）创设问题情境

教师通过设计多种问题情境，可以有效地调动学生学习的积极性，激发学生学习的热情，可以使学生更加乐于解决问题，有利于数学结构在学生脑海中的建构。数学命题的情境设计应该与数学问题相符，情境设计应该尽量简洁明了，少一些枯燥，多一些趣味，少一些花哨，多一些关联。教师在引入过程中，应该引导学生深入思考探究，积极动手实践，通过多种方法了解数学命题的设计、应用及意义，感受数学命题的美妙与神奇。现实中主要通过数学问题的实际应用与已学知识相联系、用经典问题创设问题情境以及引申引趣等多种方法实现，事实上，基于深度学习的问题情境设计应该更多关注数学问题的本质，以培养学生的高阶思维为主要目标。

数学的发展始终是伴随着问题而向前推进的。一个好的问题不仅能够提高课堂效率，使教学目标明晰、呈现方式得体，还能够积极发挥学生的主体作用，激发学生的探索精神与创新思维，调动学生学习数学的积极性。在高中数学命题教学中，命题是概念和解题的纽带，"问题"策略显得尤为重要，教师要基于"问题驱动"和"问题解决"理论设计问题串，充分利用问题和问题串帮助学生建构数学模式，使模式插上问题的翅膀，在学生的数学命题学习过程中发挥更大的作用。

（二）引导自主探究

设计适合学生认知水平的命题探究学习，唤醒学生的探究意识，形成良好的探究氛围，让学生在命题的发现、生成、论证、应用的过程中适时探究，真正成为学习的主人，有效培养学生提出问题、合情推理、分析论证的能力，逐步提升数学素养。

命题的生成与论证过程中蕴含着丰富的数学思想方法，开展探究学习在促进学生理解与认识命题的同时，也有助于形成技能。因此，命题的课堂教学需要教师对教材内容进行加工、重组并生成，使教学设计符合学生的认知结构及学习心理，以便他们积极主动地参与探索命题的生成与证明，参与讨论，相互启发，从而掌握命题及该命题蕴含的鲜活的思想方法.

数学学习的目的在于应用，因此，在命题的教与学的过程中，必须注重其在实际生活及其他学科中的应用，并适度在其中渗透探究学习，从而使学生灵活、巧妙地运用所学知识，极大地提高学生探究数学的热情，发展学生思维的灵活性与敏捷性，培养学生应用数学的意识，拓展学生的视野。

命题教学需要学生系统地掌握数学命题，逐步建立相应的认知结构，才能不断提高数学基本能力。在知识整合中渗透微型探究学习，让学生在命题的形成、变式及延伸中，形成命题的"同化"与"顺应"，进而将命题的共同点抽象提取出来，并将之运用到解决问题中来，提高解决问题的能力。当然，考虑到课时、学生的能力水平以及兴趣点的不同，与讲授式相辅相成的微型探究教学设计值得老师们实践运用。

(三) 启迪多向求解

数学命题的探索和获得过程是学生理解并应用数学命题的关键，也是学生建构认知结构的关键，能够帮助学生深刻理解知识的发生发展过程和知识的逻辑顺序，是命题教学的核心环节。在命题的探索、获得和证明过程中，启迪学生从多角度展开联想、思考问题，建立多元网络结构，多向求解，培养学生思维的灵活性、深刻性，发展学生的逻辑推理素养。

比如余弦定理的教学，应该引导学生至少从三个不同的角度证明和联系：(1) 几何法，这是最贴近学生认知结构的证明思路，也与正弦定理的证明思路吻合；(2) 解析法，三角函数的定义的推广本身就是借助直角坐标系实现的，在用解析法证明余弦定理的过程中，建系后点的坐标本身就涉及三角函数的定义，可以很合理的把二者紧密联系起来；(3) 向量法，最新版的课标和教材中把正弦定理和余弦定理放在《平面向量及其应用》这个章节，本身就凸显了正弦定理和余弦定理是平面向量的应用，而向量法最大的优势也在于让几何图形可以进行代数运算，这样多角度的证明过程，帮助学生建立起了传统几何、解析几何、三角函数与平面向量的联系，可以让学生的知识结构更加完备，解题思路更加灵活，思维能力和思维品质也将得到更有效的提升。如果条件允许，老师能够更进一步引导学生建立起正弦定理、余弦定理和射影定理的联系，那么学生将更好地理解和掌握三角形中的边角关系，学生的数学抽象素养、逻辑推理素养和数学建模素养都将得到极大提升。

（四）加强变式应用

变式教学是中国特有的典型的教学模式，被称为中国教学的"瑰宝"。在数学教学中概念变式一般表现为静态的，但是在命题教学和问题解决的教学中常表现为动态的数学活动过程。因此，在命题教学中我们既要注重静态的概念变式，更要注重动态的过程变式，使静态的命题模式在数学活动过程中"活"起来。在高中数学命题教学中运用变式的关键在于形成命题模式之后对命题做进一步的探讨，帮助学生内化命题。举例而言（可参见第二节教学设计案例），教师通过命题的语言变式、对象变式、关系变式、特征变式、结构变式以及综合变式，使学生避免僵化的思维定式，多角度识别命题的本质属性，深化学生对命题的理解和运用，促进学生对命题模式和结构的比较、优化，提高学生的认知水平与解题能力，提升学生的核心素养，培养学生的高阶思维。

五、数学命题学习心理

命题学习的第一阶段是命题的习得，数学命题是通过接受和发现的方式获得的，接受是指教师将命题直接呈现给学习者，通过关联命题的表示来获得命题的方式，发现是展示命题生成过程的一种方式，让学习者在命题的发生和发展过程中得到命题，无论是接受还是发现，学习者都必须具备获得数学命题的必要心理条件，即要有接受新命题的积极心理倾向。一是学习者要意识到自己原有认知结构中的命题无法解决当前的问题。二是学生要对新命题的价值有信心，相信新的命题能够对自己所面临的困难有帮助，学习者必须在现有的认知结构中发现与新命题相关的知识，作为新知识的固定点，也就是新命题和旧知识之间建立起某种逻辑，并建立起自然语言和数学语言的相对应的关系。一般来说，数学命题往往都是先有自然语言表述，再用数学语言来概括总结。若无法将数学命题的内涵与数学符号、数学图象等建立起同构关系，就不能说是真正接受了新的数学命题。

数学命题经过初步的获得后，还需要进一步完善数学命题的证明过程，经过了命题的获得，在这一过程中学习者大脑内会自动形成一种内部的结构，并建构起自己认知结构里的命题网络。命题的学习过程是一种意义迁移的过程，这就要求学习者必须要根据自己原有认知结构的知识和经验来对新命题进行解释，要运用已有的命题公理来证明新的命题。

数学命题的应用是命题学习的最后一个环节，学习者通过对数学问题的实际解决来实现数学命题的应用，对于学习者而言，数学问题解决是一种新的学习过程，而不是简单的知识重复。知识不一定是直线，也可以是围绕某些概念所形成的网络，所以说，学生在面对一个从未见过的问题时，他首先就是确认问题的目标和已知条件，并将这些与自己的原有知识网络进行联系，然后这些被联系上的知识点又可以联系其他的知识，这样交叉形成知识网络，通过对这些知识的提取利用，从而解决所有的问题。

六、数学命题教学设计与实施建议

（一）深入理解数学命题

理解数学是数学教师的基本任务，对于命题教学而言，深入理解数学命题是合理高效地开展命题教学的第一要务。在强调深度学习，落实单元设计的大背景下，深入理解命题就显得尤为重要，也是合理设计单元教学的基本要求，也是深度学习得以发生和实现的基本前提。

以对诱导公式的理解为例，公式一体现的是周期性，对应的几何变换是旋转，缩小旋转的幅度，得到的几何变换也可以是对称，由此建立起公式二至公式五，进一步缩小旋转幅度，得到公式六，这样，就把诱导公式整体统合到几何变换之下，其中的一二和六对应旋转，二至五则是对称，其中的桥梁是公式二，既是旋转也是对称（见图2-4），充分利用单位圆这一载体，借助终边与单位圆交点坐标，完成代数推理，落实直观想象，适度关注数学抽象。

进一步挖掘，当旋转的角度变成 $\frac{\pi}{4}$，$\frac{\pi}{8}$，$\cdots$，$\frac{\pi}{2^n}(n \in N^*)$，当 $n \to +\infty$，也就意味着旋转的角度可能变成任意小的角 β，自然产生 $\sin(\alpha + \beta) = $ _____？ 的需求，也就顺利过渡到两角和与差的三角公式教学。如果进一步思考，与其他模块的知识进行联系，就会发现复数乘法的几何意义也蕴含着旋转，这与复数的三角形式密切关联，而表示旋转变换的矩阵 $\begin{pmatrix} \cos\alpha & -\sin\alpha \\ \sin\alpha & \cos\alpha \end{pmatrix}$ 也是用三角函数进行表征的，数学的整体性显得自然而然。

（二）深入研究数学教材

数学是逻辑性最强的学科，数学课程的设计和数学知识的教学遵循一定的逻辑顺序，研究教材的逻辑和联系，将帮助老师的教学站在更高的角度，帮助学生的学习更能触及数学的本质，培养良好的数学素养。

高度抽象性是数学的典型特征，而符号的大量使用则是这一特征的原因和表现，数学的发展有来自外部的实际应用的需要，也有来自内部的矛盾需求，搞清楚数学知识发生发展的实际背景，研究教材的表述和细节，对于教学来讲意义重大。这一方面可以避免在一些不可能或者不必要的地方浪费精力胡乱探究，另一方面也可以提升老师的素养。比如人教版教材中《函数的应用（二）》一节例 5 中投资方案的选择，其本质是几类不同函数模型的增长速度快慢的问题，教材中也归纳总结了"对数增长""直线上升"和"指数爆炸"等不同增长情况，但是，如果我们就仅仅停留在这个直观层面，那对这部分内容和价值的挖掘就还不够彻底。事实上，这部分内容在后续导数的教学中完全可以以数的形式精确刻画，转化为不等式 $e^x > bx^n (b > 0, n \in N^*)$ 和 $bx^n > \ln x (b, n > 0)$ 的解的存在性问题，这也是很多函数与导数的解答题需要用到的放缩和赋值策略的问题，在没有大学微积分中级数理论做支撑的高中阶段，这是一个艰难的问题，老师需要在自己深入研究的基础上精心遴选问题，合理设计，分析问题解决问题，发展学生的高阶思维。

（三）合理设计教学问题

问题是认识主体想要弄清楚或力图说明的东西，也就是被主体清楚地意识到，但又不能达到的目的地，它反映了主体现有水平与客观需要的矛盾。问题包括三个基本成分：给定的条件，达成的目标和遭遇的障碍。当学生面临一种情境及学生可利用的已有知识和经验与行动目标之间出现空缺时，根据问题的给定条件，采取一定的转换方法，克服障碍，达到目标就是问题解决。课堂教学中的问题，对于学生来说一般具有三个特征：①接受性：愿意解决，并具有解决它的知识基础和能力基础；②障碍性：不能够直接看出答案，需进行深度思考才能解决；③探究性：不能按照常规的方法去做，需要进行探索和研究。

根据学生的实际情况，合理设计一些问题链，让学生在问题的引导下探索数学命题的本质，领悟其精髓，掌握其应用技巧。合理利用问题链，让学生参与到发现问题、解决问题及构建命题的过程中，有助于培养学生的数学思维能力。首先，问题的指向要明确。问题涉及的面不能太广或者表达的意思模棱两可，让学生不知道在问什么，不明白需要回答什么。其次，问题要有思维含量，不能是单纯地用"是否""对错"来回答。要结合学生的认识发展水平和已有的知识经验，围绕某一知识、方法或者教学目标设计不同层次、梯度的问题，或者将命题产生的背景、形成过程以及应用串联起来，加深学生对命题的理解，并让学生在回答问题的过程中了解各问题之间的联系，建立知识体系。一般而言，一节课或者一个单元可以设置能够一个统领整个课堂或整个单元的学科核心问题，然后围绕核心问题设计分解而成的学科子问题串。借助学科核心问题，实现教学目标、教学内容与教学过程的整合，其最终目的是帮助学生从整体上把握知识，进而能够综合、灵活地运用知识。借助学科子问题串，促进学生思维的持续建构，渐次提升学生学习的水平和质量。比如对于不等式：

$$e^x > bx^n (b > 0, \ n \in N^*) \ 和 \ bx^n > \ln x (b, \ n > 0)$$

就要根据指数函数和对数函数的变化趋势，设计相互关联的问题，以递进式追问的方式促进学生放缩策略的理解和掌握，能够在理解和应用的基础上综合所面临的问题进行合理决策，最终解决问题。

（四）辩证实施教学策略

数学命题发现学习和数学命题接受学习是数学命题学习的两种主要形式。其中，发现学习需要学生从具体例子出发，通过分析、推理、操作等步骤，独立自地学习并获得学习成果的过程。这种命题学习主要包括探索发现、提出假设、验证假设、得出结论四个步骤。接受学习是学生直接获得定论并牢记结论，包括了分析命题、激活旧知识、命题证明、理解应用四个环节。其中，发现学习以学生为中心，体现学生的主体地位，较利于学生探索精神的培养，客观上也有利于学生对命题的深入理解和学习能力的培养，但在具体操作中比较费时且不易控制。接受学习较为紧凑，节约时间，在老师的讲解清晰易懂的前提下也可以起到很好的教学效果，但以老师的讲授为主，不能充分调动学生学习的积极性，在一定程度上也不利于学生的终身发展。因此，从效率和发展的角度考虑，将发现学习与接受学习相结合，在命题生成与论证、命题应用以及知识整合中设计微型探究学习，帮助学生掌握数学思想方法，形成正确的数学价值观，提高意义建构的能力。

预设与生成是辩证的对立统一体，是课堂教学的两翼，缺一不可。没有预设的课堂是不负责任的课堂，尤其是命题教学中如果不加设计地平铺直叙展示命题，学生就会在很大程度上失去学习兴趣，没有经历命题的探索和发现的过程，也没有经历命题证明的多向思考和比较，学生的思维也就难以得到有效锻炼。反过来，预设也不应该是刚性的、机械的和过分要求统一的，而应该是有弹性、有空白的预设，也就是教师在教学计划时要给课堂活动留足拓展、发挥的"空白"，在教学过程中学生的实际情况可能会偏离或超越既定的路线和方案，而这种偏离却可以在实施后取得非预期性的进展。也因此，教学生成包含生成性的教与生成性的学，生成性的学是"源"，生成性的教是"流"，学生生成性的学引发教师生成性的教。生成是对接受的批判和超越，是对预设的修正和补充，教学设计的过程就是预设的过程，好的教学设计既要考虑学生的学情，也要考虑内容的先后逻辑，根据学生的实际设计适合的问题帮助学生思考，同时又不囿于既定的设计，而是根据学生的课堂表现作出相应的判断，并灵活调整教学进程。

（福建省厦门双十中学 许波）

第二节 数学命题教学设计案例

案例 1 诱导公式

《数学必修第一册》（人教 A 版）第五章 5.3

一、内容和内容解析

（一）内容

本节课选自普通高中教科书《数学》（人教 A 版）必修第一册第五章《三角函数》第 3 节《诱导公式》，教学课时为 2 课时。

（二）内容解析

1. 内容的本质

诱导公式是利用周期性将角度比较大的三角函数转化为角度比较小的三角函数。

2. 蕴含的思想和方法

诱导公式把任意角的三角函数化归成锐角的三角函数，体现了数学中把复杂问题简单化和用已知研究未知的处理思路，渗透了数学中转化与化归的基本思想。诱导公式是几何中旋转与对称的"代数表示"，引导学生发现终边具有特殊关系的角的三角函数值之间的关系，得出诱导公式，使得"数"与"形"得到紧密结合，成为一个整体，是数形结合思想的具体体现。

3. 知识的上下位关系

诱导公式承接三角函数的定义，是定义的进一步深化，利用诱导公式可以大大简化三角函数的化简与求值问题，起着承上启下的作用。同时，如果把诱导公式中的特殊角进一步细化，用极限的观点来看，其实就是两角和与差的三角公式，再反过来思考，其实就可以推导出几何的旋转变换公式。因此，诱导公式也是两角和与差的三角公式的特殊情形，是三角恒等变换的基石。

4. 育人价值

诱导公式是三角函数化简、求值、证明的基础与依据。由于诱导公式是从三角函数的定义出发，并借助单位圆发现和证明的，因此它是学生掌握研究三角函数的一般思路与方法，是发展直观想象、逻辑推理、数学运算等素养和理性思维的极好载体。

5. 教学重点

诱导公式的探究与运用，即利用三角函数的定义，借助单位圆，通过寻找角的终边的对称性（形）和角的终边与单位圆交点坐标（数）的关系发现并推导出诱导公式，从而提高对数学知识之间（圆的对称性与三角函数性质）联系的认识。

二、目标和目标解析

（一）目标

从三角函数的定义出发，借助单位圆的对称性与任意角的终边的对称性关系，推导并理解诱导公式，掌握用诱导公式解决三角函数的化简、求值和简单三角恒等式的证明问题。经历由几何直观探讨数量关系式的过程，培养直观想象和逻辑推理素养，通过对诱导公式的探索、证明和运用，培养逻辑推理和数学运算素养。

（二）目标解析

从单位圆的对称性入手，依托坐标这个桥梁，实现从形的直观到数的精确的过渡，得到符号化的诱导公式并推广到任意角，这个过程就是在几何直观的基础上进行数学抽象的过程。运用诱导公式进行三角函数的化简和求值，证明简单的三角恒等式的过程也是逻辑推理和数学运算的过程，在教学中理解图形和符号，进一步理解数学的抽象性特点，学会对问题做一些简单的抽象化处理，在公式的背景下明确算理，优化算法，既快速准确又不失逻辑推理的严谨性，实现逻辑推理和数学运算素养的一体培养和共同进步。

三、教学问题诊断分析

数形结合是高中阶段的重要思想方法，在之前的四章尤其是函数的概念与性质以及指数函数与对数函数的学习中，学生已深刻体会到数形结合研究问题的优势，并且能够主动用数形结合解决一些问题。

转化与化归是解决数学问题的常用思维模式，包括未知问题化已知、陌生问题化熟悉、复杂问题化简单、特殊问题一般化、一般问题特殊化等，转化与化归的要点在于找到所研究的问题和已经解决的问题之间的联系。虽然学生之前也学习了这些基本的思想方法，但是，三角函数作为高中阶段一类比较特殊的基本初等函数，其最主要的特点在于角的概念的推广是借助单位圆的，这与实数借助数轴定义的特点不同，如何把原有的思想和方法顺利迁移到三角函数的研究中来，需要老师适度的铺垫和引导。

教学难点：发现角 $\pi - \alpha$，$-\alpha$，$\dfrac{\pi}{2} \pm \alpha$ 与角 α 终边位置的几何关系并建立代数联系，得出诱导公式的研究思路。

四、教学支持条件分析

初中阶段，学生已经完成了对直角三角形有关内容的学习，熟悉特殊的锐角三角函数值；也学习了平面直角坐标系，理解基本的对称关系，熟知三角形的全等关系和相似关系的判定、证明及应用。

高中阶段，学生学习了任意角三角函数的定义和三角函数线以及诱导公式一的相关知识，初步掌握了利用三角函数线解决如三角方程和三角不等式等问题的基本方法，还学习了函数的概念与性质，奇偶性的研究中就蕴含着简单的对称关系以及与此对应的代数表示，因此，学生对于基本的对称关系及其代数表示掌握较好。

五、教法学法选择分析

教法：启发探究，互动讨论，问题解决；

学法：自主探究，合作交流，归纳总结。

六、教学过程

(一) 教学流程设计

教学设计流程图（图 2-1）

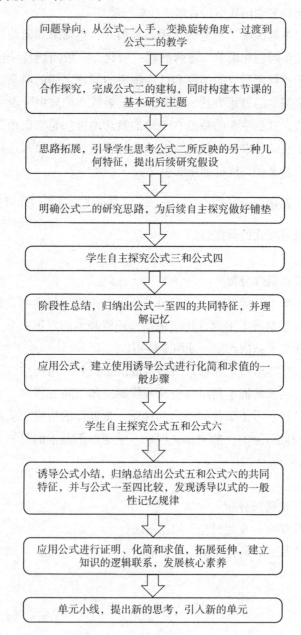

图 2-1

（二）教学过程设计

环节一：问题导向，搭建思维桥梁

问题1：我们已经对角的概念进行了推广，并定义了任意角的三角函数，请同学们思考并回答：

（1）我们是怎样定义任意角的三角函数的？终边相同角的各三角函数值之间有什么关系？

（2）公式一体现了三角函数值"周而复始"的变化规律，也就是当角的终边旋转一周、两周、…，角的同名三角函数值相等，其本质是角的终边相同，因此，终边与单位圆的交点坐标对应相等。请思考：如果角的终边旋转半周、四分之一周、…，三角函数值会出现类似的规律吗？

【教师活动】提出问题，组织讨论，启发思考，根据学生的回答展示相应的结论：

如图2-2，角 α 的终边与单位圆交于点 $P(x, y)$，则 $\sin\alpha = y$，$\cos\alpha = x$，$\tan\alpha = \dfrac{y}{x}$

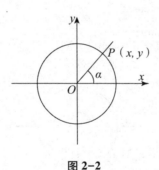

图 2-2

$$\sin(2k\pi + \alpha) = \sin\alpha$$
以及公式一：$\cos(2k\pi + \alpha) = \cos\alpha$
$$\tan(2k\pi + \alpha) = \tan\alpha$$

引导学生思考"旋转半周"这一说法的几何刻画与代数表示，提醒学生注意旋转的方向。

学生活动：回答任意角的三角函数的定义和诱导公式一，可能会出现定义中 x，y 的顺序搞反的错误，需要老师注意纠错。在坐标系和单位圆中探索旋转半周后角的终边与单位圆的交点坐标，并建立相应的角以及三角函数值的关系。

【活动说明】创设问题情境，从数学发展的逻辑链条上寻求问题的生长点。从公式一过渡到公式二是本节课的难点，发现并探索其中的几何关系是重中之重，问题一复习旧知，奠基新知，问题二承前启后，启迪思维，导入新知，同时延伸拓展至下一课时，是本单元的逻辑根源。

【设计意图】定义是本节课的重要依据，单位圆是本节课的支撑点，通过复习回顾进行铺垫，深挖公式一所蕴含的本质特征顺利，过渡到新课教学，同时，设计系列问题统摄本单元的教学。从公式一背后的几何特征入手，顺利过渡到新课的探究，同时把学生的关注点引向单位圆这个媒介。

环节二：承前启后，培养直观想象和逻辑推理素养

探究1：如图2-3，角 α 的终边与单位圆交于点 $P(x, y)$，把角 α 的终边逆时针旋转半周，得到的角如何表示？其终边与单位圆的交点坐标是什么？由此你能得到怎样的一般性结论。

【教师活动】引导学生思考问题，师生合作结合单位圆的对称性和三角函数的定义完成

$$\sin(\pi + \alpha) = -\sin\alpha$$

公式二：$\cos(\pi + \alpha) = -\cos\alpha$

$$\tan(\pi + \alpha) = \tan\alpha$$

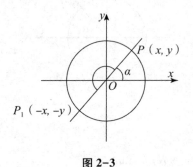

图 2-3

学生活动：探索和思考，直觉感知"旋转半周"后的角的表示，可能会有学生提出旋转方向的差异，可引导学生结合公式一体会角 $\pi + \alpha$ 和角 $\alpha - \pi$ 的三角函数值相等这一事实，同时，可以借此约定本节课不加特殊说明都指逆时针旋转，完成公式二的建构。感受探索数学的美妙，体验数学结论形成过程的成就感，体会思考问题的条理和逻辑性。

【活动说明】教师引导、师生合作、学生自主推导，一则保证教师的思维引

领和示范作用，同时让学生体验探索和证明猜想的乐趣和成就感，为后续内容的展开打好心理基础。

【设计意图】核心素养的落实，一方面基于学生的已有经验和知识结构，同时也依赖于老师的指导和示范，在教师的主导下完成从形到数的抽象过程，在分析与解决问题的过程中落实逻辑推理的严谨性，为后续学生独立自主解决问题、提升核心素养打好基础。

问题2：公式二表示了把角 α 的终边旋转半周后得到的角的三角函数值与角 α 的三角函数值之间的关系，除了旋转，你还能发现它们之间其他的几何关系吗？据此，你还能提出哪些问题？

【教师活动】提出问题并组织学生思考、交流、回答，从几何变换的角度建立诱导公式中各角之间的联系，做必要反馈和补充以及讲授工作。

学生活动：在教师的指导下从几何变换的角度完成诱导公式中各角之间的联系的建构（如图2-4）：

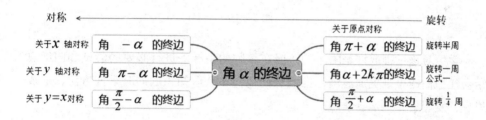

图 2-4

其中，关于直线 $y=x$ 的对称学生可能比较陌生，教师可做适度解释，尽量从几何直观的角度进行，不建议进行代数推理。

【活动说明】引导学生在得出结论后不急于进入下一个环节，必要的反思和总结会让我们走得更远，培养良好的思维习惯。教师在教学时要引导学生首先从公式一所体现的角的终边之间的关系入手，思考几何变换，引入旋转，然后从旋转的周数上思考，提出旋转半周和四分之一周，得到新的角 $\pi+\alpha$ 和 $\frac{\pi}{2}+\alpha$，再次提醒学生思考角 $\pi+\alpha$ 与角 α 的终边的几何关系，引入对称，最后从特殊的对称的角度引入角 $-\alpha$，$\pi-\alpha$，$\frac{\pi}{2}-\alpha$。

【设计意图】以公式二为核心进行反思，明确本单元后续的研究方向，建立诱导公式中各角之间的几何关系，培养直观想象素养，奠定本单元的逻辑体系。

思考1：你能总结出公式二的探索思路吗？

【活动说明】引导学生反思公式二的探索过程，建立后续四个公式的方法论（如图2-5）：

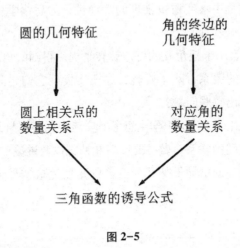

图2-5

学生对该过程或许是陌生的，但在教师的主导下进行必要的尝试和归纳总结会让他们的思维更加清晰，也能帮助他们在获取知识的同时掌握方法，形成思想，发展素养，学会学习。

【设计意图】引导反思，阶段概括，进一步对方法进行总结，形成理性认识，强化数形结合思想，为公式三、四的自主探究做铺垫。

探究2：结合之前的猜想和公式二的推导过程，你能得出角$-\alpha$和$\pi-\alpha$与角α的三角函数值之间的关系吗？

【教师活动】给出探索方向，鼓励学生自主探究，在巡视过程中观察学情，掌握进度，鼓励学生互相展示过程，交流结论，对于发现的问题，视情况给以必要的个别指导，或者提出中肯的改进意见，或评价或鼓励，引导学生积极思考，得出结论（如表2-1）。

学生活动：独立思考、合作探究、小组讨论、建构公式，完成上述表格。

【活动说明】以学生独立探索为主，鼓励小组合作，必要时教师组织共同思考与探究。因为已经建立了角之间的几何关系，且这两种对称关系比较常见，学生处理起来应该比较容易，教师只需要做必要的指导即可，要让学生感悟成就，体验成长。

表 2-1 诱导公式探究表

角 β	与角 α 的对称关系	图形	终边与单位圆交点及其关系		诱导公式
			α	β	
$2k\pi + \alpha$	终边相同（旋转一周）		$(x,\ y)$	$(x,\ y)$	$\sin(2k\pi + \alpha) = \sin\alpha$ $\cos(2k\pi + \alpha) = \cos\alpha$ $\tan(2k\pi + \alpha) = \tan\alpha$
			重合		
$\pi + \alpha$	终边关于原点对称		$(x,\ y)$	$(-x,\ -y)$	$\sin(\pi + \alpha) = -\sin\alpha$ $\cos(\pi + \alpha) = -\cos\alpha$ $\tan(\pi + \alpha) = \tan\alpha$
			关于原点对称		
$-\alpha$	终边关于 x 轴对称		$(x,\ y)$	$(x,\ -y)$	$\sin(-\alpha) = -\sin\alpha$ $\cos(-\alpha) = \cos\alpha$ $\tan(-\alpha) = -\tan\alpha$
			终边关于 x 轴对称		
$\pi - \alpha$	终边关于 y 轴对称		$(x,\ y)$	$(-x,\ y)$	$\sin(\pi - \alpha) = \sin\alpha$ $\cos(\pi - \alpha) = -\cos\alpha$ $\tan(\pi - \alpha) = -\tan\alpha$
			关于 y 轴对称		

【设计意图】以公式二的推导为依据，充分发挥学生的主体作用，调动学生自主学习的积极性。让学生感受数学的对称美、简约美，体会数学探索的喜悦和成就感，激发学生更进一步探索和发现规律的兴趣和热情，巩固数学抽象素养，提升逻辑推理素养。

探究3：（1）如何认识公式中的角 α？（2）公式二至四有什么样的联系？

【教师活动】让学生从对称的角度感受角 α 的任意性，并进一步指出，为了方便起见，我们在记忆时可把角 α 特殊化为锐角，并引导学生从函数名称和符号两个角度分析公式。

学生活动：归纳公式二至四的共同点：函数名不变，符号看象限。深化对公式的认识和理解，方便记忆和应用公式。

【设计意图】进一步感受数学的简约美、和谐美，强化数学学习的成就感和美学享受，进一步提升数学抽象素养。

环节三：应用公式，培养数学运算素养

例1 利用公式求下列三角函数值：（1）$\cos 225°$；（2）$\sin(-\frac{16}{3}\pi)$；

（3）$\tan(-\frac{23}{6}\pi)$.

【设计意图】应用公式解决问题，探索快速高效的运算策略，掌握算理，优化算法，归纳总结出用诱导公式解决三角函数求值问题的一般步骤（如图2-6）：负化正，大化小，化到锐角为终了。

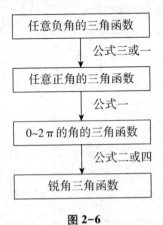

图2-6

例2 化简与求值：（1）$\dfrac{\sin(2\pi-\alpha)\sin(\pi+\alpha)\cos(-\pi-\alpha)}{\sin(3\pi-\alpha)\cos(\pi-\alpha)}$；

（2）已知 $\alpha = -\dfrac{35\pi}{6}$，求 $\dfrac{2\sin(\pi+\alpha)\cos(\pi-\alpha)-\cos(\pi+\alpha)}{1+\sin^2\alpha+\sin(\pi-\alpha)-\cos^2(\pi-\alpha)}$.

【设计意图】进一步理解诱导公式，熟练运用诱导公式进行运算与化简，熟悉运用诱导公式进行数学运算的基本算法，提升数学运算和逻辑推理素养。

注：建议到此处为第一课时。

环节四：承前启后，发展直观想象和逻辑推理素养

探究 4：我们已经从对称和旋转的角度得到了角 $\pi+\alpha$、$-\alpha$ 和 $\pi-\alpha$ 与角 α 的三角函数值之间的关系，你能进一步得出角 $\dfrac{\pi}{2}+\alpha$，$\dfrac{\pi}{2}-\alpha$ 与角 α 的三角函数值之间的关系吗？

【教师活动】指导学生推导公式五和公式六，在巡视的过程中，发现问题、提出建议，必要时进行适当的解读和讲授。

学生活动：独立思考、合作探究、小组讨论、建构公式。这里的两种几何关系所对应的点的坐标之间的关系是有一定难度的，学生可能会出现疑问，建议适度放手、观察了解学情后视情况予以解释说明，接第一课时的内容完善如下的表 2-2。

【活动说明】学生可能对关于 $y=x$ 对称的角和点之间的关系不太熟悉，必要时可予以解释说明，对于逆时针旋转四分之一周后得到的角的终边与单位圆交点坐标，很多同学应该会比较陌生，教师可引导学生从三角形全等的角度去探索，必要时可结合直观想象予以解释说明。

【设计意图】按图索骥，由角之间的关系引出终边以及点的关系，进而得到三角函数值之间的关系。进一步巩固本节课先形后数、形数结合的研究思路，完善诱导公式，巩固逻辑推理素养。

探究 5：（1）与公式一至四相比，公式五和公式六有什么不同？又有什么联系？

（2）结合公式一至四的记忆规则，你认为该如何记忆公式五和公式六？

（3）你能否把公式一至六统一起来？

【教师活动】引导学生观察、思考，在学生产生困难的地方给予适当的引导，帮助学生认清公式间的差异和联系。

学生活动：思考、观察，小组合作讨论，得出公式五和公式六的记忆规则：函数名改变，符号看象限。进而得出诱导公式一至六的记忆规律：奇变偶不变，符号看象限，即角 $\dfrac{k\pi}{2}\pm\alpha$ 与角 α 的三角函数之间的关系中，k 为奇数，函数名改变，k 为偶数，函数名不变。

表2-2　诱导公式探究表

角β	与角α的对称关系	图形	终边与单位圆交点及其关系		诱导公式
			α	β	
$2k\pi+\alpha$	终边相同（旋转一周）		(x,y)	(x,y) 重合	$\sin(2k\pi+\alpha)=\sin\alpha$ $\cos(2k\pi+\alpha)=\cos\alpha$ $\tan(2k\pi+\alpha)=\tan\alpha$
$\pi+\alpha$	终边关于原点对称（逆时针旋转半周）		(x,y)	$(-x,-y)$ 关于原点对称	$\sin(\pi+\alpha)=-\sin\alpha$ $\cos(\pi+\alpha)=-\cos\alpha$ $\tan(\pi+\alpha)=\tan\alpha$
$-\alpha$	终边关于 x 轴对称		(x,y)	$(x,-y)$ 终边关于 x 轴对称	$\sin(-\alpha)=-\sin\alpha$ $\cos(-\alpha)=\cos\alpha$ $\tan(-\alpha)=-\tan\alpha$
$\pi-\alpha$	终边关于 y 轴对称		(x,y)	$(-x,y)$ 关于 y 轴对称	$\sin(\pi-\alpha)=\sin\alpha$ $\cos(\pi-\alpha)=-\cos\alpha$ $\tan(\pi-\alpha)=-\tan\alpha$

角 β	与角 α 的对称关系	图形	终边与单位圆交点及其关系		诱导公式
			α	β	
$\dfrac{\pi}{2} - \alpha$	终边关于 $y = x$ 对称		(x, y)	$(x, -y)$ 终边关于 $y = x$ 对称	$\sin\left(\dfrac{\pi}{2} - \alpha\right) = \cos\alpha$ $\cos\left(\dfrac{\pi}{2} - \alpha\right) = \sin\alpha$
$\dfrac{\pi}{2} + \alpha$	逆时针旋转 $\dfrac{1}{4}$ 周		(x, y)	$(-y, x)$ 关于 y 轴对称	$\sin\left(\dfrac{\pi}{2} + \alpha\right) = \cos\alpha$ $\cos\left(\dfrac{\pi}{2} + \alpha\right) = -\sin\alpha$

【活动说明】通过比较寻找联系，理解变化，准确记忆，引导学生学会学习。这是这节课的一个难点，教学时一方面要引导学生观察、比较，另一方面，要引导学生从特殊到一般，发现规律，进行归纳推理。

【设计意图】分析比较，寻找差异，发现规律，归纳总结，理解数学，为应用公式解决具体问题做好准备，提升数学抽象和逻辑推理素养。

环节五：应用公式，发展数学运算和逻辑推理素养

例3　证明：(1) $\sin(\frac{3\pi}{2}-\alpha)=-\cos\alpha$；(2) $\cos(\frac{3\pi}{2}-\alpha)=-\sin\alpha$；

(3) $\sin(\frac{3\pi}{2}+\alpha)=-\cos\alpha$；(4) $\cos(\frac{3\pi}{2}+\alpha)=\sin\alpha$.

【设计意图】理解诱导公式，熟练运用诱导公式进行运算与化简，体会数学知识之间的联系，学会在具体问题中围绕特殊角和诱导公式进行必要的拆解和代换，把问题转化成可以利用公式的情形，培养推理规则，发展学生的逻辑推理素养。

拓展与思考：你能用例3这样的方式证明公式六吗？由此，你能尝试建立诱导公式之间的逻辑关系吗？

【设计意图】在直观想象的基础上用逻辑推理的方式建立各组诱导公式之间的逻辑联系，体会数学发展的不同脉络，建立更加丰富完整的知识结构，进一步发展逻辑推理素养。

例4　证明：$\dfrac{\tan(2\pi-\alpha)\sin(-2\pi-\alpha)}{\sin(\frac{3\pi}{2}+\alpha)\cos(\alpha+\frac{3\pi}{2})}=\dfrac{-\tan\alpha}{\cos(6\pi-\alpha)}$

【设计意图】进一步理解公式，掌握利用诱导公式进行化简、求值及证明恒等式的一般过程。培养学生扎实的基本功和严谨的数学思维，进一步发展数学运算和逻辑推理素养。

例5　在 ΔABC 中：(1) 判断下列结论的正误。

① $\sin(A+B)=\sin C$；② $\sin(2A+2B)=\sin 2C$；③ $\sin\frac{A+B}{2}=\cos\frac{C}{2}$.

(2) 请完成下列结论：

① $\cos(A+B)=$ _____；② $\cos(2A+2B)=$ _____；

③ $\cos\frac{A+B}{2}=$ _____.

【设计意图】三角形中的三角函数是高中阶段的重点内容之一，其核心就是

三角函数的诱导公式的应用。通过具体问题引导学生建立知识之间的联系，建构知识网络，学会联系地思考问题，避免割裂知识之间的联系，在知识的同化和顺应过程中进一步培养学生的逻辑思维能力。

例6 已知 $\sin(\frac{\pi}{3} + \alpha) = -\frac{1}{2}$，计算：（1）$\sin(\alpha - \frac{5\pi}{3})$；（2）$\sin(\alpha + \frac{5\pi}{6})$；（3）$\cos(\alpha + \frac{5\pi}{6})$.

【设计意图】整体思想是三角恒等变换过程中经常用到的思路，与诱导公式的理解类似，此处需要学生创造性地思考和解决问题，结合诱导公式挖掘已知角和所求角之间的联系，化未知为已知，提高运用数学思维，灵活设计算法，严谨推理的能力，提升数学运算和逻辑推理素养。

环节六：反思总结，发展逻辑推理素养

本单元的主要内容：

1. 诱导公式一至六，详见前述表2-2。

2. 应用诱导公式解决问题的一般步骤：负化正，大化小，化到锐角为终了。

3. 本节思想、方法与素养——"数形结合思想""分类讨论思想""转化与化归思想""特殊——一般—特殊"思想。数学抽象、数学运算、逻辑推理。

【设计意图】反思总结的过程本身也是数学抽象的一个环节，通过小结使学生进一步明确诱导公式的特点、应用及转化与化归的思想。

七、教学实践心得

（一）几何变换勾勒联系，直观想象落到实处

一直以来，六个诱导公式之间的逻辑联系都让人难以释怀，在多方探寻和思考下，终于从几何变换的角度得到了一些启示，从公式一体现的周期性入手，对应的几何变换是旋转，缩小旋转的周期，得到的几何变换也可以是对称，由此建立起公式二至五，进一步缩小旋转周期，得到公式六，这样，就把诱导公式整体统合到几何变换之下，其中的公式一、二和公式六对应旋转，公式二至五则是对称，其中的桥梁是公式二，既是旋转也是对称，充分利用单位圆这一载体，借助终边与单位圆交点坐标，完成代数推理，落实直观想象，适度关注数学抽象。

（二）单元整体设计教学，构建模块知识体系

落实大单元教学设计理念，用系统的思想进行单元整体教学设计，符合数

学的学科特点，也更利于学生的思维发展。事实上，数学是一个完整的逻辑系统，新的课程标准以几何与代数、概率与统计为两个大的主题设计了必修课程，本设计以诱导公式为一个小单元，整体设计了六个公式的探索、证明与应用，分两课时完成，让学生体会六个诱导公式的逻辑联系，也可以引导学生去思考公式之间的互相推导。同时，也着眼于整个三角函数和三角恒等变换模块的教学，设计了例5和例6，研究三角形中的三角函数和三角变形中角的整体性与联系性，充分考虑了诱导公式的教育价值，立足小单元，放眼大模块，关注数学的逻辑体系，为后续三角恒等变换和解三角形的教学做了基本的铺垫。

（三）围绕公式发展逻辑推理，算理算法助力数学运算

诱导公式的应用灵活多变，是培养逻辑推理和数学运算的绝好载体。在教学中一方面要让学生抓住公式的本质，同时也要借助公式的应用促进学生对公式的深度理解，让学生在公式的应用过程中理解推理规则，完善推理过程，严谨推理细节，比如公式中函数名是否改变，公式是否出现负号等，培养思维的严谨性。在运用诱导公式求值的过程中，往往要多次使用公式，这就要学生思考为何使用公式，使用哪个公式，如何使用公式等，让学生明确数学运算的算理，优化数学运算的算法，提升数学运算能力，发展数学运算核心素养。

（四）因材施教略显不足，分层差异考虑不周

本设计立足直观，强调逻辑，重视运算，对学生的理解能力和思维水平有较高要求，适合功底扎实的示范性高中学生，基础薄弱的学生则不太适合，因此，在设计过程中对学生的个体差异考虑不够全面，不能兼顾不同水平学生的不同需求，略显遗憾。

（福建省厦门双十中学　许波）

案例2　圆的方程

《数学选择性必修第一册》（人教A版）第二章2.4

一、内容和内容解析

（一）内容

本节课选自普通高中教科书《数学选择性必修第一册》（人教A版）第二章第4节《圆的方程》，教学课时为2课时。

（二）内容解析

1. 内容的本质

圆的方程是根据确定圆的几何要素，利用坐标法建立圆的方程，反过来运用圆的方程研究与圆有关的几何性质。

2. 蕴含的思想和方法

圆的方程是坐标法在基本几何图形中的具体应用。坐标法是解析几何中最基本的研究方法，它建立了几何与代数之间的联系，体现了数形结合的思想。通过坐标法把点和坐标、曲线和方程联系起来，实现了形和数的统一。用坐标法解决几何问题时，先用坐标和方程表示相应的几何元素：点、直线、圆；然后对坐标和方程进行代数运算；最后再把代数运算结果"翻译"成相应的结论。这就是坐标法解决平面几何问题的"三步曲"：

第一步：建立适当的平面直角坐标系，用坐标和方程表示问题中涉及的几何元素，将平面几何问题转化为代数问题；

第二步：通过代数运算，解决代数问题；

第三步：把代数运算结果"翻译"成几何结论。

3. 知识的上下位关系

圆是继直线之后本章研究的第二类图形。虽然圆与直线是两类图形，但研究方法一致，即根据确定圆的几何要素，建立圆的方程，运用圆的方程研究与圆有关的几何性质，可以说"圆的方程"是坐标法在直线中初步运用后的继承和发展。同时，"圆的方程"又为后面定量刻画"直线与圆、圆与圆的位置关系"以及"圆锥曲线的方程"打下基础，具有承上启下的作用。

4. 育人价值

"圆的方程"是曲线与方程之间一一对应关系的又一实例，进一步诠释了解析几何的"纯粹性"与"完备性"，是培养学生理性思维的良好载体。通过运用坐标法研究圆的相关问题，可以进一步帮助学生建立几何与代数之间的联系，体会数形结合思想，发展数学运算、直观想象、逻辑推理等数学核心素养。

5. 教学重点

圆的方程的探究与应用，即由圆的几何要素建立圆的方程，通过圆的方程研究与圆有关的几何性质，提高学生对坐标法的认识。

二、目标和目标解析

（一）目标

根据确定圆的几何要素，在平面直角坐标系中，探索并掌握圆的标准方程与一般方程。

(二）目标解析

通过类比直线方程的研究方法，获得圆的方程的研究方法，从而初步形成解析几何的研究方法；根据确定圆的条件，发现并掌握圆的标准方程和一般方程；会通过圆的方程写出圆心坐标和半径，能根据条件选择恰当的形式求出圆的方程；通过变式探究确定圆的条件，培养学生发现问题、提出问题、分析问题、解决问题的能力；在教学过程中，培养学生用数学语言表达世界的意识，培养其批判质疑、严谨周密的治学精神。

三、教学问题诊断分析

通过上一章的学习，学生已掌握了直线与方程的有关知识，了解了直线可以用方程表示，通过方程，可以研究直线间的位置关系、直线与直线的交点坐标、点到直线的距离等问题，对数形结合的思想方法有了初步的体验。但因学生涉足平面解析几何尚浅（仅建立了二元一次方程与直线间的联系），故对点与坐标、曲线与方程的联系并未完全建立，对坐标法的基本思想和步骤也未初步形成，可以说是"已见树木，未见森林"。因此，"圆的方程"的教学应立足平面解析几何整体的高度，前后联系，纲举目张，将坐标法贯穿教学的始终，引导学生初步形成对平面解析几何研究方法的整体认识。

教学难点：在建立圆的方程过程中，对解析几何的"纯粹性"与"完备性"的理解。

四、教学支持条件分析

初中阶段，学生已经完成对圆的定义及几何性质的学习，明确了圆的几何要素是圆心和半径；也学习了平面直角坐标系，初步认识了点与坐标之间的一一对应关系。

高中阶段，学生已学习了直线的方程，初步了解了坐标法解决几何问题的基本路径，明确了直线可以用方程表示；通过方程，可以研究直线间的位置关系、直线与直线的交点坐标、点到直线的距离等问题，初步建立了几何与代数之间的联系，对用代数方法研究几何问题有了初步认识。

五、教法学法选择分析

教法：启发探究，互动讨论，问题解决

学法：自主探究，合作交流，总结归纳

六、教学过程

（一）教学流程设计

教学设计流程图（图2-7）

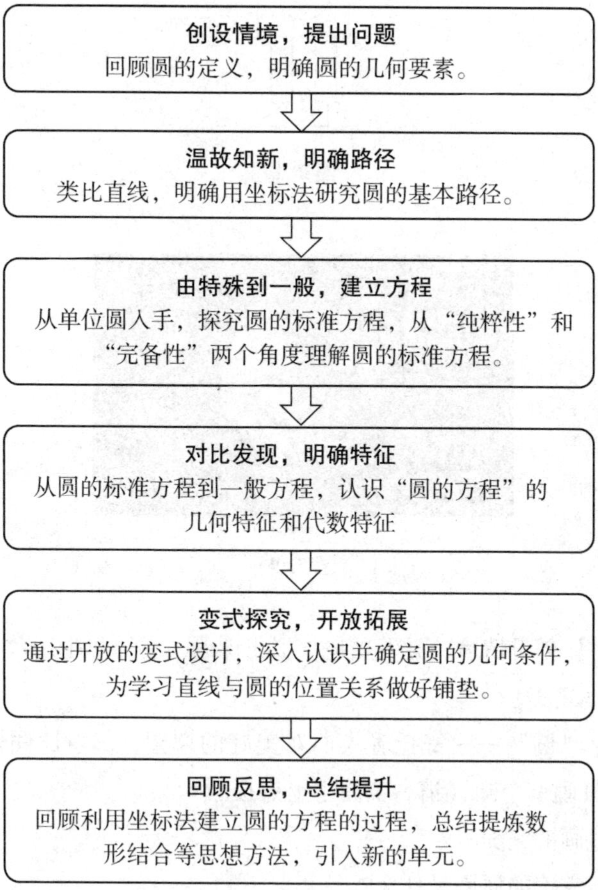

创设情境，提出问题
回顾圆的定义，明确圆的几何要素。

温故知新，明确路径
类比直线，明确用坐标法研究圆的基本路径。

由特殊到一般，建立方程
从单位圆入手，探究圆的标准方程，从"纯粹性"和
"完备性"两个角度理解圆的标准方程。

对比发现，明确特征
从圆的标准方程到一般方程，认识"圆的方程"的
几何特征和代数特征

变式探究，开放拓展
通过开放的变式设计，深入认识并确定圆的几何条件，
为学习直线与圆的位置关系做好铺垫。

回顾反思，总结提升
回顾利用坐标法建立圆的方程的过程，总结提炼数
形结合等思想方法，引入新的单元。

图2-7

（二）教学过程设计

环节一：创设情境，提出问题

问题1：（展示由几何图形构成的机器人）如图（图2-8）所示的机器人由
哪些几何图形构成？其中大家眼中"最美"的图形是哪个？（展示圆月，如图
2-9）

图 2-8

图 2-9

【设计意图】创设情境，激发兴趣，引出课题。引导学生用数学的眼光观察世界，感悟数学之美。

活动演示："圆"——寄托着人们对美好的期望，寓意团团圆圆，圆圆满满。请大家认真画一个圆（请一位同学上黑板画）。

追问 1：他画的完美吗？

追问 2：不完美的原因是什么？

追问 3：圆的定义是什么？

平面上到定点的距离等于定长的点的集合，写成集合形式就是：

$P = \{ M \mid \mid MA \mid = r \mid \}$。

【设计意图】通过让学生画圆，使其感知圆是到定点（圆心）的距离为定值（圆的半径）的点的集合或轨迹，从而引出圆的定义。

环节二：温故知新，明确路径

初中时，我们探讨过圆的一些几何性质，今天我们换个方法，从代数的角度来研究这个完美的图形。

问题2：回顾上一章（展示图2-10），我们是如何用代数方法研究直线的呢？

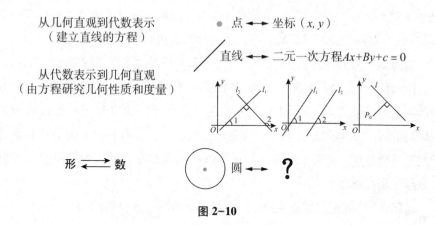

从几何直观到代数表示
（建立直线的方程）

从代数表示到几何直观
（由方程研究几何性质和度量）

● 点 ⟷ 坐标 (x, y)

直线 ⟷ 二元一次方程 $Ax+By+c=0$

形 ⟷ 数　　　圆 ⟷ ❓

图 2-10

我们将点放入坐标系，建立了点的代数表示——坐标，又将直线放入坐标系，建立了直线的代数表示——直线方程，反过来，我们通过直线方程研究了直线的位置关系。那么圆的代数表示是什么呢？下面我们进入本课的学习——圆的方程。

【设计意图】在直线的方程中，学生对曲线与方程之间的一一对应关系有了初步认识。从大的范围看，这种一一对应反映了数量关系与空间形式之间的关系。有了这种关系，就可以用方程表示曲线，对曲线进行"运算"；建立方程的几何直观表达，把方程"形象化"。本环节旨在通过回顾直线方程的研究方法，引出本课题目，引导学生从整体上认识平面解析几何的研究方法、路径，为后面研究圆的方程做好整体规划。

环节三：由特殊到一般，建立方程

问题3：我们也把圆放到平面直角坐标系中，该如何建立圆的代数表示呢？

追问1：平面直角坐标系中最特殊的圆是什么样的圆（圆心在坐标原点，$R=1$ 的圆）？此时，圆上任意一点 $P(x, y)$ 的坐标满足什么样的关系？

$|PO|=1$，即 $\sqrt{(x-0)^2+(y-0)^2}=1$，化简得 $x^2+y^2=1$。点 P 在圆上时，它的坐标都满足方程 $x^2+y^2=1$，这是"由形到数"；反之，若 P 的坐标满足方程，则它到原点的距离为1，所以点 P 在圆上，这是"由数到形"。两方面都满足，我们就把方程 $x^2+y^2=1$ 称为圆心在原点，半径为1的圆的方程。

【设计意图】先从单位圆开始探究圆的方程，渗透从特殊到一般的推理方法，让学生对特殊的圆的方程有一个初步的认识。进而从两个方面来认识这个特殊的圆——单位圆的方程：圆上的点都满足方程 $x^2 + y^2 = 1$；反过来，满足方程 $x^2 + y^2 = 1$ 的点到圆心的距离都等于半径 1，此时称这个方程为单位圆的标准方程。这个双向论证的过程较容易，也为后面的追问辨析埋下伏笔。

追问 2：（擦掉下半圆）现在，这个方程是不是这个半圆的方程？为什么？

【设计意图】通过擦掉半个圆，构建学生的认知冲突，引发思考——以方程的解为坐标的点并不在半圆上，这个方程还是半圆的方程吗？通过辨析，从"从形到数""由数到形"两个方面理解曲线的方程，有利于学生形成和谐统一的数形结合观点，有利于培养学生思维的严谨性和批判性，为后面学习"曲线与方程"做好铺垫。

追问 3：你能说出圆心在原点，半径为 r 的圆的方程吗？（$x^2 + y^2 = r^2$）

【设计意图】从圆心在原点，半径为 1 的圆的方程，过渡到原心在原点，半径为 r 的圆的方程，难度不大，又有效地起到了"搭梯子"的作用和效果，有助于后面对圆心在 (a, b)，半径为 r 的圆的方程的探究。同时，将求轨迹方程的一般步骤体现在建立圆的方程的过程中，更有利于学生从整体上认识坐标法研究问题的一般过程。

追问 4：回顾刚才我们建立圆的方程的过程，其一般步骤是：建系→设点→列式→化简→检验。你能用相同的方法，求出圆心为 (a, b)，半径为 r 的圆的方程吗？

【设计意图】让学生经历建系→设点→列式→化简→检验的探求过程，有助于学生掌握用坐标法求动点轨迹的基本步骤，进一步理解坐标法解决几何问题的"三步曲"。同时，深化认识：圆上点的坐标 (x, y) 都满足方程 $(x - a)^2 + (y - b)^2 = r^2$；反过来，如果点的坐标 $P(x, y)$ 满足方程 $(x - a)^2 + (y - b)^2 = r^2$，那么，$\sqrt{(x - a)^2 + (y - b)^2} = r$，根据两点间的距离公式，也就说明了动点 (x, y) 与圆心 (a, b) 的距离为 r，根据圆的定义，动点在以 (a, b) 为圆心，半径等于 r 的圆上。

【学生活动】我们称 $(x - a)^2 + (y - b)^2 = r^2$ 为圆心为 (a, b)，半径为 r 的圆的方程。请你写出一些类似的方程，并判断是否表示圆，若是，指出圆心和半径。

【设计意图】通过举例，使学生熟悉圆的方程的结构特点，并能根据圆的方程说出圆心和半径，建立方程的几何直观表达，把方程形象化。

环节四：对比发现，明确特征

思考：下列方程表示圆吗？若是，请指出圆心坐标和半径。若不是，请说明理由。

(1) $(x + 1)^2 + y^2 = 2$；

(2) $(x - 1)^2 + (y + 2)^2 = a^2$；

(3) $x^2 + y^2 - 2x + 4y + 3 = 0$；

(4) $x^2 + y^2 - 2x + 4y + 6 = 0$.

【设计意图】将"圆的一般方程"部分进行整合：给出圆的一般方程，让学生判断圆心和半径，更有利于学生将形如 $x^2 + y^2 + Dx + Ey + F = 0$ 的方程通过配方法化为圆的标准方程，从形式上理解"圆的方程"的几何特征和代数特征。

问题4：圆的标准方程可以化为形如 $x^2 + y^2 + Dx + Ey + F = 0$ 的方程，反过来，形如 $x^2 + y^2 + Dx + Ey + F = 0$ 的方程是否都是圆的方程？

追问1：如果这类方程表示圆，其系数应满足什么条件？

追问2：这类方程是圆的方程时，能否直接根据系数写出圆的圆心坐标，求出圆的半径？

追问3：这类方程如果不表示圆，方程表示什么曲线？

把 $x^2 + y^2 + Dx + Ey + F = 0$ 化成 $(x + \dfrac{D}{2})^2 + (y + \dfrac{E}{2})^2 = \dfrac{D^2 + E^2 - 4F}{4}$，

当 $D^2 + E^2 - 4F > 0$ 时，这类方程表示圆；

当 $D^2 + E^2 - 4F = 0$ 时，$x^2 + y^2 + Dx + Ey + F = 0$ 表示一个点 $(-\dfrac{D}{2}, -\dfrac{E}{2})$，

可以看成是半径等于 0 的圆；

当 $D^2 + E^2 - 4F < 0$ 时，方程不表示任何图形。

【设计意图】围绕以上问题展开探究，明确方程转化的方向——使用配方法化成圆的标准方程的形式。通过比较圆的标准方程与圆的一般方程的各自特点，使学生认识到：圆的标准方程明确给出了圆心坐标和半径，而圆的一般方程则明确表明其形式是一种特殊的二元二次方程，方程的代数特征非常明显。

环节五：变式探究，开放拓展

问题5：给定圆心和半径可以确定一个圆，如果不给圆心和半径，过两个定点能确定一个圆吗？

例1 已知 $A(0, 4)$，$B(4, 6)$，求以 AB 为直径的圆的方程。

【设计意图】从"经过两个定点"开始研究确定一个圆的条件，符合学生的最近发展区原则，使学生明确：只要圆心和半径能够确定，圆的方程便随之确定。同时，为后续不共线三点确定圆等一系列变式打下基础。

活动演示：（动画演示）所有经过 A，B 两点的圆的圆心都在 AB 的垂直平分线上，其中以 AB 为直径的圆是所有经过 A，B 的圆中最小的圆。

【设计意图】通过动态演示，让学生观察经过两点的圆的共同特征——圆心在两点的垂直平分线上，同时发现以两点连线为直径的圆是所有经过两点的圆中的最小圆；通过动态演示，激发学生学习兴趣，培养学生的动态变化观点和直观想象的数学素养。

问题6：经过 $A(0, 4)$，$B(4, 6)$，$C(2, 0)$ 三个点能确定一个圆吗？经过任意三点呢？

解：设圆的标准方程为 $(x - a)^2 + (y - b)^2 = r^2$，

代入三个点的坐标：$\begin{cases} a^2 + (b - 4)2 = r^2 \\ (a - 4)^2 + (b - 6)^2 = r^2 \\ (a - 2)^2 + b^2 = r^2 \end{cases}$，解得 $\begin{cases} a = 3 \\ b = 3 \\ r^2 = 10 \end{cases}$.

∴ 圆的方程为 $(x - 3)^2 + (y - 3)^2 = 10$.

追问1："待定系数法"是求圆的方程时常用的一种方法，而圆的方程有两种形式，设哪种形式运算量更小呢？

追问2：能否运用平面几何知识，进一步减少运算量呢？

思路一：AB 的垂直平分线与 BC 的垂直平分线的交点就是圆心 M，MA 即为半径，圆的方程便可求出。

思路二：$|AB| = 2\sqrt{5}$，$|BC| = 2\sqrt{10}$，$|AC| = 2\sqrt{5}$，满足勾股定理，能发现 ΔABC 为直角三角形，所以圆心为斜边 BC 的中点 $(3, 3)$，因为 $|BC| = 2\sqrt{10}$，因而半径为 $\sqrt{10}$，故圆的方程为 $(x - 3)^2 + (y - 3)^2 = 10$。

【设计意图】解析几何问题的解决离不开运算，这就需要灵活运用运算法则和数学公式。通过在"待定系数法"中选择圆的方程形式，比较圆的标准方程和一般方程带来的运算量的不同，使学生认识到：圆的一般方程代入三个点得到的方程没有二次项，是一个三元一次方程组，而用圆的标准方程得到的是三元二次方程组，需要消去二次项。一般来说，解一次方程比解二次方程更加容易。追问 2 意在使学生明白：代数方法具有程序化的特点，比较容易想到，但有时运算会比较复杂；如果灵活运用平面几何知识，往往能够减少运算量，使解法更加简洁，通过图形的几何特征确定圆的方程中的两个几何要素——圆心和半径，与前面的代数方法——待定系数法形成鲜明对比。

问题 7：过已知两点，还有其他确定圆的方案吗？

变式 1：经过 $A(0, 4)$，$B(4, 6)$，＿＿＿＿（请添加一个条件），使其能确定一个圆，并求出该圆的方程。

变式 1-1：求经过 $A(0, 4)$，$B(4, 6)$，且圆心在直线 $y = 2x - 3$ 上的圆的方程。

变式 1-2：求经过 $A(0, 4)$，$B(4, 6)$，且与 x 轴相切的圆的方程。

变式 1-3：求经过 $A(0, 4)$，$B(4, 6)$，且被 x 轴截得的弦长为 2 的圆的方程。

【设计意图】开放的变式设计留给学生更广阔的想象空间，更有利于培养学生的创造力。引起学生思考圆是如何被确定的？从而深入认识确定圆的条件，为后面学习"直线与圆的位置关系"做铺垫。

环节六：回顾反思，总结提升

本单元我们通过平面直角坐标系，运用坐标法探索、掌握了圆的标准方程和一般方程，并利用待定系数法和几何法探求了给定条件下的圆的方程，后面我们将利用圆的方程进一步来研究直线与圆、圆与圆的位置关系问题。

七、教学实践心得

（一）关于对教材的整合处理

1. 将"圆的一般方程"部分进行整合

考虑到"圆的标准方程"和"圆的一般方程"是"圆的方程"的两种形式，"圆的一般方程"是"圆的标准方程"展开、化简的结果，"圆的标准方程"是"圆的一般方程"配方后的形式，两者本属一体，而展开化简、配方又是学生初中就已掌握的运算技能，不是难点，故考虑将"圆的一般方程"部分进行整合，在例题中给出具体的"圆的一般方程"，让学生判断圆心和半径，这更有利于学生从整体上理解"圆的方程"的几何特征和代数特征。

2. 将例 1"点与圆的位置关系"后置，作为"直线与圆的位置关系"一节的情境引入在直角坐标系中，建立几何对象的方程，并通过方程研究几何对象，这是研究几何问题的重要方法。在直角坐标系中建立圆的方程，是"由形到数"的过程；通过圆的方程研究点与圆、直线与圆、圆与圆的位置关系，是"由数到形"的过程。因此，将教材"2.4.1 圆的标准方程"中的例1"点与圆的位置关系"并入"直线与圆的位置关系"一节，从研究方法上讲，更符合整体一致性。

3. 将例2、例3进行统合性改编，保留似同条件，其余作开放性变式处理

教材"2.4.1 圆的标准方程"中，例2是已知圆上三点坐标求圆的方程，例3是已知圆上两点坐标，圆心在一条直线上，求圆的方程。考虑到两题有似同条件——"已知圆上两点坐标"，故可保留下来，其余作开放性变式处理，形成探究链（如图2-11）：

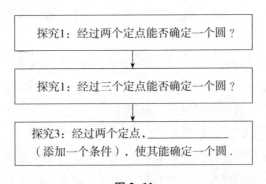

图 2-11

这样的改编、统合，使原来的两道例题有了相同的思维起点，更有利于学生思维的发生、发展，更有助于学生融数、形两种方法于一体，形成整体性认识。

（二）关于学生深度学习的实现

在教学中，充分注重学生的主体地位，从学生的最近发展区（直线的方程）出发，明确"圆的方程"的研究路径，从"圆的定义"和"确定圆的几何要素"出发，合理设计探究链的思维起点，递进式地创设开放性探究问题，将探究一步一步引向深入。在问题驱动的深度学习过程中，学生的已有经验被有效唤醒、调动、改造和激活，"圆的方程"的新知生长点得以激发，在记忆、理解、关联、系统化思维和结构能力的共同参与下，使圆的方程以建构的方式并入学生已有的知识结构，使学生的经验和知识得以整合与结构化，学生在活动和体验中思考与质疑、批判与评判、分析与推理，让核心素养自然落地。

（三）关于教学的整体观

基于数学整体观进行探究式教学设计时，教师应站在一定的高度，从数学学科的整体结构、核心内容和重要思想上整体把握教学内容，重视知识之间的演进和内在关联，将数学知识、研究方法等对象置于整个数学知识体系中，把握知识的层次，建立知识间的联系，突出数学思想的纽带作用，通过增加、删除、更换、整合、创立等处理教材的方法，对相关内容进行重组和优化，构建研究问题的整体框架，并从学生最近发展区出发，合理设计探究链的思维起点，递进式地创设开放性探究问题，将探究一步一步引向深入，从而帮助学生做到"既见树木，又见森林"，树立整体意识，理清知识脉络，形成知识结构，提升核心素养。

（四）遗憾与不足

本设计对教材做了较大幅度的处理，提高了圆的方程的整体性，却也不免降低了圆的标准方程和一般方程教学的针对性，开放性的问题对学生的思维水平和创新能力有较高要求，对于基础薄弱的学生不太适合，没有兼顾全体学生，这一点稍显遗憾和不足。

（厦门英才学校　李光裕）

案例3　直线与圆的位置关系

一、内容和内容解析

（一）内容

圆是十分重要的几何图形，也是平面中的基本图形之一，在日常生活中，工农业生产、建筑、运输等方面都可以看到圆，圆的许多性质有着广泛的应用。本节着力于研究直线与圆的位置关系的判定方法：几何法（距离判断——圆心到直线的距离与半径的关系）、代数法（实根判断——联立后方程的实根判定）。

（二）内容解析

1. 内容本质

几何法（距离判断）与代数法（实根判断）是直线与圆位置关系在不同知

识框架下的认知角度，几何法延续了初中的思维体系，体现了之前所学的距离公式的重要作用，而代数法则是高中解析几何的重要方法，对直线与圆锥曲线的位置判定有着指导意义。

2. 蕴含的数学思想

本章教材从解析几何的角度介绍圆以及直线与圆这两种常见图形的位置关系，让学生体验几何和代数两种角度的不同思维，其中所渗透的数形结合、转化与化归、函数与方程等思想方法将为后续圆与圆的位置关系打下坚实的基础。

（1）转化与化归思想：解析几何的基本思想就是将几何问题转化为代数问题，把代数问题转化为方程的问题并加以解决，本节在具体情境中，通过一元二次方程根与系数的关系、图象特征将陌生问题转化为熟悉问题加以解决。

（2）数形结合思想：将直线与圆的位置关系判断转化为图形中圆心到直线的距离与半径的大小比较，实现从形的直观到数的精确的过渡。

（3）函数与方程思想：能运用几何的观点研究方程的解，并能根据方程的实根个数解决几何问题。

3. 知识的上下位关系

本节课是《圆与方程》这一章的重要内容，它是在学生初中直观认知直线与圆的位置关系和高中学习直线与圆的方程的基础上，从代数角度运用坐标法进一步研究直线与圆的位置关系，并为后续进一步使用代数方法研究圆锥曲线奠定了方法基础，也为未来学习空间直角坐标系、实现空间形式与数量关系的结合做了铺垫。因此，本节课在本章中起着承前启后的作用，具有十分重要的思想价值和方法论意义。

4. 育人价值

激发应用数学的意识，逐步形成分析问题、解决问题的能力，提升数学抽象、逻辑推理、数学运算等素养。

5. 教学重点

掌握在坐标系中判定直线与圆的位置关系的两种方法：几何法与代数法，进一步体会数形结合这一重要数学思想方法。

二、目标和目标解析

（一）目标

1. 掌握在坐标系中通过圆心到直线距离 d 与圆半径 r 的大小关系，或者直线方程与圆方程组成的方程组的解的个数来判定直线与圆的位置关系。

2. 通过问题的分析与解决，使学生理解和运用数形结合、函数与方程、转化与化归等数学思想方法，提升逻辑推理、直观想象、数学运算等核心素养。

3. 通过学生的自主探究、小组合作、讨论，培养学生的团队精神和主动学习的良好习惯。

4. 通过研究直线与圆的位置关系，让学生经历几何与代数两种角度的思维认知过程，学会用高中所学的新知识处理初中熟知的内容，并以此为出发点，熟悉和掌握两种观点下解析几何问题的处理方式，为后续弦长计算等问题打下基础。

（二）目标解析

学生在初中的学习中已经了解了直线与圆的位置关系，并知道可以利用直线与圆的交点个数判断直线与圆的位置关系，直观上也很容易把这种位置关系转化为比较圆心到直线的距离和半径的大小，结合高中阶段点到直线的距离公式求出圆心到直线的距离之后做判断是他们比较熟悉的路径，但学生对于几何问题代数化的思维习惯和具体转化方法相对比较陌生，似懂非懂，因此本节课有必要不断强化，使其逐步内化为学生的思维习惯和基本素养。

三、教学问题诊断分析

我校是福建省一所刚刚晋升一级达标的高中，且教学班级为 2019 级的普通班，学生整体水平中等，运算、推理、直观想象等能力相对较弱，在课堂上专注度不足，自主探究的能力不强。学生在本节之前所学的直线的方程、圆的方程、点到直线距离公式等基本知识，从作业完成情况来看掌握得不够熟练，部分学生存在公式混用、计算错误等情况。

学生对于数学问题的思考往往局限于一种方法、单一路径，对于多角度思考问题缺乏一定的主动性，本节内容紧密联系初中所学知识，同时需要熟练应用高中阶段所掌握的公式，属于用新工具解决老问题的课堂结构模式，因此，先让学生熟悉解决问题的两种角度，在此基础上遇到问题及时对接工具，可以更好地实现教学效果的最大化。

教学难点：两种方法的特点比较和弦长的计算。

四、教学支持条件分析

通过初中的学习，学生已经具备一定的看图识图能力，可以熟练地利用距离和交点个数两个特征直观判断直线与圆的位置关系，快速得到结论，这为本节课提供了一定的知识基础。但是对于中等水平的学生而言，他们的思维习惯、动手作图能力以及观察、归纳、转化等能力都还不强，对于如何运用所学知识解决问题还存在一定的欠缺，对于用坐标法解决弦长问题更是从未尝试过。因此，我们用单元教学的系统性观点进行直线与圆位置关系的教学设计，让学生在已有的知识基础上对交点个数做进一步研究，从交点个数拓展到交点位置和交点间距离，从思维的最近发展区延伸拓展，是否可以简化计算在交点坐标计算较为困难时，引发学生深度思考，为后续弦长公式的学习埋下伏笔。

五、教法学法选择分析

探究式教学法：本节课以学生自主探究为主要学习方式，即学生在教师的引导下，利用已有的学习经验，经过观察、猜想、操作、发现、总结等过程，探索新结论，解决新问题。教师利用实际情境激发学生的学习兴趣，引导学生运用类比的方法研究问题，解决问题，体会转化化归和数形结合的思想方法，让学生在利用类比方法探索直线与圆的位置关系过程中，形成探究同一类问题的一般方法。

分组讨论学习法：将学生分为若干个学习小组，展开小组讨论和竞赛，发挥集体的智慧，选择问题的最佳解决模式。通过讨论、实践、总结，提升学生的自主学习能力，强化他们对于方法优劣的感悟，学会针对不同问题选择不同的解决方式，实现快速解题。

六、教学过程

（一）教学流程设计

教学设计流程图（图 2-12）

图 2-12

（二）教学过程

教学过程设计	
环节 1	情境引入
教师活动	（播放足球比赛中的"门线惨案"视频片段）刚才视频中这个球进了没有？请大家发表一下自己的看法。因为足球比赛中频繁出现这类争议性进球，所以国际足联引入了门线鹰眼技术——以这个球的中截面所对应的圆和门线间的位置关系进行判罚，这就是我们今天将要学习的内容：直线与圆的位置关系。
设计意图	相对于常规的情境，体育比赛尤其是足球比赛更能激发学生的学习兴趣，让他们感受到数学在赛事判罚中也具有重要的指导意义，既可以活跃课堂气氛，激发学生学习兴趣，也可以体现数学在"五育并举"中的重要作用。
环节 2	复习回顾

师生 活动	【展示】展示一组海上日出的照片。 【教师引导】大家能从这组照片中抽象出哪些数学图形？ 【学生】太阳可以抽象成圆，海平面可以抽象成直线。 【教师追问】请大家根据这几张图（图2-13），说一说你们抽象出来的圆和直线的位置关系。 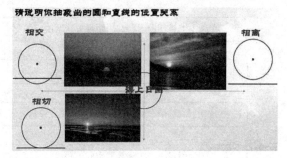 图2-13 【学生】根据图形回答：相交、相离、相切。 【教师】圆与直线的这三种位置关系大家在初中就已经接触过了，请说一说你们初中是如何对它们的位置关系进行判断的。 【学生A】根据圆心到直线的距离： 圆心到直线的距离小于半径，则相交；圆心到直线的距离等于半径，则相切；圆心到直线的距离大于半径，则相离。 【教师】很好！除了这个方法之外，是否还有其他的判断途径？ 【学生B】根据公共点的个数： 直线与圆有两个公共点，则相交；直线与圆只有一个公共点，则相切；直线与圆没有公共点，则相离。 【教师】非常好，大家结合初中的知识给出了两种判断方式，我们一起来看一下（PPT展示表格）（图2-14） 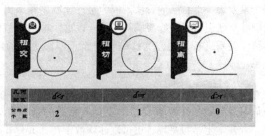 图2-14

设计意图	让学生充分回忆初中的结论，唤起旧知，同时，在回顾判断途径的过程中，将两种途径以表格的形式对比呈现，为本节课将要开启的几何、代数方法讲解埋下思维伏笔，同时，从海上日出的图片中抽象出数学图形这一过程也着力于培养学生的数学抽象能力。
环节3	关于直线与圆位置关系的两种方法的探究比较
师生活动	【教师】已知直线 $3x + y - 6 = 0$ 和圆 $x^2 + y^2 - 2y - 4 = 0$，如何判断直线与圆的位置关系？ 【学生】学生思考、探究。 【教师】教师巡视参与小组讨论。根据学生的完成情况，发现大多数学生采用了圆心到直线的距离与半径的关系进行判断。 【教师】请同学来说一说你是如何判断的？ 【学生C】利用圆心到直线的距离与半径的关系。 【教师】圆心到直线的距离的计算需要用到哪些公式？应该先确定哪个量？ 【学生C】先确定圆心坐标，要将圆的方程化为标准方程。圆心坐标为 $(0, 1)$，半径为 $\sqrt{5}$，再利用点到直线的距离公式计算得圆心到直线的距离为 $\dfrac{\sqrt{10}}{2}$，则 $d < r$，圆与直线相交。 【教师】很好！大家通过计算已经得到了一个结论，即该圆与直线相交。既然圆和直线相交，请进一步思考：它们交在哪里？或者说，能求出交点坐标吗？ 【学生】思考。 【教师】之前我们学过两直线的交点坐标，请你对求解过程做一个描述。 【学生】交点既在直线 a 上，又在直线 b 上，说明它们要同时满足 a 和 b 的方程，只要联立求解就可以了。 【教师】那么现在这个问题放到直线和圆上应该如何解决呢？ 【学生】联立圆和直线的方程即可。 （学生分组讨论，自主求解） 【教师】请同学说一下解题过程。 【学生D】$\begin{cases} 3x + y - 6 = 0 \\ x^2 + y^2 - 2y - 4 = 0 \end{cases}$ 整理得 $x^2 - 3x + 2 = 0$ 解得 $x = 1$ 或 $x = 2$ 交点坐标为 $(1, 3)$ 和 $(2, 0)$ 【教师】非常好！同时，我们也可以看出，方程组解的组数与公共点的个数是一一对应的。

续表

师生活动	教师展示表格（图 2-15），和学生一起分析结论。 图 2-15 下方表格： 【教师】通过刚才的学习，我们可以归纳出判定圆和直线位置关系的方法有几种？分别需要哪些依据？ 【学生】可以借助圆心到直线的距离，需要点到直线距离公式；也可以利用联立以后的方程的根的个数，需要用到判别式。 【教师】很好，我们分别称它们为几何法和代数法。那么大家能说一说这两种方法各自的特点吗？ 【学生E】几何法相对而言比较简单快捷，运算方便。 【学生F】但如果是刚才这样的问题，几何法就无法求得交点坐标，代数法可以。 【学生E】代数法计算量比较大。 【教师】引导提问： 大家说得非常好，如果在平常的练习中，你们会如何选择呢？关键要根据问题来确定，如果只要求判断位置关系，那么两种方法都可以，若还有求交点坐标的要求，则优先采用代数法。
设计意图	学生在初中更习惯于通过几何法判断位置关系，因此教师将问题给出后先让学生自主探究，在学生普遍采用几何法判定相交的情况下顺势引导，让学生计算交点坐标，巧妙地将学生的思维向代数方向转移，在学生求解完成之后再共同分析解与公共点个数的关系，水到渠成，很自然地形成一个思维过渡，之后的方法特点比较，旨在更好地让学生领会方法的不同，为后续介绍代数法在圆锥曲线等领域的广泛应用埋下伏笔。在讲解过程中，预留充足的时间给学生演练，强化数学运算和数据分析能力。
环节4	直线与圆的位置关系的再探究
师生活动	【教师】请大家尝试判断一下直线 $x - 2y + 2m = 0$ 与圆 $x^2 + y^2 = 4$ 的位置关系。 【学生活动】分别选取几何法和代数法的学生进行板演，教师根据板演内容进行细致点评。

图 2-15 表格：

方程判别式	$\Delta > 0$	$\Delta = 0$	$\Delta < 0$
解的个数	2	1	0
公共点个数	2	1	0
位置关系	相交	相切	相离

续表

| 师生活动 | 几何法：圆心 $(0, 0)$，$r = 4$，则 $d = \dfrac{\lvert 2m \rvert}{\sqrt{5}}$.

当 $d < r$ 即 $\dfrac{\lvert 2m \rvert}{\sqrt{5}} < 2$，$-\sqrt{5} < m < \sqrt{5}$ 时，直线与圆相交；

当 $d = r$ 即 $\dfrac{\lvert 2m \rvert}{\sqrt{5}} = 2$，$m = \pm\sqrt{5}$ 时，直线与圆相切；

当 $d > r$ 即 $\dfrac{\lvert 2m \rvert}{\sqrt{5}} > 2$，$m < -\sqrt{5}$ 或 $m > \sqrt{5}$ 时，直线与圆相离。

代数法：
$\begin{cases} x - 2y + 2m = 0 \\ x^2 + y^2 = 4 \end{cases}$，整理得 $5x^2 + 4mx + 4m^2 - 16 = 0$.

当 $\Delta > 0$，即 $-\sqrt{5} < m < \sqrt{5}$ 时，直线与圆相交；

当 $\Delta = 0$，即 $m = \pm\sqrt{5}$ 时，直线与圆相切；

当 $\Delta < 0$，即 $m < -\sqrt{5}$ 或 $m > \sqrt{5}$ 时，直线与圆相离。

【教师】刚才大家得到的结论是：

当 $-\sqrt{5} < m < \sqrt{5}$ 时直线与圆相交；

当 $m = \pm\sqrt{5}$ 时，直线与圆相切；

当 $m < -\sqrt{5}$ 或 $m > \sqrt{5}$ 时，直线与圆相离。

现在我们在 $-\sqrt{5} < m < \sqrt{5}$ 中取一个值，对圆和直线的位置关系做进一步研究，例如，当 $m = 1$ 时，根据上述结论，此时直线与圆相交，你能运用所学的知识计算出两交点间的距离吗？

【学生】利用垂径定理和勾股定理共同解决。

（学生自主探究，教师参与讨论）

【教师】讲解点到直线距离公式和垂径定理时，和学生共同完成弦长的计算。
展示圆和直线的位置关系图（图2-16）

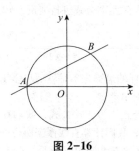

图2-16

【教师】大家看这张图，你们发现了什么吗？

【学生】有一个交点正好落在 x 轴上，非常特殊。 |

师生 活动	【教师】既然我们发现了一个交点是特殊点，是不是可以把它求出来呢？交点弦是一条线段，它的长度和交点坐标之间是什么关系？ 【学生】长度就是两个端点之间的距离，可以使用两点间的距离公式。 【教师】请大家从这个角度求解一下。 【展示】教师从学生的练习中选取一份（如图2-17），利用投屏系统进行展示，和学生分析解题步骤。 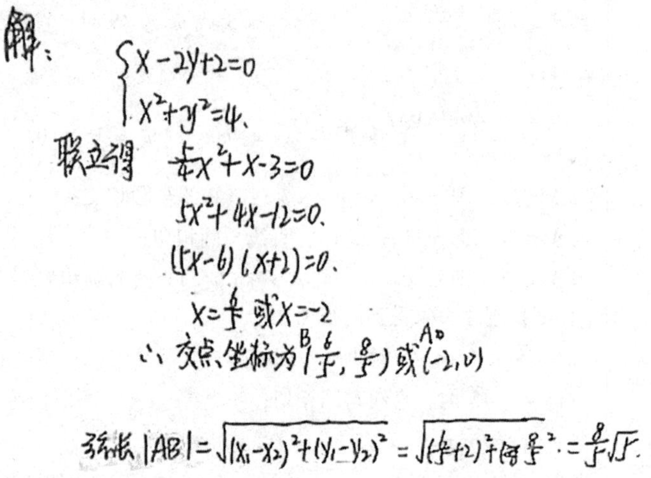 图2-17 【教师】刚才这个同学计算出了交点坐标，并用两点间距离公式进行求解，如果刚才的交点坐标十分复杂，不易计算，那么这种方法是不是还行得通呢？ 【学生】可能不行。 【教师】对两点间距离公式进行变形，转为含有韦达定理的弦长公式， $$\sqrt{(x_1-x_2)^2+(y_1-y_2)^2} = \sqrt{(x_1-x_2)^2+(kx_1-kx_2)^2}$$ $$= \sqrt{1+k^2}\sqrt{(x_1-x_2)^2} = \sqrt{1+k^2}\sqrt{(x_1+x_2)^2-4x_1x_2}$$ 大家看一看这样的运算是不是就简单多了？ 【学生】进行简单尝试。 【教师】这个公式称为弦长公式，我们在后续的课里还会详细提到。现在大家再回顾一下，我们计算直线截圆所得的弦长有几种方法？ 【学生】垂径定理法和距离（弦长）公式法。
设计 意图	回顾单元，利用垂径定理解决问题，再次强化了点到直线的距离公式。同时，向外延伸，既回顾了两点间距离公式，又为后续的弦长公式做了铺垫，也从整体上对直线与圆锥曲线的位置关系做了关联，体现了主线意识。

续表

环节5	自主小结与延伸
	回顾本节课的学习，判断直线与圆的位置关系的方法有几种？如何计算弦长？请同学们完成相应的巩固练习，并熟悉弦长公式的推导过程。

	板书设计
板书设计	直线与圆的位置关系 一、直线与圆的位置关系的判定 1. 几何法　　2. 代数法　　例1讲解 二、直线与圆的位置关系的判定（讨论） 相交　　相切　　相离　　例2板演 三、直线截圆所得的弦长的计算 1. 几何法　　2. 代数法　　例3讲解

六、课堂教学目标检测

针对教学目标中的用两种方法判断直线与圆的位置关系，在例1讲解中通过师生问答即时反馈的形式加以落实，在例2的直线与圆位置关系的再探究中设置了问题1，让学生通过板演两种方法来落实这一目标。在计算弦长的例3中，采用学生探究随堂展示的方式落实几何法的关键步骤，再画出图形，从特殊点入手转为两点间距离公式落实代数法的思想要素。用课堂检测图形画法、计算方程根的个数等教学形式逐一落实数形结合思想、方程思想的渗透。不断设置问题串，从多角度开展探究，强化协作意识及团队意识的形成。

七、教学实践心得

（一）几何代数多角度融合，激发学生发散性思维

在初中已经给出了处理问题的框架与方向的基础上，通过再回顾和再引导，让学生产生用高中知识解决初中问题的浓厚兴趣。每遇到一个数学问题，先共同讨论解决问题的方法，再按照学生的不同思路，逐步深入，遭遇新问题，联想新知识、新技巧，将高中阶段所学知识有机地融入初中的思维中，让学生深刻感受到数学发展对于问题解决的重要意义。同时，不断比较两种方法在处理具体问题时的优劣，让学生养成选用方法的重要意识，为后续的数学学习打下

坚实的基础。

（二）精心设置例题结构，巧妙推进知识讲解

在解决了课本例题的前提下，设置一道含有参数的典型例题，以分组的形式引导学生从两个角度自主进行探索，增加了分类讨论的技巧，让学生的思维得到充分的提升和锻炼。且不限于此，在完成这一环节后，将参数改为一个定值，引导学生在得出位置关系的前提下进行判断，提出"交点是否可求"的具体问题。学生通过作图和计算得到了特殊的交点坐标，由此结合之前所提到的高中新知识的应用问题，启发学生思考，将交点坐标与两点间距离公式结合起来，计算得到弦长。在此基础上，再次修改参数，得出非特殊位置的交点坐标，将原有的弦长计算路径复杂化，和学生共同分析解决问题的策略，初步推导由韦达定理入手的弦长公式。

（三）强调数形结合，深化数学思想

华罗庚先生有云："数形结合百般好，隔离分家万事休"，由此不难看出数形结合思想对于数学学习与研究的重要性。本节课的教学内容又恰是高中数学教学中数形结合思想的经典案例，无论是几何角度判断还是代数角度运算，均要培养学生作图的习惯，利用形与数的交融来分析问题、解决问题，凸显了解析几何问题的本质。同时，在引入弦长计算时，设置了特殊点的坐标，这个坐标既可以从形的角度通过信息技术手段得到，也可以从数的角度逻辑推理计算得出，殊途同归，各有所长，将这一教学目标再次融入具体问题中加以强化。

本节的教学，如果在条件允许的情况下，可以更加广泛地使用信息技术手段，形对数的辅助和促进作用将得到进一步加强。例如，学生可以通过平板电脑绘制图象，直观性更强，师生可以通过共同设置参数，在直线和圆的动态变化中观察、思考，看出相交、相切、相离的位置对应的参数区间等，并从数的角度进行计算和验证，均有助于学生对此类问题的理解。

（宁德市高级中学　魏琦）

案例4 祖暅原理与柱体、锥体的体积

《数学必修第二册》（人教 A 版）第八章 探究与发现

一、内容和内容解析

（一）内容

祖暅原理、用祖暅原理推导柱体、锥体的体积公式。

（二）内容解析

1. 内容的本质

探究发现祖暅原理，以及运用祖暅原理推导柱体、锥体的体积公式，其本质都是从代数的角度辨析几何体体积之间的等量关系，将计算几何体的体积问题降维成截面面积问题。

2. 蕴含的数学思想

转化与化归：能把"平面"问题与"空间"问题相互类比、转化，并能在具体情境中，体会到"面积都相等"推出"体积相等"的化归思想。

3. 知识的上下位关系

本节是必修第二册第八章的"探究与发现"内容，是在学生已经初步学习了柱体、锥体体积公式的基础之上对体积公式由来的进一步探究，主要内容为用祖暅原理推导柱体、锥体的体积公式；通过模型演示，利用祖暅原理，推广到柱体和锥体的体积计算，使学生形成较完整的简单几何体的体积知识结构。

4. 育人价值

知其然也要知其所以然，在对柱体和锥体体积公式的探究过程中，培养学生追求真理的科学精神，逐步形成分析问题、解决问题的能力，提升数学抽象、逻辑推理素养和论证能力，培养学生的文化自信。

5. 教学重点

理解祖暅原理的含义，以及柱体、锥体体积公式的探究。

二、目标和目标解析

（一）目标

1. 理解祖暅原理的含义，理解利用祖暅原理计算几何体体积的方法。

2. 在发现祖暅原理的过程中，体会从"平面"到"空间"的类比、猜想、论证的数学思想方法；体会祖暅原理中由"面积都相等"推出"体积相等"的

辩证法思想。

3. 在推导棱柱体积公式的过程中，理解从特殊到一般、从一般到特殊的归纳、演绎的数学思想方法是学习数学概念的基本方法；掌握棱柱、棱锥体积公式。

4. 通过介绍我国古代数学家对几何体体积研究的贡献，激发学生的民族自豪感，提高学生学习数学的兴趣。

（二）目标解析

达成上述目标的标志是：

1. 通过实物模型、信息技术，分析实物抽象出的图形中基本元素之间的度量关系，能类比得到祖暅原理本身，能从联系的角度认识到祖暅原理，并逐步学会用准确的数学语言表达这些命题；

2. 结合第三节几何体的表面积与体积，能说出柱体、锥体的体积公式，感受直观感知、操作确认、度量计算是认识和探索空间图形并研究其几何性质的重要手段。

三、教学问题诊断分析

（一）问题诊断

本节所学习的柱体、锥体的体积公式，学生在前面"简单几何体的表面积与体积"已经有所认识，但是教材中直接给出了锥体的公式，并未给出推导过程，学生以往的认知停留在"这样的一个公式"，而不清楚"为什么会是这样的一个公式"，学生总是对锥体体积公式产生疑问：为什么锥体体积会是同底等高的柱体体积的三分之一，本节课则是通过逻辑推理论证出公式，学生在义务教育阶段已经具备一定的直观感知、操作确认、度量计算等能力，他们的思维正从感性的逻辑思维向理性的抽象思维发展，但仍需要依赖一定的具体形象的经验材料来帮助理解抽象的逻辑关系，同时其思维的严密性还有待加强。

（二）教学难点

运用祖暅原理推导几何体体积；学生探究能力的培养。

四、教学支持条件分析

为有效实施对祖暅原理的发现、柱体与锥体关系的直观感知活动，帮助学生抽象概括出祖暅原理，本节课需要实物模型和信息技术的支持。实物模型需两种，一种是两叠 12 本的书，另一种是可以分割成锥体的柱体。信息技术则可以呈现丰富的实物图片、模型图片、几何图形，并呈现平移和旋转的变换过程。

五、教法学法选择分析

根据本节课的特点，为了给学生的数学探究与数学思维提供支持，使得不同层次的学生都能获得满足，培养学生自主学习的能力。

发挥学生的主观能动性，通过分析、探索得出柱体、锥体的体积公式，提高学生的综合能力。

六、教学过程

（一）教学流程设计

教学设计流程图（图2-18）

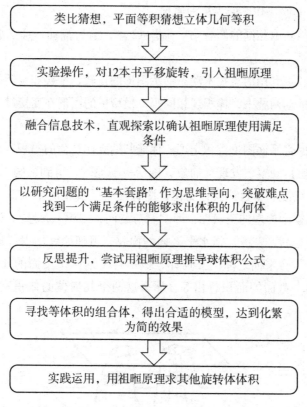

图 2-18

（二）教学过程设计

环节一：类比猜想，提出问题

问题1：（多媒体演示）等底等高的图形面积有什么关系？

问题2：用平行于底边的任意直线去截这两个图形，截得的两条线段始终相等，那这个条件是否是两个图形面积相等的充要条件呢？把平面图形迁移到空间几何体，这个结论还成立吗？

【师生活动】问题1学生讨论后小结：等底等高的三角形（或平行四边形）面积相等；问题2学生探究，教师引导。

【设计意图】从学生熟悉的基本几何图形的特征及其相互关系入手，能分析基本图形中元素之间的度量关系，并在平面图形、立体图形和它们的表征之间进行转换。

环节二：实验操作，引入祖暅原理

实验操作1：取相同的两叠书，每叠12本，前后推动，且摆成两个不一样的柱体。

实验操作2：利用信息技术动态演示图形的比较、平移和旋转的变换过程。

问题3：推动两叠书，体积还相同吗？模型里的图形在变换过程中体积还相同吗？

问题4：回忆平面图形等积定理，你能归纳立体几何的等积定理吗？

【师生活动】观察、发现、抽象、概括祖暅原理，得到两叠12本书的共同点，其体积、高度和本数都没有变化，接着在动手实验的基础上，通过数学实验，直观感知祖暅原理的正确性，即"幂势既同，则积不容异"，这就是祖暅原理，"势"即是高，"幂"指水平截面的面积，祖暅原理用现代语言可以描述为：夹在两个平行平面之间的几何体，被平行于这两个平面的任意平面所截，如果所得的两个截面的面积总相等，那么这两个几何体的体积相等（如图2-19）。

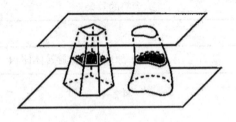

图2-19

【设计意图】利用信息技术从生活中提炼学习素材，动态演示图形的比较、平移和旋转的变换过程，有效激发学生主动探索理解祖暅原理的学习兴趣，提高学生对知识的认可度，有利于学生学会用数学的眼光观察世界、用数学的思维分析世界、用数学的语言表达世界。

环节三：思维导向，探究新知

问题5：认真观察 PPT 课件中的动画，思考祖暅原理的使用必须满足哪些条件？

【师生活动】共同探究，得出祖暅原理的使用必须满足两个条件：一是两个几何体夹在两个平行平面之间，即等高；二是用平行于这两个平面的任意平面截两个几何体，看两个截面的面积是否总相等。若是，则满足祖暅原理的条件。

【设计意图】融合信息技术，使学生在视角上更直观地探索，在教师层面可更便捷地进行活动层次设计，有助于学生对原理内容的理解和把握，明确知识的实践应用效果。

问题6：祖暅原理只能判断两个几何体体积是否相等，如果求几何体的体积，应该如何求？你有类似的研究问题的"基本套路"吗？

【师生活动】研究问题的"基本套路"可以是从特殊到一般，从已知到未知，从而引导学生回顾特殊棱柱——长方体的体积公式，再利用祖暅原理推导柱体体积公式。柱体的体积公式：

$V = Sh$ S——底面积 h——高

【设计意图】从特殊的已知的几何体长方体入手，通过逻辑推理以获得柱体的体积公式（如图2-20），这是数学研究的基本思想和方法，而在推理证明过程中必须做到步步有据，能合乎逻辑地、准确地阐述自身的思想和观点，能运用数学知识和思想方法解决问题，这都需要教师加强"利用祖暅原理求几何体的体积，关键是找出一个满足条件的能够求出体积的几何体"的思维导向。

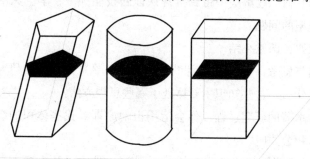

图 2-20

探究：如何把一个三棱柱分割成三个等体积的棱锥？

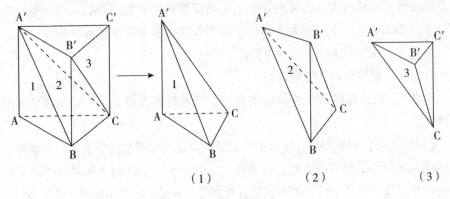

（1）　　　　　　　　（2）　　　　　　　　（3）

图 2-21

【师生活动】利用一系列动态演示展示三棱柱的体积和三棱锥体积的关系（如图 2-21）。先用对角线将三棱柱分成了三个三棱锥（1，2，3 号），利用信息技术直观展示将三个三棱锥分开的过程。紧接着分别展示 1 号、2 号三棱锥和 2 号、3 号三棱锥合并在一起的图象，发现两组图象的共同特点：两个三棱锥都是等底同高的！进而探究等底等高的两个棱锥体积相等，等底等高的棱锥与圆锥体积相等。在此基础上得出棱柱体积与棱锥体积的三倍关系及锥体的体积公式为：

$$V = \frac{1}{3}Sh \qquad S \text{——底面积} \qquad h \text{——高}$$

【设计意图】从几何体柱体和锥体的结构特征的联系中探寻它们体积的关系，设计贴近学生的真实感受，降低内容的抽象性，再次发挥"基本模型"的力量，先"基本模型"再"变式模型"再"综合模型"，让学生在连续而有逻辑关联的几何问题解决中得到推理认证的技能训练，学会灵活运用几何模型解决变形模型的问题。

环节四：课堂小结

小结与思考：（1）本节课我们学习了什么样的知识？研究这一类问题的研究方法是什么？这些知识主要体现了哪些思想方法？

回顾本节的研究过程，你会运用祖暅原理寻找等体积的组合体，从而得到球体的体积公式吗？

【设计意图】从棱柱到锥体，再到球，即从"基本模型"到"变式模型"再到"综合模型"，正确借助对称变换等原理，分析模型之间的联系，最终得到体积公式。

环节五：研究实践，反思提升

问题7：基本图形除了柱体、锥体还有球，在前面我们已经学习了球的体积公式，用了什么方法进行推导的？

【师生活动】共同回顾球的体积公式是由"分割、求近似值、求和取极限转化为球体的体积"的极限思想方法推导，当分割得越来越细时，"小锥体"的底面和高的变化越小，从而利用锥体的体积公式推导出球的体积公式。

【设计意图】本节教材定位是探究与发现，可以在课后让学生继续研究，事实上，柱体、锥体和球都是基本图形，应加强知识之间的整体性和联系性。

问题8：你会用祖暅原理推导出球的体积公式吗？

问题9：可以转换为等底等高的柱体吗？或者是等底等高的椎体？每一层截面面积相等的话，计算得出的截面面积的表达式，会让人想到什么图形？如此外圈不变，内圈随高度变化的圆环，叠加起来会是什么几何体？该几何体体积怎么计算？是否符合祖暅原理？

【师生活动】运用祖暅原理的关键是找到一个可以求出体积的几何体，并且该几何体与球体被同一个截面截得的截面面积相等，即先寻找等体积的组合体，接着充分利用几何画板等媒体向学生展示与半球同底等高的圆柱、圆锥两种旋转体。依据半球截面面积计算公式的特点，以及认知结构中与之相符的圆环，展示圆环的叠加过程，得出合适的模型，并用信息技术计算数据，及时验证学生的猜想。

如图2-22，一个半径为 R 的半球，设平行于大圆且与大圆的距离为 l 的平面截半球所得圆面的半径为 r，则 $r = \sqrt{R^2 - l^2}$，于是截面面积 $S_1 = \pi r^2 = \pi(R^2 - l^2) = \pi R^2 - \pi l^2$，$S_1$ 可以看成是在半径为 R 的圆面上，挖去一个半径为 l 的同心圆所得圆环的面积。为此，取一个底面半径和高均为 R 的圆柱，从圆柱中挖去一个以圆柱的上底面为底面，下底面圆心为顶点的圆锥，把所得的几何体与半球放在同一个水平面上，用任一个水平面去截这两个几何体，截面分别为圆面和圆环面。如果截面与底面的距离为 l，注意到在 $\Delta O'O_1B$ 中，$O_1B = O_1O' = l$，由上述过程可知；圆环大圆半径为 R，小圆半径为 r，面积 $S_2 = \pi R^2 - \pi l^2$，所以 $S_1 = S_2$，由于水平截面的任意性，根据祖暅原理，这两个几何体的体积相等。即 $\frac{1}{2}V_{球} = \pi R^2 \cdot R - \frac{1}{3}\pi R^2 \cdot R = \frac{2}{3}\pi R^3$，所以球的体积 $V_{球} = \frac{4}{3}\pi R^3$。

【设计意图】以数学知识的发生发展过程为逻辑主线设置问题串，充分利用几何画板等信息技术向学生展示与半球同底等高的圆柱、圆锥两种旋转体。让

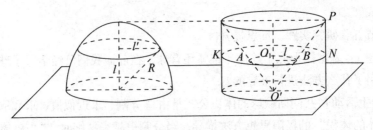

图 2-22

学生通过直观感知，得出这两种旋转体与半球体积的大小关系，为下一步探究提供感性的认知体验。紧接着，依据半球截面面积计算公式的特点，以及认知结构中与之相符的圆环，用信息技术展示圆环的叠加过程，为突破难点搭建"脚手架"，自然得出合适的模型，并用信息技术计算数据，及时验证学生的猜想，做到了许多传统教学手段难以企及的事情，从而改进了教学方式，突破了难点，增强了研究效果。

问题 10：除了柱体、锥体和球，立体图形还有其他的旋转体，比如抛物线绕对称轴旋转一周所形成的旋转体，你会用祖暅原理推导出它的体积吗？

【师生活动】由抛物线 $y = ax^2 (a > 0)$ 与直线 $y = b(b > 0)$ 围成的图形绕 y 轴（对称轴）旋转一周形成如图（图 2-23）所示的几何体，这个几何体的高为 b，为了利用祖暅原理求它的体积，需要先求出此旋转体顶部到底部高为 h 时的截面圆的面积。当高为 h 时，在抛物线的方程 $y = ax^2 (a > 0)$ 中令 $y = h$，得到 $x^2 = \dfrac{h}{a}$，此时截面圆的半径 $r = |x|$，所以对应截面圆的面积 $S = \pi r^2 = \pi \cdot \dfrac{h}{a} = \dfrac{\pi}{a} \cdot h$，接下来为了利用祖暅原理，关键在于找到一个可以求出体积的几何体，并且该几何体与球体被同一个截面截得的截面面积相等，即找到一个高为 b 的体积易求的几何体，并且几何体的顶点到底部距离为 h 的截面面积为 $\dfrac{\pi}{a} \cdot h$。

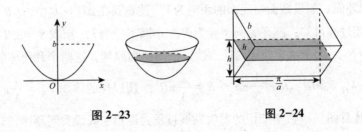

图 2-23   图 2-24

为此，找到一个直三棱柱（图 2-24），其高为 $\frac{\pi}{a}$，底面为等腰直角三角形，其腰长为 b，此时截面的面积为 $\frac{\pi}{a} \cdot h$，由祖暅原理可知，这两个几何体的体积相等。因此，由抛物线 $y = ax^2 (a > 0)$ 与直线 $y = b (b > 0)$ 围成的图形绕 y 轴（对称轴）旋转一周形成的几何体体积为 $V = \frac{1}{2} b^2 \cdot \frac{\pi}{a} = \frac{\pi b^2}{2a}$。

【设计意图】通过再次求复杂图形的体积感受利用祖暅原理的第一步是要找到"模型"，确定高度后，找到一个体积好求的新几何体，从而将复杂的旋转体体积转化为简单易求的几何体体积，达到化繁为简的目的。

七、教学实践心得

（一）教学设计满足学生个性化、多样化的需求

《教学参考》指出：教科书中的"探究与发现 祖暅原理与柱体、锥体的体积"教学时可以根据学生的知识基础以及课时等情况酌情处理。因此在教学设计中的课堂小结环节之后增加了"研究实践，反思提升"这一创新性环节。

（二）提炼教学素材，提供解决问题的机会

在动手实验的基础上，利用信息技术从生活中提炼学习素材，提供直观的情境，引导学生观察、发现、抽象、概括出祖暅原理，这种抓住数学的本质，创设现实的、科学的、数学的情境，能有效地激发学生的学习兴趣，为学生提供解决问题的动力和机会。

（三）丰富教学活动，掌握数学基本活动经验

在探究得出祖暅原理的基础上，融合信息技术，让学生利用已经掌握的体积公式，归纳和猜想其他几何体的体积公式。这样的设计，一方面让学生自主探究"发现"新的公式，体验探究和发现的乐趣，感受学习数学的成就感，巩固学生学习数学的内驱力；另一方面，在探究的过程中始终坚持祖暅原理的探索步骤和探究要素，加深了学生对祖暅原理的理解，丰富了学生的数学基本活动经验。

（四）融合信息技术，呈现数学本质，提升数学核心素养

《高中数学课程标准（2017 版）》基于数学学科本质，在梳理《义务教育数学课程标准（2011 年版）》中"十大核心词"的基础上，首次凝练出数学学科核心素养（即"六核"），明确了学生学习高中数学课程之后应达成的正确

价值观念、关键能力和必备品格。

1. 提升直观想象核心素养

本节课利用信息技术全方位地直观展现、动态演示了图形的特征，降低了数学抽象难度，有助于学生从数学的视角发现问题、提出问题，分析问题、建立模型、确定参数、计算求解，验证结果、改进模型，感受几何体体积的求解过程，初步了解解决空间几何体问题的思想方法，逐步提升学生的直观想象素养。

2. 提升数学建模核心素养

本节课的核心内容是"祖暅原理的应用"，体会祖暅原理中由"面积都相等"推出"体积相等"的辩证思想，并抽象出祖暅原理的两个必须满足的条件，从图形与图形关系中抽象出柱体、锥体、球体的体积公式。使用信息技术将抽象的过程具体化，有助于学生现解学习内容，并逐步形成理性思维。

3. 提升数学抽象核心素养

祖暅原理的探究过程蕴含着数学抽象素养的培养。从实物（书堆）抽象出几何体（柱体），从书一样高，每本体积一样，每页面积一样抽象出几何体等高，且截面面积相等的条件。这就是从客观事实中抽象出概念理论的数学抽象素养，而信息技术的使用，使得抽象的过程具体化，有助于提升数学抽象素养。

4. 提升逻辑推理核心素养

在体积公式推导过程中，柱体转化为长方体、锥体转化为柱体、半球转化为柱锥组合体这一探究过程充分体现了逻辑推理素养的培养。

5. 数学课堂教学有效融合信息技术与提升核心素养的思考

教育信息化的发展推动了数学课程标准中所提出的"推进信息技术在数学教学过程中的普遍应用与促进信息技术与数学学科课程的整合"之基本理念的实施。对于数学课堂教学有效融合信息技术与提升核心素养，应该秉持科学的发展理念，技术是一种教学手段，常态化提升核心素养，推进核心素养落实落地。本节课把数字教育资源与数学课堂进行了有效整合，营造了信息化教学环境，实现了新型教与学方式和变革传统的课堂教学结构，达到了信息技术使用的必要性、可行性与合理性的统一，让学生数学核心素养的提升顺理成章，水到渠成。

（福建省南平第一中学　潘凌）

案例 5 独立性检验

一、内容和内容解析

（一）内容

本节课选自普通高中教科书《数学》（湘教版）选择性必修第二册第 4 章 4.3 独立性检验。

（二）内容解析

1. 内容的本质

独立性检验是检验两个分类变量是否有关的一种统计方法，是一种重要的假设检验方法。具体做法是：首先对两个变量的关系作假设（一般假设其独立），然后选取合适的统计量，根据实测样本计算出该统计量的观测值，最后根据预先设定的显著性水平进行检验，做出接受或拒绝原假设的判断，独立性检验是通过数据分析，了解及判断数据产生背景的一种模型应用。

2. 蕴含的思想和方法

独立性检验的基本思想是建立在统计思想、假设检验思想（小概率事件在一次试验中几乎不可能发生）基础之上的一种重要的假设检验方法。通过具体案例，理解与运用独立性检验，有利于提升有效收集数据、整理分析数据等统计素养，有利于提升抽象概括、数学建模、数据分析等数学核心素养。

3. 知识的上下位关系

独立性检验是统计的重要内容。学生在必修中已学习了统计的基础知识，了解了用样本估计总体的统计思想，在本节之前刚学习了一元线性回归分析，初步认识了统计方法。独立性检验作为一种统计方法，是对必修中学过的统计知识的进一步应用与延伸，同时与一元线性回归分析（研究两普通变量的相关性）相呼应。另外，学生在本册的第 3 章，还学习了随机事件发生的概率、概率的运算、事件的独立性、正态分布等内容，这也为本节课的学习打下基础。此外，本节课还涉及前面学过的反证法思想。

4. 育人价值

在当下的大数据时代和"互联网+"的背景下，独立性检验作为生活中必备的统计知识和方法，对提升学生的数据分析素养，提高学生的信息处理能力起到至关重要的作用，具有较高的育人价值。本节紧紧围绕"吸烟与患肺癌是否相关"这一典型的案例展开研究，使学生经历较为系统的数据分析过程，在直观感知的基础上认识统计方法的特点，感悟根据实际情况进行科学决策的必要性和可能性，体会统计思维与确定性思维的差异。案例贴近实际生活，体现了数学的应用价值。本节课是高中数学知识中体现统计思想的重要内容之一，学生通过本节课的学习能够认识到统计方法在决策中的作用。

5. 教学重点

通过生活实例体会独立性检验的基本思想，掌握独立性检验的一般步骤。

二、目标和目标解析

（一）目标

1. 通过案例，理解列联表的概念；

2. 通过实际数据，体会假设检验的必要性；

3. 通过不同情境下的数据，经历独立性检验的过程，理解独立性检验的思想；

4. 培养学生抽象概括、数学建模、数据分析等数学素养。

（二）目标解析

1. 通过对典型案例的探究，理解独立性检验的基本思想，会对两个分类变量进行独立性检验，明确独立性检验的基本步骤，理解独立性检验与反证法的联系与区别，并能解决实际问题。

2. 通过数据统计、分析和计算，在具体实例中理解用样本估计总体的统计思想。通过主动探究、自主学习，从具体实例中抽象、概括、总结出独立性检验的基本原理和基本步骤，同时充分体会知识的发现过程。

3. 通过本节课的学习，初步提高从生活中发现数学问题、解决数学问题的能力，提升数学抽象、数学建模、数据分析等数学素养。通过分析问题、解决问题的学习过程，激发学生的学习兴趣，培养其勇于探索的科学精神。

三、教学问题诊断分析

（一）问题诊断

学生之前已学了概率统计的相关内容，有了一定的统计分析能力，这为本节课的学习奠定了一定的基础。但学生缺乏假设检验的有关知识背景，导致对独立性检验基本思想的学习与理解存在困难，学生很难理解独立性检验的说理方式。为什么要假设？为什么判断会出错？既然出错了为什么又可以下结论？统计量卡方 X^2 是怎么构造出来的？卡方 X^2 分布概率临界值表怎么理解？独立性检验思想与反证法的联系与区别是什么？这些问题成为学生学习本节课的障碍，如果没有得到根本性解决，学生只能通过死记硬背，机械套用卡方公式进行解题。

（二）教学难点

1. 统计量卡方 X^2 的由来与结构特征；

2. 理解卡方 X^2 分布概率临界值表的本质；

3. 理解独立性检验的基本思想。

四、教学支持条件分析

为了实现教学目标，根据问题诊断分析，采取问题启发式教学方法，充分调动学生的积极性，让学生逐步领会独立性检验的基本思想，掌握独立性检验的方法。适当辅助信息技术，以创设有利于学生建立概念的"多元联系表征"的教学情境。

五、教法学法选择分析

教法：启发探究，互动讨论，问题解决

学法：自主探究，合作交流，归纳总结

六、教学过程

（一）教学流程设计

教学设计流程图（图2-25）

（二）教学过程设计

环节一：创设情境，引出案例

引例：甲、乙二人玩掷硬币的游戏：正面向上，甲赢；反面向上，乙赢. 他们玩了6局，结果都是甲赢. 乙怀疑甲有作弊嫌疑，游戏不公平. 你认为这游戏公平吗？

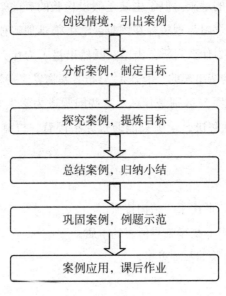

图 2-25

【师生活动】

生1：游戏公平，"6局都甲赢"的概率虽小，但也是有可能发生的，因此判断游戏公平。

生2：游戏不公平，因为假设游戏公平，"6局都甲赢"的概率很小，是小概率事件，在一次实验中几乎不发生，因此判断游戏不公平。

师：假设游戏公平，"6局都甲赢"的概率很小，是小概率事件，在一次实验中几乎不发生，而已知条件"6局都甲赢"却发生了，矛盾。因此拒绝假设，判断游戏不公平。

师：但这种判断也有风险，也会犯错误。因为"6局都甲赢"这一事件发生的概率虽小，但也有可能发生，如果发生，就不能拒绝假设，这时判断就会出错。且犯错误的概率就是小概率事件发生的概率：0.0156。判断正确的概率为0.9844。

师：通过前面分析，我们认为本题游戏公平、不公平都有可能，但更倾向于游戏不公平，这种判断犯错误的概率更低，这也是统计的一大魅力。

师：条件中6局改为2局，情况如何？

师："2局都甲赢"的概率为0.25，不是小概率事件，不能推出矛盾，不能拒绝假设，但也不能支持假设，因为第3局、第4局及更多局的情况未知，因此没有充分理由判断该情况的公平性。

【设计意图】创设"掷硬币游戏,判断公平性"情境,引导学生思考、交流,领会假设检验思想,引出新课,为新课埋下伏笔。由于学生缺乏假设检验的知识背景,对学习与理解本节课存在困难,因此呈现贴近学生实际的情境,作为学生的先行组织者,来激活学生的直观经验,渗透小概率事件原理(小概率事件在一次试验中几乎不可能发生),领会假设检验可能会犯错,这对本节课后续内容的理解相当重要。

环节二:分析案例,制定目标

案例:吸烟与患肺癌是否相关?

【师生活动】

师:统计案例问题,该从哪方面入手研究?

生:提出问题、收集数据、分析数据、解释数据。

师:将吸烟看成变量,可取哪些值?将患肺癌看成变量,可取哪些值?本案例该如何收集数据,收集哪方面的数据?

生:收集吸烟人群中患肺癌与不患肺癌的人数;不吸烟人群中患肺癌与不患肺癌的人数。即四类数据:吸烟患肺癌、吸烟不患肺癌、不吸烟患肺癌、不吸烟不患肺癌。

师:这四类数据表示为:a、b、c、d,并把这表格叫 2×2 列联表(如表2-3)。

表2-3　吸烟与患肺癌列联表

	患肺癌(B)	不患肺癌($\bar{B}$)	总计
吸烟(A)	a	b	$a+b$
不吸烟($\bar{A}$)	c	d	$c+d$
总计	$a+c$	$b+d$	$a+b+c+d$

师:如何分析已经收集好的数据?为了更好地研究问题,我们将表格数据具体化。

设计意图:初步分析案例,引导学生确定对统计案例问题的研究方向:提出问题、收集数据、分析数据、解释数据,领会统计问题需要将实际问题建立统计模型,体会数据的重要性,提升统计意识,提升数学建模核心素养。同时定义分类变量、2×2 列联表，为更好地分析数据做准备。

案例：吸烟与患肺癌是否相关？（为了更好地研究问题，将上述数据具体化，利用课本中的数据，见表 2-4）

表 2-4

	患肺癌（B）	不患肺癌（$\bar{B}$）	总计
吸烟（A）	39	15	54
不吸烟（$\bar{A}$）	21	25	46
总计	60	40	100

问题 1：根据表格中的数据怎么判断吸烟与患肺癌是否有关？

1. 不吸烟者患肺癌的比例为_____；吸烟者患肺癌的比例为_____。

2. 上面两个比例关系能说明吸烟与患肺癌是否有关吗？

【师生活动】

师：很容易求出两个比例：$\frac{39}{54} \approx 72.2\%$，$\frac{21}{46} \approx 45.6\%$。由这两个比例关系，能说明吸烟与患肺癌是否有关吗？

生：吸烟人群中患肺癌的比例明显比不吸烟人群中患肺癌的比例大，因此判断有关。

即 $72.2\% - 45.6\% = 26.6\% \Rightarrow$ 相关

师追问：这种判断可靠吗？

生：显然不可靠。

理由一，吸烟者中患肺癌的比例比不吸烟者中患肺癌的比例大，大多少才能说明相关没有统一的标准。

理由二，用患肺癌的比例与不患肺癌的比例差距来刻画，这个数学量科学、合理吗？

师：怎样判断更可靠？

师：从这两个理由入手，制定一个统一的标准，找一个合理的数学量。

1. 找一个科学、合理的统计量（用 a，b，c，d 表示）；

2. 制定一个统一的标准，界定统计量多大时相关，多大时无关。

【设计意图】分析案例，引导学生直观判断吸烟与患肺癌的相关性，有一定的参考价值，但不可靠。师生一起反思不可靠原因并得出本节课要解决的问题。从学生的最近发展区入手，结合知识的发生、发展过程，通过引起认知冲突，启发引导学生探究、发现问题，符合学生的认知规律，有助于激发学生的求知欲，主动寻找解决问题的方法。

环节三：探究案例，提炼目标

目标一：找个科学、合理的统计量

问题二：假设吸烟与患肺癌无关，如何求出下表中的理论频数（表2-5）？

表2-5

	理论频数	实际频数	理论频数	实际频数
吸烟患肺癌	39		a	
吸烟不患肺癌	15		b	
不吸烟患肺癌	21		c	
不吸烟不患肺癌	25		d	

探究：（1）如何找到一个统计量来刻画实际频数与理论频数的接近程度？

（2）学过的哪些统计量可以用来刻画两个量之间的接近程度？

结合上面表格，写出卡方的公式

统计量 $X^2 =$ ＿＿＿＿＿＿＿＿＿＿ ＝ ＿＿＿＿＿＿＿＿＿

师生活动：

师：我们学过的哪些统计量可以用来刻画两个量之间的接近程度？

生：方差：

$$s^2 = \frac{1}{n}\sum_{i=1}^{n}(x_i - \bar{x})^2 = \frac{1}{n}[(x_1 - \bar{x})^2 + (x_2 - \bar{x})^2 + \cdots + (x_n - \bar{x})^2]$$

师：方差刻画了哪两个量的接近程度？怎么刻画的？如何理解方差公式？

生：方差刻画了样本数据与平均数的接近程度。方差公式是每个样本数据与平均数的差的平方和，再除以样本容量 n。

师：方差公式中有作差、平方、求和及除以样本容量 n。要比较接近程度，自然作差，这好理解，试问：为什么要平方、求和、除以样本容量 n？

生：因为作差后有正、有负，直接求和可能会相互抵消，所以计算平方和（若进行绝对值不好计算）。

生：除以样本容量 n，其实是求作差后的平均值，为了防止样本容量的影响。（若样本数据与平均数很接近，样本容量很大时，虽然每个作差后的值都很小，加起来便很大，这样就刻画不了接近程度）。

师：还学过哪些知识可以刻画两个量之间的接近程度？

生：最小二乘法：刻画散点图上的点与回归直线的贴近程度。

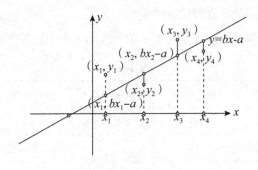

图 2-26

师：最小二乘法刻画了哪两个量的接近程度？怎么刻画的？如何理解最小二乘法公式？

生：最小二乘法，刻画散点图上的点与回归直线的贴近程度。

师：最小二乘法，是为了求一条回归直线（最贴近各个样本点的直线），因此是刻画散点图上的点与回归直线的贴近程度（如图 2-26）。

师：怎么刻画的？如何理解最小二乘法公式？

生：每个散点的纵坐标与回归直线上对应点的纵坐标的差的平方，再求和。

师：怎么求对应点的纵坐标呢？

师：利用每个样本点，作 x 轴的垂线，交回归直线于一点，这样每个样本点在直线上都有最贴近的对应点，用这两点的距离的平方和来刻画贴近程度。

师：上述公式，也有做差、平方、求和，但没有除以样本容量 n，你觉得为什么？

统计学家在得到一个统计量后，会通过大量的试验进行调节、验证、修订，然后确定更合理的统计量。

师：回到问题3——如何找到统一计量来刻画实际频数与理论频数的接近程度？（再次提问，让学生猜想）

师：统计学家利用 $X^2 = \sum_{i=1}^{4} \dfrac{(实际频数 - 理论频数)^2}{理论频数}$ 刻画实际频数与理论频数的接近程度。

$$X^2 = \sum_{i=1}^{4} \frac{(实际频数 - 理论频数)^2}{理论频数}$$

$$= \frac{\left[a - \dfrac{a+c}{n}(a+b)\right]^2}{\dfrac{a+c}{n}(a+b)} + \frac{\left[b - \dfrac{b+d}{n}(a+b)\right]^2}{\dfrac{b+d}{n}(a+b)} + \frac{\left[c - \dfrac{a+c}{n}(c+d)\right]^2}{\dfrac{a+c}{n}(c+d)} +$$

$$\frac{\left[d - \dfrac{b+d}{n}(c+d)\right]^2}{\dfrac{b+d}{n}(c+d)}\ 化简后，得\ X^2 = \frac{n(ac-bd)^2}{(a+b)(c+d)(a+c)(b+d)}$$

师：上述公式在做差、平方、求和的基础上除以理论频数，为什么？

理由与前面相当，除以理论频数，是为了调节样本容量的影响，也是通过大量的试验进行调节、验证、修订，这样更合理而已。

师：这样，通过化简，就得到一个统计量，称作"卡方"。接下来一起分析下卡方公式的结构特征。分子为四个核心数据的交叉乘相减的平方，再与样本容量相乘；分母为这四个量的乘积。

师：回到案例，根据 2×2 列联表，代入数据得 $X^2 = \dfrac{100(39 \times 25 - 15 \times 21)^2}{54 \times 46 \times 60 \times 40}$ ≈ 7.31。

【设计意图】统计量卡方 X^2 的构造是本节课的一大难点，为了突破这一难点，从学生的认知起点出发，设计一系列问题串，尽量还原卡方 X^2 公式的发生、发展过程，挖掘知识的源头，呈现知识的再创造形态，探索知识的本质，以此来让学生真正理解数学的本质。与原有的知识（方差、最小二乘法）类比，引导学生关注研究数学的一类方法，树立勇于探索、敢于质疑、善于思考的科学意识。

目标二　制定个统一的标准

由下面卡方 X^2 的近似概率密度曲线、卡方 X^2 分布临界值表，回答下面问题：

1. 观察卡方 X^2 的近似概率密度曲线图（如图 2-27），阴影部分面积表示什么？

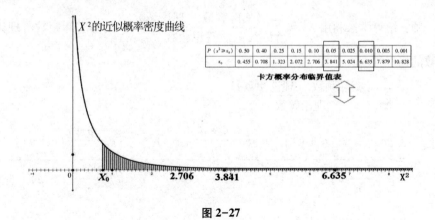

图 2-27

2. 由卡方 X^2 分布临界值表可得，两个红色框表示什么？

【师生活动】

师：观察卡方 X^2 的近似概率密度曲线图，阴影部分面积表示什么？

生：表示假设两变量无关时，卡方 $X^2 \geq x_0$ 的概率。

师：由卡方 X^2 分布临界值表可得，两个红色框表示什么？

生：第一个表示，$P(X^2 \geq 2.706) = 0.10$，阴影部分面积为 0.10，第二个表示，$P(X^2 \geq 6.635) = 0.01$，阴影部分面积为 0.01。

师：这样就可以通过临界值表，求出卡方 X^2 大于等于某个临界值时的概率值。

师：如果我们规定，概率小于或等于 0.05 为小概率事件，这样我们能否统一标准，实现目标二呢？

问题 3：怎么制定一个统一的标准，判断吸烟与患肺癌是否相关？

假设：吸烟和患肺癌无关，则有临界值表（如表 2-6）。

表 2-6 独立性检验临界值表

$P(x^2 \geq x_0)$	0.50	0.40	0.25	0.15	0.10	0.05	0.025	0.010	0.005	0.001
x_0	0.455	0.708	1.323	2.072	2.706	3.841	5.024	6.635	7.879	10.828

X^2 ⟶ 相关

$$X^2 = \frac{n(ac - bd)^2}{(a+b)(c+d)(a+c)(b+d)} = \frac{100(39 \times 25 - 15 \times 21)^2}{54 \times 46 \times 60 \times 40} \approx 7.31$$

X^2 _____ ⟹ 无关（能这样描述吗?）

【师生活动】

师：如果我们规定，概率小于或等于 0.1 为小概率事件，这样我们就找到了 X^2 的统一标准 2.706。

具体的，当 $X^2 \geqslant 2.706$，为小概率事件，拒绝假设，认为相关；当 $X^2 < 2.706$ 时，构不成小概率事件，没有充分的理由判断相关，也不能判断无关。

师：回到案例：假设吸烟与患肺癌无关

$$X^2 = \frac{n(ac - bd)^2}{(a+b)(c+d)(a+c)(b+d)} = \frac{100(39 \times 25 - 15 \times 21)^2}{54 \times 46 \times 60 \times 40} \approx 7.31$$

问：有多大的把握认为吸烟与患肺癌有关?

$P(X^2 \geqslant 6.635) \approx 0.01$（小概率事件，拒绝假设）

所以：吸烟和患肺癌有关。

错误率：1%
正确率：99% ⟹ 在错误率为1%的前提下，吸烟和患肺癌有关
有99%把握认为吸烟和患肺癌有关

师：利用随机变量 X^2 来确定多大程度上可以认为"两个分类变量有关系"的方法，叫独立性检验。

【设计意图】以卡方 X^2 的近似概率密度曲线为铺垫，通过几何画板的动态演示，与正态分布密度曲线进行类比，帮助学生理解和掌握卡方 X^2 分布临界值表。充分利用信息技术的辅助教学，促进学生对知识本质的理解。

为促进对制定统一的标准和进行独立性检验的理解，我们在设计上紧紧围绕"吸烟与患肺癌是否相关"案例问题进行研究。通过引例中假设检验思想的铺垫，让学生尝试进行说理、交流、讨论，发现问题并及时纠正。通过自主探究、合作交流，理解独立性检验思想。

环节四：总结案例，归纳小结

问题4：（1）你能总结出独立性检验的一般步骤吗?

（2）独立性检验与反证法的联系与区别是什么?

师生活动：学生结合案例的解决过程总结独立性检验的一般步骤，老师进行相应地引导、补充和点评。独立性检验和反证法都是在假设的基础上推出矛盾，区别在于假设检验的结论可能会出错，但反证法的推断一定正确。

【设计意图】通过设计问题，帮助学生总结案例，梳理反思，归纳小结，培养学生的归纳、概括能力，领会独立性检验的思想。

环节五：巩固案例，例题示范

例1 通过随机询问某校100名高中学生在购买食物时是否看营养说明，得到如下的列联表（表2-7），问："性别"与"在购买食物时是否看营养说明"有关吗？

表2-7

	看营养说明	不看营养说明	总计
男	10	20	30
女	40	30	70
总计	50	50	100

解：假设"性别"与"是否看营养说明"无关.

$$X^2 = \frac{100 (20 \times 40 - 10 \times 30)^2}{50 \times 50 \times 30 \times 70} = \frac{100}{21} \approx 4.76,$$

由临界值表得：$P(X^2 \geqslant 3.841) \approx 0.05$，

所以，可在犯错误概率不超过5%的前提下认为"性别"与"是否看营养说明"有关；

有95%的把握认为"性别"与"是否看营养说明"有关。

【设计意图】通过例题解析，使学生进一步熟悉独立性检验能解决什么问题，如何解决问题，规范严谨地陈述结论，深化对独立性检验思想的理解。

环节六：案例应用，课后作业

为了了解新高考改革学生选修物理的情况，试对我校高一学生选修物理课程情况进行调查，用卡方独立性检验分析，研究选修物理是否与性别有关？

【设计意图】设计贴近学生实际的探究性案例分析作业，让学生学以致用，既能了解、反馈学生的学习情况，又能让学生经历用独立性检验思想解决实际问题的研究过程，真正落实学生的统计素养。

结语：

有一个颠扑不破的真理，那就是当我们不能确定什么是真的时，我们就应该去探求什么是最可能的。

——笛卡尔

七、教学实践心得

（一）突出研究主线，渗透统计意识

本节课紧紧围绕"吸烟与患肺癌是否相关"这一经典案例展开研究：创设情境，引出案例；分析案例，制定目标；探究案例，提炼目标；总结案例，归纳小结；巩固案例，例题示范；案例应用，课后作业。这六个环节都围绕案例，先通过游戏是否公平这一情境引出案例，通过分析案例制定研究目标：1. 找个科学、合理的统计量（用 a，b，c，d 表示）；2. 制定一个统一的标准，界定统计量多大时相关，多大时无关。接着探究案例，提炼目标，找到统计量 X^2。再将统计量 X^2 应用于案例，并总结归纳出独立性检验的一般步骤。为了巩固案例，通过例题示范、课后作业，加深独立性检验思想的理解。六个环节环环相扣，以案例的研究解决为主线，循序渐进。案例的分析解决过程，本质上就是独立性检验的发生、发展、运用过程，就是收集数据、分析数据的统计过程，就是用统计方法提出问题、分析问题、解决问题的过程。整个过程提升了学生的数据分析素养，提高了学生的信息处理能力，在潜移默化中渗透了统计意识。

（二）注重数学本质，促进数学理解

本节课注重知识的发生、发展过程，注重数学本质，没有让学生直接死记硬背、机械套用卡方公式，而是注重卡方公式的形成过程，注重独立性检验的发生、发展、应用过程，返璞归真，厘清其来龙去脉。独立性检验的本质是假设检验，为了让学生理解这本质，本节课创设了"游戏是否公平"情境，当起了先行组织者，最后又一起讨论小结独立性检验思想与反证法的联系与区别，深层次理解独立性检验，达到较好地教学效果。

（三）加强数学探究，提升核心素养

整节课加强了数学探究，以问题串的形式层层设问，不断引导学生展开讨论、争辩、思考、探究，层层递进、循循善诱，使得整个研究过程清晰、自然、明了。为了突破难点，与学生一起探究，一起厘清其在研究中存在的一个个困惑。为什么要假设？为什么判断会出错？既然出错了为什么又可以下结论？卡方公式是怎么构造出来的？卡方公式分布概率临界值表怎么理解？独立性检验思想与反证法的联系与区别如何？这些难点问题，随着探究的深入，一一得到解决。学生通过探究，提升了有效收集数据、整理分析数据等统计素养，提升了数学抽象、逻辑推理、数学建模、数据分析等核心素养。

（四）关注数学文化，落实立德树人

本节课在引入统计量 X^2 时，介绍了"统计学之父"卡尔·皮尔逊，渗透数学史知识，关注数学文化。且整节课以吸烟与健康的关系为主题进行探究，在学生得出吸烟对人的健康有影响的结论之后，教师不失时机地提醒学生：为了健康，要拒绝吸烟，远离疾病！在教学中对学生进行健康教育，这种数学文化的渗透很好地发挥了数学的育人功能，有效地落实了立德树人。

（福建省福安市第一中学　阮金锋）

第三章

数学解题教学

第一节　数学解题教学的建议

一、对数学解题的认识

"问题是数学的心脏"，数学的产生及发展都是为了回答人们提出问题的需要。是问题的不断提出与解决向数学输送着"新鲜的血液"，促进着数学的"生长与发育"。

美国数学家哈尔莫斯（Paul Halmos）认为："数学家存在的主要理由就是解问题，数学真正的组成部分是问题和解。"解题在数学学习活动中有其不可替代和举足轻重的作用，解题是数学学习的主要活动；是掌握数学，学会"数学地思维"的基本途径；是评价数学学习的重要方式。波利亚（George Polya）在《数学的发现》序言中说："中学数学教学的首要任务就是加强解题训练。"他还有一句名言："掌握数学就意味着善于解题。"

重视解题教学是我国数学教育的一大传统特色，为夯实基础教育作出了贡献。《普通高中数学课程标准（2019 版）》特别强调，通过数学课程的学习，提高从数学角度发现问题、提出问题、分析问题、解决问题的能力（简称"四能"），这是课程目标的重要组成部分。其中，"发现问题和提出问题"是我们之前教育过程中的弱项，必须有意识地补上这个短板，而"分析问题和解决问题"一直深受广大数学教育工作者的高度重视，为夯实"四基"、培育素养做出了突出贡献。

数学学习离不开解题，学习数学解题对学生巩固知识、培养素质、发展能力和促进个性心理发展都具有极其重要的作用和意义。

为此，如何科学培养学生解题的能力是广大数学教师必须思考的问题。

二、解题教学的理论指导

每个学数学的人对解数学题都有自己的感受与心得，而在解题理论上做深入研究的人其实不多，这里介绍在这一领域作出了突出贡献的两位学者的研究成果。

（一）波利亚解题思想

波利亚（George Polya，1887-1985），美籍匈牙利数学家。在数学教育方面，他为我们留下了《怎样解题》《数学的发现》《数学与猜想》等重要论著，这些记者被译成多种文字出版，对世界数学教育产生了深刻的影响。在《怎样解题》这本著作里他提出了自己的解题观点，他认为一个人解决问题时的思维过程一般经历四步，即弄清问题、拟定计划、实现计划、回顾。具体操作如下表（表3-1）：

表3-1　怎样解题表

步骤	具体问题
1. 弄清问题	已知是什么？未知是什么？条件是否可以确定未知量？画个草图，引入适当的符号。
2. 拟定计划	见过这道题或与之类似的题目吗？能联想起有关的定理或公式吗？再看看未知条件，换一个方式来叙述这道题。回到定义看看，先解决一个特例试试。这个问题的一般形式是什么？你能解决问题的一部分吗？你用全部条件了吗？
3. 实行计划	实现你的解题计划并检验每一步。证明你的每一步都是正确的。
4. 回顾	检查结果并检验其正确性。换一个方法做做这道题。尝试把你的结果和方法用到其他问题上去。

这张解题表看似简单，实际上总结了人类解决数学问题的一般规律和程序，同时还揭示了解题中的思维方法和思维过程，对数学解题研究有着深远影响。

弄清问题，与我们常常说的"审题"相近，是认识问题并对问题进行表征的过程，应成为成功解决问题的一个必要前提；拟定计划是关键环节和核心内容的过程，是在过去的经验和已有的知识基础上，探索解题思路的发现过程，波利亚建议：努力在已知与未知之间找出直接的联系，如果找不出直接的联系，就对原来的问题做出必要的变更或修改，引进辅助问题，为此，他进一步建议：观察未知数，回到定义去，重新表述问题，考虑相关问题，分解或重新组合，特殊化，一般化，类比等，积极思考，努力变化问题等；实行计划，即把制定的计划付诸行动，也就是解决问题的数学语言表达。这一步看起来相对容易，所以一些学生没有对此引起足够的重视，其实，有了"思路""念头"只是代表解题有了方向，不能代表推进过程中一定会顺利，其间可能会遇到新的问题，需要调整计划或重新制定计划解决新的问题；与前三步相比，回顾，是最容易被忽视的环节，因为许多学生解决问题后认为任务已经完成，就迫不及待去做别的事情，也就浪费了提升解题能力的时机。回顾，并不完全是常规解题中的检验，主要是有分析地领会所得的解法，它包含着把问题及其解法（认知）作为对象进行自觉反思，是元认知范畴，波利亚将其作为解题的必要环节固定下来，是一个有远见的做法。

（二）罗增儒的研究成果

罗增儒（1945—），陕西师范大学教授，博士生导师。罗教授将学习解题分为四个阶段，他认为，解题从由"记忆模仿、变式练习"，经过长期的"自发领悟"，进入到"自觉理解"的阶段。这里的四个关键词：模仿、练习、领悟、理解，正好体现为数学解题的四个水平。

记忆模仿，即模仿教师或教科书的示范去解决一些识记性的问题，是通过模仿获得相应的表象，从而产生类似的过程。对初学者来说，模仿解题训练是必要的，但它只是学习解题的最初级阶段；"变式训练"是数学教师广泛采用的解题教学策略，是中国数学教育的优良传统，好的变式训练可以帮助学生掌握一类形式变化问题的解决，但如果将此作为解题教学的终止是不够的，因为从本质上看，变式练习主要还是体现了"模式识别"，是进行操作性的活动与初步应用。一些问题的变式是表面的，如已知量的改变，某一条件的等价替换等"换汤不换药"的变式训练除巩固知识记忆和增强技能熟练程度外，很难从根本上提高学生的解题水平。要让学生有更大的收获，重要的是经由模仿和变式练习而产生的感悟，如对解题思路开始有意识地设计，有时能领悟到解决问题过程中蕴含的数学思想方法，对一些问题的解决可能会有不同的思路，也可尝试变式题的编拟，等等，以上的这些感悟大都是自发的，是零星的，常常是"只可意会，不可言传"的，而且解题者往往把得到答案当成解题的终极目标，虽有感悟，却不愿花更多时间进行更深入的思考，也就无法逾越能力提升过程中的瓶颈，即出现"高原现象"；为缩短被动、自发的过程，为增强自觉、主动的元素，教师要引导学生从自发感悟走向自觉理解这一阶段，达到解题思路的主动设计、解题方法的灵活运用、解题过程的自觉反思，能从知识和方法中感悟数学思想，通过解题获得数学理解，领悟学科本质和数学精神，培育学科核心素养。

三、解题教学的实践思考及建议

以下就在教学过程中受到普遍关注的几个问题与同仁们做个交流。

（一）活力的知识

数学问题的提出一般都有一定的知识背景。解决数学问题就要辨别与问题相关的数学概念、定理、法则、公式等，所以，不具备必要的知识储备就无法解决数学问题，比如，低年级的学生，即便智商很高，他也不会解决超出其所学范围的数学问题。也就是说，掌握数学基础知识是解决数学问题的必要条件。没有知识，人就无法形成有效思维。思维能力的高低，一定的程度上取决于主体的知识结构和文化背景。

然而，我们发现，不少学生基础知识掌握得很牢固，可常常无法自如应用，特别是遇到一些新情境的问题就束手无策；相反也有学生能很快将学到的新知识得以灵活应用，原因何在？

笔者认为，差别就在于所学的知识对他来说是否具有活力。学习习惯和思维品质优秀的学生能够及时对所学到的知识进行归纳梳理，并建立起知识间的密切联系，能及时调整原有知识结构使之得以不断改善，在他那里，知识总是处于激活状态，可以随时调用。思维水平低的同学则无法做到这一点，他们的知识是静止的、空洞的、没有活力的。

波利亚指出："货源充足和组织良好的知识仓库是一个解题者的重要资本。良好的组织使得所提供的知识易于用上，这甚至比知识的广泛更为重要……，把你记忆里的知识安放得有条不紊只会对你有更多的帮助。""货源充足"很多学生可以做到，他们重视数学基础知识的学习，对所学的概念、定理、公式也很熟悉，但"组织良好"未必都能做到，以至于其知识无法灵活应用。如何让货源充足但杂乱无序的知识仓库变得"组织良好"，这需要教师身体力行地做好引导。

例如，关于"角"这概念，从三角形的内角开始，到三角函数中的任意角、向量中两向量的夹角、解析几何中直线的倾斜角、两条直线的夹角，以及立体几何出现的两异面直线所成的角、直线与平面所成的角、二面角的平面角等，师生要把这些"角"放在一起做个梳理，理解各自的内涵，认识到他们既有区别又有联系，否则，学生在解题时便会常常出错。其实，可归为"直线与直线所成的角"和"射线与射线所成的角"这两类，将"异面直线所成的角""直线（斜线）与平面所成的角"等归于第一类，其取值是不超过 90° 的正角，而"直线的倾斜角""两向量的夹角""二面角的平面角"归为第二类，这类角可以为钝角或平角。这样，相互间建立了联系的知识就形成了"知识块"，随着知识的逐渐增加又建立了相互间的实质性联系，就形成了"知识团""知识链"。毋庸置疑，用"知识块""知识团""知识链"的方式存储知识便于提取，也具有活力。

再如，空间直线、平面位置关系这部分内容由于定义、判定定理、性质定理多使得一些学生感到很乱，为此，教师有必要引导学生对此进行梳理，并用网络图表示（如图 3-1），这样仓库里的知识就不再无序，而是充满了活力。

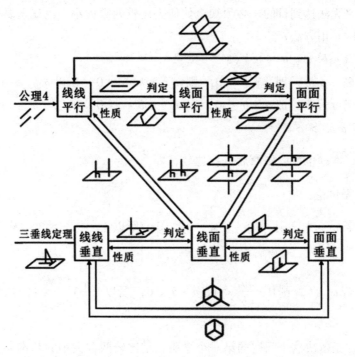

图 3-1

组织良好的数学知识结构对数学解题学习十分重要。组织良好的数学知识结构，应该丰富而广博，并按一定的网络结构组织，高度分化且综合贯通，这有利于在数学问题的内容与适当的数学知识之间建立非人为的实质性联系。

所谓解题知识块，就是将已解过的问题类型及其解题方法以"知识块"来掌握和储存。象棋大师与常人相比，区别在于象棋的布局和行棋方面，他们的头脑里贮存着大量的行棋"知识块"——关于棋子各种布局的整体知识。于是对弈时一旦出现一种布局可以纳入他的某一知识块时，那么之后的每一步行棋，他就了如指掌了。在数学解题学习中，也存在"数学知识块"和"解题知识块"贮存的问题。数学知识和解题知识"整块"地贮存，有利于知识地运用，有利于解题能力的提高，这种"知识块"越大、越多，解决数学问题的能力就越强。

（二）数学思想方法的指导

如果一个学生拥有"货源充足且组织良好"的数学知识仓库，他就能自如地解题吗？显然，他无法做到，因为，他的仓库里还需存有另一种知识——解题方法。

比如，要比较 $a^a b^b$ 和 $a^b b^a$（a，b 为两个不等正数）的大小，只理解 $a^a b^b$ 和 $a^b b^a$ 的意义无法达到目的，必须知道如何去比较两数大小，也就是要知道比较两数大小的常用方法。

作差得 $a^a b^b - a^b b^a = a^b b^b (a^{a-b} - b^{a-b})$.

（1）若 $a > b$，即 $a - b > 0$，则 $a^{a-b} - b^{a-b} > 0$，所以 $a^a b^b > a^b b^a$；

（2）若 $a < b$，即 $a - b < 0$，则 $a^{a-b} - b^{a-b} > 0$，所以 $a^a b^b > a^b b^a$；

综上，$a^a b^b > a^b b^a$.

当然，本题也可以作商后进行比较，即 $\dfrac{a^a b^b}{a^b b^a} = a^{a-b} b^{b-a} = \left(\dfrac{a}{b}\right)^{a-b}$，接着对 a，b 大小做讨论：

（1）若 $a > b$，则 $\dfrac{a}{b} > 1$，$a - b > 0$，所以 $\left(\dfrac{a}{b}\right)^{a-b} > 1$，从而 $a^a b^b > a^b b^a$；

（2）若 $a < b$，则 $0 < \dfrac{a}{b} < 1$，$a - b < 0$，所以 $\left(\dfrac{a}{b}\right)^{a-b} > 1$，从而 $a^a b^b > a^b b^a$.

比较法是解决这个问题的第一个念头，是比较两数大小的基本方法。前一思路在作差后提取公因得 $a^b b^b (a^{a-b} - b^{a-b})$，将问题转化为判断 $a^{a-b} - b^{a-b}$ 的符号，观察 a^{a-b} 与 b^{a-b} 中的"变与不变"可抽象出幂函数 $f(x) = x^{a-b}$，其单调性受制于 a，b 的大小，遵循分类讨论思想使问题得以解决。后一思路在作商后得 $\dfrac{a^a b^b}{a^b b^a} = a^{a-b} b^{b-a}$，注意指数 $a - b$ 和 $b - a$ 是相反数，进而有 $\dfrac{a^a b^b}{a^b b^a} = \left(\dfrac{a}{b}\right)^{a-b}$，问题转化为判断 $\left(\dfrac{a}{b}\right)^{a-b}$ 与 1 的大小，从中抽象出指数函数 $y = \left(\dfrac{a}{b}\right)^x$，借助单调性

或函数图象进行判断。

再如，比较 e^3 和 3^e 的大小。对此，比差法或比商法基本行不通。我们可以对这两个数同时取以 e 为底的对数，也就是先考察 $\ln e^3$ 和 $\ln 3^e$，即 $3\ln e$ 和 $e\ln 3$ 的大小，只需比较 $\dfrac{\ln e}{e}$ 和 $\dfrac{\ln 3}{3}$ 的大小，为此考察函数 $f(x) = \dfrac{\ln x}{x}$ 的单调性，而 $f'(x) = \dfrac{1 - \ln x}{x^2}$，当 $x > e$ 时，$f'(x) < 0$，$f(x) = \dfrac{\ln x}{x}$ 单调递减，所以 $\dfrac{\ln e}{e} > \dfrac{\ln 3}{3}$，从而 $e^3 > 3^e$.

上述两例的解决过程凸显了数学思想（转化与化归、函数、分类讨论、数形结合等）和基本数学方法（分析法、比差法、比商法、单调性法等）的举足轻重的作用，说明了解数学题除了需要有活力的"数学知识"，还要有一种解题知识，那就是关于数学思想方法的知识，而且，从某种意义上说，"数学思想方法知识"更有价值。

在数学解题过程中，除了上述四大数学思想方法，是否还有其他数学思想方法呢？请看以下问题：

【例题 1】等比数列 $\{a_n\}$ 中 $a_1 = 2$，$a_8 = 4$，函数 $f(x) = x(x - a_1)(x - a_2)\cdots(x - a_8)$，则 $f'(0)$ 的值为（　　）.

A. 2^{12} 　　　　B. 2^9 　　　　C. 2^8 　　　　D. 2^6

分析：若先求得 $f'(x)$，再求 $f'(0)$ 当然可以考虑，但 $f(x)$ 是由 9 个因式相乘而得，虽可化为 $f(x) = x^9 + b_8 x^8 + \cdots + b_1 x + b_0$ 的形式，但这样庞大的运算量显然不是命题者的原意，那么，命题者的真正意图是考查什么思想呢？

不妨设：$g(x) = (x - a_1)(x - a_2)\cdots(x - a_8)$，

则 $f(x) = xg(x)$，$f'(x) = g(x) + xg'(x)$，

所以 $f'(0) = g(0) = a_1 a_2 a_3 \cdots a_8 = (a_1 a_8)^4 = 2^{12}$，选 A.

在解决问题的过程中，关键是将 $(x - a_1)(x - a_2)\cdots(x - a_8)$ 视为一个整体，受整体思想的指导，这应该是命题者所要考查的目的。

我们再看接下来的问题：

【例题 2】求 $\sqrt{2 + \sqrt{2 + \sqrt{2 + \cdots}}}$ 的值.

分析：对于例 1，如果没想到"整体思想"而强硬展开还是可以解决的，而本题却无法做到。不妨设 $x = \sqrt{2 + \sqrt{2 + \sqrt{2 + \cdots}}}$，则 $x = \sqrt{2 + x}$，易得 $x = 2$。

在此，整体思想的作用更加突出。整体思想方法是指用"集成"的眼光，

把某些式子或图形看成一个整体，把握已知和所求之间的关联，采用有目的、有意识的整体解决问题的方法。从整体出发的处理方法，体现了一种着眼全局、通盘考虑的整体观念，这是时代的要求。

【例题3】（2015年全国一卷16题）如图3-2，在平面四边形 $ABCD$ 中，$\angle A = \angle B = \angle C = 75°$，$BC = 2$，则 AB 的取值范围是_____.

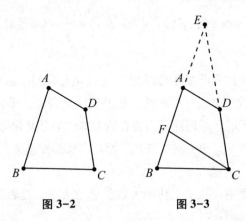

图 3-2   图 3-3

简析：若采用常见的引进变量，建立函数关系而求得取值范围的思路在此难以实现。我们先直观观察：何时 AB 最短？何时 AB 最长？也就是让线 AD 动起来，让它向下平移至点 D 与点 C 重合，其过程始终符合题意，此时 AB 最短，即下限为 BF 的长；同样，线 AD 向上平移至 A，D 两点重合于 E 的过程中也依然符合题意，此时 AB 最长，即上限为 BE 的长，这里渗透着"极限的思想"。

【例题4】（2017年理11题，文12题）已知函数 $f(x) = x^2 - 2x + a(e^{x-1} + e^{-x+1})$ 有唯一零点，实数 a 的值为 （ C ）

A. $-\dfrac{1}{2}$ B. $\dfrac{1}{3}$ C. $\dfrac{1}{2}$ D. 1

分析：注意到函数 $y = x^2 - 2x$ 和函数 $y = a(e^{x-1} + e^{-x+1})$ 的图象均关于直线 $x = 1$ 对称，所以函数 $f(x) = x^2 - 2x + a(e^{x-1} + e^{-x+1})$ 的图象也关于直线 $x = 1$ 对称，依题意知 $x = 1$ 是 $f(x)$ 的唯一零点，即 $f(1) = 0$，求得 $a = \dfrac{1}{2}$。上述过程主要遵循了对称的思想，解题顺利完成。

那么，什么是数学思想？

数学思想是对数学知识的本质认识，是从某些具体的数学内容和对数学的认识中提炼上升的数学观点，它在认识活动中被反复运用，具有普遍指导意义。函数与方程、数形结合、分类与整合、转化与化归是中学数学最重要的几大数学思想方法，此外还有整体的思想、极限的思想、对称的思想、特殊与一般的思想、必然与或然等思想等。当然，这些思想方法之间并非相互独立，而常常是互相渗透的。特别指出，数学中几乎一切问题的解决都离不开转化与化归思想，数形结合思想体现数与形的相互转化，函数与方程的思想体现函数方程的相互转化，分类讨论思想体现局部与整体的相互转化。在《怎样解题表》中，波利亚拟出了启示我们不断转换问题的 30 多个建议：把问题转化为一个等价的问题，把原问题化归为一个已解决的问题，去考虑一个可能相关的问题，先解决一个更特殊的问题、或更一般的问题、或类似的问题……，那些启发新念头的问句，也往往与问题转换有关，"如果我们不用'题目变更'，几乎是不能有什么进展的"。

数学思想并不是凭空产生的，而是来源于学科知识的形成和发展之中。知识是教材的"明线"，思想是知识发展的"暗线"。立体几何的研究思路是将空间问题转化为平面问题，引入空间向量后，实现了几何问题代数化，遵循着转化与化归思想；解析几何的研究对象是几何，借助坐标系将几何问题代数化，体现了数形结合、转化与化归、函数与方程等数学思想方法；代数是以函数方程为主线，且处处渗透数形结合，分类与整合、转化与化归等思想。可以认为，数学知识是教材的外显，它是数学结构的"躯体"，蕴含其中的数学思想是数学的"灵魂"，它支配和驾驭着整个知识系统，统率着数学活动的过程。

在具体的解题过程中，还有形形色色、不胜枚举的数学方法，如上述案例中体现的分析法、比较法（比差、比商）、因式分解、换元法、构造函数、构造方程、判别式法、图像法、单调性法、平移等，那么，数学思想和数学方法有怎样的关联呢？

数学方法是指在发现问题、提出问题、分析问题、解决问题（包括数学内部问题和实际问题）的过程中，所采用的各种方式、手段、途径等，它是数学思想的具体反映。如函数与方程思想表现为构造函数、构造方程、单调性法、主元法、基本量法、待定系数法、判别式法、二分法等数学方法；数形结合思想表现为图象法、构造图形、几何法、坐标法、向量法、复数法等方法；转化与化归表现为换元法（整体代换、三角代换等）、降维法、消元法、配方法、因式分解、分析法、反证法、放缩法、比较法、面积法等数学方法；……

在数学教学中，我们常常把数学思想与数学方法看成一个整体概念，即数学思想方法。它是对数学知识和方法的本质的、理性的认识，是数学知识最重要的组成部分，是数学的精髓。

近些年，《数学课程标准》在研制和实施过程中，还提出了数学基本思想。何为数学基本思想？它与上述数学思想方法是不是一个概念？有何区别与联系？

课标组组长史宁中教授认为，判定数学基本思想的原则有两条：第一，数学产生和发展必须依赖的思想；第二，学习过数学的人应当具备的基本思维品质。基于这两个判断标准，他认为数学基本思想就是指人在进行数学思维的过程中表现出的本质特征，或者说，数学基本思想是数学产生和发展过程中人的内心活动的核心要素，包括抽象、推理和模型。

我们知道，抽象、推理和模型是数学六大核心素养的前三个，而直观想象主要归属于抽象，数学运算本质上是逻辑推理（演绎推理），数据分析可归为数学模型，可以认为，数学核心素养的本质是数学基本思想。

我们可以进一步认为，数形结合是直观想象，分类讨论、转化与化归都是逻辑推理，函数与方程既是抽象，又是推理，也是模型。这么看来，数学基本思想是数学思想方法的上位概念，数学思想方法是数学基本思想的具体体现。

（三）思维发展需要挑战

教学最重要的目标就是引导学生思维，数学教学是数学思维活动的教学。数学学习实质上就是学生在教师的指导下，通过数学思维活动，学习数学家思维活动的结果（数学知识），并发展数学思维的过程。

当前的许多数学课堂，教师会努力地把解决问题的思路详细地告诉学生，学生听起来也比较轻松，体现出了教师有较高的数学素养及教学水平，这样的课一定会得到不少人的欢迎和认同。

一方面看，教学是达到了学生听懂的目的，但从学习能力培养和思维发展角度看，这样的课似乎显得不够深入。也可以说，这样的课有一个明显缺憾，那就是：学生的思维没有接受到挑战。

心理学家研究认为，当学生的思维遭遇到理智的挑战时，他们学得最好。可是，在上述课堂里，教师没有给学生挑战的机会，因为教师自己几乎承包了思维的所有工作，留给学生的只是知识的记忆或问题解决中最教条的部分。即便学生参与了一些思维活动，也只是触及了思维表层而无法真正深入到内核，这样的教学使学生发现与探索的思维没有得到有效地训练，甚至还受到了限制。久而久之，将使学生养成思维依赖性，遇到稍有思维挑战的问题，不是勇于思考，而是等待老师讲解，独立思考的能力将逐渐丧失，更不要说挑战有思维价值的数学问题了。

其实，我们的感受和学者的研究成果是一致的。如果数学课上思维风平浪静，学生可能会昏昏欲睡；而他们的思维一旦受到了激活，接受了问题的挑战，他们就会很来"劲"，个个跃跃欲试，这也是我们最愿意看到的情境，也是课堂充满活力的体现。

道理很简单，如果一个人长期置于没有刺激、没有挑战的环境中，无论原本素质多么优秀，也将逐渐沦为平庸。因此，教师在数学教学中，要特别关注和反思自己的教学行为对学生思维发展的影响。同时，要知道，"传授式"的教学，学生获得的是思维的结果（知识），思维的发展无法通过传授达成。如果意识到了这一点，那就要对自己的教学方式做适当改变。

其实，调整教学方式也不是难事，主要是观念问题。比如正弦定理的教学，教材中展示的是通过考查 $Rt\Delta ACB$ 的边与对角，发现有 $\dfrac{a}{\sin A} = \dfrac{b}{\sin B} = \dfrac{c}{\sin C}$，而后在锐角三角形和钝角三角形中进行探究，发现其具有同样的关系，定理证明结束。接下来的教学处理大概有两种策略：一是通过例题和习题来巩固定理；二是对定理的证明做进一步的探究。采用策略一的老师不在少数，但不急于马上应用本定理的老师会把问题抛向学生：比值是什么？学生思考之后继续追问：还有其他证明方法吗？若教师不马上展示自己的想法，而是把机会留给学生，这时，学生的思维就受到了挑战。毋庸置疑，策略二的教学在学生思维的激发和学习能力的培养上一定优于策略一。再如，在圆锥曲线的解题教学中，解决了椭圆背景下的一个具体问题之后不要急于结束，可向学生提出：能否可以将问题做一般化推广？能否在双曲线或抛物线背景下继续做研究？这就是具有思维挑战性的问题。

当然，于每个个体而言，挑战可能会成功，也可能不成功。挑战成功的学生在享受了成功的快乐之后，更有信心和兴趣去迎接下一个挑战。要让学生明白，没有一个学习（研究）数学的人遇到其所面对的问题都能迎刃而解。在教学中，笔者请挑战成功的学生展示他的成果，同时也十分珍惜学生在思维挑战过程中的"不成功"，和他们一起认真分析，找出不成功的原因，鼓励学生。

笔者认为，数学课堂的活力主要体现在思维的活性，而思维的活性需要教师的激发。所以，在教学中，教师要善于根据教材和学生的实际创设富有思维价值的问题情境，在最近发展区内提出能够激起思维火花的问题，在宽松、和谐的学习氛围中，激发学生积极主动的参与欲望，递进式地开启思维、自然充分地展开思维、交流思维、优化思维、发展思维。

（四）立足独立思考，切莫"指导过量"

波利亚认为数学教育的主要目的之一就是培养学生解决问题的能力，教会学生思考。为此，他提出了"数学启发法"教育思想。

"启发"一词在中国有悠久历史。它源于孔子的"不愤不启，不悱不发，举一隅，不以三隅反，则不复也"。

"愤"就是学生对某一问题正在积极思考，急于解决而又尚未解决时的矛盾状态。这时教师应适时对学生思考问题的方法给以指导，帮助学生开启思路，引导学生解除疑惑，而不是直接告诉结论，这就是"启"。"悱"是学生对某一问题已经有一段时间的思考，但尚未考虑成熟，处于想说又难以表达的另一种心理状态，这时教师应帮助其弄清事物的本质属性，开导学生通畅语言表达而不是代替学生表达，这就是"发"。"不愤不启，不悱不发"可以理解为：不到学生努力想弄明白但仍然想不透的程度时先不要去开导他；不到学生心里明白却又不能完善表达出来的程度时也不要去启发他。

波利亚的卓越成果使他成为当代数学启发式教学的先驱。他认为，不宜直接给出解决问题的方法，而应给出具有启发和指导意义的思路，让学习者自己领会。他还研制了"启发小词典"，让读者通过阅读词典来开阔思路、指导实践，自己学会怎样解题。

结合对启发式教学和数学启发法的学习和领悟，我们可以进一步认为，数学启发式教学是指教师从学生已有的数学知识、经验和思维水平出发，力求创设"愤、悱"的数学教学情境，以形成认知和情感的不平衡态势，从而启迪学生主动积极思维，引导学生学会思考，使学生的数学思维得以发展，数学知识、经验和能力得以生长，并从中领悟数学的本质，达成教学目标。

当前的数学教学，浮躁和急功近利使得启发引导不足。为达到学生听懂的目的，教师会努力地把问题解决的思路详细告诉学生。表面上看达到了预期的目的，但这个过程缺乏学生的独立思考，缺少学生的"愤"和"悱"。

我们不妨把这样的情况称为"指导过度"，好比给小孩喂饭，咀嚼得越细，营养成分流失得越严重。常识告诉我们，被喂饭的孩子一定缺乏营养。教育也是一样的道理，尤其是数学的教学。

关于指导，杜威曾在《儿童与课程》中给天才下过一个定义：指导（guidance）并不是从外部强加的，指导就是把生活过程解放出来，使它最充分地实现自己。所以，理想的数学教学，应该把学习的自主权还给学生，使学习过程成为在教师科学引导下的"再创造"过程。在这个过程中，教师的主要任务是为学生创设问题情境，在最近发展区内提出有价值的问题，激发和诱导学生积极主动的思维；在这个过程中，教师不必急于指点和展示自己的见解，而是为学生提供思考的时间和空间，甚至可以让学生陷入疑惑、迷离状态，以便学生养成自己主动思考、决策的思维习惯。教师必要时的"导"也要讲求科学性、启发性和艺术性，形式上的引导很容易变成牵着学生走，也就没有达到引导的真正目的。

如何科学地、恰如其分地给学生以引导（注：这里是"引导"而不是"指导"），这是考量数学教师教学水平的首要指标，也是一个亟待我们去研究的一个重要课题。

（五）反思是数学思维活动的核心和动力

毋庸置疑，学好数学必须使有思维挑战的题达到一定的解题量。然而，我们也发现，许多学生做了大量的题，解题能力却没有实质性的提升，原因何在？

于学生而言，解题是数学作业的主体内容，即便数学是他们比较喜欢的学科，但在各科作业总量较大的情况下，数学解题也就变成了被动的任务，许多学生问题一旦获解就产生感情上的满足，一写完作业就立即合上作业本，赶快去做别的事情。

在日常的解题教学过程中，由于课堂时间及教学内容的局限性，许多教师往往只告诉学生问题解决的方法，而对问题解决之后的工作不太重视。

解题后还需要做什么呢？

波利亚在《怎样解题》中，专门提出了"弄清问题""制定计划""执行计划"之后的第四步，即"回顾"。他指出，"一个好的教师应该懂得并且传授给学生下述看法：没有任何问题是可以解决得十全十美的，总会剩下些工作要做。经过充分地探讨与钻研，我们能够改进这个解答，而且在任何情况下，我们总能提高自己对这个解答的理解水平"。这说明了分析解题过程不仅能改进解答，而且总能提高理解水平。波利亚在《数学的发现》序言中还具体指出了解题分析的最佳时机："可能是读者解出一道题的时候，或是阅读它的解法的时候。"

波利亚的"解题回顾"也可以理解为"解题反思"。关于反思的重要性，杜威做了很好的阐述，他认为，思维的最好方式是"反思性思维"，它是"对某个问题进行反复的、认真的、不断地深思。"当代建构主义也认为，学习要在活动中进行建构，要求学生对自己的活动过程不断地进行反省、概括和抽象。学习中的反思如同生物体消化食物和吸收养分一样，是别人无法代替的。

有别于其他一些学科，数学的理解要靠学生自己领悟才能获得，而领悟又靠对思维过程的不断反思才能达到。就数学解题教学而言，如果解题后不对解题过程进行反思，那么，解题活动就有可能停留在经验水平上，事倍功半；如果每次解题之后都能对自己的思路做自我评价，探讨成功的经验和失败的教训，那么思维就会在更高的层次上进行再概括，并促使思维进入理性认识阶段，事半功倍，跳出"题海"。所以，波利亚郑重地告诫学习者：如果没有反思，他们就错过了解题的一次重要而有益的方面。

而在现实中，这"最佳时机""最好的思维方式""消化和吸收养分的环节"往往被许多教师和学生忽略了，致使解题训练没能取得理想的效果。

如何做到有效的反思呢？在此，笔者认为至少要做到以下三点：

1. 改进与完善解题过程

随着解题的进展及思考的逐步深入，对问题的理解也更加全面和深刻，继而对问题的解决方法与策略可能会有一些调整、改进和完善。比如，某一步原先走了"弯路"，依照相关概念、定理可直接得出这一结果，思维简洁明了；分类讨论的过程及表达比较复杂，从另一角度来思考可以简化讨论甚至可以避免讨论；文前采取正面"进攻"的策略，再想想能否从侧面或背面"破敌"；……通过类似上述的反思，优化了解题过程，也进一步完善了思维的深刻性、广阔性、批判性等。

2. 扩大解题成果

在已解决问题的基础上很有必要对问题做进一步地思考：能否将问题做一般化推广？问题情境能否变更？思想方法能否迁移？等等。如以椭圆为背景能否迁移到双曲线和抛物线，函数背景能否迁移到三角函数或数列，二维平面上的问题能否迁移到三维空间。我们知道，中学数学问题千变万化，但指导解题方向的数学思想方法主要就几个，特别是"四大"思想方法（函数与方程、数形结合、转化与化归、分类与整合），所以，思想方法的梳理与迁移更有价值，如你在解决某个问题的过程中，数形结合的思想起到了引领作用，是什么信息促使你采用了这一思想方法，设想相关或类似的问题情境……这样，表面上只解了一个题，实际是发现了一类问题的本质规律以及解决这类问题的方法策略。在日常教学中，如果能常常引导学生做这样的总结反思，学生收获的将不仅仅是一个题和一类题，而是从尝试到逐步学会如何去发现问题、提出问题、分析问题、解决问题。

3. 积累与优化思维

教学中我们常常发现，有一些学生能够解出某一个有一定思维挑战的问题可过一段时间后，他却无法立刻想起这问题当时是怎么想的，有的学生甚至连解题方向都没了印象。笔者认为，这不单是记忆力的问题，主要原因是他在解决问题之后没有停留下来分析解题过程，也就是没有巩固自己的战果，自然也就没有深刻印象了。解一道题丢一道题，解一题忘一题是一种学习上的浪费，如果没有意识到这种行为的严重性，即便同一思维重复做很多道题也不能获得解题能力的提高。

我们深刻感悟到，在基础教育阶段，一个好的数学教育应当更多地培养学生自觉地、有意识地关注自己思维的良好习惯。优秀的思维不是天生的，也不是短期内的训练可以实现的，这是一个持之以恒，不断反思提升的过程。我们有理由认为，不论是作为一种特殊的思维形式还是作为学习的一个环节，"反思"在数学学习中都是极其重要的，任何有意义的学习方式都不应该回避它。

（六）数学解题教学与探究性学习

所谓探究，是探索和研究。探究精神是人性的自然要求，也是教育中最宝贵的精神。

探究性学习是一种由科学研究的方式推演而成的学习方式。课堂是教学变革的主战场，探究性学习只有根植于课堂，变成课堂教学中的一种常用方式，才能由一种开放的教育思想变为可行的教学实践，才能真正发挥其应有的价值。

学科的本质是探究。知识的价值是探究，最有价值的知识是有助于人的经验的改造并有助于人主动探究世界的知识。知识的学习必须探究地进行，这包括对知识本身的探究，也包括运用知识探究社会生活。

最有价值的学习也是探究性学习，探究性学习是启发式教学的基本教学模式。探究性学习一般包括提出问题、猜想假设、设计实验、进行实验、分析结论、评价交流这几个环节。数学学习是以问题的解决为核心的思维活动过程，问题解决一般也要经历五个步骤，即生成问题、理解问题、制定计划、实现计划、反思回顾。对照二者，可以看出探究性学习和数学问题的解决在程序上十分相近。所以，某种意义上，数学学习即为探究性学习，解题学习更是探究性学习。

在一次课上，我出示了一道题：

三棱锥 $P - ABC$ 的三条侧棱 PA，PB，PC 两两垂直，三个侧面与底面所成的二面角分别为30°、45°、60°，底面积为1，则三棱锥的侧面积是（　　）.

A. $\dfrac{\sqrt{3} + \sqrt{2} + 1}{2}$ 　　　　　　 B. $\dfrac{\sqrt{3} + 1}{2}$

C. $\dfrac{\sqrt{2} + 1}{2}$ 　　　　　　 D. $\dfrac{\sqrt{6}}{2}$

学生们认为这问题很容易，很快便得到答案。个别同学有点困惑，怀疑这个题目的科学性，这样就生成了"探究主题"，那节课我们就这个问题经历了酣畅淋漓的思维对话，不单解决了问题，而且还"再创造"出空间勾股定理，大家都很满足。

"灌输式""授受式"的数学解题教学培养不出优秀的学生，好奇的孩子不希望别人直接告诉他结果，他们喜欢亲历探究。

（七）教师应努力成为思维典范

思维重在启发。有些教师缺乏有效的思维教学策略，无力提出能激起学生思维浪花的有价值的问题，不能在"思维"上做足文章，对学生的思维少有启迪，思维教学难有成效，学科教学的根本目标也难以实现。

德国师范教育之父第斯多惠曾说："正如没有人能把自己所没有的东西给予别人一样，谁要自己没有发展、培养和教育好，他就不能发展、培育和教育别人。"所以，教师必须提升思维能力水平，为此需做到以下四点。

1. 杜绝功利思想，摈弃思维惰性

教育要着眼于学生未来的发展，杜绝考什么就教什么、练什么的功利教育价值观。教学必须强调对学科本质的认识，努力揭示学科概念、法则、结论的发生发展过程，并体会蕴含其中的学科思想。在"过程"中充分自然地开启思维、交流思维，进一步优化思维、发展思维。

作为数学教师，本人一直坚持独立思考的习惯，摈弃自身的思维惰性，勤于练习，每遇到有一定思维挑战的问题时，本能地有一种要征服它的"兴奋感"，没到迫不得已的时候都不去求助，不浪费有利于自身思维品质提升的机会；不迷信权威，不依赖教师用书和视频课等教学资源；正确认识自己已有的教育教学经验，不单单以过去的经验来应对眼前新情境中的新问题，不受习惯性思维的束缚，克服消极的思维定式，积极思维，勇于创新。这是我对自己的基本要求，也影响着我身边的年轻教师。

2. 开放课堂，教学相长

受个人经验等因素的影响，教师的思维方式也具有某种倾向性，有的可能喜好分析性思维（或其他）方式，教学过程中就会不由自主地侧重于这一思维方式的引导，但单一的思维教学策略无法实现协调、平衡学生思维这一任务。

笔者于多年的数学一线教学中，在注重激发学生学习数学的兴趣的同时，在培养学生思维能力方面做了一些有意义的探索。本人主张基于思维能力培养的活力数学且认为，思维的活性是活力数学的首要表征，和谐润泽的课堂氛围是活力数学的必要条件。为此，根据数学学科特点及教学内容，我适时适当地开放课堂，灵活地采用讨论式、对话式、探究式等多种教学方式，充分调动学生学习的主动性，让学生在课堂上可以充分发表各自的观点。由于学生的思维没有受到条条框框的限制，他们常常迸发出创造性的思维火花，这火花能点起他人（包括我）积极思维的热情，能激起思维创新的欲望，促进思维协调、平衡的发展。

作为教师，笔者深刻体验和感悟到，我们不单在"教"学生思维，其实，我们的思维也常常在与学生思维的相互碰撞中不断受到激发而获得提升；我们不单在"教"学生，其实，我们也和学生一样在课堂中实现生命价值和自身发展。

3. 努力成为反思型教师

处于习惯性思维的教师往往在不知不觉中形成了自己个性化的理论——内隐理论。该理论无时无刻不在对教师的日常教学行为发生作用，以无意识的方式影响着教师的课堂教学思维和教学实践中对一些问题的处理方式。

我们发现，许多教师的教学水平之所以难以提高（甚至退化），一个重要原因是他的内隐理论左右了教学行为，该理论使得他的教学不断地做机械性的重复，没有提升，没有发展。研究者认为，若教师对自己潜意识的教育观念不作任何有意义的反省，那么他也就只能长期生活在自己的习惯之中，很难有新的发展。研究者们进一步指出，内隐理论只有在教师努力转化自己习惯性思维的过程中，在反思和自我批判中才有可能不断地获得挑战和改造。

和学生的学习一样，教师也需要反思（即教学反思）。笔者的教学生涯已有34年，也已跨入了老教师的行列，本人认为，只有进行深刻的反思，才能唤醒教师的自我意识，才能把潜意识的活动纳入有意识活动的轨道，才能充分发挥先进教育教学理念对教师行为的指导，才能激发出理性的力量，调整、改造自己的内隐理论，从而发展学生的思维，让学生学会思维。

4. 做个有奋斗感的教师

要使自己的思维变得更优秀，教师必须具有挑战自我的精神。

和培养学生思维能力一样，教师思维的发展也需要激发和强化。想让自己的思维保持优秀，教师必须自觉思考并勇于挑战对思维品质有较高要求的问题（如高考的压轴题及一些学科竞赛题），让自己的思维得到高层次、有意义地训练；在解题或解题教学中不应只关注通法，也应注重一题多解、变式引申、一法多用等探究性学习方式，以促进思维的广阔性、灵活性、深刻性和创造性的提升；同时，还应乐于与同行、学生进行讨论、交流，勇于将自己的思维展示出来，在思维的相互碰撞中产生正能量，以此激活还在沉睡中的思维细胞，使思维品质得到进一步的完善。

开放课堂需要勇气，摈弃思维惰性需要勇气，做一个反思型教师需要勇气，成为一个有优秀思维品质的教师更需要勇气！

（厦门双十中学　赵祥枝）

第二节　数学解题教学设计案例

案例1　函数零点问题的深度探究

一、教学内容与内容解析

（一）内容

探究函数零点。

（二）内容解析

1. 内容本质：零点存在性定理

2. 蕴含的数学思想方法

利用导数研究函数的零点问题过程蕴含着丰富的数学思想方法，如转化与化归、数形结合、分类与整合、有限与无限等，有助于培育学生的数学抽象、逻辑推理、直观想象、数学运算等数学学科核心素养。

3. 知识的上下位关系

函数零点是高中数学必修课程"函数"主题"函数应用"单元中的一个相关概念，高一上学期学过该内容，且定位为了解层次。在学了选择性必修一"函数"主题中"一元函数导数及其应用"后，学生对函数性质（主要是单调性）有了较深入、全面的认识，此时有必要对函数零点问题做进一步探究。

4. 育人价值

在解决问题过程中深刻领会数学本质，体悟解决问题过程所遵循的函数与方程、化归与转化、数形结合、分类讨论等数学思想方法，在落实基础知识、基本技能、基本思想、基本活动经验（"四基"）的同时，培育数学学科素养和理性精神。

5. 教学重点

零点存在性定理的理解与掌握。

二、目标和目标解析

本节课的教学试图达成如下教学目标：

使学生对函数零点的概念及函数零点存在性定理有进一步理解，能较熟练运用零点存在性定理判断一些简单初等函数的零点个数，并初步掌握判断一些含参初等函数的零点问题的一般性方法。

通过创设问题情境激发学生积极思维、深度思考，促进学生思维广阔性、灵活性、深刻性与创新性等的发展，有效地培养和提升高阶思维能力。

函数零点判定（零点存在性定理）是一个综合度较高的问题，是考核学生数学学科素养的一个有效考点，也是高考试题的一个高频点和把关点。

三、教学问题诊断分析

本课时是针对基础较扎实、学习能力和探究意识也较强的高三年级学生而进行的教学设计。学生对函数零点的概念及函数零点存在性定理本身的理解（课标定位为了解，对优生可以定位为理解）不会有困难，而在运用零点存在性定理解决问题时常常遇到难以突破的瓶颈，如研究一个含参函数的零点情况时，如何找到满足 $f(a) \cdot f(b) < 0$ 的闭区间 $[a, b]$，许多学生思维受阻，期待找到能够解决这类问题的一般性方法。

教学难点：对一个较为复杂的函数，确定一个闭区间 $[a, b]$ 且满足 $f(a) \cdot f(b) < 0$，这是本节课教学过程中的一个难点，学生需要有较强的观察能力及分析问题与解决问题的能力。

四、教学支持条件分析

润泽和谐的课堂氛围是保证学生能敞开思维的软条件。

扎实的基本功、良好的学习能力和思维的高度参与是决定本节课教学效果的关键。也许，一些理解能力不错的学生可以听懂，但"听懂"不是教学目的，我们希望能够在教师恰到好处的启发下，学生能够"想懂"，这样的课才有收获。

五、教法学法选择

"问题串"教学；探究性学习。

六、教学过程

(一) 教学流程设计 (图 3-4)

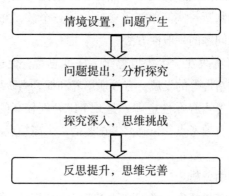

图 3-4

(二) 教学过程

教学过程 (实录)	
环节 1	情境设置,问题产生
口答	(1) 函数 $f_1(x) = 2x - 6$ 的零点是____; (2) 函数 $f_2(x) = \ln x$ 的零点是_____.
师生活动	【教师】函数 $f_1(x)$ 的零点是 (3,0),对吗?为什么? 【学生】不正确。 【PPT 展示】把使函数 $f(x) = 0$ 的实数 x 的叫作函数 $f(x) = 0$ 的零点。所以上述问题的答案分别为 $x=3$ 和 $x=1$。
追问	函数 $f(x) = \ln x + 2x - 6$ 存在零点吗?怎么判断?
师生活动	【学生】(独立思考、交流讨论,代表发言。) 根据零点存在性定理,该函数存在零点。

师生活动	【*PPT* 展示】如果函数 $y=f(x)$ 在区间在 $[a, b]$ 上的图象是连续不断的一条曲线，并且有 $f(a)\cdot f(b)<0$，那么，$y=f(x)$ 在区间 (a, b) 内有零点，即存在 $c\in(a, b)$，使得 $f(c)=0$，这个 c 也就是方程 $f(x)=0$ 的根。（零点存在性定理） 【学生】$f(x)=\ln x+2x-6$ 在定义域内是连续的，借助问题（1）及问题（2），不难找到闭区间 $[1, 3]$，而且 $f(1)=-4<0$，$f(3)=\ln 3>0$，所以 $f(x)$ 在 $(1, 3)$ 有零点。 【追问】该定理只告诉我们什么情况下有零点，你能判断该函数有几个零点吗？ 【学生】（独立思考，交流讨论，代表发言。） 该函数是递增的，所以有唯一零点。 【教师引导】连续且闭区间两端函数值异号且单调，恰有一个零点。
设计意图	明晰函数零点的概念，理解零点存在性定理；明确运用零点存在性定理解决问题时，关键是找到闭区间 $[a, b]$ 且 $f(a)\cdot f(b)<0$。引导学生把握解决问题的实质，培养学生发现和提出问题，分析和解决问题的能力。
环节 2	问题提出，分析探究
问题 1	讨论函数 $f(x)=\ln x-ax$ 的零点个数。
师生活动	【教师】请大家敞开思维，最好能想出多个解决方案。 【学生】（独立思考、交流讨论、代表发言。） $f(x)=\ln x-ax$ 有零点 $\Leftrightarrow$ 方程 $\ln x-ax=0$ 有解 $\Leftrightarrow y=\ln x$ 和 $y=ax$ 图象有交点（如图3-5）$\Leftrightarrow$ 方程 $a=\dfrac{\ln x}{x}$ 的解（如图3-6） 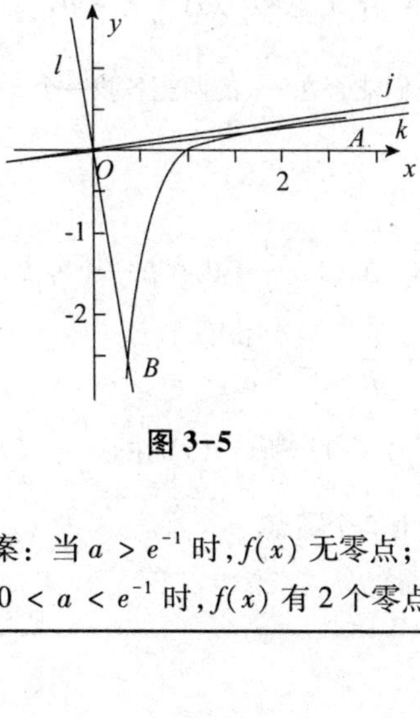 图 3-5 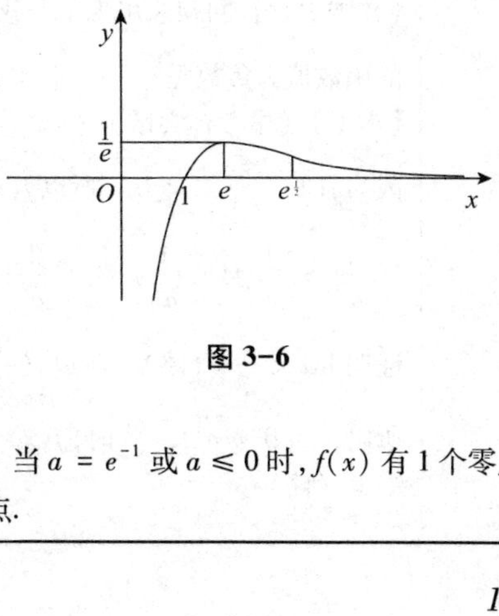　　　　　　　图 3-6 答案：当 $a>e^{-1}$ 时，$f(x)$ 无零点；当 $a=e^{-1}$ 或 $a\le 0$ 时，$f(x)$ 有 1 个零点；当 $0<a<e^{-1}$ 时，$f(x)$ 有 2 个零点.

续表

师生 活动	【教师引导】同学们对化归与转化和数形结合等思想方法运用得很自如，也顺利地得到了答案。但对于解答题，数学表达上有难度也有缺陷，以下我们运用函数零点存在性定理来解决这个问题。 分析：$f(x) = \ln x - ax$，则 $f'(x) = \dfrac{1}{x} - a$， (1) $a = 0$ 是 $f(x) = \ln x$，零点是 $x=1$； (2) $a < 0$ 时，$f'(x) > 0$，$f(x)$ 递增. 【教师引导】若能找到一个闭区间，$f(x)$ 在该区间两端异号就能判定其存在零点。怎么找呢？（停顿）我们可以先观察该函数经过的特殊点。 【学生】（思考，尝试……） $f(1) = -a > 0$，$f(e^a) = a - ae^a = a(1 - e^a) < 0$ 所以 $f(x)$ 在 $(e^a, 1)$ 内有唯一零点。 【教师】很不错！找到 $f(1) = -a > 0$ 不困难，怎么找到区间左端点 e^a 呢？这确实需要有较强的观察能力，而较强的观察能力也是学好数学的一个重要能力。一些同学可能还在纠结怎么找到 e^a，没关系，一会儿大家就明白了。我们先继续讨论下一个情况。 (3) $a > 0$ 时，$f'(x) = \dfrac{1}{x} - a = \dfrac{-ax+1}{x} = -\dfrac{a(x - a^{-1})}{x}$， 当 $0 < x < a^{-1}$ 时，$f'(x) > 0$，$f(x)$ 递增；当 $x > a^{-1}$ 时，$f'(x) < 0$，$f(x)$ 递减，所以 $f_{\max}(x) = f(\dfrac{1}{a}) = \ln \dfrac{1}{a} - 1 = -(\ln a + 1)$. 【教师】接下来做什么呢？ ①若 $a > e^{-1}$，则 $\ln a + 1 > 0$，$f_{\max}(x) < 0$，$f(x)$ 不存在零点； ②若 $a = e^{-1}$，则 $\ln a + 1 = 0$，$f_{\max}(x) = 0$，$f(x)$ 有唯一零点； ③若 $0 < a < \dfrac{1}{e}$，则 $\ln a + 1 < 0$，$f_{\max}(x) = f(\dfrac{1}{a}) > 0$， 【教师引导】问题又出现了，我们能否在 $\dfrac{1}{a}$ 的两侧各找一个 x 值，其对应的函数值为负数呢？ 【学生】（思考，尝试……） 因为 $f(1) = -a < 0$，所以 $f(x)$ 在 $(1, \dfrac{1}{a})$ 内存在一个零点， 又 $\dfrac{1}{a^2} > \dfrac{1}{a}$ 且 $f(\dfrac{1}{a^2}) = \ln \dfrac{1}{a^2} - \dfrac{1}{a} = 2\ln \dfrac{1}{a} - \dfrac{1}{a}$ 证明 $\ln x < \dfrac{1}{2}x$（略），所以 $f(\dfrac{1}{a^2}) < 0$，所以 $f(x)$ 在 $(\dfrac{1}{a}, \dfrac{1}{a^2})$ 内一个零点. 所以，当 $0 < a < e^{-1}$ 时，$f(x)$ 有 2 个零点. 综上（略）

师生活动	【教师】刚才我们又遇到了如何找到 a^{-2} 这个特殊点，一些同学可能会更加困惑，这就是我们今天这节课试图重点突破的地方。
设计意图	本环节在解决问题过程中产生了新的问题、新的困惑，激发了学生探究问题的欲望。 转化与化归、数形结合、分类与整合是解决问题时需要遵循的数学思想方法，它们体现了逻辑推理、直观想象等数学核心素养。学习数学不单要找到问题的答案，更重要的是学会数学地思维和数学的表达，完善思维品质，发展理性精神。
情境设置	有没有一般性"取点"的方法？能否先做个适当地放缩，然后再取点？
师生活动	【教师引导】 对 $f(x) < g(x)$，若存在满足条件的 x_0 有 $g(x_0) \leqslant 0$，则 $f(x_0) < 0$； 对 $f(x) > g(x)$，若存在满足条件的 x_0 有 $g(x_0) \geqslant 0$，则 $f(x_0) > 0$.
师生活动	【教师引导】回到函数 $f(x) = \ln x - ax$，需要找 $x_0 > \dfrac{1}{a}$，使得 $f(x_0) < 0$. 与 $\ln x$ 相关的常见的不等式有哪些？ 【学生】$\ln x < x - 1$，$(x \neq 1)$ 和 $\ln x < \dfrac{1}{e}x$，$(x \neq 1)$ 【教师】我们来试试，同桌做个分工。 【学生】方案一：$\ln x < x - 1$，$(x \neq 1)$；方案二：$\ln x < \dfrac{1}{e}x$，$(x \neq 1)$； …… 【教师引导】以上两个放缩方案都不成功，原因是什么？ 【学生】放缩得过大了！ 【教师引导】能否控制得"温和"些？ 在我们熟悉的函数中，哪类函数当自变量 x 从某处开始，其增长速度比直线（如 $y = x - 1$，$y = \dfrac{1}{e}x$）增长速度慢？（借助图象） 【学生】思考与交流，发言：幂函数 $y = \sqrt{x}$ 。 【教师】我们来试试方案三可以证得 $\ln x < \sqrt{x}$（过程略），所以 $f(x) \leqslant \sqrt{x} - ax$，令 $\sqrt{x} - ax = 0$，得 $x = \dfrac{1}{a^2} > \dfrac{1}{a}$，取 $x_0 = \dfrac{1}{a^2} > \dfrac{1}{a}$，此时 $f(x_0) < \sqrt{x_0} - ax_0 = 0$ 【学生】有点兴奋了。 【教师】从上述过程中我们发现，并不是满足 $f(x) < g(x)$ 的 $g(x)$ 都可以达到目的，放缩的原则是"适当"。当然，$g(x)$ 也不是唯一的。 【学生】反思……

设计意图	通过尝试失败与成功，引导学生进行合适的放缩，并通过观察、分析、推理，培养学生理性思维。
问题2	讨论函数 $f(x) = e^x - ax$ 的零点个数。
师生活动	【教师引导】类比问题1的探究思路 【学生思考】…… 【学生活动】分析1（数形结合、转化与化归） $f(x) = \ln x - ax$ 的零点 $\Leftrightarrow$ 方程 $\ln x - ax = 0$ 的解 $\Leftrightarrow$ $y = \ln x$ 和 $y = ax$ 图像交点 $\Leftrightarrow$ 方程 $a = \dfrac{\ln x}{x}$ 的解 **类比** $f(x) = e^x - ax$ 的零点 $\Leftrightarrow$ 方程 $e^x - ax = 0$ 的解 $\Leftrightarrow$ 函数 $y = e^x$ 和函数 $y = ax$ 图像的交点 $\Leftrightarrow$ 方程 $a = \dfrac{e^x}{x}$ 的解 $\Leftrightarrow$ 方程 $\dfrac{1}{a} = \dfrac{x}{e^x}$ 的解 【学生活动】分析2（放缩后取点）对应 $\ln x < x - 1$，$(x \neq 1)$，$\ln x < \dfrac{1}{e}x$，$(x \neq 1)$，$\ln x < \sqrt{x}$，相应地有：$e^x \geq x + 1$，$e^x \geq ex$，$e^x > x^2$，$(x \geq 0)$. 【教师点评】…… 【学生活动】选一个思路进行解答。 若 $0 < a < e$ 时，$f(x)$ 无零点；若 $a = e$ 时，$f(x)$ 一个零点；若 $a > e$ 时，$f(x)$ 有两个零点. 【教师点评】问题1和问题2比较常见，许多问题最终均可归结为这两个问题。
设计意图	本问题主要由学生完成，教师做必要指导与点评，目的是引导学生运用类比的方法研究和解决问题，培养学生探究问题的能力。
环节3	探究深入，思维挑战
问题3	讨论函数 $f(x) = e^{ax} - x - 1$，$(a \in R)$ 的零点个数。
师生活动	【教师】将问题2做了变式，便有了这个问题，请大家思考。 【学生】（独立思考、交流讨论，展示汇报。） 思路一：转化为方程 $e^{ax} = x + 1$ 的解的个数，即函数 $y = e^{ax}$ 和 $y = x + 1$ 图象的交点个数。 【教师引导】函数 $y = e^{ax}$ 的图象你会画吗？它与函数 $y = e^x$ 的图象有什么联系？ 提示：将参数 a 分 $a \leq 0$，$0 < a < 1$，$a = 1$，$a > 1$ 等几种情况。可以从伸缩变换来理解。 结论是：$a \leq 0$ 或 $a = 1$ 时一个，此外均2个。

师生活动	思路二：由于 $e^{ax} = x + 1$ 和 $ax = \ln(x+1)$ 等价 处理1　函数 $y = ax$ 和 $y = \ln(x+1)$ 图象的交点（画图象可以解决） 处理2　若是解答题，讨论 $g(x) = \ln(x+1) - ax$ 零点。 将 x 用 x+1 代替，转化为考查函数 $h(x) = \ln x - ax + a$ 的零点情况（同问题1） 【教师引导】当然，也可以直接对 $f(x) = e^{ax} - x - 1$，$(a \in R)$ 进行求导，通过单调性、最值来考查零点。 思路三：$f'(x) = ae^{ax} - 1$，$a \leq 0$ 时，$f'(x) < 0$，$f(x)$ 递减； $a > 0$ 时，$f'(x) = a(e^{ax} - \dfrac{1}{a}) = a(e^{ax} - e^{\ln\frac{1}{a}})$ （略） 【教师引导】可以继续往下走，但难度相对大了一些。 我们再思考，有没有改进方案？ 思路四：令 $t = ax$，$g(t) = e^t - \dfrac{1}{a}t - 1$，$(a \neq 0)$（转化为问题2） 【教师追问】为什么函数 $f(x) = e^{ax} - x - 1$ 的零点个数问题可以转化为函数 $g(t) = e^t - \dfrac{1}{a}t - 1$，$(a \neq 0)$ 的零点个数问题？ 【学生思考】变量代换 $t = ax$ 是一一对应的。 【反思提升】运用化归和转化的数学思想方法，将所研究的问题转化为熟悉的问题。
设计意图	创设问题情境激发学生积极思维，培养学生思维的开阔性和创新性，积累思维活动经验，提高学生逻辑推理、直观想象素养等学科素养。
问题4	（2016年高考数学全国卷I理科第21题）已知函数 $f(x) = (x-2)e^x + a(x-1)^2$ 有两个零点. （I）求 a 的取值范围；（II）设 x_1，x_2 是 $f(x)$ 的两个零点，证明：$x_1 + x_2 < 2$．（本次只研究第一个问题）
师生活动	【教师引导】我们先来研究函数 $f(x) = (x-2)e^x + a(x-1)^2$ 的结构。 分析1转化为 $g(x) = (x-2)e^x$、$h(x) = -a(x-1)^2$ 图象有两个交点。我们很熟悉函数 $h(x)$，对函数 $g(x) = (x-2)e^x$ 也似曾相识（可由函数 $y = xe^x$ 变换而来），通过导函数 $g'(x) = (x-1)e^x$ 的符号考查函数单调性、极值，发现函数 $g(x)$ 在 $x = 1$ 处取得极小值，而 $x = 1$ 恰是函数 $h(x)$ 图象的对称轴方程。 【学生活动】画两个函数的草图，由数形结合思想得到结果：$a > 0$。 分析2参变量分离后得 $a = \dfrac{(2-x)e^{x-2}}{(x-1)^2}$，$(x \neq 1)$，效果不理想。

师生 活动	【教师引导】作为解答题，如何处理呢？ （由于课堂时间有限，本节课的重点是如何在"取点"上进行突破，所以思维量较小的开头部分通过 PPT 展示并稍做解释） 【解析】（Ⅰ）$f'(x) = (x-1)e^x + 2a(x-1) = (x-1)(e^x + 2a)$. （1）当 $a = 0$ 时，$f(x) = (x-2)e^x$，$f(x)$ 只有一个零点 2，不合题意； （2）当 $a > 0$ 时，$x \in (-\infty, 1)$，$f'(x) < 0$，$f(x)$ 递减； $x \in (1, +\infty)$，$f'(x) > 0$，$f(x)$ 递增. 所以 $f_{\min}(x) = f(1) = -e$， 又 $f(2) = a > 0$，所以 $f(x)$ 在 $(1, 2)$ 内有一个零点. 【教师引导】接下来的目标是找一个 $x_0 < 1$ 满足 $f(x_0) > 0$。以下是许多资料上里提供的解答： 取 b 满足 $b < 0$ 且 $b < \ln \frac{a}{2}$， 则 $f(b) > \frac{a}{2}(b-2) + a(b-1)^2 = a(b^2 - \frac{3}{2}b) > 0$， 故 $f(x)$ 有两个零点. 【教师引导】同学们一定疑惑了：这样的 b 是怎么找到的？我们一起来探究. 思路一：$f(x) = a(1-x)^2 - (2-x)e^x = (2-x)\left(a\frac{(1-x)^2}{2-x} - e^x\right)$ 因为 $(2-x) > 0$，$a > 0$，所以只需对 $\frac{(1-x)^2}{2-x}$ 进行适当缩小，以下考查 $u = \frac{(1-x)^2}{2-x}$，$(x < 1)$， 令 $(2-x) = t$，$t > 2$，所以 $u = \frac{(1-x)^2}{2-x} = \frac{(t-1)^2}{t} = t + \frac{1}{t} - 2 > \frac{1}{2}$，所以 $f(x) > (2-x)(\frac{a}{2} - e^x)$. 取 $x_0 < 0$，且 $x_0 < \ln \frac{a}{2}$，$f(x_0) > (2-x_0)(e^{\ln \frac{a}{2}} - e^{x_0}) > 0$ 所以 $f(x)$ 在 $(x_0, 1)$ 上有一个零点. 【教师小结】解决问题的关键在于将 $f(x)$ 变形为 $f(x) = (2-x)\left(a\frac{(1-x)^2}{2-x} - e^x\right)$，而后对 $\frac{(1-x)^2}{2-x}$ 进行适当放缩小，转化为只不等式 $(2-x)(\frac{a}{2} - e^x) > 0$ 的解即可。当然，这种处理方案还是有一定的难度的，还有其他途径吗？ 【教师引导】对于函数 $f(x) = (x-2)e^x + a(x-1)^2$，希望找 $x_0 < 1$，使得 $f(x_0) > 0$. 能否对 e^x 进行放缩？这时需要放大还是缩小呢？ 【学生思考】注意到 $x - 2 < 0$，所以需要对 e^x 进行放大。

<table>
<tr><td rowspan="1">师生
活动</td><td>

【教师追问】可我们之前遇到的与 e^x 关系密切的常见不等式，如 $e^x \geq x + 1$，$e^x \geq ex$，$e^x > x^2$，$(x \geq 0)$ 等，都是将 e^x 进行"缩小"的，现在要将 e^x 放大，好像没见过这样的不等式。

【学生活动】（思考、交流后）

思路二：注意到 $x - 2 < 0$，又因为 $e^x < 1(x < 0)$，所以 $(x-2)e^x > x - 2$，

所以 $f(x) = (x-2)e^x + a(x-1)^2 > ax^2 - (2a-1)x + a - 2$.

由于 $\Delta = (2a-1)^2 - 4a(a-2) = 4a + 1$，

所以方程 $ax^2 - (2a-1)x + a - 2 = 0$ 有二根，取 $x_0 = \dfrac{2a - 1 - \sqrt{4a+1}}{2a} < 1$

$f(x_0) > ax_0{}^2 - (2a-1)x_0 + a - 2 = 0$.

【教师追问】这时找到的 x_0 的表达式有点复杂，该方案能否优化？

【学生活动】学生思考后发现，发现可进一步放缩：

$f(x) > ax^2 - (2a-1)x + a - 2 > ax^2 - (2a-1)x - 2 = (ax+1)(x-2)$，

取 $x_0 = -\dfrac{1}{a}$，$f(x_0) = (x_0-2)e^{x_0} + a(x_0-1)^2 > (ax_0+1)(x_0-2) = 0$.

所以 $f(x)$ 在 $(-\dfrac{1}{a}, 1)$ 上有一个零点.

【教师小结】一般来说，一次放缩基本上就能达到目的，当然，再次放缩可能会起到更好的效果。

【学生反思】……

【教师引导】我们再剖析 $f(x)$ 的结构，对于 $f(x) = (x-2)e^x + a(x-1)^2$，注意到 $(x-1)^2 = x^2 - 2x + 1 = x(x-2) + 1$，这样，$f(x)$ 表达式中前后两项的关系就更加密切了。

思路三：$f(x) = (x-2)e^x + a(x^2 - 2x + 1)$

$= (x-2)e^x + ax(x-2) + a > (x-2)e^x + ax(x-2) = (x-2)(e^x + ax)$

注意到 $(x_0 - 2) < 0$，所以取 $x_0 = -\dfrac{1}{a}$，有 $e^{x_0} + ax_0 = e^{-\frac{1}{a}} - 1 < 0$，所以 $f(x_0) > 0$.

所以 $f(x)$ 在 $(-\dfrac{1}{a}, 1)$ 上有一个零点。

【小结与反思】放缩时，常常将影响不太大的常数丢弃而达到放大或缩小的目的。

【教师引导】观察力强的同学应该可以看到 $x_0 = -\dfrac{1}{a}$ 这个特殊点，可能也有同学看不出来。但我们还是要想办法找到它。

</td></tr>
</table>

师生活动	思路四: $f(x) = (x - 2)e^x + ax(x - 2) + a > (x - 2)(e^x + ax)$ 由 $x < 0$ 得 $x - 2 < 0$, $e^x < 1$, 所以 $e^x + ax < 1 + ax$, 所以 $f(x) > (x - 2)(1 + ax)$. 取 $x_0 = -\dfrac{1}{a}$, 便有 $f(x_0) > 0$, 所以 $f(x)$ 在 $\left(-\dfrac{1}{a}, 1\right)$ 上有一个零点. 【总结提升】对函数本身结构特征的剖析是寻求解决问题方法的关键, 同时发现, 不同的放缩方案所取到的"点"也可能不同。 (以下是本问题的第 3 种情形, 由于时间及思维量不大的原因, 采取用 PPT 展出并稍做解释) (3) 当 $a < 0$, 由 $f'(x) = 0$ 得 $x = 1$ 或 $x = \ln(-2a)$. ①若 $a \geqslant -\dfrac{e}{2}$, 则 $\ln(-2a) \leqslant 1$, 当 $x \leqslant 1$ 时, $f(x) < 0$, 而当 $x > 1$ 时, $f'(x) > 0$, $f(x)$ 递增, 故 $f(x)$ 无两个零点; ②若 $a < -\dfrac{e}{2}$, 则 $\ln(-2a) > 1$, 当 $x \leqslant 1$ 时, $f(x) < 0$, 而当 $x \in (1, \ln(-2a))$ 时, $f'(x) < 0$, $f(x)$ 递减; 当 $x \in (\ln(-2a), +\infty)$ 时, $f'(x) > 0$, $f(x)$ 递增; 所以 $f(x)$ 不存在两点零点. 综上, a 的取值范围为 $(0, +\infty)$.
设计意图	在直接观察较难找到需要的"点"时, 将所研究的函数做适当变形或放缩后再尝试, 这是解决这类问题的一般性策略。通过本问题的探究, 让学生体会到如何去解决一个具有挑战性的问题, 培养学生思维的开阔性、灵活性和深刻性, 锤炼学生的意志力和理性精神。
环节 5	反思提升, 思维完善
	引导学生对思维过程的分析, 注重思维经验的积累与优化。

七、教学实践心得

本节课的教学过程中, 本人有如下感悟:

(一) 在无疑处引发问题

思维不是凭空产生的, 思维起于岔路和疑难, 起于两歧的取舍。疑惑和问题是思维的"催化剂", 是开启学生思维的钥匙, 能使学生的求知欲由潜伏状态进入活跃状态，从而有力地调动学生思维的积极性和主动性。

在数学学习中，只有使学生意识到数学问题的存在，并内化为自己的问题，从而产生内心的探究需求，才能激起思维的火花。

在教学过程中，问题的自然引发，能够培养学生的学习兴趣，激发学生的求知欲望，调动学生学习的积极性和主动性，促使学生以探索者的身份去发现问题，总结规律，提高学生运用知识解决实际问题的能力，同时又使课堂教学变得丰富多彩、生动活泼。

为此，本人从学生熟悉的看似"无疑"处出发引导学生发现问题和提出问题，并以"问题串"贯穿教学过程，让学生体验问题从发现到解决的全过程，培养学生问题意识。

（二）让学生的思维处于挑战之中

我们知道，如果一个人长期置于没有刺激、没有挑战的环境中，即便其素质多么优秀，长此以往，也将逐渐沦为平庸。为此，问题的设置须有阶梯性和一定的挑战性，能够激起学生产生疑问，能够激发积极思考，从而培养起学生敢于挑战的信心与勇气。

（三）探究性学习是深度学习

探究性学习更加关注知识的形成及思维发展的过程。在过程中，引导学生深入挖掘教材知识体系，领会知识；挖掘与渗透数学思想方法并以此统帅知识；引导学生从不同的角度深刻而全面地认识问题，抓住问题的规律和本质。

在解题教学中，探究性学习在注重一题多解、问题变式、引申和推广的教学活动中，学生由于被激发起好奇欲望、探索欲望和创造欲望，所以他们就积极去探索、去研究，并且将所获得的材料、信息在自己的大脑中进行"分析和综合、抽象和概括，归纳和类比、实验和猜想、一般化和特殊化等一系列新的、高级的、复杂的思维操作"，有利于思维能力的培养。

（四）思维的发展是数学教学的根本目的

鼓励学生勇于探索，勇于创新，并且能辩证地处理问题，及时发现错误、纠正错误、总结经验，进行自我调节。多层次培养思维的广阔性、深刻性、灵活性、创造性与批判性，有效地发展思维能力。

本节课自始至终都在关注学生思维的有效训练，使其思维在交流中相互碰撞、相互启发，思维品质得到发展和完善。

（厦门双十中学　赵祥枝）

案例2　利用几何画板研究解析几何中的包络圆问题

一、内容和内容解析

（一）内容

解析几何复习中以圆锥曲线为载体研究与圆有关的包络问题。

（二）内容解析

1. 内容的本质

包络圆问题实质是直线与圆锥曲线的位置关系。

2. 蕴含的思想和方法

解析几何（Analytic geometry），又称为坐标几何（Coordinate geometry）或卡氏几何（Cartesian geometry），早先被叫作"笛卡儿几何"，是一种借助于解析式进行图形研究的几何学分支。解析几何通常使用二维的平面直角坐标系研究直线、圆、圆锥曲线、摆线、星形线等一般平面曲线，使用三维的空间直角坐标系来研究平面、球等一般空间曲面，同时研究它们的方程，并定义一些图形的概念和参数。

在平面解析几何的初步学习中，学生经历如下的过程：首先将几何问题代数化，用代数的语言描述几何要素及其关系，进而将几何问题转化为代数问题；处理代数问题；分析代数结果的几何含义，最终解决几何问题，这种思想应贯穿平面解析几何学习的始终。在这一过程里，既有由难到易、由繁到简、由陌生到熟悉的"化归与转化"思想，又有由形到数再到形——直观体验与精确验证的"数形结合"思想方法。

3. 知识的上下位关系

高中阶段的解析几何默认是平面解析几何，所研究的对象主要是直线、圆、椭圆、双曲线和抛物线及其它们之间的位置关系等。本专题是高三第二轮复习的微专题，是在第一轮复习基础上知识的应用与深化。在一轮复习中，学生已经熟悉直线与圆、椭圆、双曲线和抛物线的定义及其简单应用，并对解析几何中的数形结合思想有了一定的认识，但尚未达到融会贯通的程度，因此第二轮复习是对第一轮复习内容的延伸及知识应用的深化，其中直线与圆锥曲线的位置关系、定点定值、最值范围等问题便是对圆锥曲线应用提出的较高层次要求。本专题的包络圆问题是以圆锥曲线为载体，用研究直线与圆锥曲线的位置关系的方法，探索其中与包络有关、最终呈现形式为圆的问题的总结与探究，一方面，它延续了圆锥曲线基本知识的应用，思维上具有可持续性；另一方面，它是解析几何知识螺旋式上升过程中的重要载体，具有化抽象为具体、变简单模仿为自我梳理提高的作用。

4. 育人价值

包络圆是学生面对的一个全新概念，但并未超纲，它是圆锥曲线问题中的一类典型高频题型，是研究直线与圆锥曲线位置关系的重要载体。在研究包络圆问题中，学生灵活运用所学知识解决实际问题，掌握研究圆锥曲线的一般思路和方法，加深对解析几何蕴含的数形结合核心思想的认识，发展了直观想象、逻辑推理、数学运算等核心素养，具有重要的育人价值。

5. 教学重点

利用几何画板探究包络圆的直观呈现形式，学生经历直观发现、理论探究、解释现象的过程。

二、目标和目标解析

（一）目标

利用常规问题，引出椭圆的轨迹求解，感受几何画板在研究图象问题中的作用，复习椭圆、圆、直线与圆锥曲线位置关系的基本知识和解题方法，利用几何画板探索直观包络问题，提高学生探究的兴趣，在数量关系推演过程中，培养直观想象、逻辑推理和数学运算等核心素养，在命题的正向与逆向辨析中，培养学生辩证思考的能力。

（二）目标解析

依托几何画板，把抽象问题变得直观，激发学生的学习兴趣，在原有第一轮复习的基础上，借助信息技术直观感受几何问题的呈现形式，再借助理论计算验证发现的结论，经历探究、发现、再探究的过程，符合认知学习的"最近发展区"理论，在螺旋式学习的过程中培养学生学习知识、应用知识的意识和能力，在数量关系的推演过程中发展学生逻辑推理和数学运算的核心素养，在对所得结论再探究的辩证分析中培养学生思考能力，培养学生批判思维。

三、教学问题诊断分析

数形结合思想是高中阶段的重要思想方法，在函数的图象与性质、立体几何、解析几何、平面向量等知识模块均有涉及，因此本节课前，学生在很多场合应该已经体会了数形结合的内涵及应用，而本课时重点研究如何由"数"解答"形"的性质问题，学生在对"形"有一定直观认识的同时应专注于如何用"数"的手段精确论证。在此过程中，教师借助信息技术——几何画板给予直观引导，帮助学生直观认识所要研究的结论的直观呈现，进而寻找理论推导方式与途径。

转化与化归是数学解决问题的常用思维模式，包括未知问题化已知、陌生问题化熟悉、复杂问题化简单、特殊问题一般化、一般问题特殊化等，转化与化归的要点在于找到所研究的问题和已经解决的问题之间的联系。包络圆问题是学生新接触的概念，因此需要将陌生问题转化为熟悉的知识——即直线与圆锥曲线的位置关系问题，而若题目条件比较多，则如何选择合理的切入点，又如何用合适的代数手段刻画几何条件将使问题的解答具有多样性，而不同的途径可能解题时间差异很大，甚至有的途径完不成解答，因此需要老师做一些分析、铺垫与引导。

教学难点：如何厘清包络圆与题目条件中点、直线与圆锥曲线之间的关系，从而建立合理的代数式，最终得到问题的解决途径。

四、教学支持条件分析

在第一轮复习过程中，学生对直线、直线与圆的位置关系、椭圆、双曲线、抛物线等解析几何的基本概念及知识有了一定的认识，并逐步建立起知识体系，在推理论证过程中，对核心概念的认识和基本的运算能力是学习的基础。题目的设置上，涉及一些初中的平面几何知识，如等面积法求三角形的高，三角形的相似、全等一类的知识，因此学生需要有一定的平面几何知识储备。

教师方面，因本节课需利用几何画板探究一些未知结论，课堂上需要几何画板的辅助，这就要求教师要有一定的信息技术操作能力，能够利用软件在课堂上灵活处理各种条件，并迅速呈现给学生，从而快速、精准地完成教学进度，提高教学效率。

五、教法学法选择分析

教法：启发探究，互动讨论，问题解决

学法：自主探究，合作交流，归纳总结

六、教学过程

（一）教学流程设计（图 3-7）

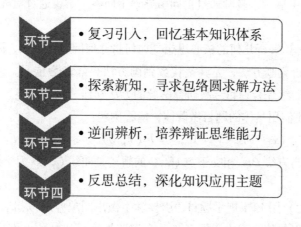

图 3-7

（二）教学过程设计

环节一：复习引入，回忆基本知识体系

问题 1：常见的圆锥曲线有哪些？它们是怎么定义的呢？

【教师活动】引导学生思考问题，回忆第一轮复习总结过的知识，完成各种圆锥曲线的几何定义描述，利用 PPT 完成下表（表 3-2），并展示：

表 3-2　圆锥曲线定义对照表

圆锥曲线 类型	第一定义（几何）	第二定义（比值）	第三定义（斜率）
圆	$\|MC\| = r$	$\dfrac{\|PA\|}{\|PB\|} = \lambda(\lambda \neq 1)$	$k_{PA} \cdot k_{PB} = -1$
椭圆	$\|PF_1\| + \|PF_2\| = 2a$ $(2a < 2c)$	$\dfrac{\|PF_1\|}{d} = e(0 < e < 1)$	$k_{PA} \cdot k_{PB} = -\dfrac{b^2}{a^2}$
双曲线	$\|\|PF_1\| - \|PF_2\|\| = 2a$ $(2a > 2c)$	$\dfrac{\|PF_1\|}{d} = e(e > 1)$	$k_{PA} \cdot k_{PB} = \dfrac{b^2}{a^2}$
抛物线	$\|PF_1\| = d$	$\dfrac{\|PF_1\|}{d} = e(e = 1)$	无

【学生活动】探索、回忆和思考，在老师的引导下将PPT中表格的空白处填写清楚，对比不同圆锥曲线定义的差别，建立圆锥曲线的类型知识框架。

【活动说明】通过回忆与思考，激活学生的思维细胞，但为了节约板书时间，选择用PPT展示，教师通过提问引导学生回答，学生通过梳理，学会总结、归纳与思考。

【设计意图】解析几何的核心思想是如何将几何问题代数化，因此掌握常见圆锥曲线的等价刻画方法，尤其是代数刻画方法显然尤为重要。通过表格类比加深印象，为后续综合题目寻找研究解题的方法和途径做好铺垫。

问题2：我们用具体的题目做载体，请看例题：

已知圆 F_1：$(x+1)^2+y^2=16$，点 $F_2(1,0)$，动点 P 在圆 F_1 上，线段 PF_2 的垂直平分线与直线 PF_1 相交于点 Q，Q 的轨迹是曲线 C，O 为坐标原点，求 C 的方程.

【教师活动】用PPT展示题目，引导学生做出图象并思考相应条件的作用，中垂线提问学生如何刻画中垂线条件，有哪些性质可以使用？而后用几何画板在电脑上做出精确的图象（图3-8），通过追踪轨迹直观感受曲线 C 的形状，并板书"定义法求轨迹"的基本规范要求，做好如下的解题示范：

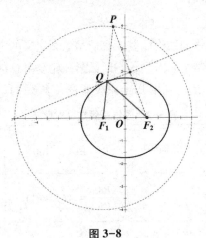

图3-8

解：依题意，$F_1(-1,0)$，$F_2(1,0)$，$|QF_2|=|QP|$，

则 $|QF_1|+|QF_2|=|QF_1|+|QP|=|F_1P|=4>|F_1F_2|$，

所以 Q 的轨迹是以 F_1，F_2 为焦点，4为长轴长的椭圆，

所以 $a=2$，$c=1$，$b=\sqrt{3}$，

所以点 Q 的轨迹方程为 $\dfrac{x^2}{4} + \dfrac{y^2}{3} = 1$.

【学生活动】在老师的引导下，学生做出题目的规范图象，养成动手操作的习惯，同时这也是解题思维过程中的一个环节，通过观察几何画板展示的轨迹图象，联系椭圆定义思考表达的要领与细节，并跟随老师将问题作答清楚。

【设计意图】解析几何作图是一项基本功，作图的过程也是思维过程的直观体现，通过具体题目感受圆和椭圆定义的实际使用，化抽象为具体，这是问题 1 表格内容的具体体现，可为后续包络圆的寻找打好思维基石，同时也可培养学生良好的解题习惯。

环节二：探索新知，寻求包络圆求解方法

问题 3：在问题 2 的基础上，设 A，B 为 C 上的两个动点，且满足 $OA \perp OB$，那么直线 AB 会由什么特殊性质呢？

【探究 1】利用几何画板做出图象，追踪直线 AB 的轨迹，观察所成图象，猜测结论。

【教师活动】利用几何画板，演示作图过程，并追踪直线 AB 的轨迹，引导学生发现直线 AB 总与一定圆相切（演示包络圆的形成过程）。

【学生活动】观察老师的作图过程，猜想直线 AB 总与一定圆相切。

【设计意图】教师先利用几何画板演示动画，体现信息技术的优越性和高效性，引导学生经历发现数学结论的过程，而学生通过观察可以激发对新知识的好奇心，直观观察所得结论再通过理论验算，体现了数学的科学性和严谨性，有助于学生深入领悟数形结合思想的使用。

问题 4：在问题 3 的基础上，证明：直线 AB 总与一定圆相切。

【探究 2】题目关键条件处理：如何刻画两直线垂直？

【教师活动】引导学生思考条件" $OA \perp OB$ "有以下刻画方法：

$$OA \perp OB \rightarrow \begin{cases} \text{思路 1：} \overrightarrow{OA} \cdot \overrightarrow{OB} = x_1 x_2 + y_1 y_2 = 0 \\ \text{思路 2：} k_{OA} \cdot k_{OB} = \dfrac{y_1 y_2}{x_1 x_2} = -1 \\ \text{思路 3：} |OA|^2 + |OB|^2 = |AB|^2 \end{cases}$$

它们各有什么优缺点？提问哪一种方法比较适合本题？

【学生活动】在老师的引导下，挖掘自身知识储备，找到三种刻画垂直的方法。并认识到思路 2 需要讨论斜率的存在性，思路 3 运算量较大，从而得到思路 1 是较为合适的解题途径。

【探究3】题目关键条件处理：如何刻画直线与圆相切？

【教师活动】首先引导学生回忆圆的定义，并通过对称性寻找确定圆心、半径的方法。其次，直线与圆相切可通过圆心到直线的距离等于半径来转化，教师通过提问帮助学生厘清条件的处理方式。

【学生活动】通过对称性发现圆心必定是原点，问题转化为寻找半径即原点 O 到直线 AB 的距离，从而转化为证明 O 到直线 AB 的距离为定值。

【探究4】直线 AB 如何假设？不同假设方法有何优缺点？请完成本题的计算。

【教师活动】由探究1、探究2可知，直线 AB 的方程非常重要，那该如何假设呢？再次引导学生思考假设直线的两种方法：

$$\text{直线方程如何假设} \rightarrow \begin{cases} \text{思路} 1: y = kx + m，讨论 k 是否存在 \\ \text{思路} 2: y = my + n，讨论 m 是否存在 \end{cases}$$

并得出结论，两种假设方法都可以，但都需要讨论。引导学生动笔计算，并板书演示如下结果：

解：

①当 AB 垂直于 x 轴时，AB 的方程为 $x = n$，代入椭圆方程得 $y = \pm \dfrac{\sqrt{3}}{2} \times \sqrt{4 - n^2}$，

即 $A(n, \dfrac{\sqrt{3}}{2} \times \sqrt{4 - n^2})$，$B(n, -\dfrac{\sqrt{3}}{2} \times \sqrt{4 - n^2})$，

$\overrightarrow{OA} \cdot \overrightarrow{OB} = n^2 - \dfrac{3}{4}(4 - n^2) = 0 \Rightarrow n^2 = \dfrac{12}{7}$，此时，直线 AB 与圆 $x^2 + y^2 = \dfrac{12}{7}$ 相切.

②当 AB 不垂直于 x 轴时，设 AB 的方程为 $y = kx + m$，$A(x_1, y_1)$，$B(x_2, y_2)$，

联立方程 $\begin{cases} y = kx + m \\ \dfrac{x^2}{4} + \dfrac{y^2}{3} = 1 \end{cases}$，消去 y 并整理得 $(3 + 4k^2)x^2 + 8kmx + 4m^2 - 12 = 0$，

由 $\Delta > 0$，得 $m^2 < 4k^2 + 3$ 且 $\begin{cases} x_1 + x_2 = -\dfrac{8km}{3 + 4k^2} \\ x_1 \cdot x_2 = \dfrac{4m^2 - 12}{3 + 4k^2} \end{cases}$

因为 $OA \perp OB$，所以 $\overrightarrow{OA} \cdot \overrightarrow{OB} = 0$，

即 $x_1x_2 + y_1y_2 = x_1x_2 + (kx_1 + m)(kx_2 + m)$

$= (1 + k^2)x_1x_2 + mk(x_1 + x_2) + m^2 = \dfrac{7m^2 - 12(1 + k^2)}{3 + 4k^2} = 0$,

所以 $\dfrac{m^2}{1 + k^2} = \dfrac{12}{7}$,

所以原点到直线 AB 的距离 $d = \dfrac{|m|}{\sqrt{1 + k^2}} = \sqrt{\dfrac{12}{7}}$,

所以直线 AB 都与圆 $x^2 + y^2 = \dfrac{12}{7}$ 相切.

综上, 直线 AB 一定与圆 $x^2 + y^2 = \dfrac{12}{7}$ 相切.

完成计算后, 老师给出包络圆 (图 3–9) 的概念:

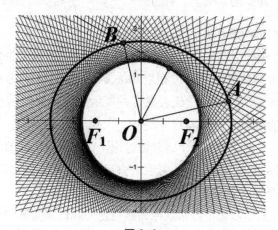

图 3–9

包络线: 跟某曲线族的每条线都相切的一条曲线叫作该曲线族的包络线 (Envelope)。(曲线族即一些曲线的无穷集, 它们有一些特定的关系。包络圆即形状为圆的包络线。) 本题中, 定圆 $x^2 + y^2 = \dfrac{12}{7}$ 为直线族 AB 的包络圆, 我们不妨称该定圆为椭圆 C 关于弦 AB (满足特定条件 $OA \perp OB$) 的包络圆。

【学生活动】在老师的引导下, 学生选择一种直线方程进行求解, 并跟随老师的板书步骤完成自己的解答。在解答过程中, 学生思考为什么直线方程要讨论? 韦达定理使用的注意事项, 解析几何中常见的 "四元消参" 的基本方法——通过直线或圆锥曲线先消去两参, 且优先考虑通过直线消参。通过老师的介绍，明确问题 4 中包络圆问题的研究本质是直线与椭圆的位置关系问题，包括圆只是一种呈现形式。

【设计意图】分析每个条件是解题的核心步骤，引导学生思考每个条件的独特作用有助于培养学生独立分析、思考的能力，而不同方法的选择将是影响作答效率的关键性步骤，因此设置两个探究的意图在于引导学生认识分析条件的重要性，同时细致的分析有助于抓住解题的切入点，从而建立解题的自信心，也能发现自己的知识或方法缺漏，从而找到弥补措施。探究 2、探究 3 教会学生思考，探究 1、探究 4 教会学生动手实践，鼓励学生大胆操作，突破计算能力不足的瓶颈，使学生善于借助信息技术手段发现问题，并用严谨的数学推理解决问题，培养科学探究的精神。

环节三：逆向辨析，培养辩证思维能力

问题 5：在问题 2 的基础上，若与圆 $x^2 + y^2 = \dfrac{12}{7}$ 相切的直线 l 与曲线 C 交于 A，B 两点，问 $\angle AOB$ 是否为定值？说明理由。

【教师活动】教师引导学生思考问题 4 的逆命题，安排学生分组讨论，判断逆命题的真假，并模仿原命题商讨相应解决方法。教师走下讲台，参与学生讨论，并适时指导。最后选择同学代表发言并展示小组解法（可选择方法略有差异的作对比，如直线假设不同等）。

【学生活动】在老师的引导下，分组讨论，得出先猜后证的思路，让目标更为明确，只要证明 $OA \perp OB$ 即可。并在方案确定后动笔实践，把解题过程写完。在此过程中，感受合作学习的乐趣。

【设计意图】数学命题中经常从原命题与逆命题同真同假的角度进行题目改编，同时这也是辩证认识一个数学问题的方法，在对包络圆相关问题的正逆向探究中，发现其实质是考查直线与圆、直线与椭圆等圆锥曲线的位置关系，换角度看问题可以让学生学会思考，培养其优秀的思维品质，同时让问题探究走向深入。

问题 6：将问题 4、问题 5 所得结论推广到一般椭圆情况，并写出来。

【教师活动】通过问题 4、问题 5 的探究与思考，引导学生将所得结论推广到一般的椭圆，并写出相应的结论。

【学生活动】将问题 2 的题目具体数据改为一般参数，得到如下的一般结论：

结论：设 A，B 为 C：$\dfrac{x^2}{a^2} + \dfrac{y^2}{b^2} = 1$ 上的两个动点，则 $OA \perp OB \Leftrightarrow$ 直线 AB 总

与定圆 $x^2 + y^2 = \dfrac{a^2 b^2}{a^2 + b^2}$ 相切，其中定圆 $x^2 + y^2 = \dfrac{a^2 b^2}{a^2 + b^2}$ 即为直线族 AB 的包络

线，我们不妨称其为椭圆 $C：\dfrac{x^2}{a^2} + \dfrac{y^2}{b^2} = 1$ 关于弦 AB（满足特定条件）的包络圆。

【设计意图】由特殊到一般、由具体到抽象，这是数学推理中常见的归纳推理，通过问题 6 引导学生学会对一个具体问题进行推广与思考，从掌握解决一个问题到解决一类问题，培养学生学以致用，举一反三的能力，这是思维的飞跃，也是主题的升华。

环节四：反思总结，深化知识应用主题

问题 7：本节课你学到了什么？试从知识和方法两个角度进行总结。

【教师与学生共同总结】

本节课我们学习了以下内容：

知识上，复习了圆锥曲线的定义，明确了包络圆的概念；

方法上，掌握了利用几何画板直观探索包络圆的问题的方法，明确两条直线垂直、直线与圆相切、直线与椭圆的位置关系等的代数化方法。

最后，教师留下思考题：

请同学们回去继续思考，如果将椭圆分别改为双曲线、抛物线，是否也会有类似问题 6 的结论？可先用几何画板进行直观验证，再理论证明。

七、教学实践心得

（一）数学课堂缺乏深度学习的原因

1. "教"多于"学"，未体现学生主体地位

新课标指出：学生是学习的主人，教师是学习的组织者、引导者和合作者。这就是说新的教学模式必须视学生为主体，学生是整个教学活动的中心，教师、教材等一切教学手段都要为学生的"学"服务，学生应积极地投入到教学活动中去，充当教学的"主角"。但在目前的数学课堂中，特别是高三复习课堂，很多还是以教师的教为主，注重教的方法，忽视学的过程。教师只注重对教学结果的研究，忽略学生学习过程的现象仍然存在。这样在整个学习过程中，学生缺乏独立思考和个性活动，未能辩证思考知识的内涵与外延，学习的积极性和主动性得不到应有的发挥，无法进行深度学习，更无创造性可言。

2. 教师注重解决问题，忽视提出问题

爱因斯坦说："提出一个问题往往比解决一个问题更重要，因为解决一个问题也许只是一个数学上或实验上的技能而已，而提出新的问题、新的可能性，

从新的角度去看旧的问题，却需要有创造性的想象力，而且标志着科学的真正进步。"问题是思维的基点与创造的前提，并且所有的发明创造都是从发现问题开始的，所以发现问题和提出问题是非常重要的。数学课堂中的多数问题是老师直接抛出或提前设计好的，学生被动地解答问题，学生在课堂中几乎没有机会提出新的问题，这就导致了学生发现问题的意识薄弱、提出问题的能力和水平较低。课堂中缺乏发现和提出新问题的土壤和空间，学生的问题解决能力、批判性思维、创造性思维等高阶能力的发展不能得到充分地保障，进而遏制了学生在课堂中的深度学习。

3. 传统的题型训练制约学生思维的深入

对于现阶段的高中数学学习来说，依然是以传统的题型训练为主，开放性题型为辅（事实上非常少见）。而这些传统的习题主要考验学生的解题能力，甚至有些老师会对题型做一些总结，再用类似题型反复强化，致使学生着重于表面的"套模式"解题，缺乏对题目的深度思考，一旦遇到开放性题目便束手无策，显然这种题型训练对学生思维开放以及想象力和创造力的发展都形成障碍。学生对传统题型训练过分依赖，对新教学模式没有很好地理解和接受，无法进行深度思维，从而无法进行深度学习。

（二）构建深度学习课堂的方法与途径

根据上述原因，本文拟从教师和学生两个方面给出以下四种方法和途径，以促进课堂中的深度学习。

1. 立足价值引领，深刻理解教学内容

立德树人是教育的根本任务，价值引领是基于核心素养的教育改革的本质追求。构建深度学习的数学课堂需要立足学科特点，找准数学学科价值引领的渗透点，将数学知识、数学文化以及学科思辨性、艺术性等融入课堂中，唤醒学生的爱国情怀，激发学生的探究欲望，引导学生学会用数学的眼光观察世界、用数学的思维分析世界、用数学语言表达世界。要达到这样的深度学习课堂状态取决于教师深度教学的状态，而深度教学的实施取决于教师对教学内容及教学对象的理解。其中对教学内容的理解要以研读教材为主要途径，教师一定要躬身实践，自己阅读教材，尽量做到创新阅读，做好教材的二次开发。只有在研读过程中形成自己对教材独立的思考，增加教材研读的深度、广度和厚度，深度挖掘知识所蕴含的内涵和外延，并在理解教学对象的基础上进行教学设计并组织课堂，学生才能在课堂教学中进行深度学习。本节课的例题就是在教材课后习题基础上结合作业题综合改编的，定义法求轨迹学生熟悉又不超纲，教学植根于教材，教学过程通过"包络圆"概念进行包装，呈现形式新颖，同时，教学内容及学习方法又高于教材。

2. 创设有效情境，培养学生学习兴趣

我国古代教育家孔子说过："知之者不如好之者，好之者不如乐之者。"可见，兴趣是求知的前提、学习的动机、成才的起点。教学中，教师要把枯燥的知识融入新颖、富有吸引力的有效教学情境中，化抽象为具体，化乏味为兴趣，使学生乐学、会学、学会。只有在合适的教学情境中或者数学问题的引领下，学生才能进行深度思考与交流，才能更好地形成和发展数学核心素养。教师准确把握数学本质，才能构建深度学习的课堂。

高三学生多数沉溺于"题海战术"，久而久之，对课堂产生疲惫感甚至课上只顾解题不听老师讲解，自己重难点没把握住，最后得不偿失。本课时笔者根据教学的实际需要创设现实的、科学有效的"包络圆"教学情境和问题，用给同桌或老师编考题的方法避开传统的纯知识讲解模式，给人耳目一新的感觉，在问题的发现、解决过程中，不断激发学生深度学习的欲望，促进了学生数学建模、数学抽象、数学运算等数学核心素养的发展。

3. 注重形成过程，体现学生数学思维

德国教育家第斯多惠明确指出："发展和培养不能给予人或传授给人。谁要享有发展和培养，必须用自己内部的活动和努力来获得。"新课标也强调数学教学不仅要体现数学知识的结果，更要体现数学知识发生和发展的过程。本课时教师通过创设定义法求轨迹、定圆探究、特殊到一般的命题推广等合适的探究教学活动，提供较为丰富的学习资源，提出给同桌或老师命制题目等富有启发性、开放性的问题，在课堂生成过程中充分体现学生的数学思维，教师尽量沿着学生的思维进行有效的方法指导，不断试错、纠错，帮助学生学会"从无到有"地寻找解题思路，形成对教学内容"包络圆"及常见解析几何问题处理方法的深层次思考。学生在教师引导下通过自主的活动亲身经历观察、发现、直观感知、抽象概括、归纳类比、演绎证明等一系列思维活动，深入理解知识、方法的形成过程，自身的数学素养也得到了提升。注重知识生成过程，充分体现学生数学思维，这是提升学生核心素养、构建深度学习课堂的重要途径。

4. 端正学习态度，养成学后反思习惯

俗话说，态度决定一切。数学知识的学习需要智力因素的参与，同样也需要非智力因素的积极配合。要想学好数学，学生本身应端正学习态度，养成良好的学习习惯，这样才会产生内在驱动力，在行动上真正热爱学习。数学是思辨性很强的学科，很多学生有畏难的心理，遇到难题就想绕道走，没有养成反思、总结的习惯，从而让听课效率大打折扣，课上内容遗忘率非常高。事实上，当解决完一个问题时，需要对问题的解决过程进行总结分析，如老师为什么会这么想？我为什么想不到？为什么要从这个条件入手？有没有更好的解法？……有时甚至要对结论的正确性进行辨证分析。本课时第（2）题、第（3）题的命题编制等环节就是鼓励学生学会反思，独立思考，课后总结。在这样的反思过程中学生可以找到解决问题的方法，寻找更优解法，甚至对问题进一步推广，做到举一反三，融会贯通，同时在反思中也可以获得超越知识本身的信息。学生在教师的引导及自身的努力下端正学习态度，养成学后反思的习惯，不断优化学习策略，构建自己对知识的深度理解，避免"套模式"解题，突破对传统题型训练的过分依赖，才能真正做到深度学习。

（厦门双十中学　王成焱）

第四章

数学复习课教学

第一节 建构以学法指导为核心目标的复习课教学

前 言

数学复习课是数学教学的重要组成部分，其核心任务是固化、重组和深度融合阶段学习目标，包括阶段学习目标中相关模块的知识、技能、方法、思想（即"四基"），进而转化生成为相应的实践活动经验，最终达成"发现、提出问题，分析、解决问题"的"四能"目标，努力与新的高考考试评价体系中的关键能力与学科素养培育导向的要求相契合。针对这一目标，复习课达成的信度、效度的高低，取决于在教学具体操作过程中，教师能否成功规避应试教学、题海战术、解题套路化，更新教学理念，创新教学方式，探索教学新思路，从而扎实推进问题解决与探究能力的培养。

一、当下复习课的大致现状分析

教学模式仍以教师讲解、学生听与记为主，教学模式单一，与练习课、习题课无异；特别重视对知识点的逐个过关；强调对各种方法的梳理归纳；在具体问题的探究过程中，只是浅层书面化地提及相关的数学思想方法，概念化的点到学科核心素养，却不知应在何处，以何种形式，以及选择什么样合适恰当的载体展开更为高效的能力素养培育。

二、当下复习课存在的具体问题

（一）复习素材组织不当

（笔者下校视导）绝大多数学校基本仍然依靠教辅展开教学（包含作业），

只有少部分学校开发自编校本学案与作业设计，教学实际过程中，仍以课时"过关"教学为主，"碎片化"复习现象严重，缺乏整体"主题大单元"式的复习意识，难以创设系统结构化的教学组织安排。

（二）复习方式低效落伍

教师在制订教学复习目标时，过度侧重对于数学知识的掌握和理解，重量轻质，单向灌输式教学现象较为严重；惯性教学，过分关注解题得失，缺乏长线能力素养培育意识；师生互动交流不足，学习者缺乏独立思考空间，合作交流研讨意识较差；问题解决往往凭记忆硬模仿，没有个性化的问题探究模式的培育目标意识。

（三）复习定位模糊不清

复习中知识与方法的梳理缺乏目标意识，缺乏整合意识，比较零碎散乱，即不知为何而学、如何而学；重方法提炼，轻问题背景剖析，由于教师不够重视或应用情境创设研发投入不足，导致理论与实践应用能力不匹配，往往使得复习预设目标达成度过低。

（四）复习细节缺乏深度挖掘

针对涉及相关具体问题探究的评析模式，以对标准答案中的难点解释为主，过度关注知识点、解题技巧、解题步骤的记忆要求，缺乏思路构建合理性的分析过程，缺少对问题探究角度的充分"试错"，未能对相关方法所涉及原理进行深入挖掘。其内因在于教师对问题的研究不够深入，问题探究的驾驭能力不足。

三、构建以学法指导为核心目标的数学复习课教学

复习课并不是简单线性的旧知回顾与方法梳理，它要求学生既要"温故"，更要"知新"。复习必须建立在学生的认知发展水平和已有的知识经验基础上，对所学知识网络与方法体系进行归纳整理，使之条理化、系统化，并通过查漏补缺，温故知新，完善认知结构，发展学生的数学能力，同时让学生在知识整理与复习中体验梳理成功的喜悦，最终促进学生的可持续发展。为此教师要明确自身任务，一是提升自我对数学教育意义层面的深度理解，二是启发、诱导、调控、合作，让学生的思维在关键处闪光，能力在要害处增长，弱点在隐蔽处暴露，意志在细微处磨砺，构建以学法指导为核心目标的数学复习课教学。

（一）理论依据

建构主义认为，数学新知识的学习活动，是主体在自己的头脑里建立和发展数学认知结构的过程，是数学活动及其经验的内化过程。这种内化的过程，或是以同化的形式把客体纳入已有的认识结构之中，以便同与自己不相适应的客体一致，从而使原有的认识结构发生质的变化。由此不难看出，完成这样的过程，完全是自主行为，而且只有通过主体积极主动的智力参与才能实现，别人是根本无法替代的。所谓"智力参与"，就是主体将自己的注意力、观察力、记忆力、想象力、思维力和语言能力都参与进去。由于数学建构学习活动的本质是思维构造，所以这是一个创造的过程。尽管这往往是一个再创造的过程，但是，对学习者本人而言还是处于第一次发现"发明"的地位，因而主体一定要有高水平的智力参与，这个创造的过程才可能得以实现。按照建构主义的观点，数学学习的过程中，学生的学习是以自主活动为基础，以智力参与为前提，以个人体验为终结。学生的自主活动，第一是活动，第二是学生的自主积极性。之所以强调"活动"，就是为了强调要在"做数学中学数学"。活动是个人体验的源泉，是语言表征、情节表征、动作表征的源泉，所以对建构主义中的学习来说，活动是第一位的，对处于认知发展阶段的学生而言，这种活动最初主要表现为外部活动，由于主体自身的智力参与，使外部的活动过程内化为主体内部的心理活动过程，并从中产生出主体的个人体验。同时活动必须是学习者主动和积极进行的，学生是信息加工的主体，是意义的主动建构者，而不是被动活动者，更不是意义的被灌输者；虽然活动在教师创设的情景之下进行，但是要靠主体自己控制。活动自主性的重要标志是主体的智力参与，主体的智力参与程度越高，活动的自主性就越强。在自主活动下，由于自身的智力参与而产生的个人体验，就是新知识心理意义的基石，最终升华为新知识的心理意义。建构主义重视学习活动中学生的主体性，重视学生面对具体情景进行的意义建构，重视学习活动中师生之间、学生之间的"协作""会话"和"反思"，从而主张建立一个民主、宽松的教学环境等，以上为实现数学复习课教学的高效性研究提供了扎实的理论依据。

（二）实施原则

20 世纪 90 年代中期，美国的丹尼尔·戈尔曼提出了"情商"理论。这一理论的提出，可以说在全球范围内进行了一场学习的革命。人们逐渐认识到，在日益信息化的社会里，一个人学会学习比学到知识本身更重要，每一个智力正常的人都具有学习的能力，但并不代表每个有能力的人都能获得成功。学生学习成绩的差异，往往不是智力水平高低造成的，而是智力以外的一些因素，如动机、兴趣、自我意识、自信心、热情专注、如何看待失败、进取心、意志力、性格品质以及人际关系等，这些叫非智力因素，它和智力因素共同制约着人的学习能力，并且起着非常重要的作用。只有充分挖掘学生的非智力因素，才能有效地调动其智力资源，提高其能力素质，帮助他们实现自己的目标。实施以学法指导为核心目标的数学复习课教学，其核心原则为重视过程体验，尊重独立思维。

1. 教学过程中，教师从知识的提供者和传授者转变为学生学习环境的制造者、学习活动的合作者和促进者，而不应当成为课堂的主宰。一堂复习课成功与否的关键在于学生参与的程度，而学生的参与度与课堂教学预设的活动息息相关，教师既要考虑通过设计系列对话交流与指导，使得后进生对问题可以到达探究水平，又要让优生有思维创新的机会。只有这样才能提高学生学习的兴趣。学生一旦对学习产生兴趣，就会积极投入到课堂活动中，思维也就会活跃起来。学生思维有障碍时，给予启发性提示，当学生回答走题时，给予点拨，必要时提出促使解题深入的发展性意见。同时恰当组织课堂讨论，激活学生的创造性思维。因此要强调师生共同探究的过程体验，要改变陈旧的学习方式，不再向学习者灌输特定的结论，要告别寻找标准答案的教育；要在问题解决过程中学会考虑各种可能性，学会理解他人的想法；要倡导研究性学习，发展审辩式思维，使学习成为探索和发现的过程，而不仅仅是记忆和拷贝的过程。

2. 要在符合认知规律的前提下，重视个性化数学问题探究模式的持续渗透培育与长期养成。对于学习者而言，知识的接受过程要符合相应的认知规律，只有如此才能使得在问题研究过程中，辨析出问题的背景知识后，运用相同的认知结构研究问题，即相关知识概念学习认识与应用的过程要一致，并在同类背景知识问题研究下不断反复体验并感悟形成的记忆模式与习惯，最终生成个体有关该知识背景下，问题研究的能力与素养。只有在解决问题的过程中，才能真正发展审辩式思维，让学习成为探索和发现的过程。

3. 在具体的问题研究实践中，教师应帮助学生，寻求发现并构建数学方法与相应问题之间联结的路径，应该让学生学会如何去独立发现问题、提出问题、分析问题、解决问题。针对各类学生不同的思维方式，进一步探索可否一题多解，引导可否一题多变，思考可否一法多用，实践可否多题一解，使学生对于问题的探究由感性认识上升到理性认识，提升数学思维的品质，渗透素养培育。创设恰当的活动，使课堂成为探究的乐园，教师适时适度点拨启发，于核心难点处"不露声色"引导突破，并及时帮助学生分析提炼有价值的观点和思路。

4. 在实际操作过程中，复习例题的选择与处理应紧紧围绕着具体复习目标展开，特别是问题素材的编排与试题的选用。选材要典型，能突出与教学目标的契合度，难度要适当，题量要适中；要给学生留出足够的思考时间，给学生提供相互讨论和交流合作的机会；要注意展示学生的思维过程，注意引导学生从不同的角度去思考和分析问题，引导从众多的解题方案中选择最佳的解题方案，促进学生辨异思维和求同思维两项能力的同步成长。

5. 热点聚焦：当下以能力素养考查为目标的命题选拔考试如何应对？如何提升能力？有关某类问题的应对策略训练良多，为何得分仍不理想？有何更加有效的对策？

关键在于实践体验，必须有足够的时间练习、互动、指导，即怎样想、怎样说、怎样做。

（三）配套框架

基于新课标、新课程、新高考评价体系，设计如下多维立体复习课程线索与相应的框架体系（图4-1）。

1. 以知识发生发展的内在逻辑联系为主线；

2. 以系列问题解决的相关思想方法为明线；

3. 以章节模块问题相应的探究方式养成为暗线；

4. 以能力素养培育为根本目标。

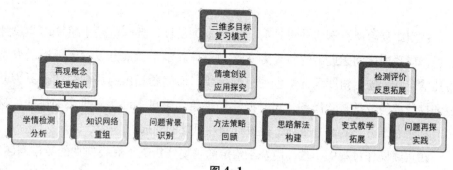

图4-1

（四）学法指导

数学复习课应侧重分析问题的具体数学背景，联系同类问题体会其中相关的知识、方法、思想，思考如何有效整合，形成逻辑严谨、条理清晰的思路链，归纳梳理出具体的解答步骤，并抽象成一般方法乃至策略。在不同背景问题的过程分析时，讲究不同条件分析的逻辑次序，关注认识条件的观察角度，挖掘相关的工具方法应用特征，逐步填充完善思路链。针对具体问题，学会通过设计架构流程，搭建一个框架解决方案，培养科学系统地探究问题的研究方式与习惯，这才是培育人的核心素养竞争力的上佳方式。因此要关注问题探究模式的路径研究，形成可视化的问题研究策略，让素养培育落于细节，落到实处。

四、以学法指导为核心目标的数学复习课教学的五个能力培育孵化器

培养学生的数学核心素养与关键能力，要以学法指导为核心目标，以问题解决为教学的重心，科学合理设计相应的数学活动。通过系列问题的提出引导，识别问题情境，探索问题的研究路径，渗透数学阅读能力与素养的培养，尝试对于不同背景下的问题探究模式进行抽象提炼，以期实现相应能力的孵化。学生在认识数学、探索数学乃至创造数学的过程中，能建立起积极的学习态度，正确的价值观，实现用数学的眼光看待现实世界，用数学的语言表达现实世界，用数学的思维分析现实世界。

（一）问题提出引导

在数学的领域中，提出问题的艺术比解答问题的艺术更为重要。

——康托尔

在组织复习课教学活动设计时，针对多维目标，教师应基于整体结构设计意识，以系列化问题提出的引导方式作为一种教学手段展开复习，可以激发学习热情，从不同的角度测试学生的思维品质。而问题提出的目标往往是更为开放和挑战性的数学教学任务，同时能够提供给学生更多的学习机会和挑战，从而有利于思维方式的改进革新，促进批判性思维的养成。

在实践操作过程中，教师应基于给定的情境辨析提出有指向性的数学问题，并结合复习目标，通过改变（或改编）题设或结论提出新的数学问题，创设情境让学生尝试提出数学问题，并预测学生可能会提出的数学问题，预备相关指导策略。需顾及系列引导"问题串"的针对性、逻辑性、层次性、开放性、指向性。

基于学法指导下的问题提出系列引导与探究

· 问题的数学背景是什么？（观察视角如何？——代数还是几何）

· 问题的探究任务目标是什么？

· 相关背景问题探究的一般方法（策略）有哪些？

· 立足不同探究方法，其难点、突破关键在哪里？一般怎么突破？

· 基于运算的优化与方法的熟悉程度，我的选择是什么？

· 可以推导到哪步？遇到何种困难？找谁求救支援？

案例与分析 1（人教 A 版必修第一册习题 4.1 探索）从盛有 1L 纯酒精的容器中倒出 $\frac{1}{3}$L，然后用水填满，再倒出 $\frac{1}{3}$L，又用水填满……连续进行五次，容器中的纯酒精还剩多少？

连续进行 n 次，容器中的纯酒精还剩多少？

（1）【问题链设计】

问题①：题设涉及的数学对象是什么（有哪些）？

答：1L 容器中（而非倒掉）的水与纯酒精的体积（质量）；

问题②：针对探究目标，影响其变化的原因？

答：溶液容积始终为 1L，每次倒出容器中溶液的三分之一升，再填入三分之一升的水；

问题③：可否概括其中的变化规律？

答：每次操作后容器中的纯酒精剩余之前的三分之二——关注用文字语言表达方式发现、归纳概括变化规律，进而想方设法转化为数学化（专业化、典例化、模型化）的符号表示；

问题④：联系已有的实践活动经验，选择哪个熟悉的视角研究问题？

答：函数或数列；

问题⑤：如何将"发现"的规律、性质、特征数学化？

（Ⅰ）基于函数视角，以操作的次数为变量 x，经过 x 次操作后容器中纯酒精的体积 $y = \left(\frac{2}{3}\right)^{x}$——不妨取 $x = 0$，1 具体检测模型的准确性。

（Ⅱ）基于数列视角，记操作的次数为项数 n，经过 n 次操作后容器中纯酒精的体积为 a_n，操作前后容器中纯酒精的体积关系为 $a_1 = \frac{2}{3}$，$a_{n+1} = \frac{2}{3}a_n$——

不妨取 $n = 1$，2 具体检测模型的准确性。

（2）【反思】

简单（应用）问题更适合开展基于数学抽象素养的培育，关注寻找"理所应当"的逻辑前提，生成问题研究的"合理自然"、易于接受的解题思路。

案例与分析 2（2020 年深圳二模第 16 题）

如图（图 4-2），直线 $l \perp$ 平面 α，垂足为 O，正四面体 $ABCD$ 的棱长为 2，A，D 分别是直线 l 和平面 α 上的动点，且 $BC \perp l$，则下列判断：

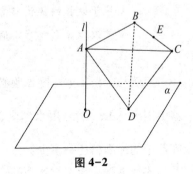

①点 O 到棱 BC 中点 E 的距离的最大值为 $\sqrt{2} + 1$；

图 4-2

②正四面体 $ABCD$ 在平面 α 上的射影面积的最大值为 $\sqrt{3}$；

其中正确的说法是（　　）。

A. ①②都正确

B. ①②都错误

C. ①正确，②错误

D. ①错误，②正确

（1）【问题链设计】

问题①：定点到动点的距离 OE 在哪个平面中？

答：BC 的垂面 $AODE$；

问题②：根据题设（几何约束条件）可得到的确定数量关系有哪些？

答：$\angle AOD = \dfrac{\pi}{2}$，$AD = 2$，$AE = DE = \sqrt{3}$；

问题③：OE 要在哪个基本图形之中展开研究？可否抽象为二维平面问题？

答：以确定的等腰三角形 ADE 的边 AD 为直角边构建直角三角形 AOD，求其直角顶点到点 E 的距离的最大值；

问题④：求最值都有哪些方法？本题你最熟悉的是哪种？

答：

（Ⅰ）代数法：设角或设边建立 OE 的目标函数；

（Ⅱ）解析法：建系求定点坐标 E 与动点 O 所在的动圆方程，利用两点距离

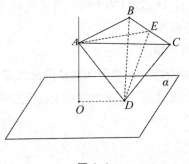

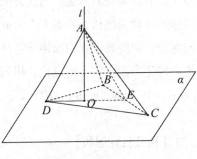

图 4-3   图 4-4

求最值；

问题⑤：正四面体 $ABCD$ 在平面 α 上的射影面积如何获取？如何作图？

答：作投影，定投影点；

问题⑥：针对探究目标为面积时，其形状如何？

答：对角线互相垂直 $OD \perp B'C'$ 的四边形或三角形；

问题⑦：运动变化过程中，其中的定量与变量分别是什么？

答：$OD \leqslant 2$，$B'C' = 2$；

问题⑧：面积何时取最大？

答：$S = \dfrac{1}{2}OD \cdot B'C' \leqslant 2$.

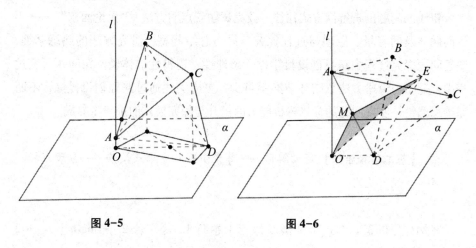

图 4-5   图 4-6

（2）【思维过程中的几个难点突破引导】

问题⑨：如何确保 $BC \perp l$？

答；要上升至线面乃至面面位置关系分析，注意到 l 为平面 α 的法向量，则探究目标的运动变化核心要素 $BC \parallel \alpha$ 或在平面内；

问题⑩：如何确保正四面体 $ABCD$ 的图形"精度"？

答：转化为四个顶点的定位，讲究生成的次序：在平面 $AODE$ 内由点 $D \to A$，$D \to E$；在平面 α 内由点 $OD \perp l'$；在由 l' 及其外一点 E 的平面上确定点 B，C。

(3)【探究目标解析】

①点 O 到棱 BC 中点 E 的距离相关不变量如图中得中线 $OM = 1$，$ME = \sqrt{2}$，易得 OE 最大值为 $\sqrt{2} + 1$；

②将正四面体 $ABCD$ 在平面 α 上的射影面积置于正方体中，当且仅当投影构成对棱互相垂直平分时，正方形面积最大值为 2。

(4)【反思】：

应重视问题发生发展的脉络，过程如下：本题的核心是先确定平面 $AODE$ 与平面 α，进而由确定动点 D 的位置，根据数量关系（边长与夹角）分别得到 A，E；最后通过平行关系确定 BC。要舍得花时间通过设计问题引导重构这一过程，厘清思维的逻辑顺序，呈现数学思考方式的价值所在，确定过程中获得"结论"的"法、理"来源，体会数学推理的逻辑严密性、严谨性。

(二) 路径创设提炼

粗浅的问题剖析解读方式往往一读完试题就点明方法，"无论西东"——不管问题涉及的背景、原理与过程探究，只是总结题型，讲究方法的熟练掌握，缺乏问题探究过程中路径创设科学性、条理性、逻辑性的体验。在问题研究过程中，题型与策略方法总结环节必不可少，更应关注通过路径创设提炼，不断完善思路链，实现问题的背景辨析能力的提升与探究模式的进一步养成。

【基本路径框架】题设解读——背景识别——难点聚焦——分步求解——沉淀反思

案例与分析 3（2020 年全国新课标 I 卷第 12 题）若 $2^a + \log_2 a = 4^b + 2\log_4 b$，则（　　）

A. $a > 2b$　　　　B. $a < 2b$　　　　C. $a > b^2$　　　　D. $a < b^2$

(1) 基于函数视角认识关系式（认识题设）：双变量、含指数对数多项式、参数归边、结构不统一有一定相似性；

（2）分析备选项信息（关注探究目标）：结合题设背景回顾实践经验，联系相关方法寻求问题解决方案（根据函数的单调性，由函数值的大小逆向获取自变量的大小）；

（3）应对策略研究：以变量 a，$2b$，b^2 为"目标基本元"，研究恒等关系结构（寻求对策），尝试构建函数模型：

$$2^a + \log_2 a = 4^b + 2\log_4 b \Leftrightarrow 2^a + \log_2 a = 2^{2b} + \log_2 b = 2^{2b} + \log_2 2b - 1;$$

（4）问题转化与模型构建：思考由恒等式中抽象出"统一"的函数模型，重新认识关系式（构建路径）：$f(x) = 2^x + \log_2 x$，且 $f(a) = f(2b) - 1$；

（5）背景与方法分析：研判探究方向，确定函数的基本性质（单调性）：$f(x) = 2^x + \log_2 x$ 由两个初等指、对函数构成，底数均大于 1，则其为 $(0, +\infty)$ 上的增函数；

（6）难点突破：结合探究目标，比较自变量大小，可从相应函数值大小关系出发，变恒等式为不等关系式（确定方法）：

$$f(a) = f(b) - 1 \Leftrightarrow f(b) - f(a) = 1 > 0, \quad 由 f(b) > f(a)，得 2b > a.$$

反思评析：批判性思维的考查必须展现思维活动的细节过程，力图使之可视化。

（三）情境阅读指导

当下的数学问题探究能力评估往往结合情境创新试题展开。那么试题新在何处？就具体不同的情境，如何展开数学阅读指导？

答：新在问题的背景、表述方式、基于知识联系下的方法的迁移拓展应用，又有别于套路化的数学问题设计，必须运用已有的实践经验里的存量视角，分析寻求可能的数学工具，探索构建解决问题的"图纸结构"，设计并逐步构建完善思路流程，达成问题的解决。

如何在跨学科情境下辨析背景，循着"别具个性化"的观察视角、分析路径、探究模式对问题进行再认识与解读，体现数学的教育功能与学科价值？其中极为缺乏、迫待培养的能力当属数学阅读，因此要加强相关数学问题的阅读指导，培育以数学学科的视角、观点有条理讲逻辑地理解问题、分析问题的能力。

案例与分析4（2020年山东高考第4题）如图4-7，日晷是中国古代用来测定时间的仪器，利用与晷面垂直的晷针投射到晷面的影子来测定时间. 把地球看成一个球（球心记为 O），地球上一点 A 的纬度是指 OA 与地球赤道所在平面所成角，点 A 处的水平面是指过点 A 且与 OA 垂直的平面. 在点 A 处放置一个日晷，若晷面与赤道所在平面平行，点 A 处的纬度为北纬 $40°$，则晷针与点 A 处的水平面所成角为（　　）

图 4-7

A. $20°$ 　　　　 B. $40°$

C. $50°$ 　　　　 D. $90°$

(1)【题设阅读指导】

①分析数学背景：属立体几何问题，研究空间线、面、球的位置关系；

②明确几何体的结构特征，聚焦认识专有名词：

一球：地球

两点：圆心 O 与地球上一点 A；

两线：晷针与 OA；

三面：晷面、赤道（所在平面）、（观测点所在）水平面；

(2)【构图解析指导 2】

①结合题意回顾地球球体结构下的线面位置关系（图 4-8）；

②根据实图抽象出面面、线面位置关系，构建熟悉背景框架下的学科情境问题（图 4-9）；

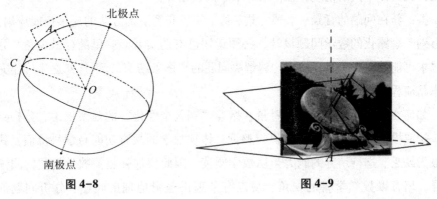

图 4-8　　　　　　　　　　　　　　　图 4-9

③根据几类空间角的定义，在熟悉的二面角（的垂面中）中作出相关角（图 4-10）；

④明确线面角与二面角之间的数量关系（图 4-11）。

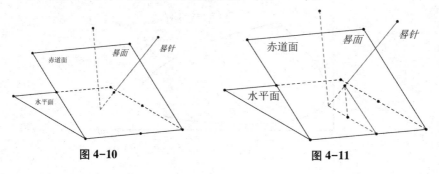

图 4-10　　　　　　　　　　图 4-11

（3）【依图解题指导】

在图 4-12 中，晷针是晷面（赤道所在平面）的法向量，$\overrightarrow{OA}$ 为点 A 处的水平面的法向量，则点 A 处的水平面的法向量 $\overrightarrow{OA}$ 与晷面（赤道所在平面）的所成线面角为 40°，可得两平面所成锐二面角为 50°（余角），晷面（赤道所在平面）的法向量晷针与点 A 处的水平面所成角为 40°（余角）。

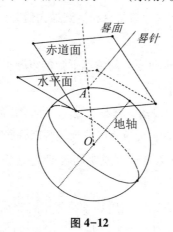

图 4-12

案例与分析 5（2020 年北京市东城区 5 月模拟）假设存在两个物种，前者有充足的食物和生存空间，而后者仅以前者为食物，则我们称前者为被捕食者，后者为捕食者。现在我们来研究捕食者与被捕食者之间理想状态下的数学模型。假设捕食者的数量以 $x(t)$ 表示，被捕食者的数量以 $y(t)$ 表示。如图 4-13 描述的是这两个物种随时间变化的数量关系，其中箭头方向为时间增加的方向。下列说法正确的是（　　）

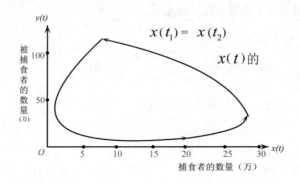

图 4-13

A. 若在 t_1、t_2 时刻满足：$y(t_1) = y(t_2)$ ，则 $x(t_1) = x(t_2)$

B. 如果 $y(t)$ 数量是先上升后下降的，那么 $x(t)$ 的数量一定也是先上升后下降

C. 被捕食者数量与捕食者数量不会同时到达最大值或最小值

D. 被捕食者数量与捕食者数量总和达到最大值时，被捕食者的数量也会达到最大值

思考：如何进行非常规问题（新情境下）的审题指导分析？

（1）【题设情境辨析指导】

借鉴语文阅读，"划分段落、概括大意"，可归结为科学情境问题，研究两个变量之间的数量变化关系，大致可以分为三个部分展开解读：

①假设存在……的数学模型。说明两类研究对象与研究方式，引出函数模型；

②假设捕食者增加的方向。利用数学符号语言将研究对象的数量关系抽象化，确定自变量时间 t 与两个"分类变量"的函数模型；

③图象与相应文字性阐述——利用数学图象语言量化描绘直观的函数模型的动态变化趋势关系，既可呈现曲线整体的变化趋势（类似周期环状），亦可通过个点（特殊位置）体现静态的数字特征，需要基于研究函数图象与性质（或者类比解析几何中的圆锥曲线图象与性质）的一般路径认识图象，做好准备从图象中逐步提取出与探究目标有关的数字特征。

（2）【备选项解读】

分析各备选项，基于背景（函数模型）与研究方式（图象）明确探究目标：

选项 A. 若在 t_1、t_2 时刻满足：$y(t_1) = y(t_2)$，则 $x(t_1) = x(t_2)$

解读：从符号语言到文字语言，对于任意的时间节点 t，若被捕食者的数量 $y(t)$ 相同，则同时捕食者数量 $x(t)$ 也相同；

选项 B. 如果 $y(t)$ 数量是先上升后下降的，那么 $x(t)$ 的数量一定也是先上升后下降

解读：研究 $y(t)$ 与 $x(t)$ 之间的数量变化规律，意图明确前者对后者的影响；

选项 C. 被捕食者数量与捕食者数量不会同时到达最大值或最小值

解读：通过图象研究 $y(t)$ 与 $x(t)$ 的取值范围与关联性；

选项 D. 被捕食者数量与捕食者数量总和达到最大值时，被捕食者的数量也会达到最大值

解读：研究 $y(t) + x(t)$ 与 $x(t)$ 的对应关系。

（3）【应对方法指导】：针对探究目标，以形究数，从图象中提取信息辨析命题真假：

选项 A. 先作 x 轴的平行线确保 $y(t_1) = y(t_2)$，交曲线于两点，得 t_1、t_2，再作 y 轴的平行线得 $x(t_1)$，$x(t_2)$，判定二者是否恒相等（注意满足存在性）；

选项 B. 回归图象分析随着时间增加的方向曲线上点的逆时针运动，纵坐标 $y(t)$ 呈上升后下降的同时，局部呈现 $x(t)$ 的数量为先下降再上升；

选项 C. 分析 $y(t)$ 与 $x(t)$ 取得最值时的临界位置，命题显然成立；

选项 D. 在图象中逆向判定当 $x(t)$ 取得最大值（约为 28 万）时，分析 $y(t) + x(t)$ 是否可能取得最大值（约小于 80 万），根据 $y(t)$ 的最大值约为 100 万可知命题不成立。

（4）【反思】

通过对问题的解析可知，本题将考查数学阅读能力水平的重心放在三种数学语言的转换、应用上，突出考查如何利用数学知识方法解读图象，如何探究事物的变化规律与假设的判定验证方法的运用能力。

教学建议：一道有诸多内涵的问题在短时间内很难较为全面厘清其中的知识、方法与原理之间的内在逻辑关联设计，需要花时间从如何辨析问题的数学背景、问题涉及的数学原理、问题所需的数学方法与策略、问题的研究实际操作路径进行梳理，方能形成一套具有深刻印象的数学模型嵌套于脑海之中，固化积淀成为更有应用意义的实践经验。

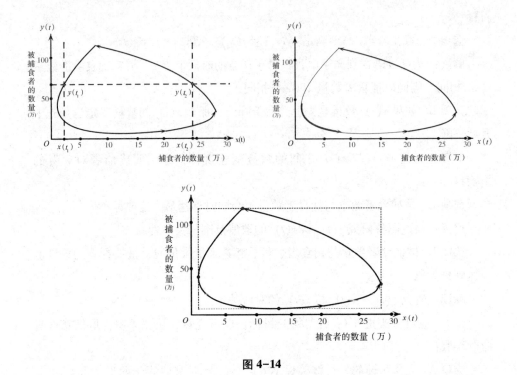

图 4-14

（四）背景探究模式

一个问题的解决要从认识问题的整体背景入手，才能迅速联系已有的认知系统，从中找到与之相关的背景知识和方法工具，快速聚焦问题的数学本质或者明确大方向之后再做深度思考。当我们明确了问题的数学背景，联系到了相关策略以后，就应针对探究目标构建问题的思路链。问题的思路链构建模式可以由因导果，亦可执果索因。如果问题可以快速找到相应的典型例题作为参考，则可快速界定制定解决问题的方案，聚焦关键步骤展开推理（运算求解），再重新整体设计具体的解答步骤流程。通过对问题背景的剖析解读，可以发现不同模块知识下的研究模式也不尽相同，示例如下：

1. 基于函数思想下的问题背景探究模式实践

分析背景函数，聚焦函数结构；明确探究目标（方向），梳理相关性质；构造函数图象，逐层破解难点，整体把握方向。其中构图的过程与函数性质的探究获取过程也是渐进相互映衬的过程。

模式流程：识别模型——粗识性质——明确方向——研究工

具——规划步骤——原理推广——变式探究

案例与分析 6　已知定义在 R 上的函数 $f(x) = \sin(\omega x + \varphi)\left(\omega > 0, |\varphi| \leq \dfrac{\pi}{2}\right)$

在 [1, 2] 上有且仅有 3 个零点，其图象关于点 $\left(\dfrac{1}{4}, 0\right)$ 和直线 $x = -\dfrac{1}{4}$ 对称，给出下列结论：

① $f\left(\dfrac{1}{2}\right) = \dfrac{\sqrt{2}}{2}$；

②函数 $f(x)$ 在 [0, 1] 上有且仅有 3 个极值点；

③函数 $f(x)$ 在 $\left(-\dfrac{3}{2}, -\dfrac{5}{4}\right)$ 上单调递增；

④函数 $f(x)$ 的最小正周期是 2，其中所有正确结论的编号是

A. ②③　　　　B. ①④　　　　C. ②③④　　　　D. ①②

(1)【模式应用实践】

（Ⅰ）问题模型识别：已知定义在 R 上的函数 $f(x) = \sin(\omega x + \varphi)\left(\omega > 0, |\varphi| \leq \dfrac{\pi}{2}\right)$ 在 [1, 2] 上有且仅有 3 个零点——三角函数、双参有范围、给定区间研究零点个数分布；

（Ⅱ）性质剖析：其图象关于点 $\left(\dfrac{1}{4}, 0\right)$ 和直线 $x = -\dfrac{1}{4}$ 对称（构图知其为三角函数图象上的零点与最高点）；

（Ⅲ）探究目标与备选项信息解读：综合四个选项，涉及函数各方面的性质，研究重心指向的函数解析式确定，即参数值的确定；

（Ⅳ）策略分析：综上可知均在描述函数的图象特征，应通过构图，挖掘其中的内在关联，思考题设与对参数的条件制约；在问题探究推进过程中产生新问题（难点），即如何描点构图？恰有 3 个零点说明什么？给定的零点与对称轴怎么用？从哪里入手较为合适？

答：一般此类问题总是先带入点确定 φ，然后给出周期的相关条件得到 ω，区间 [1, 2] 上的三个零点恰好得到一个完整周期。应注意探究目标是对参数作定性，不能走得太远忘了探究目标，忘了制定应对策略，即通过运用方程思想得到相应的参数方程组，借由周期满足的关系式求参数范围；

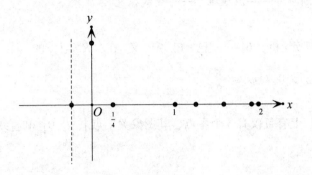

图 4-15

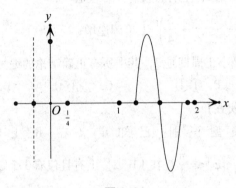

图 4-16

（Ⅴ）背景与决策：从双参问题下给出两个条件可以从理论上判断一般的函数解析式，但是由于三角函数的周期特征，满足条件的参数值可能有多组，所以可以通过某一范围内零点的个数来制约周期的相关参数，从而找到满足条件的所求量。

（Ⅵ）思路构建：（接下来怎么做？如何分块研究？）

从代数方法视角先定量再定性，易得 $\varphi \begin{cases} f(\dfrac{1}{4}) = 0 \\ \left| f(-\dfrac{1}{4}) \right| = 1 \\ T \leqslant 1 \leqslant \dfrac{3}{2}T \end{cases}$，可否得到满足条件

得参数值？

思考如何避开繁杂运算，借由图象从几何角度继续深挖，进一步收缩参数

的研究范围；基于此，则要聚焦到给定的区间中，结合周期展开分析推理：

∵ $\dfrac{1}{3} \leqslant \dfrac{T}{2} \leqslant \dfrac{1}{2}$，则可确定 $\left[-\dfrac{1}{4}, 0\right]$ 上存在唯一零点（否则与周期要求不符），

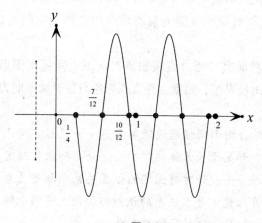

图 4-17

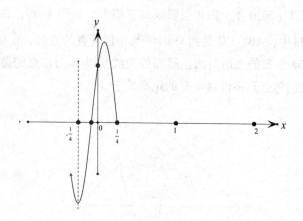

图 4-18

如图：则 $\dfrac{3T}{4} = \dfrac{1}{2} \Rightarrow T = \dfrac{2}{3} \Rightarrow \omega = 3\pi$，回代得 $\varphi = \dfrac{\pi}{4}$．

（Ⅶ）拓展思考：针对备选项，在求得周期后，进一步思考是否一定要要求得

φ 与 ω，可否直接构建图象来判断真假？同学们课下研究 $\left(-\dfrac{3}{2}, -\dfrac{5}{4}\right) \leftrightarrow$

$$\left(-\frac{3}{2}+2, \ -\frac{5}{4}+2\right)$$

（2）【反思】

良好的思维品质要用在刀刃上（而非简单的重复计算），其核心在于明确在何处发力。当然套路化的解法也要熟练掌握，以备不时之需。

2. 基于直观想象与数学抽象能力素养培育的立体几何问题背景探究模式实践

高考命题意图趋势研究：通过直观想象，认识空间基本图形的位置关系，研究数量关系或运用函数思想，侧重考查直观想象与数学抽象能力：

模式流程：结合图形阅读题设理解题意——识别空间几何体的结构（可否模型化？如置于长方体之中）——分别确认可确定与待定的位置关系与数量关系——针对待探究的位置关系或数量关系，展开推理，构建思路（升维视角寻求关系的识别与转化，降维求解确定求解方法与策略）——评估最优对策付诸实施

案例与分析 7（2020 年上海市崇明区高三期末）如图 4-19，在底面半径和高均为 $\sqrt{2}$ 的圆锥中，AB、CD 是圆 O 的两条互相垂直的直径，E 是母线 PB 的中点，已知过 CD 与 E 的平面与圆锥侧面的交线是以 E 为顶点的抛物线的一部分，则该抛物线的焦点到圆锥顶点 P 的距离等于（　　）

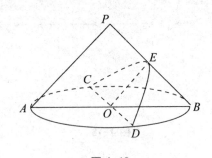

图 4-19

A. $\frac{1}{2}$　　　　　B. 1　　　　　C. 0　　　　　D. $\frac{\sqrt{5}}{2}$

（1）【模式应用实践】

（Ⅰ）本题的背景：新情境下的圆锥体与圆锥曲线综合问题；

（Ⅱ）探究方向：抛物线中的位置关系确定——空间两点距；

（Ⅲ）一般策略：分代数与几何视角。代数法依托空间几何体的结构建系，将空间距离转化为平面距离；几何法则是先确定抛物线焦点的位置，转化为平面问题解三角形。

（Ⅳ）难点聚焦：

如何在空间几何体中研究抛物线的焦点？——这也是命题的意图与能力的考查点，考查在已有位置与数量关系下对目标几何体（圆锥）结构特征的认识，更是考查是否熟悉旋转体的研究路径（通过轴截面研究数量关系）。

问题上升为考查空间一点如何定位？——几何法，即先定面再定线后定点，代数法则指先建系，再将几何特征等价转化为适用于坐标表示的（边角）数量关系，最终确定目标点的坐标。

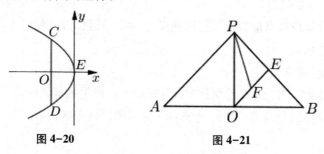

图 4-20　　　　　　　　　图 4-21

（Ⅴ）具体步骤：

①基于旋转体的结构特征分析，得轴截面为等腰直角三角形 PAB；

②基于旋转体的结构特征得抛物线的性质，对称轴为 OE 所在的直线，顶点为 E，且中位线 $OE \perp PB$；经过思考发现几何法下难以借由定义确定准线位置与焦点，转而回归平面几何三角形，通过数量关系确定 OE 上的焦点；

③回归平面，先布局再构图后建系，求曲线方程，得焦距，解三角形得出结果。

（Ⅵ）变式：修改可否研究椭圆，结合公式 $S = ab\pi$ 求椭圆面积?

（2）【反思】

本题是代数与几何的完美整合，情境有适度创新，背景与解法熟悉，运算量控制得当，突出道路方向的选择——从立体几何到解析几何，再回归平面几何解三角形。

（五）解法优化思维

问题的不同探究方法优劣分析从来不在于解答过程的难易、简繁差异比较，而在于问题解决过程中，如何基于不同知识背景的视角理解问题、分析问题，并比较不同实施路径的差异与共通，其方法之间如何适时相互转化，体会知识、方法运用的"玄妙"之处，感悟新旧情境的迁移实践，达成问题的"合理"解决。比如，基于几何与代数两种视角分别探究具体问题时，往往需在形中研究数，由"新数"构"新形"，或以形解数之难，或以数定形之精，二者相辅相成，无所谓孰轻孰重，更应关注到在此实践过程中如何实现思维品质的优化及个人探究综合能力的提升。

案例与分析 8（2020 年上海市普陀区模拟）设 P 是边长为 $2\sqrt{2}$ 的正六边形 $A_1A_2A_3A_4A_5A_6$ 的边上的任意一点，长度为 4 的线段 MN 是该正六边形外接圆的一条动弦，$\overrightarrow{PM} \cdot \overrightarrow{PN}$ 的取值范围为_____.

（1）【一般策略】

代数法建系设参求最值，几何法化基底确定最值位置，利用中线实现向量的数量积化边长；

（2）【难点聚焦】

动点在多边形上；定长的动弦在其外接圆上；向量数量积涉及模长与夹角；需考量如何综合以上因素；如何处理多变量问题，其先后、主次顺序的逻辑链在何处；

（3）【思路探索】

思路一是"双动"问题（类似双独立变量）可"固定"其一，研究运动变化过程中的不变性，先立足相对静态视角分析可能的"最快最熟悉"的探究方法，思路二是考虑到坐标系下点 P 的坐标较难表示，因此思考从几何视角寻求相关不变性，尝试转化并消去影响变量"角"，将问题化为有关距离或边长的运算：

（Ⅰ）纯几何基底法尝试一：过点 P 做 $PC \perp MN$，则 $\overrightarrow{PM} \cdot \overrightarrow{PN} = (\overrightarrow{PC} + \overrightarrow{CM}) \cdot (\overrightarrow{PC} + \overrightarrow{CN}) = |\overrightarrow{PC}|^2 - \overrightarrow{CM} \cdot \overrightarrow{CN}$，问题中的探究目标仍存在二元关联变量 $|\overrightarrow{PC}|^2$，$\overrightarrow{CM} \cdot \overrightarrow{CN}$，不能确定极端位置（临界值）；

（Ⅱ）纯几何基底法尝试二：取 MN 中点 C，

∴ $\overrightarrow{PM} \cdot \overrightarrow{PN} = (\overrightarrow{PC} + \overrightarrow{CM}) \cdot (\overrightarrow{PC} + \overrightarrow{CN}) = \overrightarrow{PC}^2 - \overrightarrow{CM}^2 = \overrightarrow{PC}^2 - 4$，

$|\overrightarrow{PC}|^2 = (\overrightarrow{PO} + \overrightarrow{OC})^2 = |\overrightarrow{PO}|^2 + |\overrightarrow{OC}|^2 + 2\overrightarrow{PO} \cdot \overrightarrow{OC}$，其中 $|OC| = 2\sqrt{2}$ 定长，当且仅当点 P 落在正六边形顶点处时，$|\overrightarrow{PC}|_{max} = 2\sqrt{2} + 2$，$|\overrightarrow{PC}|_{min} = OB - OC = \sqrt{6} - 2$，

∴ $|\overrightarrow{PC}|^2 \in [10 - 4\sqrt{6},\ 12 + 8\sqrt{2}]$，即 $\overrightarrow{PM} \cdot \overrightarrow{PN} \in [6 - 4\sqrt{6},\ 8 + 8\sqrt{2}]$.

（Ⅲ）解析法尝试三：如图建系，则 M，N 坐标确定 $M(2，-2)$，$N(-2，-2)$，根据对称性分 4 类求解，设点 $P(x，y)$，则 $\overrightarrow{PM} \cdot \overrightarrow{PN} = x^2 + (y+2)^2 - 4$；回归几何视角二次建模，问题转化为正六边形 $A_1A_2A_3A_4A_5A_6$ 边上的一点到 $G(0，-2)$ 的距离平方的最值；显然在点 $A(0，-\sqrt{6})$，$Q(\sqrt{2}，\sqrt{6})$ 处分别取得最值，即 $\overrightarrow{PM} \cdot \overrightarrow{PN} \in [6 - 4\sqrt{6}，8 + 8\sqrt{2}]$。

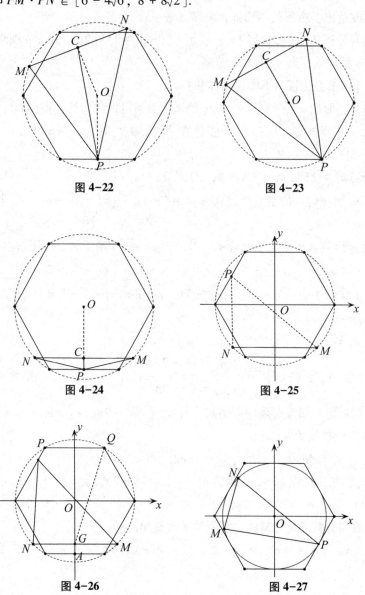

图 4-22　　　　图 4-23

图 4-24　　　　图 4-25

图 4-26　　　　图 4-27

(4)【比较反思】

两种方法及其联系。代数法——几何条件坐标化，结合方程思想求解；几何法——通过图形结合解三角形，适时将位置关系转化数量关系；代数的通法就是如何将几何形式的数量关系转化为坐标关系，呈现坐标解析化思想。

变式思考：如何刻画正多边形上点的坐标？可否借助单位圆中三角函数的定义？可改造成多边形的内切圆，思路方法一致。

案例与分析 9　已知数列 $\{a_n\}$ 满足 $a_{n+1} + a_n = 15 - 2n$，其前 n 项和为 S_n，若 $S_n \leq S_8$ 恒成立，则 a_1 的取值范围为_____.

(1)【多维方法视角下的思路体验】

思路一：形如 $a_{n+1} + a_n = 15 - 2n$ 的递推关系可以化为线性模型 $a_{n+1} = -a_n + 15 - 2n$，进而构造以 -1 为公比的等比数列 $a_{n+1} + (n + 1) - 8 = -(a_n + n - 8)$，

①则当 $a_1 = 7$ 时，$a_n = -n + 8$，合题意；

②当 $a_1 \neq 7$ 时，构造等比数列得 $a_n = (-1)^{n-1}(a_1 - 7) - n + 8$（通项非最终目标）

$S_n \leq S_8$ 恒成立，则 $a_8 \geq 0$ 且 $a_9 < 0$，得 $a_1 \leq 7$（基于必要性压缩参数范围）

当 $n \leq 8$ 时，$a_n = (-1)^{n-1}(a_1 - 7) - n + 8 \geq -a_1 + 7 \geq 0$；

则当 $n \geq 9$ 时，$a_n = (-1)^{n-1}(a_1 - 7) - n + 8 \leq a_1 - 7 - 1 < 0$（根据参数范围验证充分性）；

综上 $a_1 \leq 7$.

（Ⅱ）思路二：联立 $\begin{cases} a_{n+1} + a_n = 15 - 2n \\ a_n + a_{n-1} = 17 - 2n \end{cases} \Rightarrow a_{n+1} - a_{n-1} = -2$，得数列中隔项成等差，从最值视角发现隔项成递减，且 $a_{2n+1} = a_1 - 2n$，$a_{2n} = a_2 - 2n + 2 = 15 - 2n - a_1$（得到首项关系式）

要使 $S_n \leq S_8$ 恒成立，由 $a_8 \geq 0 \geq a_9$，得 $a_1 \leq 7$.

（Ⅲ）思路三：设 $a_1 = x$，因为 $a_n + a_{n+1} = 15 - 2n$，则 $a_2 = 13 - x$，$a_3 = x - 2$，$a_4 = 11 - x$，$a_5 = x - 4$，$a_6 = 9 - x$，$a_7 = x - 6$，$a_8 = 7 - x$，$a_9 = x - 8$；

可知数列奇数项是递减的，且偶数项也是递减的.

且当 $n \leq 7$ 时，$a_n + a_{n+1} = 15 - 2n > 0$；当 $n \geq 8$ 时，$a_n + a_{n+1} = 15 - 2n < 0$，

要使 $S_n \leq S_8$ 恒成立，则 $\begin{cases} a_8 = 7 - x \geq 0 \\ a_9 = x - 8 < 0 \end{cases}$，解得 $x \leq 7$，即 $a_1 \in$

$(-\infty, 7]$.

故答案为：$(-\infty, 7]$.

（2）【比较反思】

数列的表达方式为相邻两项的递推关系，本题的"特殊性"为非 $a_{n+1} = a_n + f(n)$ 型，可归为 $a_{n+1} = f(a_n) + g(n)$，正是基于此引发多种视角与研究思路。研究数列的前 n 项和的最值涉及数列的单调性，而数列单调性的研究方法，则应回归给定数列的两种表示形式进行研究，若是能够得到通项，则可借助函数思想求最值；也可从递推关系出发研究 $a_{n+1} - a_{n-1} = f(n)$ 的变化规律，获取单调性，殊途同归。

五、小结

以学法指导为核心目标的复习教学，其终极指向促进学习者的数学学科素养的培育，使之具备运用数学思维探究现实问题的能力，以上探讨的各种培育策略与方法，都离不开人与人之间的思维交流。数学交流的形式包括师生交流、生生交流、自我交流；内容即为数学活动中的所思所想，在问题解决中进行数学思想、知识的传播与交换。在教学层面，交流是学习数学的必经途径，学会数学地交流是重要的学习目标之一，更是达成高效学习的必备方式。通过交流，学习者可以进一步理解数学知识、方法、思想的内涵与外延，开阔眼界，学会以丰富的科学语言、严谨的思辨头脑和科学的研究模式去探索世界的奥秘，进而产生发明和创造，这就是数学，也是数学素质教育的意义所在。

参考文献

[1] 李启柱. 数学建构主义学习的实质及其主要特征 [J]. 数学通讯, 2001（5）：3-5.

[2] 蔡金法，姚一玲. 数学"问题提出"教学的理论基础和实践研究 [J]. 数学教育学报，2019，28（4）：42-47.

[3] 张侨平，唐彩斌. 落实素养为本的数学开放题教学 [J]. 数学教育学报，2019，28（6）：61-64.

[4] 张玲，宋乃庆，蔡金法. 问题提出中数学交流的模式构建与案例解析 [J]. 数学教育学报，2019，28（4）：37-41.

（厦门市教育科学研究院 王陈勇）

第二节 数学复习课教学设计案例

案例1 数 列

一、教学内容与内容解析

（一）教学内容

本节课是高中数学选择性必修"函数"主题"数列"单元复习课。主要围绕数列的概念、等差数列、等比数列通项公式、前 n 项和公式展开学习。

（二）内容解析

1. 内容本质

数列是高中数学的重要学习内容之一，数列本质上就是函数，是以正整数集（或它的有限子集）为定义域的函数（离散函数）。

2. 蕴含的数学思想方法

数列是特殊的函数，函数思想是贯穿本单元的主体思想方法，渗透于数列的概念、通项公式、前 n 项和公式以及数列性质的学习研究中。可以认为，函数思想是数列的灵魂。

对一些不太熟悉的数列，将它做变形后可转化为等差数列或等比数列，转化与化归是渗透于本章节中的另一个重要的数学思想方法。

此外，在数列知识的学习过程中，我们还可以挖掘出一般与特殊、有限与无限等数学思想方法。

3. 知识的上下位关系

数列归属于函数主题，它是一类特殊的函数（离散函数）。数列的学习内容以函数知识为基础。

数列分为有穷数列和无穷数列，数学归纳法是研究无穷数列性质的一种重要方法。本书虽不学数列极限，但合适的时候可以直观地稍做介绍，这对微积分的学习很有好处。

4. 育人价值

现实世界中面对的大量问题是离散的，等差数列和等比数列是研究离散型问题的常见数学模型。本节课的学习记住若干个公式和性质是一方面，公式和性质推导过程中所体现的思维方法对学生的成长更具价值，使他们在过程中体验数学精神，在过程中体悟学习的意义。

5. 教学重点

等差（等比）数列的通项公式和前 n 项和公式的推导、应用以及方法的迁移。

二、教学目标与目标解析

了解数列的概念及表示法，理解等差数列与等比数列的定义、通项及前 n 项和公式，并能灵活运用；会把一些数列问题转化为等差、等比数列相关的问题。

通过对等差数列和等比数列定义、通项及前 n 项和公式的比较研究，引导学生用类比的方法研究等差数列和等比数列，以函数与方程、数形结合、分类与整合、化归与转化、特殊与一般等数学思想方法统领教学过程。

在夯实数学基础知识和基本技能、体悟数学的基本思想、积累数学基本活动（思维）经验的同时，培育学生数学学科核心素养，发展学生的理性思维。

《普通高中数学课程标准》强调从函数观点理解数列的概念及相关学习内容，感受数列与函数的共性和差异，体会数学的整体性。

三、教学问题诊断分析

本设计针对具有较好数学基础、较强学习积极性和主动性的学生。

本节课学习之前，学生已经学了高中阶段数列单元的必学部分内容，能了解数列的概念和表示法，能初步理解和掌握等差（比）数列的定义及主要公式的性质、方法及应用，能初步解决数列的一些基本问题。但数列单元具有公式性质多、方法活等特点，学习过程中学生常常会走弯路，对公式性质的选择也常常会出现茫然，对于一些灵活性较强或与其他知识交汇的综合问题常常没有把握，还不能熟练加以解决，逻辑思维的严谨性和灵活性还有待进一步提高。基于此，学生期待能对本单元的知识达到真正的理解，方法的掌握达到融会贯通，这就具备了本节课学习的动机。

引导学生建立起充满活力的知识结构体系是其进行高效学习的必要环节，不单如此，性质公式的推导过程蕴含着丰富的数学思想，也需要引导学生去挖掘，去领会体悟。

教学难点：灵活应用公式的性质及思维方法的迁移。

四、教学支持条件分析

课程标准是教学的依据，深刻领会该标准的精神，充分利用和挖掘教材资源，立足"四基"，培养核心素养。

五、教法学法选择分析

类比与探究，本课设计了"用类比的方法研究等差数列与等比数列"的学习表格（见附件），为学生的学习提供基本的线索和思考的方向，方便学生课前对知识进行整理和归纳，形成认知冲突；也有助于老师对学生学习情况的掌握，能够让老师在课堂上把主要精力用在学生的难点和疑点教学上。经过学生的整理和教师的点评，等差数列与等比数列的联系和区别跃然纸上，有助于学生更好地理解。

六、教学过程

（一）教学流程设计（图4-28）

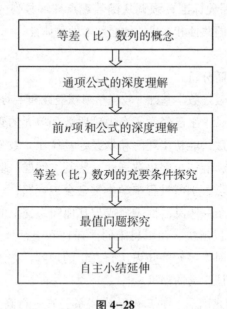

图4-28

（二）教学过程设计

教学过程（实录）	
环节 1	等差（比）数列的概念
教师活动	【情境设置】本节课将从定义、通项公式、前 n 项和公式及性质等维度进一步深入学习等差、等比数列，并借用研究这两类特殊数列的方法去探究其他一些数列。 课前同学们完成了对照表，总体完成不错，获得了许多有意义的信息，接下来我们展示一些同学的成果。
师生活动	【展示】展示学生 1 的对照表。 【教师引导】引导学生进行补充。 【学生活动】思考，比较。 从第二项起，…，常数… 递推关系：$a_n - a_{n-1} = d,\ (n > 1)$；$\dfrac{a_n}{a_{n-1}} = q,\ (n > 1)$. 【教师追问】公差 d 和公比 q 都可以取任意实数吗？ 【学生】公差 $d \in R$；公比 $q \neq 0$. 【教师引导】联想到函数单调性定义，可以给等差（比）数列单调性下定义吗？ 等差数列单调性与 d 的关系，等比数列单调性与 q 的关系。 【学生活动】思考、交流。 【展示】（表中性质栏）引导大家对学生 A 所填内容做评价及补充。 【点评】学生 1 对等差数列 $\{a_n\}$ 的单调性表述完整：当 $d > 0$ 时，$\{a_n\}$ 递增； $d = 0$ 时，$\{a_n\}$ 为常数列；$d < 0$ 时，$\{a_n\}$ 递减。 同学们对"当 $q > 1$ 时，等比数列 $\{a_n\}$ 递增；$q < 1$ 时，等比数列 $\{a_n\}$ 递减"有异议。 【学生活动】学生 A：$\dfrac{a_n}{a_{n-1}} = q > 1$ 无法推出 $a_n > a_{n-1}$ … 【点评与引导】是的！请大家关注这个"提醒"。 【学生活动】思考、讨论。 $q > 1$ 且 $a_1 > 0$ 时，$\{a_n\}$ 为递增数列；$q > 1$ 且 $a_1 < 0$ 时，$\{a_n\}$ 为递减数列； 当 $1 > q > 0$ 且 $a_1 > 0$ 时，$\{a_n\}$ 为递减数列；当 $1 > q > 0$ 且 $a_1 < 0$ 时，$\{a_n\}$ 为递增数列.
设计意图	问题是数学的"心脏"。数学教学应当从问题开始。教师把数学教学的锚，抛在学生的最近发展区内，为教学的展开提供知识和思维的生长点。 通过"留白"，提示学生易错点，强化对知识的理解；通过定义的比较为后续的类比做好铺垫。

环节 2	通项公式的深度理解
师生 活动	【展示】通项公式及变形（展示学生 2） 等差数列：$a_n = a_1 + (n-1)d = dn + (a_1 - d)$；等比数列 $a_n = a_1 q^{n-1}$ 【教师追问】对于等差数列 $\{a_n\}$，通项 a_n 能用 a_2 和公差 d 表示吗？能用 a_k 和 d 表示吗？等比数列呢？ 【学生活动】（思考后）等差数列：$a_n = a_1 + (n-1)d = a_k + (n-k)d$； 等比数列：$a_n = a_1 q^{n-1} = a_k q^{n-k}$. 【教师追问】对等差数列通项公式 $a_n = dn + (a_1 - d)$ 这种表示有何意义？ 【学生 2】a_n 是关于 n 的一次函数。 【学生活动】一些学生有不同意见：当 $d = 0$ 时，$a_n = dn + (a_1 - d)$ 就不是关于 n 的一次函数。 【教师引导】好的，我们称之为线性函数。 【教师引导】联想到直线方程的若干种形式，刚才我们探讨的等差数列通项公式及变形可以与直线方程的哪种形式对应？ 【学生活动】"点斜式"：$a_n = a_k + (n-k)d$；"斜截式"：$a_n = dn + (a_1 - d)$. 【教师追问】我们知道，两点可以确定一条直线。对于等差数列 $\{a_n\}$，给定两项，能求任意指定项吗？如在等差数列 $\{a_n\}$ 中，$a_3 = 8$，$a_8 = 3$，求 a_{11}. 【学生活动】独立思考。 【学生 3】（基本量法）$a_3 = a_1 + 2d = 8$，$a_8 = a_1 + 7d = 3$，解得 $d = -1$，$a_1 = 10$， 所以 $a_{11} = a_1 + 10d = 0$. 【点评引导】将问题归结为求首项和公差（基本量），这是通用的方法。 我们再想想，不求首项 a_1 可以吗？ 【学生活动】思考。 【教师引导】联想到直线方程，给定两点坐标，如何求直线方程（方法迁移）。 【学生活动】用直线方程的"两点式"或者先由两点坐标求得斜率，再用点斜式。 思路 2：$a_8 = a_3 + (8-3)d$，所以 $d = \dfrac{a_8 - a_3}{8 - 3} = -1$，$a_{11} = a_8 + 3d = 0$. 【结论】等差数列 $\{a_n\}$ 中，$a_m = a_k + (m-k)d$，求得 d， 类似地，我们来研究等比数列通项公式。 （继续展示学生 2）对等比数列 $\{a_n\}$：$a_n = a_1 q^{n-1} = \dfrac{a_1}{q} q^n = c q^n$，所以，等比数列 $\{a_n\}$ 的通项公式是关于 n 的形如 $y = c q^n$ 的函数（这里 c 不为 0）。

续表

师生活动	【教师引导】对于等比数列，"已经知道两项求通项"的问题，你们可以自己编题。
设计意图	从函数（线性函数、指数型）角度看等差（等比）数列的通项，能帮助学生从本质上理解数列（深度学习、深度理解）；通过联想、类比等手段，提升知识结构的完备性。
师生活动	【展示】展示学生 3 的对照表。 【教师引导】引导学生总结出在等差（等比）数列通项公式推导过程中体现的数学思想方法。 【学生活动】完善自己的表格，总结推导过程的基本方法：归纳法（不完全归纳及猜想）、迭代法、累加（乘）法。 【教师引导】上述方法可以解决什么样的问题，请大家做个梳理，并写出一个可以用上述方法解决的问题。 【学生活动】思考。 【教师引导】没有完成也没大关系，接下来我们都会遇到的。
设计意图	"四基"中特别提到"基本活动经验"，这里"活动"主要指的是思维活动，引导学生对思维活动经验的积累具有十分重要的意义；让学生自己写出一个可以用上述方法解决的问题可能比较困难，但这是一个具有很高价值的尝试，可以允许学生不会，但需培养这种意识。
	引申与推广
师生活动	【问题提出】数列 $\{a_n\}$ 满足 $a_1 = 1$，$a_{n+1} = pa_n + r$，$(p, r \in R)$，请问：什么情况下，$\{a_n\}$ 是等差数列？②什么情况下 $\{a_n\}$ 是等比数列？ 【学生活动】①当 $p = 1$ 时，$\{a_n\}$ 是等差数列；②当 $r = 0$，$p \neq 0$ 时，$\{a_n\}$ 是等比数列. 【教师追问】当 $p = 2$，$r = 3$，你能求出 $\{a_n\}$ 的通项 a_n 吗？ 【学生活动】思考、交流： 思路 1（学生 B）：$a_n = 2a_{n-1} + 3 = 2(2a_{n-2} + 3) + 3 = 2^2 a_{n-2} + 2 \times 3 + 3$ $= 2^2(2a_{n-3} + 3) + 2 \times 3 + 3 = 2^3 a_{n-3} + 2^2 \times 3 + 2^1 \times 3 + 2^0 \times 3 = \cdots$ 【点评】此法称为"迭代法"，对于简单的递推数列求通项问题，迭代法是可行的。 思路 2（学生 C）：由 $a_{n+1} = 2a_n + 3$ 得：$a_n = 2a_{n-1} + 3$，$(n > 1)$， 两式相减后：$a_{n+1} - a_n = 2(a_n - a_{n-1})$，又 $a_2 = 2a_1 + 3 = 5$ 所以，$\{a_n - a_{n-1}\}$ 是以 $a_2 - a_1 = 4$ 为首项，2 为公比的等比数列. 所以，$a_n - a_{n-1} = (a_2 - a_1)2^{n-2} = 2^n$，$(n > 1)$，

师生 活动	所以，$a_n = (a_n - a_{n-1}) + (a_{n-1} - a_{n-2}) + \cdots + (a_2 - a_1) + a_1$ $= (2^n + 2^{n-1} + 2^{n-2} + \cdots + 2^2) + 1 = 2^{n+1} - 3$. 【点评】两式相减后可构造"等比数列"；对形如 $a_n - a_{n-1} = f(n)$ 的情形，"累加法"是有效的。 还有其他思路吗？ 思路 3（学生 D）：在 $a_{n+1} = 2a_n + 3$ 两边同时加 3 得：$a_{n+1} + 3 = 2(a_n + 3)$，所以，$\{a_n + 3\}$ 是以 4 为首项，2 为公比的等比数列. 【点评与追问】很好！这思路比较简洁，关键在于等式两边同加 3 后产生这样的效果。请问，可以同加别的常数吗？有什么规律吗？ 【学生活动】思考，交流。 【教师引导】回到原来一般化的问题：数列 $\{a_n\}$ 满足 $a_1 = 1$，$a_{n+1} = pa_n + r$，$(p, r \in R)$，当 $p \neq 0$ 且 $p \neq 1$ 时，求 $\{a_n\}$ 的通项 a_n. 【学生活动】继续思考、交流。 【教师活动】参与学生讨论，适时指导。一些学生已经有思路了。 【分享】（学生 E）假设存在实数 x，有 $a_{n+1} + x = p(a_n + x)$ 成立. 展开后，$a_{n+1} = pa_n + px - x$，只要 $px - x = r$，即 $x = \dfrac{r}{p-1}$. 也就是说，在 $a_{n+1} = pa_n + r$ 两边同时加上 $x = \dfrac{r}{p-1}$， 就有 $a_{n+1} + \dfrac{r}{p-1} = p(a_n + \dfrac{r}{p-1})$，这样 $\{a_n + \dfrac{r}{p-1}\}$ 为等比数列. 【点评】此思路依照的是"待定法"，确定常数 $x = \dfrac{r}{p-1}$ 后，将问题转化为等比数列问题。 【变式】数列 $\{a_n\}$ 满足 $a_1 = 1$，$ta_{n+1} = pa_n + r$，$(t \neq 0)$，问题将如何解决？（可作为课后探究题，也可提示能否转化为 $a_{n+1} = pa_n + r$ 形式。）
设计 意图	一阶线性递推数列是等差数列和等比数列的综合和推广。通过对递推数列求通项问题的探究，使学生能进一步理解和掌握迭代法、累加法、待定法等常见方法，培养转化与化归等数学思想方法。
环节 3	前 n 项和公式的深度理解
师生 活动	【展示】展示学生 4 的对照表，引导学生补充完善 公式（1）等差数列前 n 项和 $S_n = \dfrac{n(a_1 + a_n)}{2}$ 和公式（2）$S_n = na_1 + \dfrac{1}{2}n(n-1)d$ 【教师引导】剖析公式（1）的结构特征，可以联想到什么？

续表

师生活动	【学生活动】推导梯形面积公式。

【学生活动】 推导梯形面积公式。

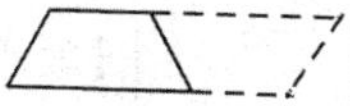

【教师追问】 在推导梯形面积公式时，你印象最深的是什么方法？

图 4-29

【学生】 将两个全等的梯形按右图（图 4-29）拼在一起，构成平行四边形。

【教师引导】 我们可以将此方法迁移到等差数列。

【展示】（学生 F）$S_n = a_1 + a_2 + a_3 + \cdots + a_{n-1} + a_n$，$S_n = a_n + a_{n-1} + \cdots + a_3 + a_2 + a_1$，

相加的 $2S_n = (a_1 + a_n) + (a_2 + a_{n-1}) + \cdots + (a_n + a_1)$，

由于 $a_1 + a_n = a_2 + a_{n-1} = a_k + a_{n+1-k}$，$(1 < k < n)$（性质 2），

$2S_n = n(a_1 + a_n)$，即 $S_n = \dfrac{n}{2}(a_1 + a_n)$.

【点评】 我们可以形象地称此方法为"倒序相加法"。

【教师引导】 公式（1）中 S_n 由 a_1 和 a_n 表示，若改用 a_1 和 d 表示即为公式（2）

【展示】（学生 G）$S_n = a_1 + a_2 + \cdots + a_{n-1} + a_n = a_1 + (a_1 + d) + \cdots + (a_1 + (n-1)d)$

$= na_1 + (1 + 2 + 3 + \cdots + (n-1))d = na_1 + \dfrac{1}{2}n(n-1)d$.

【点评引导】 这个方法实质上是将数列分成两组各自求和，称为"分组求和法"，它对应梯形面积公式的哪一种推导方法？

【展示】 将梯形分割成一个平行四边形和一个三角形。

【点评】 "倒序相加"和"分组求和"是两种常用的数列求和的方法。后续的学习中将会遇到。

【教师引导】 等比数列 $\{a_n\}$ 的前 n 项和公式 S_n 如何推导，体现了何种数学方法？

【展示】 继续展示学生 4 的对照表：$S_n = \begin{cases} \dfrac{a_1(1 - q^n)}{1 - q}, & (q \neq 1) \\ na_1, & (q = 1) \end{cases}$

$S_n = a_1 + a_1 q + a_1 q^2 + \cdots + a_1 q^{n-1}$，$qS_n = a_1 q + a_1 q^2 + a_1 q^3 + \cdots + a_1 q^n$.

相减得：$(1 - q)S_n = a_1 - a_1 q^n$.

【点评】 此法称为"错项相减法"，要注意在实施过程中的一些关键步骤和细节。

【教师引导】 试探究：数列 $\{n \cdot 2^n\}$ 的前 n 项和 S_n.

$\{n \cdot 2^n\}$ 不是等差数列，也不是等比数列，而是由等差数列 $\{n\}$ 和等比数列 $\{2^n\}$ 对应项相乘而得。"倒序相加"或"分组求和"可用吗？"错项相减法"可用吗？

【学生活动】 思考、讨论。

师生 活动	【教师活动】参与学生的讨论，并做必要指导。 【分享】（学生 H）$S_n = 1 \cdot 2 + 2 \cdot 2^2 + 3 \cdot 2^3 + \cdots + n \cdot 2^n$， $2S_n = 1 \cdot 2^2 + 2 \cdot 2^3 + 3 \cdot 2^4 + \cdots + (n-1)2^n + n \cdot 2^{n+1}$， 两式相减得：$(1-2)S_n = 2 + 2^2 + 2^3 + 2^4 + \cdots + 2^n - n \cdot 2^{n+1}$， 化简得 $S_n = (n-1) \cdot 2^{n+1} + 2$. 【探究】数列 $\{a_n\}$ 和 $\{b_n\}$ 分别是等差数列和等比数列，试探究数列 $\{a_n \cdot b_n\}$ 的前 n 项和 S_n。
设计 意图	通过本环节的学习，体悟倒序和、分组求和、错项相减等常用的数列求和思维方法，明确每种方法适用问题类型，使学生对知识及蕴含的数学思想方法达到真正的理解和掌握。
环节 4	等差（比）数列充要条件探究
师生 活动	【问题】S_n 是数列 $\{a_n\}$ 的前 n 项和，根据下列条件求 a_n （1）$S_n = 2n^2 - 3n$；　　（2）$S_n = 2n^2 - 3n + 1$ 【学生活动】（独立完成） （学生 I）（1）$a_n = 4n - 5$；　（2）$a_n = \begin{cases} 0, & n = 1 \\ 4n - 5, & (n > 1) \end{cases}$ 【教师追问】对（1）和（2），$\{a_n\}$ 是等差数列吗？如何判断某一数列是否为等差数列？ 【学生活动】（独立完成） （学生 J）（1）$a_n - a_{n-1} = \cdots = 4$，所以 $\{a_n\}$ 是等差数列； （2）因为 $a_3 - a_2 = 4$，$a_2 - a_1 = 3$，则 $a_3 - a_2 \neq a_2 - a_1$，所以 $\{a_n\}$ 不是等差数列. 【教师引导】证明一个数列是等差数列需要用定义，证明数列不是等差数列只要举反例。其实，求出通项后，我们已经明白了该数列是否为等差数列。 【结论】若 $\{a_n\}$ 为等差数列，则 a_n 可以表示为 $a_n = dn + b$；反之，亦成立。 【教师追问】你能通过 S_n 的表达式一眼看出 $\{a_n\}$ 是否为等差数列吗？ 【学生活动】思考后：可以。 （学生 K）$S_n = na_1 + \dfrac{1}{2}n(n-1)d$ 可变为：$S_n = \dfrac{d}{2}n^2 + (a_1 - \dfrac{d}{2})n$， 【结论】若 $\{a_n\}$ 为等差数列，则 S_n 可表示为 $S_n = An^2 + Bn$ 的形式；反之，亦成立.

师生 活动	【教师引导】对于等比数列 $\{a_n\}$，通项 $a_n = a_1 q^{n-1} = \dfrac{a_1}{q} q^n$ 可写成 $a_n = Cq^n$ 的形式。 请大家继续探究： 【问题 1 延伸】$\{a_n\}$ 的前 n 项和 S_n 满足 $S_n = 3^n + c$，试探究什么情况下 $\{a_n\}$ 是等比数列。 【学生活动】（独立完成） （学生 L）$a_n = \begin{cases} 3+c, & n = 1 \\ 2 \times 3^{n-1}, & n > 1 \end{cases}$，所以，$n \geqslant 3$ 时，$\dfrac{a_n}{a_{n-1}} = 3$， 当且仅当 $\dfrac{a_2}{a_1} = \dfrac{6}{3+c} = 3$，即 $c = -1$ 时，数列 $\{a_n\}$ 是等比数列。 【结论】还是必须用定义。由此可以得到： 数列 $\{a_n\}$ 的前 n 项和 S_n. （1）若 $\{a_n\}$ 为等比数列，则 a_n 可表示为 $a_n = cq^n$，$(c \neq 0)$ 的形式；反之，亦成立。 （2）若 $\{a_n\}$ 为公比不为 1 的等比数列，则 S_n 可表示为 $S_n = Cq^n - C$，$(c \neq 0)$ 的形式；反之，亦成立。
设计 意图	通过对等差（比）数列充要条件的探究，引导学生寻求知识的本质，提升思维品质，发展理性思维。
环节 5	最值问题探究
师生 活动	【问题】S_n 是等差数列 $\{a_n\}$ 的前 n 项和，若 $a_1 > 0$，$S_9 = S_{16}$，则 n = ___ 时，S_n 最大. 【学生活动】（独立思考） （学生 M）由 $S_9 = S_{16}$ 得：$9a_1 + \dfrac{9 \times 8}{2} d = 16a_1 + \dfrac{16 \times 15}{2} d$，所以 $a_1 = -12d$； 所以 $a_n = a_1 + (n-1)d = (n-13)d$， 因为 $a_1 > 0$，所以 $d < 0$，所以 $\{a_n\}$ 是首项为正数的递减数列， 令 $a_n \geqslant 0$，$a_{n+1} < 0$ 得：$a_{12} > 0$. $a_{13} = 0$，所以 $n = 12$ 或 13 时，S_n 最大. 【点评】这是从考查通项这角度出发，前 12 项均为正，第 13 项为 0，第 14 项开始为负数。 （学生 M）$a_1 = -12d$， $S_n = \dfrac{d}{2} n^2 + (a_1 - \dfrac{d}{2})n = \dfrac{d}{2} n^2 - \dfrac{25d}{2} n$，

续表

师生活动	函数 $y = \dfrac{d}{2}x^2 - \dfrac{25d}{2}x$ 图象开口向下，对称轴 $x = \dfrac{25}{2}$，又 n 为正整数，所以……

师生活动

函数 $y = \dfrac{d}{2}x^2 - \dfrac{25d}{2}x$ 图象开口向下，对称轴 $x = \dfrac{25}{2}$，又 n 为正整数，所以……

【点评】这是考查 S_n 表达式的最值，也可以配方。

【教师追问】还是走 S_n 这条路，但不求表达式可以吗？

【学生思考】……

【教师引导】回顾性质：若 $\{a_n\}$ 为等差数列，则 S_n 可表示为 $S_n = An^2 + Bn$ 的形式。

其主要特征是常数项为 0，图象一定过原点。

【学生活动】（思考、交流、分享）

（学生 N）由于 $S_9 = S_{16}$ 知，(n, S_n) 分布在开口向下，对称轴为 $x = \dfrac{25}{2}$ 的抛物线上，所以，当 $n = 12$ 或 13 时，S_n 最大．

【点评】对称轴 $x = a$，当 a 不是整数时，离 a 较近的那个整数对应的函数值最大。

这里想要求出最大值为多少的条件似乎不够。

【教师追问】能求出 S_{25} 的值？

【学生活动】（思考）由抛物线对称性知 $S_{25} = 0$.

【教师追问】能否将问题推广到一般？

【结论】S_n 是等差数列 $\{a_n\}$ 的前 n 项和，若 $S_m = S_k$，则 $S_{m+k} = 0$.

【点评与引导】由图象的对称性很容易理解这个性质，请同学们思考别的解决方案。这个问题留给大家课后探究。

设计意图

引导学生探求前 n 项和 S_n 最值的思维方法，体验函数思想解决问题的精妙，培养直观想象和逻辑推理等核心素养。

环节 6　自主小结与延伸

师生活动

1. 回顾本节课的学习，你对数列的问题和方法有了哪些新的认识？

2. 请同学们继续完善这张"对照表"。

	板书设计
板 书 设 计	**1.3 数列——问题和方法** 一、求数列通项公式的常用方法： 1. 归纳猜想；2. 累加法；3. 累乘法；4. 迭代法；5. 待定系数法；6. 转化为等差或等比数列 例 $a_1 = a$，$a_{n+1} = pa_n + r$（p，r 为常数） 二、求和的常用方法： 1. 倒序相加；2. 分组求和； 3. 错位相减；4. 裂项相消； 5. 并项求和。 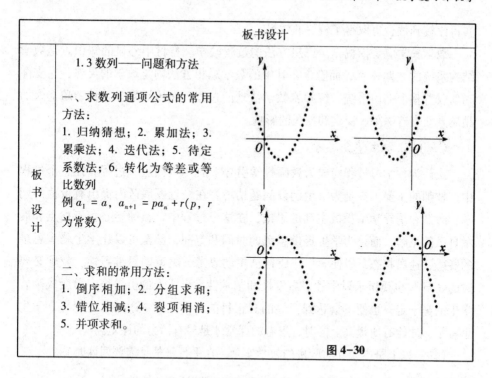 图 4-30

七、教学实践心得

教学过程中，本人始终努力做到如下几点：

（一）让课堂和谐润泽

营造润泽的教学氛围是我一贯的坚持。教室中没有阴暗冰冷的"死角"，课堂上充满着阳光，平等、和谐地交流共存，发现、挑战与沉思同在。在这个和谐民主的思维乐园里，学生有话可说，有话敢说。他们可以自由地想象、大胆地思考，可以充分敞露自己的思维，可以充分展示自己的个性观点，在思维的交流、碰撞中相互获得发展。本节课的闪光点，便是让学生成为课堂上真正的主人。

（二）让知识充满活力

数学教学应充分展示知识形成及知识体系的构建过程。理解教材编写的意图、依据及必要性、合理性。弄清概念的深层含义，公式、性质产生的背景及其应用。在学习过程中把握问题的实质，使知识构成一个有机整体，明确知识点在知识结构及系统中的地位与作用以及与其他相关知识点间的联系，达到纵向深入到概念知识的系统内部、横向扩大到知识间的关联。本节课在这方面落实得比较到位，也取得了较好的效果。

数学教学应是挖掘教学思想方法的过程教学。教材中外显的知识点是数学结构系统的"躯体"，而隐含在其中的数学思想方法则是数学的灵魂，它支配和驾驭着整个知识系统，统帅着数学活动的过程，在传导数学精神、塑造人的品质方面有着深刻、稳定和持久的影响。

（三）让学生学会思考

我认为，学习过程应成为教师科学引导下的"再创造"过程。在这个过程中，教师的主要工作是为学生创设问题情境，在最近发展区内提出有价值的问题，激发和诱导学生积极主动的思维；在这个过程中，教师不必急于指点和展示自己的见解，而是为学生提供思考的时间和空间，甚至可以让学生陷入思维的疑惑、迷离状态，以便学生养成自己主动思考、决策的思维习惯。教师必要时的"导"也要讲求科学性、启发性和艺术性，形式上的引导很容易变成牵着学生的鼻子走，也便不会达到引导的真正目的。要关注学生的自主思考，学生思考了，才能有所提高。同时，思考的课堂才是最有活力的课堂。

（注：以上是本人在实验班的教学实录，在平行班估计需要两课时）

附件　用类比的方法研究等差数列与等比数列

		等差数列	等比数列
定义	文字叙述	…起，每一项与它的前一项的_____等于同一个常数，…	…起，哪几项的_____等于同一个常数…
	递推关系		
通项公式	1. 公式及变形		
	2. 公式推导过程及体现的数学方法		
前 n 项和公式	1. 公式及变形		
	2. 公式推导过程及体现的数学方法		

续表

		等差数列	等比数列
主要性质	单调性		
	对称性		
	…		
	…		
若干等价条件	定义		
	中项		
	a_n的特征		
	S_n的特征		
	…		

（厦门双十中学　赵祥枝）

案例2　直线与圆锥曲线的位置关系（实录）

一、内容和内容解析

（一）内容

复习椭圆的基本定义，从不同角度判断直线与椭圆的位置关系，优化学生的解题思维，为后续进一步全面学习直线与圆锥曲线的位置关系打下基础。

（二）内容解析

1. 内容的本质

椭圆的基本定义，是高考中求解椭圆方程的关键。学生充分理解定义在解题中的作用，是高效解题的前提保证。直线与椭圆的位置关系问题是高考的常见考点，深入挖掘此类问题的不同题型结构，为学生解题提供一定的方向性参考。从常见的基本求法出发，研究通性通法，从单元教学的角度为学习直线与圆锥曲线埋下伏笔。

2. 蕴含的数学思想

（1）数形结合：从图形中发掘各种基本量的关系，充分利用交点个数、正

253

余弦定理等知识解决三角形中的变量关系，并结合椭圆的性质加以研究。

（2）函数与方程：能运用函数的观点研究方程的解，并能根据方程解的个数问题与图形进行对应转换。

（3）转化与化归：能将函数问题与几何问题相互转化，并能在具体情境中，通过运算法则、图象特征和函数性质等将陌生问题转化为熟悉问题加以解决。

（4）分类讨论：能在具体问题中，对已知解析式中的参数进行分类，进而结合曲线的性质解决有关问题。

3. 知识的上下位关系

在此之前，学生已学习了直线的基本知识，圆锥曲线的定义、标准方程和简单的几何性质，直线与圆的位置关系及判定，这为本节课的学习起了铺垫作用。本节课重在教会学生如何判断直线与椭圆的位置关系，体会运用方程思想、数形结合、分类讨论、类比归纳等数学思想方法，优化学生的解题思维，提高学生的解题能力。为后面解决直线与圆锥曲线的综合问题打下良好的基础。所以是承上启下的一节课，同时还是培养学生数学能力的良好素材。

4. 育人价值

培养学生自主探究和解决问题的能力，逐步形成分析问题、解决问题的能力，提升学生的数学核心素养。

5. 教学重点

用代数方法结合交点个数判定位置关系，提升计算的准确性，理解用方程思想解决直线与圆锥曲线位置关系的基本框架。

二、目标和目标解析

（一）目标

理解直线与椭圆的位置关系；会进行位置关系的判断并计算弦长。

（二）目标解析

根据本节课的内容和学生的实际水平，通过回忆画图让学生理解直线与椭圆的位置关系；观察类比直线与圆的位置关系的判定，归纳总结出直线与椭圆位置关系的判定，掌握代数方法，学会解决相关的问题。

三、教学问题诊断分析

（一）问题诊断

对于直线和圆，学生已经非常熟悉，并且知道直线与圆有三种位置关系：

相离，相切和相交，会从代数、几何两个方面进行判断。本节授课对象整体思维能力较强，勤于动脑，但动手与计算的意识相对较弱，同时学生探究问题的能力、合作交流意识及反思总结等存在一定缺陷。

（二）教学难点

应用代数方法进行判定，提升计算的准确性，理解用方程思想解决直线与圆锥曲线的位置关系，感悟方程组的解的个数等于直线与椭圆公共点的个数这一数与形之间的纽带。

四、教学支持条件分析

通过前面的学习，学生已经了解了直线与圆的位置关系以及椭圆的性质，可以熟练作出相关图象，具备一定的作图读图能力，这为本节课提供了一定的知识基础。但是针对我校学生计算能力相对较弱的特点，有效提升计算效率，做到快速准确，是一大挑战。同时对于韦达定理，学生也具备了一定的知识基础，并在研究圆的弦长问题中初步使用了弦长公式。由于圆的特殊性，大部分学生对于弦长公式的使用并不熟练，因此，再强化和再应用是本节的一大探究点。

高中生的思维具有一定的高度，用单元教学的系统性观点进行直线与圆锥曲线的教学设计，让学生在已有知识的基础上对交点个数与方程的根之间的关系理解进一步加深，接近学生的"最近发展区"，并旨在以圆为引例，将曲线进行一般化，让学生用类比的思维去处理后续的双曲线与渐近线问题。

五、教法学法选择分析

教法：问题引导，问题解决，由学生通过知识迁移，类比探究直线与椭圆的位置关系，再由教师引导，找出直线与椭圆位置关系的判断方法，激发学生的学习兴趣。在解题过程中体会数学方法。

学法：自主探究，动手操作，归纳总结。

六、教学过程

(一) 教学流程设计 (图 4-31)

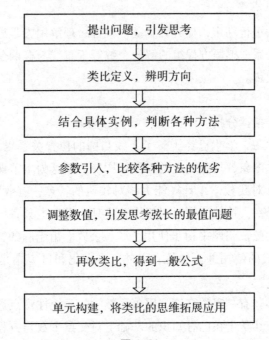

图 4-31

(二) 教学过程设计

第 1 课 直线与椭圆的位置关系 (判定与弦长)	
环节 1	回顾旧知,复习引入
问题 1	直线与圆位置关系及判定方法有哪些?
师生 活动	教师:我们之前学习过直线与圆的位置关系及判定,你能说说共有几种情况吗? 学生:直线与圆有三种位置关系,分别是相离 (没有公共点)、相切 (一个公共点)、相交 (两个公共点)。 教师:请大家说一说当时我们是如何进行判定的? 学生:判定方法有两种:代数法、几何法 (教师在学生回答时,在黑板上画出相应图形,并补充纠正。)

续表

设计 意图	通过回顾直线与圆的位置关系,将方法技巧进行归纳,通过画图等形式强化数形结合的思想
环节 2	回到椭圆,提出问题,引发学生思考
问题 2	如何定义直线与椭圆的位置关系?
师生 活动	教师:前面我们学习了圆锥曲线,其中椭圆是其中最常见的图形,那么直线与椭圆又有什么样的位置关系呢? 学生:和圆一样,相离,相切,相交; 教师:哪位同学能给出直线与椭圆这三种位置关系的定义? 学生:类似直线与圆的位置关系的定义。
设计 意图	由已有的知识类比迁移到新知识。
追问	直线与圆的定义有几种?
师生 活动	学生 1:圆心到直线的距离与半径的关系; 学生 2:交点个数的角度也可以。
设计 意图	紧扣定义,知识迁移,同时为二者的不同埋下伏笔。
环节 3	辨明方法,确定方向,示范引领
问题 3	如何来定义直线和椭圆的位置关系呢? 也有两种角度吗?
师生 活动	教师:通过画图我们看到,直线与椭圆的位置关系也可以归纳为相离、相切和相交,按大家的提法,请类比直线和圆的相离、相切、相交的定义来对直线和椭圆的相离、相切和相交进行定义。
探究	学生分组讨论,进行交流。
师生 活动	教师:请大家具体说一说,两种方法是否都可行? 学生 3:我们采用了公共点个数的方法,是可行的; 学生 4:我们尝试了计算中心到直线的距离,但是因为没有半径这个定量,导致我们的方法失败。
设计 意图	通过比较,明确圆锥曲线问题在处理上与圆的区别,再次强调"形"的不同在处理方式上的差异

257

续表

师生活动	（教师）通过刚才大家的自主探究，我们可以就直线与椭圆的位置关系给出明确的结论： 直线与椭圆没有公共点⟺直线与椭圆相离； 直线与椭圆有一个公共点⟺直线和椭圆相切； 直线与椭圆有两个公共点⟺直线与椭圆相交。
问题 4	通过公共点的个数可以判断直线和椭圆的位置关系，如何确定公共点的个数呢？你有什么办法呢？
师生活动	教师：从直线与圆的角度，我们如何判断公共点个数？ 学生 5：采用代数法，联立方程组，用判别式予以解决。
问题 5	分别判断直线 l_1：$y = x + 1$；l_2：$y = -x + 3$；l_3：$y = \sqrt{2}x + 3$ 与椭圆 $\dfrac{x^2}{4} + y^2 = 1$ 是怎样位置关系？
探究	学生分组尝试，3 个小组分别判定 3 条直线与椭圆的位置关系，教师巡视交流
师生活动	教师：请你说说如何利用代数方法来进行直线和椭圆位置关系的判断？ 学生 6：直线与椭圆位置关系的研究方法可通过代数方法，即解方程组的办法来研究，因为方程组解的个数与交点的个数是一样的。 联立方程组，消元，得到一个一元二次方程，则 $\Delta > 0$ 方程有两个不等的实数根⟺有两个公共点⟺相交； $\Delta = 0$ 方程有两个相等的实数根⟺有一个公共点⟺相切； $\Delta < 0$ 方程没有实数根⟺没有公共点⟺相离。
设计意图	以旧带新，学生易于理解，强调通性通法
追问	还有其他方法吗？
师生活动	学生 7：l_1 经过点 $(-1, 0)$，$(0, 1)$，这两个点一个在椭圆内，一个在椭圆上，显然直线与椭圆是相交的。 教师：非常好，还有其他小组的同学用这个方法吗？ 学生 8：l_2 的情况画图也可以解决。 教师：对的，大家的想法都很好，虽然椭圆没有了半径，但是不代表几何性质的削弱，如果画图可以优先解决的问题，仍然可以用几何的方式进行处理。所以，在处理解析几何问题时，图形常常是最有力的工具。
设计意图	在强调通法的基础上，再次回到形的角度，教会学生快速解题，勿忘图形特征。

环节 4	引入变量，处理一般性问题
问题 6	已知直线 l：$y = 2x + m$，椭圆 C：$\dfrac{x^2}{5} + \dfrac{y^2}{4} = 1$，问 m 为何值时，直线 l 与椭圆 C：（1）有两个不同的公共点；（2）有一个公共点；（3）没有公共点。
探究	学生动手实践，教师巡视交流。
师生活动	教师：请同学们一起来分享一下各自的做法。 学生 9：方程联立，让判别式的值分别大于 0，等于 0，小于 0，然后解不等式和方程即可得解。 教师：（投屏展示学生 9 的解法并点评）很好，有没有同学用其他的方法？ 学生 10：可不可以用画图的方法，椭圆方程是给定的，直线的斜率是 2，纵截距是 M，所以是一组平行线，找到切点，结论不就有了吗？ 教师：如何找到切点？ 学生 10：通过联立方程组，当判别式等于 0 时即为相切位置。 学生 9：既然都联立了，为什么不直接用判别式求解？ 教师：几何的方法也需要代数的支持，刚才寻找相切位置的想法是好的，但是如果我将斜率也改为变量那应该如何处理呢？ 学生 10：那只能用代数法联立求解。
设计意图	对两种方法进行深刻辨析，和学生提炼出最佳路径。
环节 5	拓展思考，启迪思维
问题 7	现在增加一个条件，如果直线还经过椭圆的右焦点，那么按照大家刚才确定的参数范围，它与椭圆是什么关系？
师生活动	学生 11：相交。
追问	既然相交，那么交在哪里？构成了什么样的图形？
师生活动	学生 11：相交得到一条线段。 教师：如果我们将两个交点分别设为 A，B，你能算出 AB 的长度吗？
追问	直线截圆的弦长是如何计算的？

师生活动	学生 12：利用垂径定理进行计算。 教师：现在还有半径吗？是否需要改进方法？大家动手试试看。
设计意图	引发学生思考，培养学生的计算能力，同时为弦长公式做好铺垫。
探究	学生动手实践，教师巡视交流。
师生活动	教师：大家来分享一下各自的解法吧。 学生 13：前面学习过两点间的距离公式，所以只要有 A、B 两点的坐标，代入公式就行了。通过题目条件，我刚才求出直线 AB 的方程，再把两个方程联立就能求交点坐标了（教师投屏展示学生 13 的解法）。 教师：还要解方程太烦琐了，而且如果交点坐标较为复杂，计算量会很大，既然是用方程的根来求解，能不能绕开方程的具体根，用韦达定理根与系数的关系来简化？ 学生 14：我用了弦长公式，在圆和直线位置关系一节中我们简单接触过（教师投屏展示学生 14 的解法）。 教师：非常好，由于椭圆缺少了半径这一定量，我们只能用坐标进行计算，而弦长公式是对坐标计算的升华，让我们再回顾一下这个非常重要的公式。 $$l = \sqrt{1+k^2}\,|x_1-x_2| = \sqrt{1+k^2}\sqrt{(x_1+x_2)^2-4x_1x_2} = \sqrt{1+k^2}\,\frac{\sqrt{\Delta}}{|a|}。$$ 当直线与椭圆相交，求弦长时，联立直线方程和椭圆方程，利用韦达定理，就可以直接利用本公式求得弦长。
追问	如果是双曲线或者抛物线的问题，位置关系该如何计算呢？参照圆还是椭圆？
师生活动	学生：参照椭圆，因为它们都没有半径那么强的定量辅助。
设计意图	将椭圆的思维推广到其他圆锥曲线，共同与圆做方法辨析，体现单元教学的思想。
环节 5	小结反思，归纳提升
小结与反思	由学生总结，然后教师补充，重视对方法的辨析和公式的理解，同时强调数学思想方法。
设计意图	通过数学思想方法的小结，使学生更深刻地了解数学思想方法在解题中的地位和作用。

	第 2 课 直线与椭圆的位置关系（点差法）
环节 1	回顾旧知，复习引入
问题 1	直线与椭圆位置关系及判定方法有哪些？
师生活动	直线与椭圆没有公共点⟺直线与椭圆相离； 直线与椭圆有一个公共点⟺直线和椭圆相切； 直线与椭圆有两个公共点⟺直线与椭圆相交。
设计意图	通过回顾直线与椭圆的位置关系，归纳所学知识。
问题 2	上一节课我们研究了哪些问题，如何研究的？
师生活动	学生 1：判定直线与椭圆的位置关系； 学生 2：学习了如何计算弦长。
设计意图	将上一节课的内容进行延伸，引入本节新课。
环节 2	提出问题，引发思考
师生活动	教师：如果我们现在已经知道了直线与椭圆相交，能不能根据附加条件求出直线的方程呢？请大家看一看这道题：已知椭圆，直线 l 与椭圆 $\dfrac{x^2}{9} + \dfrac{y^2}{4} = 1$ 相交于 A，B 两点，弦 AB 的中点坐标为 $(1, 1)$，求弦 AB 所在的直线方程.
探究	学生分组讨论，进行交流。
师生活动	教师：请同学们分享一下你们的做法。 学生 1：设直线的方程为 $y - 1 = k(x - 1)$，斜率一定存在，然后联立方程，利用中点横坐标 $x_0 = \dfrac{x_1 + x_2}{2}$，解出 k 的值。 （教师投屏学生 1 的答题情况）
问题 3	这个解答充分利用了上一节课所学的联立方程思想，还有其他的方法吗？

师生活动	教师：通过刚才同学 1 的解法，我们可以了解到，本题的关键点在于得到直线的斜率，大家一起回忆一下，斜率公式是怎样的？ 学生：$k = \dfrac{y_1 - y_2}{x_1 - x_2}$. 教师：我们能不能从利用椭圆的方程构建这二者的联系呢？大家想一想，斜率是横纵坐标差的关系，横纵坐标如何联系？ 学生：点 A，B 在椭圆上，可以用椭圆建立关系。 教师：那如何转换为两点的横纵坐标差？大家观察一下斜率公式，要如何处理？ 学生：应该用减法更为合适。 教师：好，请大家动手试一试。
探究	学生分组讨论，进行交流。
师生活动	教师：有哪位同学可以分享一下你们小组的思路吗？ 学生 2：我们将 A，B 两个点分别代入椭圆的方程，得到 $\dfrac{x_1^{\,2}}{9} + \dfrac{y_1^{\,2}}{4} = 1$ 和 $\dfrac{x_2^{\,2}}{9}$ $+ \dfrac{y_2^{\,2}}{4} = 1$，做减法，即有 $\dfrac{(x_1 - x_2)(x_1 + x_2)}{9} + \dfrac{(y_1 - y_2)(y_1 + y_2)}{4} = 0$，同时利用中点坐标公式，可得 $x_1 + x_2 = 2$，$y_1 + y_2 = 2$，只需移项化简就得到了 k 的值。 （教师投屏学生 2 的答题情况）
设计意图	引导学生观察斜率公式的结构，启发思维，从而尝试作差。
师生活动	教师：刚才大家提出的两种解法非常好，方法 1 沿用了上节课讲授的联立思维，方法 2 通过斜率公式巧妙作差，计算量相对较小，我们将这种解决中点弦问题的方法称之为"点差法"。下面请大家尝试完成以下练习： 已知椭圆 $x^2 + 2y^2 = 4$，求以（1，1）为中点的弦所在的直线方程。
练习	学生自主训练，教师巡视交流。
师生活动	教师投屏学生 3 的解法，并简要点评。
环节 3	由点入手，拓展思维，研究定点
问题 4	刚才我们解决了中点弦的问题，那就顺着这个思路看一看关于直线上点的问题。

续表

师生 活动	教师：请大家思考一下这个问题：设直线 l 不经过点 $P(0,1)$ 且与椭圆 $\dfrac{x^2}{4}+y^2$ $=1$ 相交于 A，B 两点，若直线 PA，PB 斜率之和为 -1，证明直线 l 过定点。 大家思考一下，谁能举出过定点的动直线的例子？ 学生 4：$y=kx+1$ 经过点 $(0,1)$； 学生 5：$y=kx-k$ 经过点 $(1,0)$。
追问	那谁能说说一条动直线若过定点需要满足怎样的关系？
师生 活动	学生 6：只要直线在 y 轴的截距是定值就可以了； 学生 7：只要直线的截距是定值就可以了，x，y 轴都行。 教师：非常好，大家再想一想，如何确定直线的截距是定值？ 学生：$y=kx+m$ 中 k，m 具有线性关系即可。 教师：那么我们该如何寻找这种线性关系呢？ 学生：利用题目已知条件，建立方程，通过已知条件寻找。
设计 意图	探究定点问题的数学内涵，帮助学生建立解题导向。
探究	学生动手实践，教师巡视交流。
师生 活动	教师：下面我们来交流一下大家的成果，有同学完成了吗？说说你的思路。 学生 8：我用联立的方法得到了韦达定理的结论。 教师：你为什么想到韦达定理？ 学生 8：上一节课求弦长时，在用弦长公式的过程中您说过韦达定理是解决和点坐标有关问题的有力工具 教师：非常好，能把上一节课的知识技巧迁移下来，说明掌握得很不错，请继续。 学生 8：之后我用点坐标 $A(x_1,y_1)$，$B(x_2,y_2)$ 表示 $k_{PA}+k_{PB}=-1$，再将表达式中的所有量整合为 x_1+x_2，x_1x_2，再全部用 k，m 表示，找到关系。 （教师投屏学生 8 的答案并点评，尤其是设题时要讨论 k 是否存在的情况） 教师：很好，请大家想一想，直线与椭圆的位置关系中定点证明问题应该如何解？（如图 4-30） 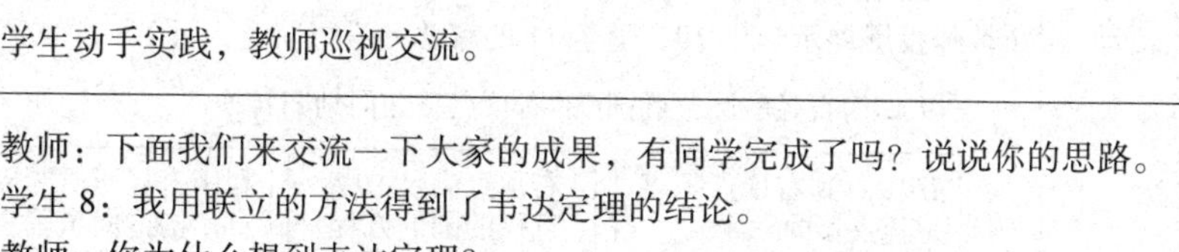 注意斜率是否存在　　注意运算准确　　注意最佳表达　　注意检验结论 设定直线　　　代入方程　　　化归转换　　　寻找 k,m 关系 图 4-32

环节 4	拓展思考，强化训练
问题 5	已知椭圆的方程为 $\dfrac{x^2}{4} + \dfrac{y^2}{3} = 1$，直线 $l: y = kx + m$ 与椭圆交于 A，B，（A，B 不是左右顶点），且以 AB 为直径的圆过椭圆的右顶点，求证：直线 l 过定点，并求出该定点的坐标。
探究	学生动手实践，教师巡视交流。
师生活动	教师：有同学分享一下你的解法吗？大家觉得难点在哪里？ 学生 9：我觉得化归转换有点困难，如何将"以 AB 为直径的圆过椭圆的右顶点"这个条件进行数学表达？ 教师：有没有哪位同学可以帮一帮他？ 学生 10：利用 AB 中点到椭圆右定点的距离等于半径即为 $\dfrac{1}{2}|AB|$ 可以进行表示，但是后续计算挺复杂。 教师：还有没有更好的方法？ 学生 11：利用直径所对的圆周角是直角，设椭圆右顶点为 C，只要 $\overrightarrow{CA} \cdot \overrightarrow{CB} = 0$ 即可表达 （教师投屏展示学生 10、学生 11 的解法，进行对比点评） 以 AB 为直径的圆过椭圆 C 的右顶点，如何划归转换？ <table><tr><td>AB 中点到右顶点距离为其弦长的一半</td><td>右顶点满足 AB 为直径的圆的方程</td><td>利用直径所对圆周角为直角构造向量垂直</td></tr></table> 图 4-33 教师：刚才课堂上同学们一共展示了 3 种方向的表达，我们可以看出，利用向量构建垂直的方法显然更加简便快捷，所以我们要寻找最佳的表达路径，将题目的几何条件代数化。
追问	如果是双曲线或者抛物线的问题，位置关系该如何计算呢？参照圆还是椭圆？
环节 5	小结反思，归纳提升
	由学生总结，然后教师补充，本节课重点是研究直线与椭圆位置关系中的点的问题，从点差法和定点两个角度展开，寻找恰当的方法，提炼重点解题支架。
设计意图	通过方法的小结，使学生更深刻地了解直线与圆锥曲线位置关系，并感知此类解析几何问题中的一般思路。

七、教学实践心得

（一）问题导向，类比构建，完善单元教学结构

在授课过程中，教师始终把握解析几何的核心——用代数的方法研究几何问题，从直线与圆的位置关系出发，逐一类比，对照优劣，和学生确定最佳的解题策略。在此过程中体现图形的重要性，要求学生养成画图的习惯，将数形结合的思想落到实处。随时体现数与形的紧密联系，重视数学方法的教学渗透。

同时，在比较完椭圆与圆处理方法的不同后，将问题延伸至双曲线与抛物线，让学生思考影响方法选用的关键因素，将解析几何单元的思维串联起来，更好地服务于整体教学。

（二）强化信息技术融合，有效提高课堂效率

教师在讲解位置关系时，采用几何画板等软件辅助作图，同时让直线出现平行移动等动画特效，有助于学生感性思维的生成。在此基础上，借助工具快速投屏学生的解答过程，实现课堂效率最大化。

在强化多媒体作图的基础上，教师也在适当的例题中进行规范作图演示，让学生养成良好的数学作图习惯，为后续解题打下基础。

（三）突出数学思想方法，凸显核心素养

用问题和已学过的知识做引导，让学生在已学知识的基础上类比学习新的知识，体现了新课程要求的螺旋式上升的学习方式，并借助熟悉的事物逐步迁移到新事物的认知规律，由学生自主完成相关知识的学习也体现了学生为主体的新课程理念。

学生主要依靠解题训练在认同与体验中建构知识技能的传授，培养能力，波利亚曾说："中学数学首要任务就是加强解题训练，掌握数学就是意味着善于解题。"对于问题设计和例题设计，运用类比归纳、特殊到一般的认知规律及逐步递进的方式，既巩固了所学知识，又给学有余力的学生以更大的发展空间。

（宁德市高级中学　魏琦）

案例3 空间中点、线、面位置关系及判断

(高三复习微专题)

一、内容和内容解析

（一）内容

空间中点、线、面位置关系及判断。

（二）内容解析

1. 内容的本质

本节课是立体几何第二轮复习中与"定性证明"有关的专题。

2. 蕴含的思想和方法

数形结合思想方法：包含"以形助数"和"以数辅形"两个方面，其应用大致可以分为两种情形，或者是借助形的生动和直观性来阐明数之间的联系，即以形作为手段，数为目的；或者是借助数的精确性和规范严密性来阐明形的某些属性，即以数为手段，形作目的。立体几何研究对象为空间几何体，空间中点、线、面位置关系及判断涉及大量的图形研究、位置关系研究、几何量之间的运算，蕴含了丰富的数形结合思想。

化归转化思想：本质是将复杂的问题转化为简单的问题，将难解的问题转化为容易求解的问题，将未解决的问题转化为已解决的问题。立体几何从图形角度出发，可以将复杂的空间图形问题转化为简单、熟悉的空间图形或平面图形问题处理；从几何角度出发，可以将几何问题向量化、代数化或借用具体模型处理无形的点、线、面位置关系问题。

3. 知识的上下位关系

空间中点、线、面位置关系及判断是立体几何模块中定性证明的内容，共面、异面，垂直、平行、相交是常见的几种位置关系，它是立体几何研究的核心知识，柱体、锥体、台体、球体是研究的载体，利用公理、性质定理进行判断或建立空间直角坐标系是研究的常见手段。因此，本专题研究空间立体几何基本元素之间的位置关系，侧重用传统手段进行判断，是各种位置关系定义的延伸，也是后续空间向量学习的基石，具有统领全章的作用。

4. 育人价值

空间图形位置关系的研究注重公理化体系的应用。各种判定定理实质是定义的延伸，是便于操作的等价形式，由定义得到判定定理，再由判定定理得到

性质定理，由此学生可以掌握研究空间几何体位置关系的基本依据。研究各种图形位置关系的过程，可以较好地发展学生的直观想象、逻辑推理、数学运算等核心素养。

5. 教学重点

利用各种判定定理和性质定理判断点、线、面之间的位置关系。

二、目标和目标解析

（一）目标

会利用三个公理进行三点共线、三线共点的判断；掌握利用各种判定定理判断线面平行、垂直，面面平行、垂直的基本方法；会利用各种性质定理反向判断点、线、面之间的位置关系。经历由几何直观探讨理论判定的过程，培养直观想象和逻辑推理素养，通过对公理、定理的探索、证明和运用，培养逻辑推理和数学运算素养。

（二）目标解析

利用几个典型的例题，用具体的载体呈现三点共线、三线共点的判断和相互转化过程，通过合适的例题呈现线面平行、面面平行、线面垂直、面面垂直等位置关系判定的操作过程，学生通过正向和逆向推理掌握定理的使用方法，掌握文字语言、图形语言和符号语言的相互转化，在实践过程中发展直观想象、逻辑推理和数学运算素养。

三、教学问题诊断分析

数形结合是高中阶段数学学习的重要思想方法，立体几何是体现数形结合思想的重要载体，虽然学生此前已经在其他模块接触了数形结合思想，但学生在立体几何部分的学习中仍易出现以下几种情况：空间想象力不够；概念不清，仅注意概念中较明显的特征；图形中各元素关系理解错误；符号语言不会运用；语言表述欠准确，不能准确使用数学术语，表达不够规范、严谨；语言表达能力差，对"作、证、求"三个环节交代不清，因果关系不充分，从而导致证明的书面表达出现错误。

解题过程中，教师应借助转化与化归思想，引导学生关注图形特征，理解各元素之间的关系，弄清"作、证、求"三个环节，用精确的数学术语、规范严谨的表达，正确将未知问题化已知、陌生问题化熟悉、复杂问题化简单、特殊问题一般化、一般问题特殊化等。

教学难点：如何发现各图形元素之间的关系，用合适的公理、定理进行推理，得出相应正确结论。

四、教学支持条件分析

在第一轮复习过程中，学生掌握了线线平行、线面平行、面面平行之间的转化关系，同时也掌握了线线垂直、线面垂直、面面垂直之间的转化关系，多数学生具备一定的空间想象能力，同时在平面几何问题中，学生掌握了利用正、余弦定理解三角形的基本方法，能将部分空间问题的计算转化为平面几何的问题进行求解。

五、教法学法选择分析

教法：启发探究，互动讨论，问题解决

学法：自主探究，合作交流，归纳总结

六、教学过程

（一）教学流程设计（图 4-34）

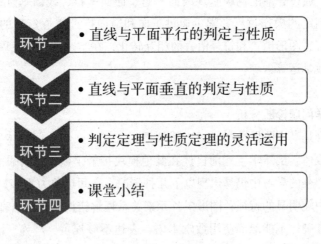

图 4-34

（二）教学过程设计

环节一：直线与平面平行的判定与性质

【例1】（2017 年新课标 Ⅱ 卷理科第 19 题）如图 4-35，四棱锥 P -$ABCD$ 中，

侧面 PAD 为等边三角形且垂直于底面 $ABCD$，$AB = BC = \dfrac{1}{2}AD$，$\angle BAD = \angle ABC = 90^{o}$，$E$ 是 PD 的中点。

证明：直线 $CE \parallel$ 平面 PAB.

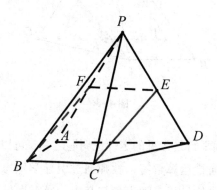

图 4-35

【教师活动】展示例 1，首先通过提问引导学生回忆线面平行有哪些证明方法，不同的方法如何做辅助线？待学生动笔解答后，利用实物投影展示个别学生解答的过程，包括典型的规范解答和典型的不规范解答。此后教师总结归纳如下：

【解析】证法一：（作相交截面）

如图 4-36 所示，过 CE 沿 CB 作截面，交平面 PAB 于 BF，证 $CE \parallel BF$.

证法二：（作平行截面）如图所示，过 CE 作平行于平面 PAB 的截面 CEF，交 AD 于 F，证 $EF \parallel PA$，$CF \parallel AB$。

证法三：（空间向量）由 $\overrightarrow{CE} = \overrightarrow{CD} + \overrightarrow{DE} = (\overrightarrow{CB} + \overrightarrow{BA} + \overrightarrow{AD}) + \dfrac{1}{2}\overrightarrow{DP}$

$= \dfrac{1}{2}\overrightarrow{AD} - \overrightarrow{AB} + \dfrac{1}{2}(\overrightarrow{AP} - \overrightarrow{AD}) = -\overrightarrow{AB} + \dfrac{1}{2}\overrightarrow{AP}$.

知直线 $CE \parallel$ 平面 PAB.

【学生活动】根据老师的引导，回忆线面平行的证明方法有：作相交截面走线面平行判定定理，做平行截面走面面平行判定定理，或者利用空间向量（建系或基底运算）等方法，并动笔选择自己觉得合适的方法解答。观察老师展示的典型解答，并思考哪种方法具有优越性，及如何在后续的思考中合理作出选择。

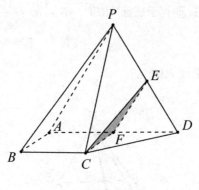

图 4-36

【活动说明】线面平行是常见的定性证明题之一，可以通过做相交截面、平行截面或者利用空间向量运算解答，教师通过引导学生思考、动笔、展示等环节生动地体现问题解决的过程，学生参与其中，暴露出思维的漏洞或不足，从而达到建立知识框架，总结常见方法的目的。

【设计意图】线面平行是常见的一种空间线面位置关系，在考试中频繁出现，教师通过高考真题引导学生回忆线面平行的常见证明方法，学生思维有抓手。通过展示学生解答、师生互动让课堂复习更加高效，相比教师直接"满堂灌"，学生更易理解不同方法的优点和缺点，树立解题的批判性思维。

【探究 1】

（1）如图（图 4-37）所示，$AC /\!/$ 平面 $MNPQ$，$BD /\!/$ 平面 $MNPQ$，求证：$MNPQ$ 是平行四边形；

（2）如图（图 4-37）所示，已知四边形 $MNPQ$ 是平行四边形，求证：$AC /\!/$ 平面 $MNPQ$，$BD /\!/$ 平面 $MNPQ$。

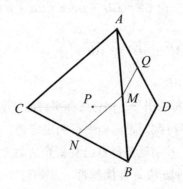

图 4-37

【活动说明】教师总结完线面平行的方法后并不急于复习新内容，而是编制一道类似的题目强化学生的应用意识，学生再次动笔解答新问题感受自己听课效率是否得到保证。用实践证明自己是否已经掌握了老师讲的方法。

【设计意图】本探究问题（1）（2）两问刚好互为逆命题，通过题目解答展示线面平行的判定定理和线面平行的性质定理的差别与联系。学生掌握了常见的线面平行判定方法后，教师进一步编制同类型题目，一是强化学生的应用意识，二是及时检验例1的复习效果，杜绝学生因为不动笔实践或未深入思考陷入"懂而不会"的尴尬之中。

环节二：直线与平面垂直的判定与性质

【例2】如图（图4-38）所示，斜边为 AB 的 $Rt \triangle ABC$，过 A 作 $AP \perp$ 面 ABC，$AE \perp PB$ 于点 E，$AF \perp PC$ 于点 F。求证：$PB \perp$ 面 AEF.

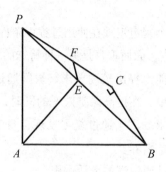

图 4-38

【探究2】本题条件下，图中共有_____对互相垂直的平面，

请列举说明：_____.

【教师活动】展示例2，引导学生回忆线面垂直的证明方法，并根据题目条件用分析法寻找所缺条件，板书思路如下：

$PB \perp$ 面 $AEF \Leftarrow AF \perp PB \Leftarrow AF \perp$ 面 $PBC \Leftarrow BC \perp AF \Leftarrow BC \perp$ 面 PAC

【学生活动】逐步找到题目的已知条件，从而产生正向证明的思路如下（图4-39）：

在老师的引导下，思考线面垂直的证明方法，结合题目条件寻找未知要素，并动笔将过程完整写出来。在此基础上继续研究【探究2】，考虑利用线面垂直判定面面垂直的判定方法，强化学生计数的严谨性问题。

【活动说明】这是一道体现线面垂直判定定理应用的经典问题，教师通过例题引导学生做线面垂直判定定理、面面垂直判定定理使用方法上的归纳与梳理，

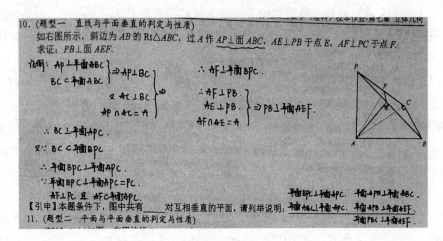

图 4-39

学生在活动中深刻体会两个判定定理在使用过程中条件的寻找方法与技巧。

【设计意图】线面垂直、面面垂直是另一种特殊的空间线、面位置关系，这对学生空间感及逻辑推理能力提出较高要求，教师通过设置一道经典问题将两个垂直的判定定理囊括其中，在提高课堂效率的同时，也对学生空间想象能力、逻辑推理能力提出较高要求，学生通过复习发现自身学习缺漏，发展空间想象能力、逻辑推理能力等数学素养。

环节三：判定定理与性质定理的灵活运用

【例3】（2016 年全国 I 理科卷第 11 题）平面 α 过正方体 $ABCD - A_1B_1C_1D_1$ 的顶点 A，$\alpha \parallel$ 平面 CB_1D_1，$\alpha \cap$ 平面 $ABCD = m$，$\alpha \cap$ 平面 $ABB_1A_1 = n$，则 m，n 所成角的正弦值为（　　）

A. $\dfrac{\sqrt{3}}{2}$　　　　B. $\dfrac{\sqrt{2}}{2}$　　　　C. $\dfrac{\sqrt{3}}{3}$　　　　D. $\dfrac{1}{3}$

【教师活动】利用 PPT 展示题目，引导学生理解题目条件，作出空间图形，分析线面平行的作用，联想线面平行的性质定理，并结合两条直线夹角的做法，寻找辅助线做法策略。给学生足够的思考时间后，师生一起总结出两种解法，如下：

方法一：因为 $\alpha \parallel$ 平面 CB_1D_1，且平面 α 过顶点 A，

故问题相当于把平面 CB_1D_1 "外移"。如图 4-40，在正方体 $ABCD - A_1B_1C_1D_1$ 的左侧补上一个全等的正方体，则平面 CB_1D_1 "外移" 到平面 AB_2D_2（即平面 α），则 $\alpha \cap$ 平面 $ABCD = AD_2$，$\alpha \cap$ 平面 $ABB_1A_1 = AB_2$，又 $\triangle AB_2D_2$ 为

等边三角形，则 m，n 所成角为 $60°$，其正弦值为 $\frac{\sqrt{3}}{2}$.

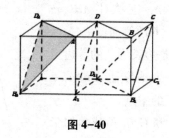

图 4-40

方法二：如图 4-41，设平面 $CB_1D_1 \cap$ 平面 $ABCD = m'$，平面 $CB_1D_1 \cap$ 平面 $ABB_1A_1 = n'$，因为 α // 平面 CB_1D_1，所以 m' // n' 则 m，n 所成的角等于 m'，n' 所成的角。延长 AD，过 D_1 作 D_1E // B_1C，连接 CE，B_1D_1，则 CE 为 m'，同理 B_1F_1 为 n'，而 BD // CE，B_1F_1 // A_1B，则 m'，n' 所成的角即为 A_1B，BD 所成的角，即为 $60°$，故 m，n 所成角的正弦值为 $\frac{\sqrt{3}}{2}$，选 A.

【学生活动】在老师的引导下，想象直线 m，n 的位置，思考辅助线的做法，利用补形或者利用公理作出截面等，最后将所得的两条线平移到同一三角形中，转化为解三角形知识得出结果。

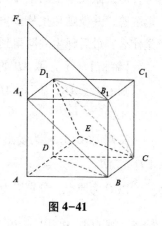

图 4-41

【活动说明】本题往往会因作图不过关而对过顶点 A 作平面 α 束手无策，只有正确理解才能通过"补上一个全等的正方体"快速实现把平面 $AB = AC$ "外移"（此时 D_2B_2 // CB_1，AD_2 // D_1B_1，AB_2 // CD_1）。可见，观察和做出平行线是本题作图的关键。当然，如何作平行线，这是作图的基本功，教师要讲明原理（常利用中位线或平行四边形的性质作平行线），同时，要引导学生观察几何体（尤其是长方体中一些常见的平行关系和垂直关系），这样，学生的作图就会更有方向感。

【设计意图】全国卷对立体几何空间想象能力的考查要求是比较高的，考虑到学生对线面平行的性质定理不熟悉，该定理是多数学生复习立体几何中的常见难点，因此选择本考题作为例题，既有思维的高要求，又有解法的多样性，能够满足不同学生思维的需要，通过题目的剖析讲解，培养学生独立思考的习惯，重视立体几何定理、公理的使用，利用辩证的思维合理选择公理、定理寻求解决问题的策略，发展自身的数学素养。

【探究 2】如图 4-42，三棱柱 $ABC-A_1B_1C_1$ 中，底面 $\angle BAA_1 = 60°$ 侧面 $\angle BAA_1 = 60°$，底面 $\angle BAA_1 = 60°$ 是边长为 2 的等边三角形，侧面 $\angle BAA_1 = 60°$ 为菱形且 $\angle BAA_1 = 60°$，AF 分别为 AF 和 AF 的中点.

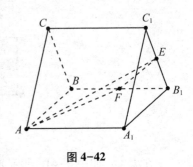

图 4-42

（Ⅰ）求异面直线 AF 和 C_1B_1 所成角的余弦值；

（Ⅱ）在平面 $A_1B_1C_1$ 内过 B_1 点作一条直线与平面 AEF 平行，且与 A_1C_1 交于点 P，要求保留作图痕迹，但不要求证明.

【活动说明】教师在讲解完例 3 之后，学生对先面平行的性质定理有了较为深刻的理解，教师趁热打铁，继续给出探究 2 问题，通过作图这种较为新颖的考查形式激发学生的学习兴趣，教师鼓励思路受阻的同学在同桌讨论后继续动笔解答，并鼓励学生从多角度思考是否有其他解决方案，其中较好的解题方案是什么？最后师生共同得到如下解答方案：

【解析】（Ⅰ）取 AB 的中点 O，因为 ΔABC 为等边三角形，

则 $CO \perp AB$，底面 $ABC \perp$ 侧面 ABB_1A_1 且交线为 AB，所以 $CO \perp$ 侧面 ABB_1A_1.

又侧面 ABB_1A_1 为菱形且 $\angle BAA_1 = 60°$，所以 ΔAA_1B 为等边三角形，所以 $A_1O \perp AB$.

以 O 为原点，分别以 OA，OA_1，OC 所在直线为 x，y，z 轴，建立空间直角坐标系，则 $A(1, 0, 0)$，$B(-1, 0, 0)$，$C(0, 0, \sqrt{3})$，$F\left(-\dfrac{3}{2}, \dfrac{\sqrt{3}}{2}, 0\right)$.

方法一：$\overrightarrow{AF} = \left(-\dfrac{5}{2}, \dfrac{\sqrt{3}}{2}, 0\right)$，$\overrightarrow{C_1B_1} = \overrightarrow{CB} = (-1, 0, -\sqrt{3})$，

则 $\cos < \overrightarrow{AF}, \overrightarrow{C_1B_1} > = \dfrac{\dfrac{5}{2}}{\sqrt{7} \times 2} = \dfrac{5\sqrt{7}}{28}$，即异面直线 AF 和 C_1B_1 所成角的余弦值为 $\dfrac{5\sqrt{7}}{28}$.

方法二：可求得 $B_1(-2, \sqrt{3}, 0)$，$C_1(-1, \sqrt{3}, \sqrt{3})$，则 $\overrightarrow{AF} = \left(-\dfrac{5}{2}, \dfrac{\sqrt{3}}{2}, 0\right)$，$\overrightarrow{C_1B_1} = (-1, 0, -\sqrt{3})$，

则 $\cos <\overrightarrow{AB}, \overrightarrow{C_1B_1}> = \dfrac{\dfrac{5}{2}}{\sqrt{7} \times 2} = \dfrac{5\sqrt{7}}{28}$，

即异面直线 AF 和 C_1B_1 所成角的余弦值为 $\dfrac{5\sqrt{7}}{28}$.

（Ⅱ）方法一：如图 4-43.

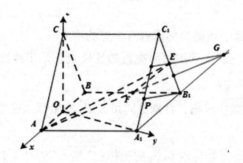

图 4-43

方法二：如图 4-44. 其中，M，N 分别为 AA_1，A_1E 的中点.

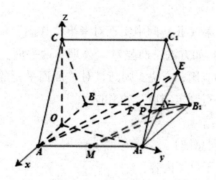

图 4-44

方法三：如图 4-45. 其中，M，N 分别为 AE，A_1E 的中点.

【设计意图】在第（Ⅰ）问中力求实现对考生"空间想象能力"和"逻辑推理能力"的考查，比如合理建系（全国卷对空间向量法的考查常立足于先证

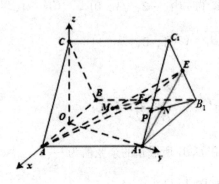

图 4-45

明后建系，而且建系、点的坐标求解有一定的难度）。

（1）先证明后建系（利用面面垂直的性质定理推出线面垂直，这是学生推理书写的薄弱点）；

（2）求异面直线所成角，特别是向量 $\overrightarrow{C_1B_1}$ 的坐标。这里可采用两种方法加以解决：

方法一是巧用向量相等求 $\overrightarrow{C_1B_1}$ 的坐标：$\overrightarrow{C_1B_1} = \overrightarrow{CB} = (-1, 0, -\sqrt{3})$（这也是全国卷在空间立体几何计算处理的一个重要解题策略）；

方法二是直接求出 B_1，C_1 的坐标（建议独立画出底面多边形，借助几何直观、简化点坐标的求解，这是考生解决"不易求解的点坐标"所必须掌握的解题策略）。

同时本题力求在第（Ⅱ）问中实现对考生"作图"能力的考查（本题着重于作"线面平行"）。如方法一凸显对"公理 3 两平面交线"的考查以及"线面平行性质定理"的应用；方法二则凸显对"面面平行的性质"的考查；方法三则凸显对"线面平行判定定理"的考查。

环节四：课堂小结

【教师与学生共同总结】

本节课我们复习了以下内容：

1. 线面平行的判定定理、线面平行的性质定理及应用；

2. 线面垂直的判定定理、线面垂直的性质定理，面面垂直的判定及性质理及应用；

3. 空间几何图形被平面所得截面的作图方法。

七、教学实践心得

（一）立体几何教学应注意学生识图、作图、用图能力的培养

作图、识图、用图能力是考生学好立体几何所应具备的重要能力之一，学生的识图、作图、用图能力弱主要集中在高考选填题中没有提供图形，学生解题不会根据题意画出相关图形，从而找不到解题的切入点，或者体现在"三视图的识别、还原""球问题的直观呈现和转化""作图问题""展折问题的图形分析"等方面。

识图、作图、用图能力的培养非一朝一夕。教师要舍得花较多的时间手把手教学生怎么画；要讲明作图的原理，避免学生虽看得懂教师的画，但"书到用时方觉少，事非经过不知难"；要"善于借助模型和道具"引导学生观察；要"培养模型意识、动手能力"，引导学生巧借"教室"或"道具比画"简化、解决问题。

此外，培养学生模型化意识是总结位置关系的一个行之有效的方法，其中正方体或长方体就是一个很好的载体（教室是一个非常有用的长方体模型），关键在于引导学生"观察、思考"。

（二）立体几何教学应注意学生逻辑推理能力的培养

以全国 I 卷理科数学为例，其解答题一般稳定居于解答题的第二或第三的位置，常设置两问，一问主要涉及定性证明（如垂直关系、平行关系），二问立足定量求解。在定性分析时由于定理条件掌握不全，推理的逻辑不清，常造成"会而不全"，导致失分，如学生们在使用直线与平面平行的判定定理时，常常遗忘"已知直线一定要在该平面外"这个关键的条件；在使用直线与平面垂直的判定定理时，常常遗忘"线不在多，重在相交"这个关键的条件。符号书写也不规范，如直线与平面是包含与不包含的关系，却常误写成是属于与不属于的关系。

线与线、线与面、面与面之间的关系错综复杂，平行关系、垂直关系或平行关系与垂直关系之间都可进行转化，其证明也是考试的高频点。证明时，不仅要思考它们之间的转化，而且要理清判定定理和性质定理的条件与结论（特别是一些较常遗漏的条件，如判定 $a /\!/ \alpha$ 时易忽视 $a \not\subset \alpha$；判定"线面垂直"易忽视"两相交直线"；判定"面面平行"易直接"线线平行"），避免"会而不全"而导致失分。

（三）立体几何教学应注意抓住时机多给学生思考、动笔的机会

我在设计教学过程时，牢牢树立"以学为主体、教为主导、探索为主线"的教学思想，引导学生积极主动的学习，让学生愿学、乐学，真正提高学习实效，并且力求在各个环节中体现出来。为了达到本节课的教学目标，我把教学过程设计分为四个部分。通过对这四个部分的精心设计，鼓励学生大胆探索，勇于创新，把学生已有的知识充分唤醒，引导学生用旧知识来解决新问题。并力求把对具体的求解过程上升为解题策略，再让学生在解题策略的指导下解决实际问题，课堂上尽量创设多个思考、动笔的机会，激发学生学知识、用知识的意识。

学生空间观念的发展与形成不是靠老师的讲解就能实现的，是学生在观察、思考、想象等一系列活动中逐步建立起来的。学生的空间想象能力不同，可能在这节课上的收获也是不同的，从学生发展的角度来看，虽然其对学生的发展我们看不到，摸不着，但整节课所设计的每一个环节都力图在潜移默化中影响每一个学生。

（厦门双十中学　王成焱）

第五章

数学讲评课教学

第一节　数学讲评课教学及建议

　　数学讲评课是考试（或练习）后师生共同对考情、试题进行分析和评价的一种重要课型，其主要作用是诊断教学问题、发现知识漏洞、纠正学生错误、巩固延伸知识、完善知识体系，进而优化解题思路、提高思维品质、提升核心素养。然而在我们的实际教学中，数学讲评课往往呈现"机械型、浅表型"状态——教学内容未经深度操作、加工；学生止于静待接受讲评，而没有主动"进入"知识的"再形成"和"再发展"过程；教师就题论题，没有将教学活动统合成为知识学习、能力培养、品格养成、情感需要所构成的有机整体。因此，探讨"数学讲评课如何进行核心素养下的深度学习"尤为必要。

一、明确数学讲评课的课型特点

（一）时效性

　　数学考试（或练习）是数学教学的关键环节，是学生数学学习的重要实践。数学考试对学生的重要意义不言而喻，学生对考试的重视程度亦可见一斑。事实表明，考试后学生的求知欲会更强，学习的积极性会更高。因此，数学讲评课具有显著的时效性特点。考试后及时讲评"趁热打铁"，有助于学生甄别正误、反思提升，也有助于学生强基补短、拓展延伸。但若时间间隔过长，学生不仅会想不起当时的解题思路，甚至会遗忘试卷的具体内容，这不仅导致学生错失对知识矫正补偿的最佳时机，更导致考试的意义价值下降，使学生失去考后提升的主动性和积极性，从而降低了数学讲评课的效果。

（二）反馈性

　　数学讲评课不同于其他课型最显著的特点是：其教学目标、内容、过程、方法都取决于数学考试的反馈信息，反馈信息的准确性直接决定了讲评效果的好坏。因此，讲评之前应做好考试数据的统计，基本信息包括全班的平均分、最高分、最低分、及格率、优秀率、各分数段的人数、各题得分率等。当然，试卷的统计与分析不仅仅是分数方面的，更要对学生试卷中的正误情况进行统计。在进行精心统计的基础上，还要做深入分析，分析学生在解题中普遍存在的问题及典型的错误，出现的错误是什么类型的错误，错误的主要原因是什么，防止错误的措施是什么，在一些重要问题上是哪些同学出现了错误，等等。

（三）评价性

数学讲评课对学生的数学学习质量具有一定的评价功能。数学考试情况是学生数学学习结果的具体表现，能够反映不同学习水平的关键特征。数学讲评课通过对考试情况进行统计与分析，对学生的数学学习情况进行诊断与分析、分层与分级，对学生的数学学习能力与发展水平有一个准确的评判，在讲评过程中及时给予反馈与调控，以此发挥数学讲评课的激励与导向作用。

（四）针对性

数学讲评课应从考试（或练习）中学生的共性问题，分析得出学生知识和思维方面的薄弱环节，有针对性地进行讲评。逐一分析试题，时间上既不可能，从学生实际来说也无必要。因此，数学讲评课切忌面面俱到，逐题讲评。课上讲评、分析的题目要有所选择，选题应遵循典型性原则。可选择学生普遍出现典型性错误的题进行矫正补偿；也可选择一些具有丰富内涵和实际背景的题进行深度剖析；也可选择具有引领作用的"母题"做一题多变、一题多解，进行拓展提升；当然也可选择学生有独到见解的题进行展示交流。教师要处理好考试的综合性与讲评的针对性这一对矛盾，懂得取舍，聚焦用力，发挥讲评试题的最大作用。

（五）矫正补偿性

试卷中存在的错误是学生认知结构不完整或存在薄弱环节的反映，试卷讲评课前应要求学生对试卷进行反思、归纳、总结，用红笔订正自己的错误，做好错因分析，找出自己错误的根源以及改进措施，以此帮助学生完善认知结构。数学讲评课既能对学生的数学学习情况进行评价反馈，又能帮助教师发现前一段教学过程中存在的问题。因此，对教师教学和学生学习的矫正补偿性是数学讲评课的又一课型特点。

二、避开数学讲评课的教学误区

（一）缺头少尾，准备不足

有的教师在讲评前没有对考试情况进行全面的分析，没有对全部考点的解答情况进行系统的梳理，缺少对考情的整体评价和反馈，没有对典型错误进行深入的错因分析，在讲评结束后也没有根据共性问题进行有针对性的补偿练习，这种"掐头去尾烧中段"的教学，势必会影响数学讲评课的效果。

（二）面面俱到，逐一讲解

有的教师讲评试卷追求面面俱到，习惯按照试卷的顺序从头讲到尾，逐一讲解。这种"平铺直叙"式的教学，没有将教学内容进行筛选、加工、整合，不能突出讲评的重点，缺少讲评的针对性和系统性。

（三）疑难偏怪，舍本逐末

有的教师讲评偏向难题，忽略基础，只讲疑难偏怪，不分轻重缓急，只注重综合提高，不注重基础巩固。这种做法舍本而逐末，没有做到"图难于其易，为大于其细"，不能强基固本，学生的"四基"得不到落实。

（四）满堂灌输，个人表演

有的教师担心讲评时间不够，或者学生听不明白，把试卷涵盖和涉及的所有知识点和考点都"一股脑儿"地传授给学生，没有时间留给学生互动，学生一直处于被动的地位，思维跟着老师讲的走，缺少辩证思考和批判性思维。这种突出个人活动、忽视学生参与的教学，必然会导致讲评课的实效大打折扣，甚至适得其反。

（五）就题论题，缺乏延伸

有的教师讲评过程中就题论题现象严重，没有挖掘错因、回归知识，没有变式改问、灵活多解，没有提升总结、化简归一，也没有创新激励、学法指导，造成试卷讲评与日常的习题讲解没有区别。学生通过讲评课无法实现触类旁通、举一反三，无法获得知识的再建构、能力的再提高、素养的再提升，这样的教学方式只是"授鱼"，而不是"授渔"。

三、让深度学习成为数学讲评课的新样态

从以上教学误区，我们看到数学讲评课"机械化""浅表化"问题突出，"就题论题""满堂灌"现象严重，很多教师忽视思维过程，排斥求异思维，留

给学生独立思考的时间和空间极为有限，重知识传授、忽视能力培养的状态没有从根本上得到改观，学生作为学习者的主体地位没有得到真正意义上的尊重。因此，数学讲评课应摆脱"讲评"的桎梏，重新认识教师在讲评课中的价值，让学生"反客为主"，使学生的感知觉、思维、情感、意志、价值观全面参与、全身心投入，真正成为教学的主体，从而促进学生核心素养的发展。作为培养学生核心素养的重要途径，深度学习应成为数学讲评课的新样态。（图 5-1）

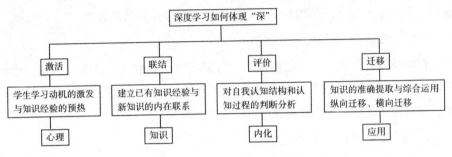

图 5-1 认识深度学习的意义

（一）在联想与结构中实现经验与知识的相互转化

如前所述，就题论题的教学割裂了知识的关联性，只会使学生所学的知识成为零散的、碎片式的、杂乱无章的信息，而非有逻辑、有结构、有体系的知识。因此，讲评课之前，教师要根据考情、学情了解学生的已有经验，在教学中帮助其唤醒、改造，使之成为知识学习的生长点，已有经验既可以辅助讲评教学，又可以在学生的记忆、理解、关联、系统化思维和结构能力的共同参与下，进入新的结构并得到进一步的提升。学生要在教师的引导下，根据讲评教学活动去联想、调动、激活以往的经验，以融会贯通的方式对学习内容进行组织，从而建构出自己的知识结构。换言之，学生以建构的方式学习结构中的知识，从而也通过建构将学习内容本身所具有的关联和结构进行个人化的再关联、再建构，从而形成自己的知识结构。数学讲评课的矫正补偿性特点可以使片面的经验变得全面、繁杂的经验变得简约、错误的经验得以纠正，学生的经验和知识在相互转化中得以整合与结构化。

（二）在活动与体验中建立讲评课教学的新机制

活动与体验是数学讲评课进行深度学习的核心特征。没有学生活动与体验的讲评课，学生是被动的知识接收器而非学习的主体，学生没有"活动"的机会，没有"亲身经历"知识的发现、形成、发展的过程的机会，教学的目的成为直接将知识"灌输""平移"给学生，教学成为知识"输入"与"输出"的机械化行为。在这个意义上强调"活动与体验"的教学机制显得尤为重要。实际上，学生主动活动的过程，也是其全身心地体验知识的丰富复杂内涵与意义的过程，也是生发丰富的内心体验、提升个人经验与精神境界的过程。学生的思考与质疑、批判与评判、分析与推理，使他们能够在学习"硬知识"之外，体会到更深刻、复杂的情感以及学科思想方法。当然，在与老师、同学的交流、沟通、合作、竞争中，学生也可以感受和体验到学习活动的丰富复杂、细微精深，以及伴随活动而来的痛苦或欣喜的感觉经历，这些都会促进他们核心素养的自觉成长。

（三）在本质与变式中完成学习内容的深度加工

面面俱到的数学讲评课只会徒增学生的学习负担，使学生迷乱于各种浅表现象。因此，在讲评课教学中应抓住教学内容的本质，全面把握知识的内在联系，并能够由本质推出若干变式。学生把握本质的过程，是去除非本质属性的干扰、分辨本质与非本质属性区别的过程，也是对学习内容进行深度加工的过程。学生要主动去质疑、探究、归纳、演绎，或是情境体验。把握了事物的本质，学生便能于万千变化中把握根本，由博返约，头脑清明；把握了事物的本质，学生才能认识本质的多样表现、各种变化，才能举一反三、闻一知十。为了帮助学生把握知识的本质，讲评课教学中教师可以通过列举与学生已有经验接近的恰当而典型的例子来呈现教学内容。比如，可以通过考试中的标准正例帮助学生迅速理解知识的核心含义，也可以通过丰富而又典型的非标准正例或反例使学生在对比中理解、把握、发现、归纳出知识的本质特征。学生把握了本质便能举一反三，由本质而幻化出无穷的变式，实现"迁移与应用"。更重要的是，把握知识本质的学习过程，能够使学生"学会学习"，形成对学习对象进行深度加工的意识与能力，提升学生的智慧水平，加强学生与知识间的内在联系。

（四）在迁移与应用中达成学习成果的扩展提升

数学讲评课若只讲评、不迁移、不应用，则没有形成学习活动的闭环结构，"有始无终"的教学效果可想而知。因此，在数学讲评课中应设置"迁移与应用"环节，完成从知识向学生个体经验的转化，从知识向学生综合实践能力的转化，从而达成学习成果的扩展提升。学习内容的系统性、结构性以及随着活动深化而展现的深刻性与丰富性，学生学习的主动性、积极性、自觉性，都在"迁移与应用"中得以显现，并在活动中得以培养与加强。学生在知识迁移中实现经验的扩展与提升,在知识应用中检验学习的成果,这既是内化知识外显化、操作化的过程,也是将间接经验直接化、将符号转为实体、从抽象到具体的过程,是知识活化的标志,也是学生学习成果的体现。

(五)在价值与评价中使学生获得精神的自觉成长

数学讲评课具有评价性的特点,在讲评课教学中应自觉帮助学生形成正确的价值观,形成有助于学生自觉发展的核心素养,使学生自觉思考所学知识在知识系统中的地位与作用、优势与不足、用途与局限,使学生对所学知识及学习过程主动进行质疑、批判与评价。在教学中要竭力使学生养成这样的品质与意识:既要承认"知识的力量",肯定知识的正面价值,又要警惕知识可能带来的束缚与奴役;既要积极主动地将外在知识内化于己,又能持客观冷静的态度,与知识保持一定的距离;既要主动展开学习的过程,又要对学习活动展开的过程以及方式持有批判反思的态度。要让学生理解:学习知识是为了成为知识的主人,而不是被知识奴役;学习过程既是学习知识的过程,又是自我成长的过程,要用正当、合理的方式,不能"不择手段"。在这个意义上,学习内容以及学习方式都必须成为学生反思的对象,学什么、怎么学都需要反思批判,不应把它们作为理所当然、无须质疑的客观事实。因此,对所学知识及其过程进行评判,是手段也是目的,其终极目的在于养成学生自觉而理性的精神与正确的价值观,形成学生自主发展的核心素养。

四、数学讲评课实现核心素养下深度学习的建议

数学讲评课要实现核心素养下的深度学习,就要更多地从发展学生数学核心素养出发,站在学生学习和成长的角度重新定位教学目标、教学内容、教学过程和教学评价,清晰把握数学讲评课对于学生发展的独特价值和贡献,从数学知识体系结构、学科思想方法、数学大观念和核心概念出发,选择和确定教学的内容载体,通过有利于学生核心素养培养的独特途径和方法,确立适宜的教学过程与方法,开展恰当的教学评价,帮助学生检视和反思自己的学习情况。

讲评课前教师应考虑清楚:针对考情,什么样的学习内容更有价值——"让学生学什么";基于学情,什么样的学习目标更有意义——"学生应学会什么";对于教学,什么样的学习方式更有利于学习目标的实现——"怎么学";关于评价,什么样的方式能更好地检验学习效果——"怎么评"。

下面就数学讲评课实现核心素养下深度学习提出五条建议。

（一）明确典型性学习问题

讲评课前，教师需充分做好准备工作，及时综合统计考情，分析典型错误，找准错误根源，全面准确进行问诊，提升讲评课的有效性。教师应利用数据统计表及时对考试情况做好统计，其中包括整体得失分统计，每类题型的得失分情况等，厘清学生知识和方法的掌握分布情形。如在选择题中，针对一些具有典型性的题目需要统计做对多少，做错多少；主观题方面，也可以统计学生的思维情况，有哪些答题要点回答出来了，有哪些要点没有回答出来，还有多少同学在回答主观题的思维方面存在偏差等。

（二）确定引领性学习主题

在进行精心统计的基础上，教师还要筛查学生的典型性学习问题，深入分析学生在解题中普遍存在的问题及典型的错误，根据统计情况从学生思维角度出发，深度剖析还原学生的原始思维轨迹，进而找到形成思维误区的根源，分析出解题错误的主要原因及防止解题错误的措施。由于学生的问题千差万别，零散、碎片式、杂乱无章的典型性问题不利于学生抓住问题的本质，因此要选择具有引领性的学习主题，全面把握知识的内在联系，以简驭繁，提纲挈领。

（三）开发结构化学习内容

教师可通过比较、联系、聚合、组合的方式，将分散于各题中的知识点和数学思想方法适当归类，将引领性学习主题划分成为有逻辑、有体系、有结构的学习内容，将学生的典型性问题建立起结构性的关联。通过开发学习主题下的结构化学习内容，使学生在头脑中形成一个经纬交织、融会贯通的知识网络，认识把握典型性问题的本质属性和内在联系，形成认知和方法的系统结构。

（四）设计挑战性学习任务

数学讲评课要实现核心素养下的深度学习，教师要设计具有挑战性的学习任务，增强学生全身心投入活动时的内在体验。教师通过对学生学习过程与方式的创造性设计，使学生主动"探索""发现""经历"知识再形成的过程，全身心地体验"再生知识"本身蕴含的丰富复杂的内涵与意义。学生只有进入知识再发生、再发展的过程，才能体会到更深刻、复杂的情感以及学科思想方法，体会到学习内容在学科体系中的重要价值，也才能体会到精神的自觉成长。

（五）进行持续性学习评价

教学是培养人的社会活动，要以人的成长为旨归。数学考试成绩只可作为学习结果的评判参考，绝不能作为学生学习过程的质判和评价。数学讲评课要实现核心素养下的深度学习，教学的目标就不能仅仅停留在分数的统计、题目的讲解、解题技能的提高上，更要进行持续性学习评价，发展学生的批判性思维、创新能力、合作能力、沟通交流能力等高级素养，并形成正确的价值观、积极的内在学习动机和阳光进取的学习态度。

（厦门英才学校 李光裕）

第二节 数学讲评课教学设计案例

案例1 "高三诊断性练习"讲评

一、内容和内容解析

（一）内容

高三诊断性练习试题中的函数与导数部分，数列部分，三角函数部分等内容。

（二）内容解析

1. 内容的本质

函数与导数部分，数列部分，三角函数部分等内容，作为高考必考的重点知识，认识知识本身，提炼相关特征。

2. 蕴含的数学思想

（1）函数与方程：本节课的重点思想方法，体现二者在解题中的相辅相成的作用，通过在具体问题中的应用实现相互转化。

（2）转化与化归：化未知问题为已知问题，明确转化的方向，注意转化的条件约束，确定转化的结构特征和模型对象。

（3）分类与整合：在数学变形以及数学运算过程中，根据变形和运算实施的条件，进行相应的分类讨论以及再整合。

（4）特殊与一般：从特殊问题中发现问题的特征，推广到一般情形，形成类比推理，加以逻辑推理证明。

3. 知识的上下位关系

以函数问题作为切入点，引出方程思想，在解超越方程中体现函数的功效，引导学生思维迁移至三角和数列中的方程问题，归纳相应解法，实现函数与方程思想的统一和拓展。

4. 核心素养体现

（1）数学抽象作为首要素养，是解决问题中重点提高的方面，通过对高三诊断性练习的分析，以函数与方程的思想作为切入点，发掘试卷之中方程的考察类型的题目，在不同问题中抽象出函数与方程的问题，以提高学生的数学抽象的能力，达到化繁为简的目的，让学生解决问题有明确的方向。

（2）逻辑推理素养，通过具体函数与方程问题的转换引入问题，分析问题，明确二者转换使用的原因以及使用条件，同样对于三角方程可以通过代数变形转化为函数，进而得以解决。

（3）数学建模素养，对于数列递推形式的方程，通过代数变形，建立等差或者等比等常见基本模型，从而达到解决的目的。

（4）数学应用，声音传播问题体现数学在其他学科中的应用，提高应用意识。

5. 教学重点：函数与方程思想应用，解三角方程和数列方程。

二、目标和目标解析

（一）目标

通过试卷讲评，分解知识，追根溯源，找到基本概念和方法的出处，提升学生解决复杂问题的信心，拓展思维，把握基本思想方法。

（二）目标解析

具备问题意识，发现重点问题，实现函数零点和解方程之间的方法的转化，选择合适的时机和方法，达到化难为易，化繁为简，化未知为已知的目的。在具体问题中识别方程问题，运用逻辑推理，实现基本转化，掌握转化与化归的方法。

三、教学问题诊断分析

本次考试试题难度偏大，本课时重在解析试题，体现基本的数学思想和方法，回归基本，仅从知识的层面加以分析，引导学生去掌握其积极的意义和价值。同时重点巩固提高学生的思想方法意识，提升解题能力。

教学难点：数学抽象，符号表征，数学建模，形成概念，回归本质方法。

四、教学支持条件分析

通过前面的复习，学生解题方向基本成形，知识的储备也达到相当的水平，在第二轮复习对思想方法加以强化的过程中，面对具体数学问题情境时，首先需要能够抽象出基本的数学模型，解决问题的过程中，必备的基本数学思想和方法能够指引解题路径，合理运用已有的数学知识，通过逻辑推理和数学运算，把问题化为最基本的概念性知识，找到源头。通过讲评让学生发现问题，明确出题者想要考查的基本思想方法，发现自己的不足，后期备考加以改进和调整。

五、教法学法选择分析

教法：启发探究，互动讨论，问题解决。

学法：自主探究，动手操作，归纳总结。

六、教学过程

（一）教学流程设计（图 5-2）

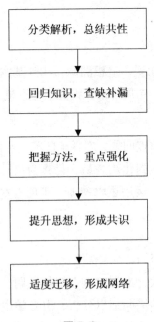

图 5-2

（二）教学过程设计

环节 1	梳理同类型题目，明确盲点
问题 1	音乐是用声音来表达人的思想感情的一种艺术。声音的本质是声波，而声波在空气中的振动可以用三角函数来刻画。在音乐中可以用正弦函数来表示单音，用正弦函数相叠加表示和弦。某二和弦可表示为 $f(x) = \sin 2x + \sin 3x$，则函数 $y = f(x)$ 的图象大致为（　）（图 5-3） 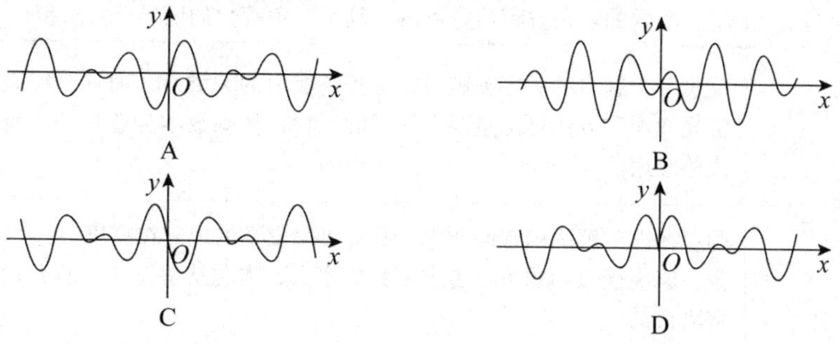 图 5-3
师生活动	师：已知函数解析式求函数大致图象，可以运用函数的哪些知识来判断？ 生：函数的定义域，值域，对称性，单调性，特殊位置（零点、极值点）。 师：我们可以通过哪几个来判断此题？ 生：利用函数奇偶性判断得到选项 A，B，C；利用 $(0, m)$ 上函数的正负判断得到选项 A，B。 师：选项 A，B 如何判断正确与否？通过哪些图象特征进行区别？ 生：函数的单调性，极值点。 师：通过对函数进行求导，判断极值？ 生：（演练后发现）函数求导太复杂，无法解出函数的极值点。 师：既然从研究函数的角度出发不容易解决此问题，研究函数的特殊位置，除了极值点，还可以是函数的零点，你可以求得零点来判断吗？ 生：由 $f(x) = 0$ 得到 $\sin 2x = -\sin 3x$，由 $\sin 2x = \sin(-3x)$ 得 $2x = -3x + 2k\pi$ 或 $2x - 3x = \pi + 2k\pi$，解得 $x = 0, \dfrac{2\pi}{5}, \dfrac{4\pi}{5}, \pi, \dfrac{6\pi}{5}, \dfrac{8\pi}{5}$，由图中零点间的距离可判断正确选项为 A。
设计意图	完整解出该题，体现思维缜密性，让学生感受自己的不足，发现盲点。

师生 活动	师：上述问题，我们共同归纳一下自己的解题突破点在哪？ 生：没有想到可以通过零点间的距离来作为判断依据。 师：大家对函数图象的判断所涉及的基本知识是明确的，看到图象中函数的极值周而复始出现，也想到去研究单调性，但不容易进行下去，最后转移到研究函数的零点，为什么可以这样去考虑解决此题？ 生：函数零点也是重要的点，通常超越函数的零点不容易解出，故而没有沿着此路走下去。 师：那此题为何可以，我们缺失的地方在哪里，以后怎么想到？ 生：本题的三角方程恰好可解，利用三角函数的诱导公式求解。
设计 意图	反思一个题目的关键突破口，是提高能力的关键点，而这个突破口能否回归常规知识和方法更加重要，知识的迁移，从函数本身迁移到三角函数诱导公式的应用。
师生 活动	师：在以后解决函数问题中，我们可以提高的地方在哪里？ 生：解决函数问题可以去求函数的零点，本题从解三角方程角度出发，达到解决目的。 师：从函数问题到解决三角方程，体现了什么数学思想方法？ 生：函数与方程思想，函数问题可以与方程问题之间转化，尤其在零点问题的处理中。
设计 意图	再次思考，上升到思想方法，学生以后能够形成方程与函数之间的转化，无论是在求零点，还是求极值点，都可以考虑将解方程作为第一入手，解不出来才通过函数角度去研究，更加符合思维习惯。
问题2	已知实数 a，b 满足 $a = e^{5-a}$，$2 + \ln b = e^{3-\ln b}$，则 $ab = $ _____.
师生 活动	师：延续上一题，本题是一个什么样的数学问题？ 生：已知关于 a，b 的两个方程，求 ab 的值的问题。 师：两个都是超越方程，无法直接求解，如何解决？根据上一题的解法，有何启示？ 生：看成函数，研究两个函数之间的联系？（预设，有可能不考虑这个方向） 师：为什么要找联系，如何找联系？ 生：ab 是一个定值，两个方程对应的函数一定有某种关系。 师：如何找到它们的关系？怎么变形？ 生：结构向一个方向去化，整体换元。 原方程组等价于 $a = e^{5-a}$，$2 + \ln b = e^{5-(2+\ln b)}$，从而考虑函数 $5 - x = e^x$. 师：利用函数如何解超越方程问题？ 生：通过函数单调性，以及零点存在性定理，$y = 5 - x$ 与 $y = e^x$ 的图象仅有一个交点，所以 $a = 2 + \ln b$，所以 $ab = b(2 + \ln b) = be^{3-\ln b} = e^{\ln b + 3 - \ln b} = e^3$.

设计意图	共同探寻解题方法，完整解出该题。
探究	解题反思，形成方法。
师生活动	师：本题怎么想到如此解决？与上一题类比。 生：本题是方程问题，转化为函数零点问题，结合代数变形求得。 师：为何不能直接去解？ 生：解不出，第6题的三角方程可解，从而转化求解。
设计意图	分析问题，适当类比，找到差别，形成良好思维习惯。
追问	本题体现的思想和方法是什么？
师生活动	函数与方程思想，转化与化归思想，代数变形即同构，化繁为简（化简第二个式子）。
问题3	已知函数 $f(x) = (x + 3)e^{-x} + 2x$. 证明：$f(x)$ 恰有两个极值点； 若 $f(x) \le ax^2 + 3$，求 a 的取值范围.
师生活动	师：函数极值点问题如何求解？ 生：转为研究导函数的零点问题，同时注意检验导函数零点对应的原函数左右两侧单调性。 师生共同得到：依题意 $f(x)$ 的定义域为 R，$f'(x) = -(x + 2)e^{-x} + 2$，$f''(x) = (x + 1)e^{-x}$，当 $x \in (-1, +\infty)$ 时，$f''(x) > 0$，所以 $f'(x)$ 在 $(-1, +\infty)$ 单调递增，当 $x \in (-\infty, -1)$ 时，$f''(x) < 0$，所以 $f'(x)$ 在 $(-\infty, -1)$ 单调递减. 又因为 $f'(-1) = 2 - e < 0$，$f'(0) = 0$，$f'(-2) = 2 > 0$， 所以 $f'(x)$ 在 $(-\infty, -1)$ 恰有一个零点 x_0，在 $(-1, +\infty)$ 恰有一个零点 0，且当 $x \in (-\infty, x_0)$ 时，$f'(x) > 0$，$f(x)$ 单调递增，当 $x \in (x_0, 0)$ 时，$f'(x) < 0$，$f(x)$ 单调递减，当 $x \in (0, +\infty)$ 时，$f'(x) > 0$，$f(x)$ 单调递增，所以 $f(x)$ 恰有一个极大值点 x_0 和一个极小值点 0，即 $f(x)$ 恰有两个极值点.
设计意图	前两个问题作为引入，得到函数与方程思想的应用，同类归纳，解决函数极值点问题，实现横向迁移。

续表

环节2	类比迁移，触类旁通
问题4	在① $b\sin A + a\cos B = 0$，② $\sqrt{5}\cos 2C + 3\cos C = 0$，③ $\sin B + \sin C = 2\sin A$ 这三个条件中任选一个，补充在下面问题中，若问题中三角形存在，求 $\triangle ABC$ 的面积；若问题中的三角形不存在，说明理由. 问题：是否存在 $\triangle ABC$，其内角 A，B，C 的对边分别为 a，b，c，且 $\cos A = \dfrac{3}{5}$，$a = 4$，_____？
师生活动	师：上述两个问题都是明确的函数与方程思想应用解题，我们再看看哪些题可以从方程与函数角度解决？解三角形问题，可以归为解方程问题吗？ 生：三个选择都是方程的形式。 师：那也就是解三角方程问题，如何求解呢？ 生：对于① $b\sin A + a\cos B = 0$，在 $\triangle ABC$ 中，由正弦定理得 $\sin B\sin A + \sin A\cos B = 0$，因为 $0 < A < \pi$，所以 $\sin A \neq 0$， 所以 $\sin B + \cos B = 0$，显然 $\cos B \neq 0$，所以 $\tan B = -1$，所以 $B = \dfrac{3\pi}{4}$， 因为 $\cos A = \dfrac{3}{5} < \dfrac{\sqrt{2}}{2}$，又 $y = \cos x$ 在 $(0, \pi)$ 上单调递减， 所以 $A > \dfrac{\pi}{4}$，所以 $A + B > \pi$，得出矛盾，所以不存在符合题意的 $\triangle ABC$. 师生共同总结：解三角方程，方法一，含有三角函数和边的方程，利用正弦定理，实现边化角，通过齐次式求正切，已知正切值，利用正切函数单调性，进而求得角度。 师：还有其他解法吗？ 生：由 $\sin B + \cos B = 0$ 可得，$\sqrt{2}\sin(B + \dfrac{\pi}{4}) = 0$. 因为 $0 < B < \pi$，所以 $\dfrac{\pi}{4} < B + \dfrac{\pi}{4} < \dfrac{5\pi}{4}$，所以 $B + \dfrac{\pi}{4} = \pi$，所以 $B = \dfrac{3\pi}{4}$. 因为 $\sin B = \dfrac{\sqrt{2}}{2} < \sin A = \dfrac{4}{5}$，所以 $A > B$，矛盾，故不存在符合题意的 $\triangle ABC$. 师：上述三角方程，同角齐次，弦化切或者辅助角公式应用，最终得到已知三角函数值求角方程，对于三角形问题，需要检验三角形的存在与否。 对于② $\sqrt{5}\cos 2C + 3\cos C = 0$，又如何求解呢？ 生：倍角关系出现，不再是齐次式，化二倍角为单倍角，次数升高，化成类二次方程结构求解。由 $\sqrt{5}\cos 2C + 3\cos C = 0$ 得 $2\sqrt{5}\cos^2 C + 3\cos C - \sqrt{5} = 0$， 解得 $\cos C = \dfrac{\sqrt{5}}{5}$（$\cos C = -\dfrac{\sqrt{5}}{2}$ 舍），在 $\triangle ABC$ 中，$c = \dfrac{a\sin C}{\sin A} = 2\sqrt{5}$，

续表

师生活动	$sinB = sin(A + C) = sinAcosC + sinCcosA = \dfrac{2\sqrt{5}}{5}$，所以 $S = \dfrac{1}{2}acsinB = 8$. 师：倍角三角函数出现，选择升幂，化成二次方程求解，对于③ $sinB + sinC = 2sinA$，如何求解？ 生：由于 $sinB + sinC = 2sinA$，由正弦定理可得 $b + c = 2a = 8$， 由余弦定理可得 $16 = b^2 + c^2 - \dfrac{6}{5}bc$，配方可得 $(b + c)^2 - \dfrac{16}{5}bc = 16$， 所以 $bc = 15$，$S = \dfrac{1}{2}bcsinA = 6$. 师生总结：多角度齐次式，角化边，结合余弦定理，求解边的值，注意整体换元的应用。
设计意图	问题一是通过解三角方程解决函数零点问题，而本题就是纯粹的解方程，所以需要学生能够纵向类比过来，解三角形的第一问多数为解方程，如何变形，化简，化成三角函数中的给值求角问题，又利用函数的单调性求解，二者异曲同工。
问题5	数列 $\{a_n\}$ 的前 n 项和为 S_n，且 $S_{n+1} - 1 = S_n + 2a_n$（$n \in N^*$）. 若数列 $\{a_n + 1\}$ 不是等比数列，求 a_n； 若 $a_1 = 1$，在 a_k 和 a_{k+1}（$k \in N^*$）中插入 k 个数构成一个新数列 $\{b_n\}$：a_1，1，a_2，3，5，a_3，7，9，11，a_4，…，插入的所有数依次构成首项为1，公差为2的等差数列，求 $\{b_n\}$ 的前50项和 T_{50}.
师生活动	师：题目的已知条件 $S_{n+1} - 1 = S_n + 2a_n$ 是什么？ 生：是等式，是方程。 师：如何解这个方程呢？ 生：变量太多，需要借助数列关系进行化简？ 师：这里的化简指的是什么？ 生：化 S_n 为 a_n，转化为递推关系，即 $S_{n+1} - S_n = a_{n+1} = 2a_n + 1$. 师：$a_{n+1} = 2a_n + 1$ 此方程如何解？未知量多于方程个数，有无数个解，所以我们求通项就是解通解，如何求通项？ 生：由 $a_{n+1} = 2a_n + 1$ 得到 $a_{n+1} + 1 = 2(a_n + 1)$，从而 $\{a_n + 1\}$ 为等比数列. 师：是等比数列吗？等比数列有什么基本要求？ 生：各项不为零，也就是只需要首项和公比均不为零。 师：题目要求 $\{a_n + 1\}$ 不是等比数列，怎么求解？ 生：若 $a_1 + 1 = 0$，则 $\{a_n + 1\}$ 不是等比数列. 师：还有其他情况吗？ 生：若 $a_1 + 1 \neq 0$，$a_{n+1} + 1 = 2(a_n + 1)$ 则 $\{a_n + 1\}$ 是等比数列.

续表

师生活动	师：所以 $a_{n+1} + 1 = 2(a_n + 1)$ 且 $a_1 + 1 = 0$，如何求通项？ 生：由 $a_1 + 1 = 0$ 得到 $a_2 + 1 = 0$，$\cdots$，$a_n + 1 = 0$，所以 $a_n = -1$. 师：以上求解过程体现了怎样的思想方法？ 生：令 $b_n = a_n + 1$，将原方程实现换元得到 $b_{n+1} = 2b_n$，构建累乘的递推模型，对首项是否为零进行分类讨论，进而解得该方程。
难点分析	学生比较陌生的情境是本题的问法，也就是"若数列 $\{a_n + 1\}$ 不是等比数列，求 a_n"，学生如对数学缺乏信心，会被干扰，而数学当中的"是与不是"是对立统一的关系，考虑不是等比数列难以入手，正难则反，考虑何时是等比数列，进而突破该题。
设计意图	解数列方程，如果是知三求二问题，则直接就是解代数方程的过程，又回到方程问题，而如果是递推关系的呈现，就不能直接用初等方法解出，需要经历转化与化归，数学建模等将方程化成等差或者等比常见的可处理的类型，进而求解，作为等比还需检验首项系数是否为零。
环节3	课堂小结
师生活动	师：我们梳理一下本节课的内容。 生：解决了函数图象，解超越方程，判断函数极值点，解三角方程，解数列方程。 师：用到了哪些思想方法？ 生：函数与方程思想，转化与化归思想，分类与整合思想。 师生共同得到：解方程问题→函数零点问题→函数单调性，代数变形同构→化归基本模型→数列求通项。
环节4	课后练习补充
	（全国Ⅰ卷理科第17题）$\triangle ABC$ 的内角 A，B，C 的对边分别为 a，b，c，设 $(\sin B - \sin C)^2 = \sin^2 A - \sin B \sin C$. 求 A； 若 $\sqrt{2}a + b = 2c$，求 $\sin C$。 （全国Ⅲ卷文科第17题）设数列 $\{a_n\}$ 满足 $a_1 + 3a_2 + \cdots + (2n-1)a_n = 2n$. 求 $\{a_n\}$ 的通项公式； 求数列 $\left\{\dfrac{a_n}{2n+1}\right\}$ 的前 n 项的和.

七、教学效果评价

目标实现：学生经历运用函数与方程思想，能够体会二者之间的转换；在解决三角方程和数列方程之中能够转化为常见三角模型和常见数列模型。通过复习讲评，学生较为熟练掌握知识点，能够解决基本问题，提升解题信心。

（福建省厦门双十中学　范承禹）

案例 2　"2021 年普通高等学校招生全国统一考试模拟演练"讲评

一、内容和内容解析

（一）内容

本节课为《2021 年普通高等学校招生全国统一考试模拟演练》试卷讲评，教学课时为 2 课时。

（二）内容解析

1. 内容的本质

通过试卷讲评，巩固试卷当中涉及的知识点，理解其中蕴含的数学思想方法，对相关问题能够举一反三。同时在考试后学会反思，找出学习习惯以及学习方法的不足之处，在接下来的学习中进行改进。

2. 蕴含的思想和方法

整份试卷囊括了《普通高中数学课程标准》中所提到的六大核心素养：数学抽象、逻辑推理、数学建模、数学运算、直观想象、数据分析。大部分题目都蕴含着化归与转化、数形结合、分类讨论等数学思想方法。同时运用换元法、同构法、消元法等方法来解决问题。

3. 育人价值

本份试卷体现了坚持"五育并举"，让学生成为更好自己的教育理念。在试卷中通过试题背景的呈现，培育学生的核心素养，注重提升对学生的能力考查。本节课要充分挖掘试题中"立德树人、服务选才、引导教学"的核心功能，通过试卷讲评加强学生理想信念、爱国主义、品德修养、奋斗精神等品质的培养。

4. 教学重点

本节课的教学重点在于通过分析试题的解法揭示试题背后蕴含的思想方法以及体现的核心素养，让学生体会思考问题的方式以及如何在后续的复习中提

295

升自己的素养。

二、目标和目标解析

(一) 目标

通过试卷讲评挖掘试题背后的思想方法以及核心素养,掌握解决问题的通性通法,提升解决问题的能力。通过代数方面的讲评突出数学运算、逻辑推理、数据分析、数学建模等核心素养的渗透,通过几何方面的讲评突出直观想象、数学建模等核心素养的培养。同时在讲评的过程中突出数学抽象素养的培养,学生在解决问题的过程中有较强的转化与化归的思想应用,能够从问题中提炼出解决相关问题的一般方法。同时在解决代数以及几何问题时能够互相转化,数形结合,做到数不离形,形不离数。

(二) 目标解析

本节课不仅仅从知识层面解析这份试卷,还应该从思想方法角度去分析试卷。教师只有在解析试卷时引导学生如何思考问题,如何转化问题以及应用这种方法的原因和背景,让学生找到解决这类问题的通性通法,学生才能在接下来的学习和解决问题中熟练应用。学生也只有能够领悟解决问题的方法,数学素养以及能力才能有真正意义上的提高。

三、教学问题诊断分析

学生在数学抽象问题如何解决方面存在很大的困难,特别是试卷的第 20 题有关曲率的问题,学生无法从特殊模型中找到解决一般问题的方法。还有选择题第 8 题如何抽象出函数模型,第 12 题对于抽象函数问题如何分析研究它的一般性质,学生也无从下手。

同时学生直观想象素养也相对比较薄弱,动手画图的能力以及利用图形的性质转化成代数问题进行解决的能力也相对比较弱。填空题的第 13、14 题,解答题的第 21 题表明学生在几何问题如何转化成代数问题方面存在障碍。

教学难点:如何通过一个题目的解析让学生掌握解决相关问题的通性通法,同时体会题目背后所渗透的数学思想方法以及核心素养。

四、教学支持条件分析

学生在考试结束后对试卷做了一次订正和反思,学生明确自己对于每个题目的解决出现的问题,同时对自己在最近的学习中产生的困惑做了相关的总结。

五、教法学法选择分析

教法：启发探究，互动讨论，问题解决。

学法：自主探究，合作交流，归纳总结。

六、教学过程

（一）教学流程设计（图 5-4）

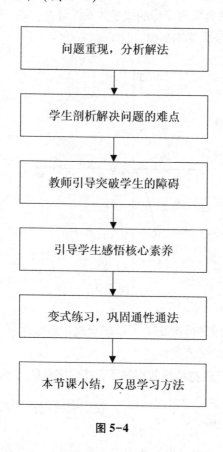

图 5-4

（二）教学实录节选

环节一：针对数学抽象素养展开的试卷讲评

教师：数学抽象指的是通过对数量关系与空间形式的抽象，得到数学研究对象的素养。主要包括：从数量与数量关系、图形与图形关系中抽象出数学概念及概念之间的关系，从事物的具体背景中抽象出一般规律和结构，并用数学语言予以表征。本张试卷当中有很多涉及考查数学抽象素养的题目。下面我们就几个题目进行分析，大家先来看试题8：

8. 已知 $a < 5$ 且 $ae^5 = 5e^a$，$b < 4$ 且 $be^4 = 4e^b$，$c < 3$ 且 $ce^3 = 3e^c$，则（   ）

A. $c < b < a$ B. $b < c < a$ C. $a < c < b$ D. $a < b < c$

请同学分析一下你做这道题出现了哪些困难？

学生1：看到三个式子，我不知道他们之间的联系是什么。

学生2：我的想法是将含字母的式子放在等号的一边，其他部分放在另外一边，但是接下来怎么处理就不是很清楚了。

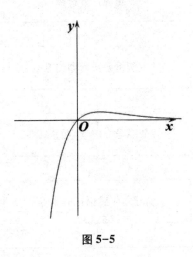

图 5-5

教师：好，两位同学都阐述了自己的观点，那有没有同学能够帮助这两位同学来解决一下他们的疑惑呢？

学生3：学生2已经把结构处理好了，将含字母的式子放一边，将其他放另一边，变成 $\dfrac{a}{e^a} = \dfrac{5}{e^5}$，$\dfrac{b}{e^b} = \dfrac{4}{e^4}$，$\dfrac{c}{e^c} = \dfrac{3}{e^3}$，接下来我们就可以发现有一般规律，构造出函数 $f(x) = \dfrac{x}{e^x}$，进而画出函数图象（图5-5）。

学生2：那接下去怎么表示 a，b，c 这三个量呢？

学生3：这三个等式的含义是函数值相等，意味着 $f(a) = f(5)$，$f(b) = f(4)$，$f(c) = f(3)$，我们就可以在函数图象上把 a，b，c 这三个量表示出来（图5-6），得到它们的关系。

教师：嗯，很好，这位同学不仅看出了如何变形式子，还从中抽象出了函

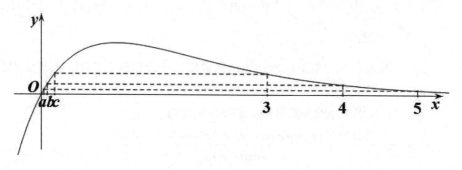

图 5-6

数，用数学语言解释了这三个式子的含义，利用数形结合的方法表示了 a，b，c 这三个量。因此我们同学一定要关注式子中的相同点和不同点，将相同的部分抽离出来构造函数，并且用数学语言解释式子的含义。通过这个题解析，请大家练习一道类似的问题：

若 $2^a + \log_2 a = 4^b + 2\log_4 b$，则（　　　）

A. $a > 2b$　　　　B. $a < 2b$　　　　C. $a > b^2$　　　　D. $a < b^2$

（变式练习讲解略）

教师：接下来，大家再来看一下第 12 题：

设函数 $f(x) = \dfrac{\cos 2x}{2 + \sin x \cos x}$，则（　　　）

A. $f(x) = f(x + \pi)$　　　　　　B. $f(x)$ 的最大值为 $\dfrac{1}{2}$

C. $f(x)$ 在 $\left(-\dfrac{\pi}{4}, 0\right)$ 单调递增　　　D. $f(x)$ 在 $\left(0, \dfrac{\pi}{4}\right)$ 单调递减

请同学分析一下你做这道题时出现了哪些困难？

学生4：老师，我做这道题时可以很容易地判断出 A 选项是对的，可是对于最值和单调性我不知道怎么处理。

教师：我想对于 A 选项，大家应该都能够比较容易解决。那接下来大家需要研究的是什么？

学生4：接下来要研究的是单调性和最值。

教师：那你觉得最重要的研究对象是什么？

学生4：单调性。

教师：很好，因为单调性就能决定图象的走势，自然就可以知道函数的最值在什么范围内取到，那我们需要研究整个定义域上的单调性吗？

学生4：不用，因为由 A 选项知道周期是 π，我们可以研究 $(0, \pi)$ 或者 $(-\frac{\pi}{2}, \frac{\pi}{2})$ 的图象。

教师：很好，这就是很好地利用函数的性质来简化研究范围。那你觉得如何来研究单调性比较合理呢？

学生4：我想求导的方式解决，求导数后得到

$$f'(x) = \frac{-2\sin2x(2+\sin x\cos x) - \cos2x(\cos^2 x - \sin^2 x)}{(2+\sin x\cos x)^2}$$

$$= \frac{-4\sin2x - 1}{(2+\sin x\cos x)^2}$$

∵ $x \in (-\frac{\pi}{4}, 0)$，∴ $2x \in (-\frac{\pi}{2}, 0)$，$\sin2x \in (-1, 0)$，$f'(x)$ 不是恒正或者恒负，就不单调.

∵ $x \in (0, \frac{\pi}{4})$，∴ $2x \in (0, \frac{\pi}{2})$，$\sin2x \in (0, 1)$，$f'(x)$ 恒负，所以单调递减，D 选项正确.

教师：很好，他想到了最简单的方法，利用求导来解决，解决了单调性问题，那你知道 x 取何值时取到最值吗？

学生4：从单调性可以知道 $f'(x) = 0$，即 $\sin2x = -\frac{1}{4}$ 时取到最大值，由此就可以求出最大值。

教师：很好，在考场上可以用熟悉的工具求解问题，但是这种方法一定是基于刚才我们缩小了研究区间后才方便，否则计算起来还是有困难的。

学生5：老师，我还有其他方法来解决这个问题，我看到分子可以化成单倍角后是二次式，那么分母也可以化成二次式，这样就可以转化成齐次式。

$y = \dfrac{\cos^2 x - \sin^2 x}{2\sin^2 x + 2\cos^2 x + \sin x\cos x}$，进而再将其转化成 $\tan x$ 的复合函数 $y = \dfrac{1 - \tan^2 x}{2\tan^2 x + \tan x + 2}$ 来解决。

教师：这个同学发现了这个式子的结构特征，将其转化成复合函数来做。因此我们应该要留意式子的结构再来思考如何解决问题。

学生6：老师，我觉得还可以将分母的二次式转化成二倍角，式子就转化成

$y = \dfrac{\cos2x}{2 + \frac{1}{2}\sin2x} = 2 \cdot \dfrac{\cos2x}{4 + \sin2x}$，看成单位圆上的点 $(\cos2x, \sin2x)$ 与某个定

点（0，－4）的斜率的倒数来解决，我们就可以数形结合利用图形来解决问题。

教师：嗯，这个同学看到了分式结构联想到了斜率的模型，因此转化成单位圆上的点与定点的斜率来解决。这个题从不同角度看就可以用不同的方法来解决，因此如何抽象模型需要我们同学关注这道题中的一般规律和结构。接下来我们再来看看第 20 题：

北京大兴国际机场的显著特点之一是各种弯曲空间的运用. 刻画空间的弯曲性是几何研究的重要内容. 用曲率刻画空间弯曲性，规定：多面体顶点的曲率等于 2π 与多面体在该点的面角之和的差（多面体的面的内角叫作多面体的面角，角度用弧度制），多面体面上非顶点的曲率均为零，多面体的总曲率等于该多面体各顶点的曲率之和. 例如：正四面体在每个顶点有 3 个面角，每个面角是 $\frac{\pi}{3}$，所以正四面体在各顶点的曲率为 $2\pi - 3 \times \frac{\pi}{3} = \pi$，故其总曲率为 4π. （1）求四棱锥的总曲率；（2）若多面体满足：顶点数-棱数+面数 = 2，证明：这类多面体的总曲率是常数.

学生 7：老师，这道题我解决不了是因为不知道四棱锥每个顶点的面角是多少度。正四面体太特殊了，都是 60°，可是一般的四棱锥怎么知道多少度呢？

教师：是个好问题，我想很多同学解决不了都是这个原因。因为这道题举的例子太特殊了，是正四面体，所以它就很好地说明了每个面角都是 60°。如果是一般的三棱锥，那怎么办呢？我都不知道面角多少度，怎么求每个顶点的曲率呢？更谈不上总曲率了，是不是？

学生 8：老师，我觉得虽然我们不知道每个面角多少，但是最后求总曲率的时候不需要知道每个面角，只要求它们的和就可以了。

教师：很好，它发现了这个特殊例子中的一般结构，我估计很多同学还是没有明白，你能不能利用你说的方法先来解决一般三棱锥的总曲率呢？

学生 8：比如，三棱锥 $A - BCD$（图 5-7）顶点 A 的曲率表示为 $2\pi - (\angle BAC + \angle DAC + \angle BAD)$，

顶点 B 的曲率表示为 $2\pi - (\angle ABC + \angle DBC + \angle DBA)$，

顶点 C 的曲率表示为 $2\pi - (\angle ACB + \angle DCB + \angle ACD)$，

顶点 D 的曲率表示为 $2\pi - (\angle ADC + \angle BDC + \angle BDA)$.

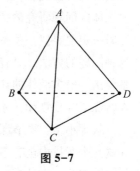

图 5-7

这样我把这四个顶点加起来就会发现其实是 $2\pi \times$

301

$4 - (\pi \times 4) = 4\pi.$

教师：很好，他从一般三棱锥的角度发现了总曲率和每个顶点的曲率具体是多少没有关系。那你能不能就三棱锥总结一下规律，如果是四棱锥，那和三棱锥有什么区别呢？

学生 8：虽然我们不知道每个顶点的曲率是多少，但是可以用像刚才的方法一样解决。本质上就是 2π 乘以顶点数，四棱锥有 5 个顶点，那就是 10π，然后减去每个面的内角和，四棱锥有 4 个面是三角形，1 个面是四边形，因此要减去 $4 \times \pi + 2\pi = 6\pi$，减去后就是总曲率为 4π。

教师：很好，他发现了这道题计算总曲率的一般方法，那现在是多面体怎么办呢？

学生 8：这时候应该首先假设顶点数为 V，那么总和就有 $V \cdot 2\pi$，现在假设 F 个面，每个面有 E_1，E_2……E_F 条棱数，这些加起来总共有 $2(V + F - 2)$ 条棱，即

$E_1 + E_2 + \cdots + E_F = 2(V + F - 2)$，由于多边形内角和可以知道每个面内角和为

$(E_i - 2)\pi(i = 1, 2, \cdots, F)$，因此总曲率为

$$V \cdot 2\pi - \sum_{i=1}^{F} (E_i - 2)\pi$$

$$= V \cdot 2\pi - 2(V + F - 2)\pi + 2F\pi$$

$$= 4\pi$$

这样就证明了总曲率不变为 4π.

教师：非常棒！大家给他一点掌声鼓励一下。这个同学从三棱锥和四棱锥中找到规律，发现这道题的总曲率跟顶点数、棱数以及面数有关。由于我们不知道这些变量是多少，因此我们就需要进行假设，抓住规律，按步骤就把一般多面体的问题研究清楚了。这就是我们解决抽象问题的一般方法。我们以后研究时一定要寻找一些不那么特殊的具体模型，通过具体模型的计算来找到解决这种问题的方法。只有在多个模型的计算中寻找出共性的计算步骤，你才能够抽象出一般多面体的计算方法。解决抽象问题一定要遵循从特殊到一般的过程，在特殊中寻找规律，才能解决本题。

教师小结：本节课我们通过这几道题分析感受了数学抽象核心素养，虽然在这几个题目中也有渗透逻辑推理等其他核心素养，但是破题的突破口都在于你能否把题目中的模型抽象出来。因此要提升数学抽象素养，就要学会收集不同的模型，并且关心模型的特征，了解特殊模型适用的情况。在解决问题时，

寻找题目中的特殊结构和一般规律，将问题抽象出模型进行解决。

注：建议此处为第一课时。

环节二：针对直观想象素养展开的试卷讲评

教师：本节课我们就直观想象素养展开一些试题的讲解。直观想象是指借助几何直观和空间想象感知事物的形态与变化，利用空间形式特别是图形，理解和解决数学问题的素养。直观想象主要表现为：建立形与数的联系，利用几何图形描述问题，借助几何直观理解问题，运用空间想象认识事物。下面我拿几个题给大家分析一下直观想象素养在题目中的渗透。先看第 13 题：

13. 圆台上、下底面的圆周都在一个直径为 10 的球面上，其上、下底面半径分别为 4 和 5，则该圆台的体积为_____

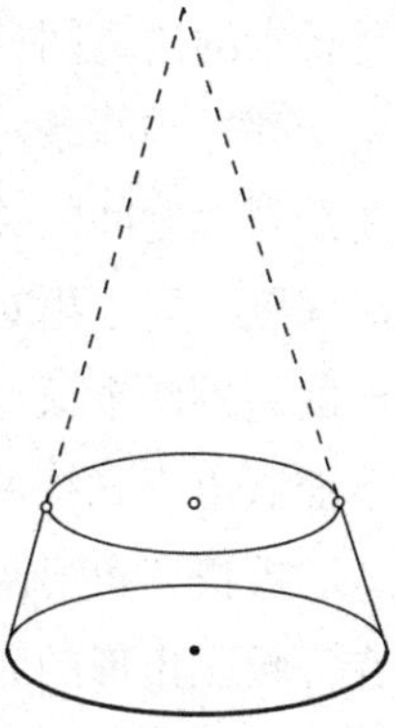

学生 1：这道题没有提供圆台体积的计算公式，我不会算。

教师：难道一定要提供圆台体积公式才能计算吗？说明大家对圆台还不熟悉。圆台是怎么产生的？

学生 1：它是由圆锥截取出来的（图 5-8）。

教师：截取的面有什么特征呢？

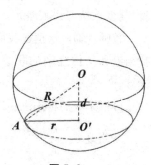

图 5-8

学生 1：截取的面与底面平行，这样就可以得到相似，有比例关系。

教师：很好，那如何求高呢？

学生 1：我们可以利用球模型当中球心到平面的距离，小圆的半径以及球的半径（图 5-9）这三者之间的关系来解决问题。

教师：对的，我们可以利用圆台产生的原理，在没有给定圆台体积公式的情况下将圆台问题转化成圆锥问题进行求解，同时利用球中的基本模型转化来求出高，这样就可以求出圆台的体积，

图 5-9

因此我们要熟悉基本几何体产生的原理，才能解决问题。接下来我们来看看第 14 题：

若正方形一条对角线所在直线的斜率为 2，则该正方形的两条邻边所在直线的斜率分别为_____，_____

学生 2：老师，这个图形怎么画啊？对角线的斜率不是 1 吗？为什么会是

2 呢?

学生3: 正方形可以斜着放, 为什么要正放呢?

学生2恍然大悟。

教师: 那我们怎么来画这个正方形呢? 题目当中也没有告诉我们正方形的边长。

学生3: 我们不需要边长, 可以任意取边长, 因此这道题跟正方形的边长没有特别的关系, 我们可以假定边长是 1 来画图。但是我们要寻找的是对角线与两条邻边的关系, 通过倾斜角的关系建立等量关系计算出邻边的斜率。

教师: 很好, 他找到了这道题的本质方法。我们一定要观察图形找到这道题要求的边之间的关系, 而不是纠结于图形如何画, 要抽离出两者之间的关系。由于邻边与一条对角线之间的夹角为45°。通过倾斜角之间的关系找到邻边与对角线斜率之间的关系。当然如果大家无法找到正方形, 也可以通过特殊值来解决问题, 先定出对角线上两点, 比如原点 $(0, 0)$ 以及 $(1, 2)$, 进而确定正方形的另外两个顶点, 通过顶点计算出两条邻边所在直线的斜率。我们再来看看下面这道变式练习:

等腰三角形两腰所在直线的方程分别为 $x + y - 2 = 0$ 与 $x - 7y - 4 = 0$, 原点在等腰三角形的底边上, 则底边所在直线的斜率为 (　　)

A. 3　　　　　B. 2　　　　　C. $-\dfrac{1}{3}$　　　　　D. $-\dfrac{1}{2}$

(变式练习讲解略)

教师: 通过这道题我们一定要学会如何画出图形。在画图的时候一定要寻找结论和条件之间的联系, 这样才能画出更加标准的图, 通过等量关系进行计算。

接下来我们再来讲一讲解析几何第 21 题:

双曲线 $C: \dfrac{x^2}{a^2} - \dfrac{y^2}{b^2} = 1 (a > 0, b > 0)$ 的左顶点为 A, 右焦点为 F, 动点 B 在 C 上, 当 $BF \perp AF$ 时, $|AF| = |BF|$。(1) 求 C 的离心率; (2) 若 B 在第一象限, 证明: $\angle BFA = 2\angle BAF$.

学生4: 老师, 我不知道怎么证明 $\angle BFA = 2\angle BAF$?

教师: 我们在解析几何中如何表示角呢? 你回忆一下我们在学直线的倾斜角和斜率时是如何刻画倾斜角的?

学生 4: 根据倾斜角的正切值来刻画的。

教师: 很好, 那你觉得这道题可以用正切值来证明结论吗?

学生 4：好像可以，我可以通过二倍角将式子展开，通过直线的斜率来证明。不过这时候就需要设点来求解斜率，这样我们就可以通过点坐标来表示这两个角了。

教师：很好。还有没有其他方式呢？大家看看这道题的图，你们思考一下 $\angle BFA$ 可以通过构造什么图形来转化？

学生 5：我思考的是能否通过构造等腰三角形，将问题转化成证明角相等，然后通过证明斜率或者证明中点来解决。

教师：很好，确实是一个好方法。利用初中的平面几何知识来解决。将二倍角证明转化成单倍角证明。大家能够借助图形与图形、图形与数量之间的关系建立未知和已知之间的联系，通过代数的方法来计算证明问题。大家试着解决下面这道同类型题：

在平面直角坐标系 xoy 中，曲线 $C: y = \dfrac{x^2}{4}$ 与直线 $y = kx + a\,(a > 0)$ 交于 M，N 两点，（Ⅰ）当 $k = 0$ 时，分别求 C 在点 M 和 N 处的切线方程；（Ⅱ）y 轴上是否存在点 P，使得当 k 变化时，总有 $\angle OPM = \angle OPN$？说明理由。

（变式练习讲解略）

环节三：反思总结，发展逻辑推理素养

本节课的主要内容：

（1）反思每个问题出现的难点，找到无法解决的困难之处。

（2）本节课的思想、方法与素养："数形结合思想""分类讨论思想""转化与化归思想""特殊——一般—特殊"思想；数学抽象、数学运算、逻辑推理、直观想象、数学建模核心素养。

设计意图：反思总结的过程本身也是数学抽象的一个环节。通过小结，学生进一步明确相关问题解决的一般方法。在今后遇到相关问题时能够找到更加合理的方法进行解决。同时学生能够建立数学知识体系，建立自己解决问题的一般性思考。

七、教学实践心得

本节课是一节试卷讲评课。试卷讲评课在高三复习课中随处可见，很多时候试卷讲评课上成了纯粹的讲题课。学生从讲评课得到试题如何求解，可是对于后续的学习帮助就很小。所以要让试卷讲评课达到更好的效果，一定要做到以下两点。

（一）试卷讲评课教学应关注学生自省能力以及总结归纳能力的培养

绝大多数的试卷讲评课，教师总是充当主角，一个人在讲台上"唱独角戏"，而对学生置若罔闻。这样的讲评课得到的效果是老师讲得很辛苦，学生听得也很辛苦，最后的收效还不大。所以试卷讲评课更多地应该让学生来当"老师"，当课堂的主人，充分调动学生的积极性。只有学生能够自省发现问题，才会主动地去学习。同时这也给学生一个展示自我，与他们交流合作，学会倾听别人的意见的平台。因此在试卷讲评课之前，教师应该充分了解学生的解答，了解学生的不同解法，让学生来阐述自己的观点。

同时教师要在讲评的过程中不仅仅让学生说出这道题的解法，还要让学生详细说明他是如何想的，是如何突破本题的难点的。即使是猜出的答案也要让学生说一说如何猜的答案。因此在上课前，教师要对学生写的内容进行统计，发现学生对于试题的解答都遇到了什么困难。同时针对相关问题进行选题，争取在讲授完后让学生做一个变式训练，让学生能够在听完讲解后有所收获，并且能够模仿解决一个相关问题。

（二）试卷讲评课应提升学生对于知识的理解，学会应用知识解决问题

在备试卷讲评课时不是简单地罗列题目和知识点，不能把试卷讲评课当作"炒冷饭"来对待。教师必须挑选出本节课要着重解决的一两个问题，针对这一两个重点，挑选题目进行讲评。讲评课最忌讳的就是泛泛而谈，最后可能什么都没有留下。所以教师在备课时要对题目进行归类，又或者可以让学生进行归类，引导学生抓住题目的本质，形成自己的认识。同时教师应该站在更高的角度对待这些知识点，让学生在了解这道题目的解法后深入了解题目背后的思想方法以及所渗透的核心素养，让学生能在复习课中有所收获。比如在这堂课中，教师利用例题对于题目中涉及的思想以及相关素养给学生进行了渗透，让学生真正感受数学思想和方法。同时教师应该在一道题讲完后让学生总结出通性通法。只有学生了解了知识的体系，才能触类旁通，通过一个问题去发现一类问题的解法。

（福建省厦门双十中学 李名济）

第六章

数学建模与创新实践

第一节 开展中学数学建模活动的实施路径

《中共中央关于制定十四五规划和二〇三五年远景目标的建议》部署的 12 方面重大任务中，"坚持创新驱动发展，全面塑造发展新优势"列在首位。强调"坚持创新在我国现代化建设全局中的核心地位，把科技自立自强作为国家发展的战略支撑，面向世界科技前沿、面向经济主战场、面向国家重大需求、面向人民生命健康，深入实施科教兴国战略、人才强国战略、创新驱动发展战略，完善国家创新体系，加快建设科技强国"。习近平总书记在 2018 年的全国教育大会上发表重要讲话，强调教育"要在增强综合素质上下功夫，教育引导学生培养综合能力，培养创新思维"。李克强总理也在本次大会上强调，要增强教育服务创新发展能力，培养更多适应高质量发展的各类人才。中学阶段作为学生树立远大志向，挖掘创新潜质和培养专业志趣的黄金时期，肩负着时代赋予的重要使命——开展数学创新教育，培育早期创新人才。

培养基础学科创新人才是教育强国建设的长期任务。2018 年国务院发布的《关于全面加强基础科学研究的若干意见》指出，我国基础科学研究短板依然突出，数学等基础学科仍是最薄弱的环节。在这样的背景下，2020 年《关于在部分高校开展基础学科招生改革试点工作的意见》（简称"强基计划"）应运而生。

数学是自然科学的基础，也是重大技术创新发展的基础。广大数学教育工作者不遗余力地探索中学数学创新人才的培养途径，尝试以中学数学建模教学为切入点，探索激发学生学习数学的兴趣、增强数学应用意识、开拓数学视野、提高实践能力的有效途径。2003 年《普通高中数学课程标准（实验稿）》明确指出"高中阶段至少应为学生安排一次数学建模活动"，这标志着数学建模正式列入我国高中数学课程。2017 年教育部正式发布《普通高中数学课程标准（2017 年版）》将"数学建模"确定为六大数学核心素养之一，数学建模教学成为撬动数学创新教育的重要"支点"。

作为中学数学课程体系的重要组成部分，数学建模校本活动课程的设计与实施已成为中学培养创新人才的有效途径，为学校课程文化建设注入新的活力。

一、课程目的

兴趣是最好的老师。提高学生的学习兴趣，激发他们的求知欲是摆在我们面前的一个永恒课题。高中数学的抽象性不但令许多学生望而生畏，甚至让他们丧失学习数学的信心。而数学建模在数学知识与实践之间建立了一个沟通的平台，通过这个平台，学生可以体会数学在解决实际问题中的价值和作用，体验数学与日常生活和其他学科的联系，体悟综合运用知识和方法解决实际问题的过程，对数学有一种从感性到理性的认识，激发他们学习数学的兴趣。

科技创新已经成为社会进步的内在驱动力，培养创新型人才是实现科技创新的前提。在提高学生的学习兴趣的同时，应把培养学生的创新能力作为数学建模的主要目的。为达到这个目的，在数学建模教学活动过程中，我们可以选取一些开放性的问题。这种问题可以是条件开放的，也可以是结论开放的，为学生创建一个可以进行发散、求异的思维空间，培养创新能力。

二、组织流程

中学数学建模教学活动面向不同层次的全体学生，遵循"课堂教学→活动引领→比赛检验→综合评价"的实施路径。即教师通过课堂教学引导学生用数学建模的方法来解决现实问题，引导学生组建 3-4 人数学建模学习小组，开展数学建模活动，体验数学建模的全过程，充分挖掘学生的团队意识、自律品质、应用能力、学术素养和创新潜质，在课程和活动中发现和选拔创新人才。在积累一定的数学活动经验之后，组织学生参加各级各类数学建模竞赛和青少年科技创新大赛检验教学成效，并依托数学新课程标准中的数学建模核心素养的水平划分，开展过程性评价和总结性评价。

以高中数学人教 A 版（2019 版）教材的必修第一册数学建模活动"建立函数模型解决实际问题"为例，在学生已具备函数知识的基础上，通过研究茶水的口感与放置时间的关系，让学生了解函数模型拟合方法解决实际问题的过程（见图 6-1），掌握用数学建模方法解决问题的基本步骤，即"观察实际情景—发现和提出问题—收集和分析数据—选择和建立模型—求解和检验模型—应用和评价模型",结合数学建模研究报告的规范撰写和研究成果的展示交流,引导学生全面而细致了解数学建模活动的各个环节(见图6-2),为数学建模活动的有效实施提供操作指南,使学生在后续的数学建模活动中有章可循。

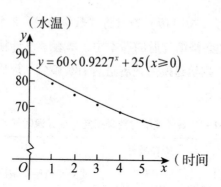

图6-1　茶水温度变化曲线拟合图

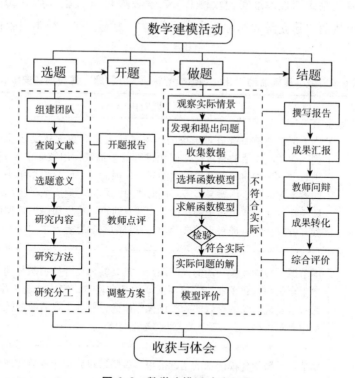

图6-2　数学建模活动流程图

三、单元教学设计

(一) 单元规划建议

高中数学人教 A 版（2019 版）教材将"数学建模"2 个教学内容分别设置在必修第一册和选择性必修第三册的课本中，本教学设计根据教学内容相关性和体系化的需要，将"数学建模"内容进行有机整合，形成一个整体单元。具体内容和课时安排见表 6-1。

表 6-1　"数学建模与数学探究"单元课时规划表

序号	项目	所在教材	内容	课时数
1	数学建模活动 1	必修一	建立函数模型解决实际问题	4
2	数学建模活动 2	选择性必修三	建立统计模型进行预测	3

以《普通高中课程标准实验教科书·数学必修 1》（人教 A 版（2019））中的数学建模活动"建立函数模型解决实际问题"为例，课时教学内容设计见表 6-2。

表 6-2　数学建模活动"建立函数模型解决实际问题"课时内容安排表

课时安排	课时内容
第 1 课时	本节课是在前面章节对函数的学习基础上研究数学建模活动的一个实例。数学建模活动是对现实问题进行数学抽象，用数学语言表达问题，用数学方法构建模型解决问题的过程，因此建立函数模型解决实际问题的教学对现实生活意义显著。同时，对实际问题建立数学模型求解也是数学知识在现实生活中的检验与实践，通过亲身经历函数模型的建立过程，可以让学生进一步掌握函数与方程的数学思想方法。
第 2、3 课时	本节课是数学建模活动的入门课程，需要教师充分挖掘教材内容，帮助学生全面而细致了解数学建模活动的各个环节，完成选题工作和开题，为数学建模活动的有效实施提供操作指南，使学生在后续的数学建模活动中有章可循。
第 4 课时	本节课是数学建模活动的结题汇报，教师组建数学建模研究成果评审小组，由各建模小组进行成果汇报，并接受评审小组的现场问辩，开展"评审小组评价—学生自评—建模小组组内互评"三方评价。

（二）单元教材教法分析

1. 单元教材分析

（1）内容分析：以生活中的现实问题引入，让学生经历现实情境中数学问题的发现与提出，问题的分析与模型的构建，参数的确定与求解，模型的检验与改进，模型的应用与评价，数学建模活动研究报告的撰写规范，研究成果的展示与交流全过程。

（2）内容本质：立足学科核心素养，融合科技学科知识、技能，运用数学思想方法解决实际问题的研究性综合实践学习活动。

（3）思想方法：函数与方程、数形结合、分类与整合、化归与转化、特殊与一般等思想和数据拟合、统计分析等数学建模方法。

（4）教材实施：学生已具备函数和统计知识，了解函数模型和统计模型的初步应用，在此基础上体验数学建模活动"选题—开题—做题—结题"的过程，掌握用数学建模的方法解决问题的基本步骤，即"观察实际情景—发现和提出问题—收集和分析数据—选择和建立模型—求解和检验模型—应用和评价模型"，结合数学建模研究报告撰写和研究成果的展示交流，促进学生从知识习得向知识应用发展，从低阶思维向高阶思维发展，从基本能力向核心素养发展。

2. 单元教法分析

数学建模课程主要采用项目式学习法和问题式学习法，以数学建模和问题探究活动为载体，建立团队学习小组，鼓励学生进行跨学科综合知识的自主学习，培养独立思考、主动建构和自我内化能力，同时也强调团队协作，既能在数学建模活动中完成分工任务，又能适时进行角色转换，为团队研究项目的创新、改进和完善进行有效补位，成为项目研究的发现者、探索者、合作者和创造者。数学建模案例包括"建立函数模型解决实际问题"和"建立统计模型进行预测"，这是数学建模入门的基础内容，也是适合全体学生学习的数学"全民健身"活动。本单元通过文献查阅，数据收集、拟合，现实问题的数学抽象，数学模型的选择，逻辑推理，求解与应用，检验评价等过程，让学生在观察、分析、探索、归纳和交流过程中获得数学建模方法，培养学生识模、建模、解模、用模和合作探究的能力，促进学生发现现实世界中与数学相关的问题，学会用数学的眼光观察世界；通过创新性问题的提出，经历"选题—开题—做题—结题"的研究过程，学会用数学的思维思考世界；综合跨学科知识和技能来解决问题，体验科学研究的乐趣，学会用数学的语言表达世界。

（三）单元内容与目标设计

以高中数学人教 A 版（2019 版）教材的必修第一册数学建模活动"建立函

数模型解决实际问题"为例进行课时教学目标设计,具体信息见表6-3。

表6-3 数学建模活动单元内容与目标设计

项目		具体内容
内容和内容解析	内容	现实情境中数学问题的发现与提出、问题的分析与模型的构建、参数的确定与求解、模型的检验与改进、模型的应用与评价,数学建模活动研究报告的撰写规范,研究成果的展示与交流。
	内容解析	①内容的本质:立足学科核心素养,融合科技学科知识、技能,运用数学思想方法解决实际问题的研究性综合实践学习活动。
		②蕴含的数学思想和方法:函数与方程、数形结合、分类与整合、化归与转化、特殊与一般等思想和数据拟合、统计分析等数学建模方法。
		③知识的上下位关系: 学生已具备函数和统计知识,了解函数模型和统计模型的初步应用,在此基础上体验数学建模活动"选题—开题—做题—结题"的过程,掌握用数学建模的方法解决问题的基本步骤,即"观察实际情景—发现和提出问题—收集和分析数据—选择和建立模型—求解和检验模型—应用和评价模型",结合数学建模研究报告撰写和研究成果的展示交流,促进学生从知识习得向知识应用发展,从低阶思维向高阶思维发展,从基本能力向核心素养发展。
		④育人价值:促进学生数学应用思维和认知方式的发展,提高综合能力、实现学生核心素养的全面发展,有利于作出科学、全面的评价,培养有数学应用意识、合作精神、综合素养和创新能力的新时代中学生。
		⑤教学重点: 将实际问题转化为数学问题,让学生经历数学建模活动全过程,掌握用数学建模的方法来解决实际问题的研究路径。

续表

项目		具体内容
目标和目标解析	目标	通过数学建模活动，让学生了解和体验数学研究性学习活动的全过程，掌握数学研究性学习活动的研究方法，积累基本活动经验，在活动中培养学生正确的价值观、必备品格和关键能力，促进学生数学核心素养和创新能力的有效提升。
	目标解析	正确价值观：通过数学建模活动，激发学生学习兴趣，在运用数学知识解决现实生活问题的过程中感悟数学的科学价值、应用价值、文化价值和审美价值。
		必备品格：以数学研究性学习活动为载体，在解决现实问题的过程中，渗透数学思想，发展理性精神，树立理想信念，促进审美追求，培养学生爱国情怀、团队意识和自律品质。
		关键能力：经历数学建模活动全过程，使学生能有意识地用数学语言表达现实世界，启发学生发现问题的意识，培养学生提出问题的能力，提高学生分析问题的层次，丰富学生解决问题的策略，积累数学活动经验；认识数学模型在科学、社会、工程技术等领域的作用，增强学生学术素养、创新意识和科学精神，提升实践能力和数学核心素养。
教学问题诊断分析		问题诊断： 学生通过之前函数、统计等知识的学习，初步了解了在一些现实问题中应用函数模型和统计模型的思想，而对于利用数学建模的方法来解决"茶水饮用口感"等现实问题，缺乏将实际问题数学化，利用数学原理和数学建模方法来解决问题的意识和经验。尤其是没有现成数据可用的情况下，学生收集有效的样本数据的意识不足，并对数学建模活动的流程和研究报告的撰写无所适从。 针对以上问题，制定以下教学流程：（1）通过实例教学，引导学生了解用数学建模方法解决实际问题的关键步骤；（2）通过组织选题、开题、做题和研究报告写作等入门培训，让学生体验数学建模活动过程；（3）通过组织结题汇报会，进行研究报告演讲和问辩，展示研究成果，检验团队建模素养。
		教学难点： 数据的收集，数学模型的选择、求解与应用。

续表

项目	具体内容
教学支持条件分析	学生需查阅文献，利用信息技术进行模型求解，需提供机房供学生进行团队建模活动，提供 Word（文字编辑）、Excel（数据分析）、Powerpoint（方案演示）、Matlab（综合软件）、SAS、SPSS（统计分析软件）等数学建模相关软件，有条件的学校可创建数学实验室，为学生提供数学建模和数学探究的专用空间。
备注	在指导学生进行数学建模活动的选题时，务必要引导学生通过查阅文献充分了解所选题目的研究现状，提出具有创新价值的解决方案，培养学生的学术素养和诚信品格，避免出现学术抄袭现象。指导选题方面有以下三种参考做法： （1）使用教材提供的选题方向。 （2）参考国内外中学生数学建模竞赛的赛题，根据本校学生实际进行赛题改编。 （3）根据国内外科技、教育、经济等领域热点，自编题目。 例如：未来十年厦门金鸡百花电影节经济影响力的定量评估。

（四）单元活动实施路径设计

1. 数学建模活动设计

以高中数学人教 A 版（2019 版）教材的必修第一册数学建模活动"建立函数模型解决实际问题"为例，在学生已具备函数知识的基础上，通过研究茶水的口感与放置时间的关系，让学生了解函数模型拟合方法解决实际问题的过程，掌握用数学建模的方法解决问题的基本步骤，即"观察实际情景—发现和提出问题—收集和分析数据—选择和建立模型—求解和检验模型—应用和评价模型"，结合数学建模研究报告撰写和研究成果的展示交流，引导学生全面而细致了解数学建模活动的各个环节，为数学建模活动的有效实施提供操作指南，使学生在后续的数学建模活动中有章可循。

2. 学习活动实施指南（表6-4）

活动实施阶段	教师工作内容	学生工作内容
问题情境阶段（选题和开题阶段）	（1）明确指导方向。指导教师应深入了解指导的数学建模（探究）问题目前国内外的研究现状，明确指导方向，并对研究的重点、难点及创新点做到心中有数。 （2）帮助收集资料。指导教师应帮助学生初步收集研究课题的相关资料（图片、文字、视频等），了解有关研究题目所需的知识水平，该题目中隐含的争议性的问题，使学生从多个角度认识、分析问题。 （3）组织学生讨论。指导老师通过对课题背景知识的铺垫，调动学生原有的知识和经验，组织学生组建学习小组进行讨论，提出核心问题，诱发学生探究的动机，在此基础上确定研究方向和范围。	（1）了解研究背景。收集数学建模（探究）问题的相关研究资料，了解问题的研究背景和研究现状。 （2）初拟研究方案。组建数学建模（探究）学习合作小组，共同讨论和确定具体的研究方案，包括确定合适的研究方法（文献研究法、观察法、访谈法、实验研究法、问卷调查法等），收集可能获得的信息，准备调查研究所要求的知识技能、人员分工，可能采取的行动和可能得到的结果。 （3）明确研究路径。在教师引导下，根据预设的研究流程开展项目研究工作。
实践体验阶段（做题阶段）	（1）组织开展研究。指导教师要及时了解学生开展研究活动时遇到的困难以及他们的需要，有针对性地进行指导，教师应成为学生研究信息交汇的枢纽，成为交流的组织者和建议者。在这一过程中要注意观察每一个学生在品德、能力、个性方面的发展，给予适时的鼓励和指导，帮助他们建立自信并进一步提高学习积极性。教师的指导切忌将学生的研究引向已有的结论，而是提供信息、启发思路、补充知识、介绍方法和线索，引导学生质疑、探究和创新。 （2）指导过程记录。指导教师要指导学生写好研究日记，及时记载研究情况，真实记录个人体验，为以后进行总结和评价提供依据。 （3）落实重点指导。指导教师可以根据学校和班级制定数学建模（探究）学习的相应目标和主客观条件，在不同的学习阶段进行重点的指导，如重点指导资料收集工作，或指导设计解决问题的方案，或指导学生如何形成结论、撰写研究报告等。	（1）收集分析信息。学生应了解和学习收集资料的方法，掌握通过实地和网络两种方式进行访谈、问卷调查、查阅文献等获取资料的方法，并选择有效方式获取所需的信息资料，综合分析信息进行判断，得出相应的结论。要反思所得结论是否充分地回答了要研究的问题，是否有必要采取其他方法获取证据以支持所得结论。 （2）开展调查研究。学生应根据个人或小组集体设计的研究方案，确定的研究方法，选择合适的人、事、物及地点进行调查，获取调查结果。在这一过程中，学生应如实记载调查中所获得的基本信息，形成记录实践过程的文字、图片、视频等多种形式的"作品"，同时要学会从各种调研结果、实验、信息资料中归纳出解决问题的重要思路或观点。

活动实施阶段	教师工作内容	学生工作内容
表达交流阶段（结题阶段）	（1）组织结题汇报。组织学生撰写数学建模活动总结报告，进行结题汇报。 （2）开展评价鉴定。根据学生在数学建模学习中的学习态度、交流意识、合作精神、动手能力、结题报告等进行综合评价。	结题汇报交流。学生以口头和书面两种方式向指导老师汇报学习成果，汇报方式提倡多样化，可采取开结题报告会、辩论会、研讨会、编刊物等方式组织结题活动。

四、评价方案

（一）评价原则

数学建模学习的评价要重在学习过程而非研究的结果；要重在知识技能的应用而非掌握知识的数量；要重在参与探索性实践活动，获得感悟和体验，而非接受他人传授的经验；要重在全员参与，而非只关注少数尖子学生的竞赛得奖；要重视形成性评价，而不是只关注总结性评价。

（二）评价方法

注重评价主体多元化，采取教师评价与学生的自评、互评相结合，对小组的团队评价与个人评价相结合，对书面材料的评价与对学生口头报告、展示活动的评价相结合。评价内容多样化，关注学生参与数学建模学习活动的态度，学生在研究活动中所获得的体验，学生在研究活动中所取得的成果，学生创新精神和探究实践能力的发展等。

（三）评价方式

1. 校本选修课程学习的评价方式

学生报名参加校本课程"数学建模"的学习，参与相关的专家讲座，不无故缺席即可获得相应课程的学分。如果在课堂上积极思考，有较强的问题意识，能与老师积极互动，则推荐参加数学建模的实践活动，组队参加校内数学建模比赛。

2. 研究性学习的评价方式

在研究性学习中组队完成至少一个选题的数学建模实践活动，完成相关报告则给予合格的评价。同时按照下面的量化细则给予数学建模论文量化的评分，得分较高的文章推荐参加数学建模竞赛及青少年科技创新大赛。

（四）评价依据

参考《普通高中数学课程标准（2017年版2020年修订）》中的数学建模核心素养的水平划分中的三个水平开展量化评价，水平划分具体描述如下。

1. 水平一

（1）了解熟悉的数学模型的实际背景及其数学描述，了解数学模型中的参数、结论的实际含义。

（2）知道数学建模的过程包括：提出问题、建立模型、求解模型、检验结果、完善模型。能够在熟悉的实际情境中，模仿学过的数学建模过程解决问题。

（3）对于学过的数学模型，能够举例说明建模的意义，体会其蕴含的数学思想；感悟数学表达对数学建模的重要性。

（4）在交流的过程中，能够借助或引用已有数学建模的结果说明问题。

2. 水平二

（1）能够在熟悉的情境中，发现问题并转化为数学问题，知道数学问题的价值与作用。

（2）能够选择合适的数学模型表达所要解决的数学问题；理解模型中参数的意义，知道如何确定参数，建立模型，求解模型；能够根据问题的实际意义检验结果，完善模型，解决问题。

（3）能够在关联的情境中，经历数学建模的过程，理解数学建模的意义；能够运用数学语言，表述数学建模过程中的问题以及解决问题的过程和结果，形成研究报告，展示研究成果。

（4）在交流的过程中，能够用模型的思想说明问题。

3. 水平三

（1）能够在综合情境中，运用数学思维进行分析，发现情境中的数学关系，提出数学问题。

（2）能够运用数学建模的一般方法和相关知识，创造性地建立数学模型，解决问题。

（3）能够理解数学建模的意义和作用；能够运用数学语言，清晰、准确地表达数学建模的过程和结果。

（4）在交流的过程中，能够通过数学建模的结论和思想阐释科学规律和社会现象。

（五）量化细则

学生数学建模学习的量化评价共三个维度，即课堂表现、数学建模过程和研究成果，分值分别为30分、50分和20分。

（1）课堂表现（30分）：上课考勤、课堂互动、创新选题三个方面各10分。

（2）研究成果（20分）：现场答辩和比赛获奖各10分。

（3）数学建模过程（50分）：

①问题分析（表6-5）

表6-5

优秀（5分）	良（4分）	合格（2—3分）	不合格（0—1分）
问题陈述简洁清晰，结果方向交代明确，让读者明白建模者的视角。	有关于问题的陈述，但与文章的内容不一致。	问题陈述让读者难以理解。	几乎没有问题陈述。

②查阅文献（表6-6）

表6-6

优秀（5分）	良（4分）	合格（2—3分）	不合格（0—1分）
能查阅所研究问题已有的重要文献，并进行分类评述，找出已有研究的优点与不足。	能查阅所研究问题已有的重要文献，并进行简单评述。	能查阅所研究问题已有的部分文献，没有点评。	几乎没有查阅文献。

③模型假设（表6-7）

表6-7

优秀（5分）	良（4分）	合格（2—3分）	不合格（0—1分）
合理确定模型需要的假设，适当说明由于假设带来的限制。	有关于问题主要的假设，但缺乏合理性。	没有在文章中明确地指出假设，也没有合理性的说明。	几乎没有问题假设，或缺乏假设的理由。

③建立模型（表6-8）

表 6-8

优秀（10分）	良（8—9分）	合格（6—7分）	不合格（0—5分）
变量，参数的确定能将原问题呈现为一个可读并合理的数学模型。	合理列出参数和主要变量，但没有足够的解释。	有变量和参数，但在原文中难以识别。	几乎没有变量、参数或者模型。

⑤模型求解（表6-9）

表 6-9

优秀（5分）	良（4分）	合格（2—3分）	不合格（0—1分）
解决问题的推理，计算过程可读，结果合理。	陈述了方法，但过程不完整或难以理解。	陈述了模型，但推理计算出现可纠正的错误。	没有模型，或者提出的模型含有重大的错误。

⑥分析评价（表6-10）

表 6-10

优秀（5分）	良（4分）	合格（2—3分）	不合格（0—1分）
完整陈述了文章中数学建模解决方案，且合理评价其可信性和可靠性。	陈述了文章中数学建模解决方案，但对可信性和可靠性缺乏有力的分析。	有分析，但没有从整体出发来看问题的意识或分析中出现可纠正的错误。	缺乏对数学模型的分析，或分析中有重大的错误。

⑦应用检验（表6-11）

表 6-11

优秀（5分）	良（4分）	合格（2—3分）	不合格（0—1分）
解决方案在现实或现实模拟软件中进行应用检验。检验结果的实证充分。	给出了应用检验结果，可能实证不完整，不易理解或条理性弱。	给出了应用检验结果，与原问题匹配度不够。	几乎没有应用检验的数据和实证。

⑧论文写作（表6-12）

表6-12

优秀（10分）	良（4分）	合格（2—3分）	不合格（0—1分）
文章格式好，可读性强，选择可视化辅助表达，易于理解。	有一些文字或代数式的可纠正错误，缺乏可视化的辅助表达。	文字或代数式出现大量错误，文章可读性弱。	错字，病句多，无视数学代数式的书写规则，文章不可读。

第二节　中学数学建模活动教学设计

案例1　建立函数模型解决实际问题

一、第1课时

（一）教学设计说明

1. 内容分析

本节课教学内容是《普通高中课程标准实验教科书·数学必修1》（人教A版〔2019〕）中数学建模活动"建立函数模型解决实际问题"的第一课时，是在前面章节对函数学习的基础上研究数学建模活动的一个实例。数学建模活动是对现实问题进行数学抽象，用数学语言表达问题、用数学方法构建模型解决问题的过程，因此建立函数模型解决实际问题的教学对现实生活意义显著。同时，对实际问题建立数学模型求解也是数学知识在现实生活中的检验与实践，通过亲身经历函数模型的建立过程，可以让学生进一步掌握函数与方程的数学思想方法。

2. 课标分析

通览《普通高中课程方案和语文等学科课程标准（2017年版）》，数学建模（或建模、模型建构）同时呈现在数学、信息技术、通用技术、物理、化学、生物等学科的核心素养当中，体现出数学建模在实现数学与科技学科的交叉和融合中的核心地位，开展高中数学建模活动是实施数学创新人才培养的有力抓手。

3. 学情分析

在本节课之前学生已经学习了函数的概念与性质，也了解了一元二次函数、幂函数、指数函数、对数函数等基本概念与性质，这都为建立函数模型解决实际问题的教学提供了基础。本节课主要让学生在已有知识的基础上，学会从生活实际中发现数学问题，建立合适的函数模型解决问题。函数模型的应用与函数模型的建立有一定距离，如何从实际问题中抽象出数学模型是学生学习的障碍。

4. 教学目标

（1）正确价值观

理解和掌握函数模型基本概念，体会函数模型建立全过程，能够自主从实际情境中抽象出数学模型，并在实践中验证、完善模型，培养学生数学建模能力，逐步提升核心素养。通过数学建模活动，引导学生体验数学的实际应用与函数模型的抽象过程，以"实践—认识—再实践—再认识"来提高辩证分析问题的能力，优化思维品质，培养健康的心理素质，使学生深入体会数学模型在现实生产、生活中的广泛应用和重要价值，并在运用数学知识解决现实生活问题的过程中感悟数学的科学价值、应用价值、文化价值和审美价值。

（2）必备品格

以数学研究性学习活动为载体，在解决现实问题的过程中，渗透数学思想，发展理性精神，树立理想信念，促进审美追求，培养学生爱国情怀、团队意识和自律品质。

（3）关键能力

通过实际情境的引入，引导学生发现和提出问题，让学生在观察、分析、探索、归纳和交流过程中获得数学建模的方法，培养学生识模、建模、用模的能力。

5. 教学重点

探索、经历函数模型的抽象过程，掌握数据拟合、模型建立方法。

6. 教学难点

数据收集、拟合，现实问题的数学抽象，数学模型的选择、求解与应用。

（二）教学过程设计

1. 环节一：初识建模，广泛了解

（1）什么是模型和数学模型？

模型（Model）是指人们为了某个特定目的，将原型所具有本质属性的某一部分信息进行适当的简化、提炼而构造的一种原型替代物。

（2）什么是数学建模？

数学建模是对现实问题进行数学抽象，用数学语言表达问题，用数学知识与方法构建模型、解决问题的过程。

（3）数学建模与解应用题有什么关系？

①应用题是对实际问题的提炼，问题比较明确，给出的条件是充分的；数学建模的问题直接来自实际，条件往往是不充分的。

②在建模过程中为了使问题明确，需要做必要的简化假设，而解应用题一般不需要做简化假设。

③数学建模的讨论与验证比应用题中的检验要复杂，不仅要验证解是否符合题意，而且要考察是否与假设矛盾，与实际情况是否吻合等。

（4）更多有关数学建模的介绍可在课外时间通过网络查阅专业文献网站，如中国知网、维普网等。

【师生活动】

（1）举例说明

例如，建筑物模型、飞机模型、水坝模型、人造卫星模型、大型水电站模型，这些模型都是实物模型；也有用文字、符号、图表、公式、框图等描述客观事物的某些特征和内在联系的抽象模型，如模拟模型、数学模型等。

（2）举例说明

例如，火箭在做短程飞行时，要研究其运动轨迹，可以不考虑地球自转的影响，但若火箭做洲际飞行，就要考虑地球自转的影响了。又如，同是一次火箭飞行实验，在研究其射程时可不考虑某些空气阻力的影响，但在研究其命中精度时就必须考虑这些因素。以解决某个现实问题为目的，经过分析简化，从中抽象、归纳出来的数学问题就是该问题的数学模型，这个过程称为"数学建模"。

（3）提出问题

现实问题如何通过数学建模的方法来解决问题？是不是任何现实问题都可以通过数学建模来解决？为了帮助同学们了解和体验数学建模的全过程，我们将引入一个实例，通过函数知识来解决相关问题。

【设计意图】

通过让学生了解模型、数学模型、数学建模的概念，辨别数学建模与解应用题的关系，引导学生广泛学习数学建模知识，为新课的讲解做铺垫。

2. 环节二：引入实例，发现问题

中国茶文化博大精深。茶水的口感与茶叶类型和水的温度有关。经验表明，某种绿茶用85℃的水泡制，再等到茶水温度降至60℃时饮用，可以产生最佳口感。那么在25℃室温下，刚泡好的茶水大约需要放置多长时间才能达到最佳饮用口感？

【师生活动】

师：问题1：可以通过什么方法来解决这个问题？

问题2：选取哪一种函数模型合适？

在前面的活动中，学生应能想到先分析其中的常量、变量及其相互关系以寻求建立函数模型解决问题，设法建立时间与茶水温度的函数模型。

【设计意图】

通过课本实例，让学生体会数学来源于生活，并应用于生活，培养学生数学应用意识。

3. 环节三：获取数据，观察分析

（1）建立模型所需数据的收集与分析：

例如，某研究人员每隔1min测量一次茶水温度，得到如下表6-13的一组数据。

（表6-13）

时间（min）	0	1	2	3	4	5
水温（℃）	85.00	79.19	74.75	71.19	68.19	65.10

（2）画出散点图（如图6-3）：

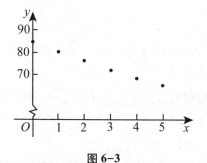

图6-3

【师生活动】

师：问题3：如何确定需要的数据类型、范围、数量？

问题4：获取数据的方法、途径有哪些？如何选取？

问题5：如何处理所获得的数据？

由前面的铺垫，学生可以得出结论：需获取不同时间下茶水温度的数据。在教师引导下建立茶水温度与时间的函数模型，数据收集时间应以"min"为单位较为合适。在教师提示下，提出获取数据的方法、工具。对所获得数据进行简单处理，绘图观察分析。

【设计意图】

引导学生在建模过程中根据数据特征，选择建立函数模型来处理问题，培养数学建模素养和数学应用的思维意识。

4. 环节四：建立模型，求解模型

（1）观察散点图（如图6-4）：

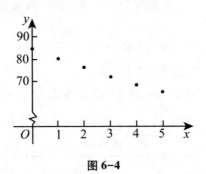

图 6-4

（2）选择模型：

$y = ka^x + 25 (k \in R, 0 < a < 1, x \geq 0)$ 用来近似刻画问题。

（3）求解模型：

①求参数 k：

由实际情况已知，当 $x = 0$ 时，$y = 85$，可求得 $k = 60$。

②求参数 a：

从第2min的温度数据开始，计算每分钟（$y - 25$）的值与上一分钟（$y - 25$）值的比值。（如表6-14）

（表6-14）

X	0	1	2	3	4	5
y-25	60.00	54.19	19.75	46.19	43.19	40.10
比值	—	0.9032	0.9181	0.9284	0.9351	0.9285

计算各比值的平均值，得到

$$a = \frac{1}{5}(0.9032 + 0.9181 + 0.9284 + 0.9351 + 0.9285) = 0.9227$$

（4）得到模型：

$$y = 60 \times 0.9227^x + 25(x \geq 0) \tag{1}$$

【师生活动】

师：问题1：考虑实际情况，应该建立什么样的函数模型？

问题2：能否直接将所测得的某一个时间点及其对应温度代入函数模型求解参数 a 的值？这与用比值的平均值作为 a 建立函数模型有何区别？

（1）师生共同猜想可能的函数模型，学生根据数据散点图考虑到运用已学过的基本函数，例如，一次函数：$y = kx(k < 0)$；指数函数：$y = ka^x(0 < a < 1)$；对数函数：$y = k \log_a^x(0 < a < 1)$；

（2）学生关注温度下降的限度是室温（25℃）。结合实际情况，选择指数函数模型，求解所建立函数模型中的参数 k、a；

（3）明确运用平均值作为 a 建立的函数模型更为准确，建立函数模型应考虑实际条件和实际应用的合理性、便捷性。

【设计意图】

函数模型的建立与求解过程始终强调对实际情况的考虑，渗透建模思想，使学生明确数学建模立足于实际，也将应用于实际，不可脱离实际。在选择统计指标时应注意其合理性、准确性。

5. 环节五：模型检验，应用模型

（1）检验模型：

将已知数据代入（1）式，或者画出（1）式的图象（如图6-5）。

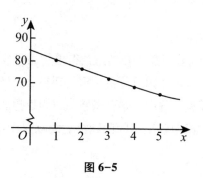

图6-5

代入已知的几组数据，或者画出所得函数的图象，与数据散点图对比，拟合效果较好。

（2）模型应用：

将 $y = 60$ 代入 $y = 60 \times 0.9227^x + 25$，得 $60 \times 0.9227^x + 25 = 60$，

则 $x = \log_{0.9227} \dfrac{7}{12} \approx 6.6997$，

所以刚泡好的茶水大约需要放置 7 分钟，才能达到最佳饮用口感。

【师生活动】

师：问题 1：我们如何检验模型更加合理？

学生提出将已知的数据代入函数模型进行验证。

师：问题 2：代入一组数据进行检验是否足够？

学生意识到应代入多组数据进行验证。

（教师补充：代入多组数据能排除偶然性，使结果更具可靠性。）

师：问题 3：还有其他方法验证吗？在构建函数模型的基础上，如何得知最佳饮用口感的茶水放置时间？

教师引导学生还可通过函数图象，与散点图进行对比发现函数模型图象与数据基本吻合。学生运用构建的函数模型来分析、解决问题，要找到解决现实问题的方法，必须理论联系实际，抽象出数量关系，建立相应的数学模型，这是问题解决的关键。

【设计意图】

数据验证，培养学生严谨的科学思维，运用图形进行验证，使学生感受数形结合的直观性和科学性。

6. 环节六：过程概括，知识内化

在总结建立函数模型过程的同时，了解数学建模活动的全过程（如图 6-6）。

【师生活动】

教师引导学生通过自我反思，归纳总结得出建立函数模型的过程：

（1）数形结合，通过观察图象分析数据，猜想、验证函数模型。

（2）在构建函数模型过程中，领会函数与方程思想。

（3）明确建立函数模型解决实际问题需始终立足于实际情境，构建的模型应合理、适用。

【设计意图】

进一步明确本节课所学函数模型的构建过程及体现的思想方法，初步了解数学建模活动的整体框架，为下节课指导学生开展数学建模活动做好铺垫。

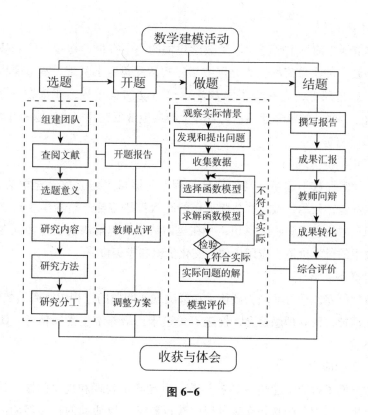

图 6-6

二、第 2 和第 3 课时

（一）教学设计说明

1. 内容分析

本节课教学内容是《普通高中课程标准实验教科书·数学必修 1》（人教 A 版〔2019〕）中数学建模活动"建立函数模型解决实际问题"的第 2 和第 3 课时。本节课是数学建模活动的入门课程，需要教师充分挖掘教材内容，帮助学生全面而细致地了解数学建模活动的各个环节，完成选题和开题工作，为数学建模活动的有效实施提供操作指南，使学生在后续的数学建模活动中有章可循。

2. 课标分析

通览《普通高中课程方案和语文等学科课程标准（2017 年版）》，数学建模（或建模、模型建构）同时呈现在数学、信息技术、通用技术、物理、化学、生物等科技学科的核心素养当中，体现出数学建模在实现数学与科技学科的交叉和融合中的核心地位，开展高中数学建模活动是实施数学创新人才培养的有力抓手。

3. 学情分析

在本节课之前学生已经学习了数学建模的一个案例，初步了解和体验数学建模"做题"的实施流程，为开展数学建模活动奠定了基础。本节课将在学生已有知识的基础上，进一步了解数学建模活动的全过程，即选题—开题—做题—结题。全面了解数学建模活动各环节的实施规范，并完成选题和开题工作。

4. 教学目标

（1）正确价值观

理解和掌握数学建模活动的实施过程，能够自主建立数学建模活动小组，正确认识选题、开题、做题、结题工作的有效推进方法，培养学生科学研究的规范意识、诚信意识和团队意识，并在运用数学知识解决现实生活问题的过程中感悟数学的科学价值、应用价值、文化价值和审美价值。

（2）必备品格

以数学研究性学习活动为载体，在解决现实问题的过程中，渗透数学思想，发展理性精神，树立理想信念，促进审美追求，培养学生爱国情怀、团队意识和自律品质。

（3）关键能力

通过全面了解数学建模活动各环节，引导学生发现和提出问题，让学生在观察、分析、探索、归纳和交流过程中获得数学建模活动的初步经验，培养学生科研意识、自学能力和团队精神。

5. 教学重点

了解数学建模活动的全过程，完成选题和开题工作。

6. 教学难点

组建数学建模小组，有效推进数学建模活动的实施。

（二）教学过程设计

1. 环节一：知识回顾，引入新知

（1）回顾数学建模活动的实施过程。

（2）上一节课体验了"做题"这一关键环节的整个过程，这一节课将重点了解"选题""开题"和"结题"。

【师生活动】

教师引导学生回顾数学建模的过程，确定数学建模"选题—开题—做题—结题"的全过程。

【设计意图】

回顾上节课学习的数学建模活动实施流程图，衔接本节课的学习内容。

2. 环节二：明确流程，合作探究

流程一：明确方向，科学选题

数学建模活动的选题流程：

（1）广泛自主学习

广泛寻找数学建模学习资源，了解数学建模活动的过程、方法和必备知识，扩展知识面，打牢基础，注意要"广、浅、新"。

（2）组建研究团队

数学建模活动需要团队协作。在班级中组建 2—4 人的数学建模活动小组，每位同学参加其中一个小组。在小组内，要确定一个负责人，每位成员都有明确的分工。成员在团队协调、文字撰写、数学应用和信息技术等方面进行分工协作。

（3）选择研究课题

第一种方式：继续研究不同室温下泡制一杯最佳口感茶水所需的时间。

第二种方式：从以下课题中选择一个进行研究。

①应在炒菜之前多长时间将冰箱里的肉拿出来解冻？

②根据某一同学的身高和体重。判断该同学是否超重。

③用微波炉或电磁炉烧一壶开水，找到最省电的功率设定方法。

④估计阅读一本书所需要的时间。

第三种方式：可以根据自己的兴趣，与教师协商后确定一个课题进行研究。

（4）查询文献

通过图书馆或者网络查阅与所研究课题相关的文献，了解课题研究的现状。

（5）初拟方案

数学建模活动小组共同讨论和确定具体的研究方案，包括确定合适的研究方法（文献研究法、观察法、访谈法、实验研究法、问卷调查法等），收集可能获得的信息，准备调查研究所要求的知识技能、人员分工，可能采取的行动和可能得到的结果。

【师生活动】

（1）明确指导方向

教师深入了解指导的数学建模问题的国内外研究现状，明确指导方向，并对研究的重点、难点及创新点做到心中有数。

（2）搜集课题资料

教师帮助学生初步搜集本课题的相关资料（图片、文字、视频等），了解有关研究题目所需的知识水平，以及该题目中隐含的争议性的问题，使学生从多个角度认识、分析问题。

（3）组织学生讨论

教师通过对课题背景知识的铺垫，调动学生原有的知识和经验，组织学生组建学习小组进行讨论，提出核心问题，诱发学生探究的动机，在此基础上确定研究方向和范围。

（4）初拟研究方案

在课内外充分讨论的基础上，数学建模活动小组拟定课题研究方案，为"开题"工作做好准备。

【设计意图】

选题工作是数学建模活动的起始环节，指导学生做好选题工作有利于帮助学生组建一个团结有力的数学建模活动小组，培养学生自主能力和团队意识。

流程二：开题论证，制定方案

数学建模活动的开题工作流程：

（1）撰写开题报告

根据调查研究的文献、数据等信息撰写开题报告，开题报告应包含课题研究现状、研究意义和价值，研究内容和方法，研究进度和人员分工，等等。

（2）组织开题论证

组织召开数学建模活动开题论证会，由各小组对开题报告内容进行汇报，由教师、家长和专业人士组成的专家论证小组对开题报告进行论证。

（3）确定研究方案

学生根据专家论证小组的意见和建议修改研究方案，并开始进行数学建模活动的"做题"工作。

【师生活动】

教师指导学生规范撰写开题报告，使学生明确开题论证的流程，学生应根据教师指导做好相关开题流程和细节的记录工作。

【设计意图】

开题工作是学生为课题研究进行设计和规划的重要环节，适时而有效的指导可以让学生有章可循，有的放矢。

流程三：建立模型，解决问题

数学建模活动的做题工作流程：

（1）问题分析

明确问题中所给出的信息、要完成的任务和所要做的工作、可能用到的知识和方法、问题的特点和限制条件、重点和难点、开展工作的程序和步骤等。

（2）数据处理

学生应了解和学习收集资料的方法，掌握通过实地和网络两种方式进行访谈、问卷调查、查阅文献等获取资料的方法，并选择有效方式获取数据，分析数据。

（3）模型假设

根据问题的实际意义，在明确建模目的的基础上，对所研究的问题进行必要的、合理的简化，用准确简练的语言给出表述。

（4）建立模型

根据所给的条件和数据，建立起问题中相关变量或因素之间的数学规律，可以是数学表达式、图形和表格，或者是一个算法等，都是数学模型的表示形式，这些形式有时可以相互转换。

（5）模型求解

不同的数学模型的求解方法一般是不同的，通常涉及不同数学分支的专门知识和方法，求解过程可通过计算机编程和数学工具软件辅助计算。一般情况下，对较简单的问题，应力求普遍性；对较复杂的问题，可从特殊到一般的求解思路来完成。

（6）应用检验

对于所建立的数学模型以及求解结果，拿到实际中去进行检验后，才能被证明是正确的。否则，就需要修正模型的假设或条件，重新建立模型，直到通过实际的检验为止，方可应用于实际。

（7）分析评价

要对模型的解的实际意义进行分析，即模型的解在实际问题中说明了什么、效果怎样、模型的适用范围如何等。同时，还要进行必要的误差分析和灵敏度分析，能对模型的优缺点进行科学的判断。

【师生活动】

教师引导学生对照"饮茶"案例梳理"做题"环节的实施流程，使抽象的数学建模过程程序化、具体化，形象化。数学建模小组能根据流程图在建模活动中顺利完成相关工作，数学建模做题时长各校根据实际情况自主安排，因涉及学生上课和日常作业，数学建模做题时间可考虑和高中研究性学习课程结合在一起，将数学建模活动纳入研究性学习课程。

【设计意图】

这个环节是数学建模活动的核心环节，教师前一节课已经做了案例分析，这里进行一些细节上指导，有利于学生明确数学建模做题的规范要求。

流程四：结题汇报，交流展示

数学建模活动的结题工作流程：

（1）撰写研究报告（论文）

根据"开题"和"做题"情况，各建模小组撰写数学建模研究报告，研究报告应参考学术论文的规范要求进行撰写，应包含内容：课题名称，摘要（500字以内），关键词（3—5个），问题分析，模型假设，建立模型，模型求解，模型检验，模型应用，模型评价（优缺点）及研究结论，反思与展望（收获与体会）及参考文献，等等。

（2）研究成果展示

建模小组以做报告（演讲）的形式向指导教师汇报数学建模活动的研究成果，汇报时间在5—8分钟之间，可选一人作代表进行报告，也可以多人分工报告。

（3）接受教师问辩

指导教师针对各数学建模小组的结题报告的科学性、严谨性、实用性和创新性等进行问辩。

（4）研究成果评价

评审小组（教师）、学生本人及所在小组成员参考附件中的《高中数学建模活动过程评价表》进行三方评价。

【师生活动】

教师应对数学建模研究报告的撰写进行细节指导，不仅包括研究报告的整体框架和内容，还应关注研究报告的学术规范，如摘要、关键词、引用的参考文献、数字序号、数学符号编辑和图表标识规范（"表上图下"原则）等，此外、还应对文字内容的字体、字号、段落格式和如何避免错别字等提出规范要求，尤其要关注学生的学术诚信问题，强调引用他人观点和研究结论要在文中按要求标注参考文献，杜绝抄袭、剽窃等学术不端行为。

【设计意图】

学生缺乏撰写数学建模研究报告的经验，做好撰写指导十分必要，不仅能提升学生的数学语言和文字的表达能力，也能提高学生的学术水平。

活动成果的展示和交流对培养学生语言表达、团队协作应变能力和创新精神有积极作用。

3. 环节三：组织开题，调整方案（建议本环节安排在第 3 课时）

（1）组织开题论证

组建以数学教师、科技学科教师或专业人士为成员的开题论证小组，论证小组成员参加开题论证会。

（2）开题报告展示

以建模小组为单位，向论证小组的成员做开题报告，汇报时间在 5—8 分钟之间，可选一人作代表进行报告，也可以多人分工报告。

（3）论证小组点评

论证小组成员针对各数学建模小组的研究方案的科学性、严谨性、研究内容的实用性和创新性，研究方法、研究计划和人员分工的合理性进行点评。

【师生活动】

（1）由教师（数学教师或科技学科教师）组织学生进行开题论证，开题论证小组成员以 3—5 人为宜。

（2）学生应事先写好开题报告，做好开题汇报 PPT，并按开题论证小组人数打印开题报告，发给评审人员。

【设计意图】

通过邀请其他学科教师和相关专业人士参加开题论证，有利于促进学科资源的整合，也为数学建模活动的开展提供跨科教学资源。

三、第 4 课时

（一）教学设计说明

1. 内容分析

本节课教学内容是《普通高中课程标准实验教科书·数学必修 1》（人教 A 版〔2019〕）中数学建模活动"建立函数模型解决实际问题"的第 4 课时。本节课是数学建模活动的结题汇报，教师组建数学建模研究成果评审小组，由各建模小组进行成果汇报，并接受评审小组的现场问辩，完成"评审小组—学生—建模小组"三方评价。

2. 课标分析

通览《普通高中课程方案和语文等学科课程标准（2017 年版）》，数学建模（或建模、模型建构）同时呈现在数学、信息技术、通用技术、物理、化学、生物等科技学科的核心素养当中，体现出数学建模在实现数学与科技学科的交叉和融合中的核心地位，开展高中数学建模活动是实施数学创新人才培养的有力抓手。

3. 学情分析

在本节课之前学生已经学习了数学建模实例，了解了数学建模活动的实施框架，并按照实施框架完成了数学建模活动的"选题—开题—做题"工作，在学生已经完成研究报告的情况下，教师组织开展结题汇报活动，为各数学建模小组的研究成果提供交流展示和评价鉴定的平台。

4. 教学目标

（1）正确价值观

掌握数学知识应用于科学研究的方法，抓住数学建模研究成果汇报的关键要领，并在运用数学知识解决现实生活问题的过程中感悟数学的科学价值、应用价值、文化价值和审美价值。

（2）必备品格

以数学建模活动为载体，在解决现实问题的过程中，渗透数学思想，发展理性精神，树立理想信念，促进审美追求，培养学生爱国情怀、团队意识和自律品质。

（3）关键能力

通过结题汇报，使学生掌握数学知识应用于科学研究的方法，抓住数学建模研究成果汇报的关键要点，让学生在展示和交流过程中获得数学建模的方法和经验，培养学生科学严谨的探索精神和实践能力，提高数学建模素养、团队精神和创新意识。

5. 教学重点

展示和交流数学建模活动研究成果。

6. 教学难点

学生根据评审意见，修改和完善研究成果，推进研究成果的转化。

（二）教学过程设计

1. 环节一：组织开题，调整方案

（1）组建评审小组

组建以教师、家长和其他专业人士为成员的评审小组，评审小组成员参加结题汇报会。

（2）研究成果展示

以建模小组为单位，向评审小组汇报数学建模活动的研究成果，汇报时间在5—8分钟之间，可选一人作代表进行报告，也可以多人分工报告。

（3）评审小组问辩

评审小组针对各数学建模小组的结题报告的科学性、严谨性、实用性和创新性等进行问辩。

【师生活动】

（1）教师指导学生组织结题汇报会，教师邀请家长和与课题有关的专业人士参加，人数3—5人为宜。

（2）学生事先做好汇报PPT，并按评审小组人数打印研究报告，发给评审人员。

【设计意图】

通过邀请家长和相关专业人士参与评审，有利于家庭、学校、社会三方资源的整合，为数学建模活动的开展提供优质教学和信息资源。

2. 环节二：多元评价，鉴定成果

（1）进行三方评价

评审小组（教师）、学生本人及所在小组成员参考附件中的《高中数学建模活动过程评价表》进行三方评价。

（2）推动成果转化

各数学建模小组根据评审小组的意见和建议，突出成果的科学性、严谨性、实用性和创新性，将研究成果进行修改、完善，撰写成科技小论文，通过学校遴选参加各级数学建模竞赛。

【师生活动】

（1）打印《高中数学建模活动过程评价表》。学生本人和小组先做好自评和互评工作，将填写好自评和互评成绩的评审表格按人数发给评审人员。

（2）学生做好评审意见记录工作，根据评审意见修改和进一步完善研究报告，教师要推动优秀研究成果的转化。

【设计意图】

通过"三方评价"能客观地体现学生在数学建模团队活动中的表现，有利于遴选优质的研究成果，以及选拔优秀数学创新人才。

附件

高中数学建模活动过程评价表（表6-15）

项目名称					
项目成员					
评估内容		分值	自评（A）	互评（B）	评审（C）
课堂表现	上课考勤	10			
	课堂互动	10			
	创新选题	10			
数学建模过程	问题分析	5			
	查阅文献	5			
	模型假设	5			
	建立模型	10			
	模型求解	5			
	分析评价	5			
	应用检验	5			
	论文写作	10			
研究成果	现场答辩	10			
	比赛获奖	10			
合计					
总分 P =（A+B）× 30%+C×40%			等级		
学分认定意见：在相应栏目打"√"：通过（ ），不通过（ ） 等级：					
指导教师签名	评审小组成员签名			学生签名	

表格填写说明：

1. 各项目评分根据学生研究报告的撰写质量和过程性表现，由学生本人（自评），小组成员（互评）、评审小组（评审）酌情打分。

2. 等级评定以总分所在区间确定，85分（含）以上为优秀，75—84分为良好，60—74分为合格，60分以下为不合格。

（福建省厦门第六中学 苏圣奎）

案例2 分期购车问题

一、教学设计说明

（一）内容分析

本节课是一节数学建模研究性学习的案例探究课，以生活中的分期购车为背景，探索用数学建模方法解决现实问题的过程，内容涉及数列、指数函数和对数函数的相关知识，是在现实情境（非理想化数学情境）下让学生亲身经历"约定假设—模型建立—模型求解—应用检验—进一步讨论"的过程，为学生后期开展数学建模活动奠定基础。

（二）课标分析

在高中必修课程和选择性必修课程的基础上，面向不同层次的全体学生，开展本校数学建模活动，构建富有特色的跨学科数学建模课程体系。通过高中数学建模课程的学习，学生能有意识地用数学语言表达现实世界，发现和提出问题，感悟数学与现实之间的关联；学会用数学模型解决实际问题，积累数学实践的经验；认识数学模型在科学、社会、工程技术诸多领域的作用，提升实践能力，增强创新意识和科学精神。

（三）学情分析

在本课之前学生已经学习了《普通高中课程标准实验教科书·数学必修1》（人教A版〔2019〕）中数学建模活动"建立函数模型解决实际问题"的内容，了解和体验了数学建模活动的全过程，已具备初步利用数学建模方法解决问题的基本能力，但仍欠缺用数学方法解决不同类型现实问题的经验。因此，案例教学成为数学建模课程体系中必不可少的内容。本节课主要让学生在已有知识的基础上，了解"分期购物"问题的数学本质，能通过合理假设，抽象出合适的数学模型，并结合信息技术工具进行计算，建立模型依然是学生学习中要突破的难点。

（四）教学目标

1. 正确价值观

理解和掌握数列、指数函数、对数函数的性质与运算方法，体会数列、函数和方程模型建立的全过程，通过数学建模活动，引导学生体验数学的实际应用与数学模型的抽象过程，使学生深入体会数学模型在现实生产、生活中的广泛应用和重要价值。

2. 必备品格

以数学建模案例学习为载体，在解决现实问题的过程中，丰富学生运用数学解决现实问题的方法和策略，渗透数学思想，发展理性精神，树立理想信念，促进审美追求，培养学生创新精神、合作意识和自律品质。

3. 关键能力

通过现实生活问题的分析，引导学生在分析问题的基础上，能发现和提出问题，进一步启发学生发现问题的意识，培养学生提出问题的能力，提升学生分析问题的层次，丰富学生解决问题的策略，从而推进数学核心素养落地。

（五）教学重点

探索和经历数列、函数和方程模型的抽象过程，掌握"分期购物"问题的基本建模方法。

（六）教学难点

在现实情境（非理想化数学情境）下，对现实问题的数学抽象，数学模型的选择、求解与应用。

二、教学过程设计

（一）环节一：提出问题

随着我国人民生活水平的不断提高，汽车已走进寻常百姓家，为了促进消费，汽车商家推行购车贷款业务，现有一款汽车，只需自备七万元，其余由汽车公司代付，可分期还款，可分十年还清，每月只需付 800 元，现提出问题：

（1）这款汽车究竟值多少钱，即如果一次付款要付多少钱？

（2）如果一次性付款 12 万，是否合算？

（3）如果你有权限设定不同时间间隔的还款方式，请你和你的团队结合现实情况和不同人群的需求，建立数学模型对你所提出的还款方式进行量化分析，并根据量化分析的结果，为汽车销售商提出销售建议。

【师生活动】

教师引导学生解读现实生活情境下的具体问题，和学生共同分析问题中涉及的常量和变量，明确它们之间的数量关系，为后续的建立模型做准备。

【设计意图】

该问题是在目前生活中常见的分期购物问题，前两个问题的设计更贴近学生的数学认知，类似常见的数学应用题，但又较为复杂，需要厘清多变量之间的关系来构建数学模型，第三个问题是开放性的问题，给学生提供了一个充分发散和创新的空间。

（二）环节二：建模过程

1. 约定假设

假设汽车的总价为 M 元，买者需借 A_0 元，月利率为 R，借期为 N 个月，每月付 x 元，到第 n 个月欠款 A_n 元。第 $n+1$ 月个后（加利息）欠款：

$$A_{n+1} = (1+R)A_n - x, \ n = 0, \ 1, \ 2, \ \cdots$$

【师生活动】

教师引导学生设出问题中需要的变量，由学生推导出前一个月与后一个月欠款的递推公式。

2. 建立模型

$$\begin{aligned} A_n &= A_0(1+R)^n - x\left[(1+R)^{n-1} + (1+R)^{n-2} + \cdots + (1+R) + 1\right] \\ &= A_0(1+R)^n - x\frac{(1+R)^n - 1}{R}, \ n = 0, \ 1, \ 2, \ \cdots \end{aligned} \tag{1}$$

即得 A_n，A_0，x，R，N 之间的关系。

【师生活动】

对高一的学生而言，尚未学习数列相关知识，教师通过各方程之间的关系来寻找规律，即 $A_1 = A_0(1+R) - x$，$A_2 = A_1(1+R) - x = A_0(1+R)^2 - x(1+R) - x$

$$A_3 = A_2(1+R) - x = A_0(1+R)^3 - x(1+R)^2 - x(1+R) - x \cdots$$

从而得出 $A_n = A_0(1+R)^n - x\dfrac{(1+R)^n - 1}{R}$，$n = 0, \ 1, \ 2, \ \cdots$

对高二学生而言，则可通过等比数列求和公式得出。

3. 模型求解

已知 $N = 10$ 年 $= 120$ 个月，$x = 800$ 元，$A_0 = (M-70000)$ 元，则要求 10 年还清，即 $A_{120} = 0$，从而得 $0 = A_0(1+R)^{120} - \dfrac{800}{R}\left[(1+R)^{120} - 1\right]$

于是 $A_0 = \dfrac{800\left[(1+R)^{120} - 1\right]}{R(1+R)^{120}}$ \hfill (2)

【师生活动】

教师引导学生解读"欠款还清"与 $A_n = 0$ 的关系，计算过程可由学生自主完成。

4. 应用检验

不妨设月利率 $R = 0.01$，则由（2）式可算出 $A_0 \approx 55760$ 元，于是汽车总价 $M \approx 70000 + 55760 = 125760$ 元。

由此可知，一次性付款额不应大于 M，否则，就应该自己去银行贷款，不要借公司的钱了。

【师生活动】

这里涉及高次方的计算，教师引导学生利用电脑自带的科学计算器进行计算，也可利用 *Excel* 和 *Matlab* 等软件进行计算。

5. 进一步讨论

提出新问题 1：现有某中学王老师为购车向公司借 $A_0 = 60000$ 元，月息 $R = 0.01$，若每月还一次钱，要 25 年 = 300 月还清，王老师希望知道平均每月还多少钱？

提出新问题 2：如果王老师每半月还一次款，平均每次还 $x = \dfrac{632}{2} = 316$ 元，半月息 $R = \dfrac{0.01}{2} = 0.005$，则能让王老师提前三年还清，不过要求一次先付三个月的款 $632 \times 3 = 1896$ 元作为手续费，问这种做法对谁有利？

【师生活动】

（1）要 25 年 = 300 个月还清贷款，即要 $A_{300} = A_0 (1 + R)^{300} - x \dfrac{(1 + R)^{300} - 1}{R} = 0$ 求解得 $x \approx 632$ 元，即平均每月还 632 元，25 年可还清。

（2）注意到：由于王老师先预付了 1896 元，则事实上相当于王老师只借了 $A_0 = 60000 - 1896 = 58104$ 元，$R = 0.005$，$x = 316$ 代入（1）式，并令 $A_n = 0$，

即 $A_n = A_0 (1 + R)^n - x \dfrac{(1 + R)^n - 1}{R} = 0$

则可以解得 $n = \dfrac{\ln(\dfrac{x}{x - A_0 R})}{\ln(1 + R)}$

于是有 $n = 505$（半月）≈ 21.04 年，即提前 3.96 年就还清了借款，即该公司至少从中多赚 $632 \times 11.52 = 7280.64$ 元。

【设计意图】

本环节是数学建模活动的核心环节，包括"建模—解模—用模"等过程，让学生亲身体验数学建模方法解决现实问题的全过程，是提升学生数学建模核

心素养，培养学生创新能力的重要载体。

（三）环节三：合作建模

针对环节一中的第（3）个问题，组织学生以数学建模小组为单位开展建模活动，撰写数学建模研究报告，并进行小组研究成果展示和问辩，这个过程要延伸到课外，合作建模过程和研究报告的撰写作为课外作业完成，可利用数学建模社团活动时间来开展成果展示和问辩。

【设计意图】

传统的数学教学侧重培养学生的逻辑思维能力，使学生具备理想问题情境下的数学解题能力，去解答出确定的答案。而生活中的现实问题并非如此，它存在许多纷繁复杂的干扰因素，需要人们运用不同的数学方法不断尝试、探索、验证，并总结规律，其解决的方案是不确定的。本环节将案例教学和数学建模团队活动相结合，使数学建模活动从课内延伸到课外，体现科学研究的延续性，为学生提供一个数学应用和创新的机会。

（福建省厦门第六中学　苏圣奎）

第三节　中学生数学建模研究报告撰写指导

数学建模的全过程是实际问题通过数学建模转化为纯数学问题，再通过数学运算求出这个数学问题的解，然后用求得的解来得出实际问题的解，这一流程是一个多次循环反复的过程。学生参与这个活动的过程，实际上是一种研究性学习的过程，是在学生的已有数学知识基础上开展的自主学习和研究。

写数学建模研究报告（论文）对于学生而言并非易事。一方面，他们根本不知道写什么和怎么写，甚至不相信自己也能写论文，在选题和写作过程中会遇到困难。另一方面，用数学建模的方法解决实际问题，是一种微型科学研究的实践活动过程，研究就要强调培养协作精神，就要提倡互相交流、互相启发。这种交流和启发包括学生与学生之间、也包括学生与老师之间的双向交流和启发。因此，教师及时、适当地指导工作就十分必要。

一、研究报告的结构

（一）基本结构

数学建模研究报告（论文）由题目、摘要、关键词、正文、参考文献和附录六个部分组成。

（二）正文的基本内容

正文内容包括问题重述、问题分析、模型假设与约定、模型求解、符号说明与名词定义、模型的建立与求解、结论分析与做出结论、模型的评价、模型改进等。

（三）各要素撰写要点

1. 题目

题目是一篇文章的身份证，对于一篇文章的第一印象就从题目开始。题目中应该包含的信息：

（1）论文研究什么问题。

（2）大致用什么方法或什么模型（最好突出自己创新的部分）。

（3）一个推荐的题目形式：《基于＊＊理论（模型、算法、方案）的＊＊问题的求解》。

（4）建议长度：主标题10—18字，副标题8—15字。

2. 摘要

数学建模论文要求写出摘要。摘要是数学建模论文精华的提炼，是一篇文章的灵魂，看完摘要，一篇文章的研究对象、研究思路、创新点、实践情况、最终结果和自我评价等内容都能一目了然了。

摘要的字数一般控制在500—800字，包括模型的主要特点、建模方法和主要结论等。结构大致可概括为：

（1）综述：所求解的问题，对该问题定性，所使用的总模型或基本方法，字数一般在3—5行之间。

（2）创新点阐释：如果认为自己队伍做这道题目采用的方法很不寻常或者发现了一些其他文献中没有提到的规律，在此重点阐释。

（3）具体问题的解答：分问题说明在解答中是"基于＊＊理论建立了＊＊模型，采用＊＊方法求解，得到了＊＊结果"。

3. 关键词

关键词主要是为了在论文检索时使用，因此此处列写的词应是数学建模论文中的核心词，也可以理解为论文中反复提到的一些词。数学建模论文中的关键词一般为3至5个，组成如下：

（1）一个重述解决的问题（如"肾源分配"），或抽象为理论问题（如"指派问题"）。

（2）一个说明使用模型（如"0—1规划""微分方程"）。

（3）一个说明算法、创新点或求解方法（如"模拟退火""蒙特卡洛仿真"）。

（4）剩下的1至2个可以再视情况而定。

4. 正文

（1）问题重述

问题重述反映学生对整个问题的理解程度，是将问题进行清晰化、更易于理解地进行重新表述，切忌大幅抄袭题目的文字，一般最多半页。

（2）问题分析

在撰写论文时，应该把读者想象为对你所研究的问题一无所知或知之甚少的一个群体，因此，首先要简单地说明问题的情景，即要说清事情的来龙去脉。列出必要数据，提出要解决的问题，并给出研究对象的关键信息的内容，它的目的在于使读者对要解决的问题有一个印象，以便善于思考的读者自己也可以尝试解决问题。

（3）模型假设

模型假设反映了你对问题的理解和你建立模型的方向，它是对实际问题的必要的，合理的简化。主要有以下三点注意事项。

①假设一般4—6条，不要太多。

②不要假设题目中明确给出的条件，不要做"假设题目中所给数据属实"一类的假设。

③此处只写在以后的模型中都会或大部分会用到的假设，如果是只针对某一问的假设，就在那个问题的模型建立中提出。

（4）符号说明

符号说明从一个侧面反映了你的建模倾向，同时考验你的严谨程度和语言锤炼能力。应注意以下两点。

①符号说明中，对符号的解释最好不要超过20字。

②在此只说明之后大部分模型会使用的符号，个别问题中应用的符号可以在相应问题的模型建立中重新说明。

（5）模型建立

模型建立是论文的核心，主要的公式、理论、模型、图表都在此给出，应占全文一半篇幅，可以采用（问题一模型—模型求解—问题二模型—模型求解……）形式，也可以采用（所有模型—各模型的求解结果）形式。

每一个数学模型都必须解释，解释内容包括：变量含义、基于何种理论、有什么物理意义等。可以视其重要程度和复杂度有详有略，一定要用分析和论证的方法，即说理的方法，切忌逻辑推理过程中跨度过大，影响论文的说服力，需要推理和论证的地方，应该有推导的过程而且要力求严谨；引用现成定理时，要先验证满足定理的条件。总之，要把得到数学模型的过程表达清楚，使读者获得判断模型科学性的依据。

模型的阐述要注意层次和技巧，一般是：

①首先给予＊＊理论……

②建立＊＊模型（给出数学表达形式作为模型）。

③对所给模型进行解释。

（6）模型求解

把实际问题归结为一定的数学问题后，就要求解。在数值求解时应对计算方法有所说明，并给出所使用软件的名称或者给出计算程序（通常以附录形式给出）。可以用计算机软件绘制曲线和曲面示意图，来形象地表达数值计算结果。

①说明求解方法：

（ⅰ）如果求解方程或代数式，则要说明方程中参数如何确定，如果方程比较复杂，还要说明是用什么方法求解的，精确解还是大致走势。

（ⅱ）如果求解优化模型，要说明使用的软件。

（ⅲ）如果有比较大的程序或使用了比较深的算法，应画程序流程图说明。

②说明求解结果：

这部分是初判你建模成果的依据，结果必须详细，一般要有：关键点的准确数据加图形或表格。

（7）结果分析

这部分主要是将模型求出的结果运用到实际问题中。应注意以下三点。

①要根据实际问题大致分析自己解出的结果是否合理。

②对当前现实中的现象做出评价。

③根据你的模型和结果对实际问题给出建议。

（8）模型评价

模型评价是你自己在建模和求解过程中对自己所建模型的看法，应包括优点和缺点，都要实事求是。应从求解速度、准确度、稳定性等方面进行评价。例如可以就不同的情景，探索模型将如何变化；或可以根据实际情况，改变文章一开始所作的某些假设，指出导致数学模型的变化；还可以用不同的数值方法进行计算，并比较所得的结果。有时不妨拓宽思路，考虑是由于建模方法的不同选择而引起的变化。

①一般说4—6条，优点在前，优点要略多于缺点。

②在写缺点时可以写明必要的理由，如时间有限，硬件要求无法达到等，但不要写诸如："知识有限、能力有限之类的话"。

（9）模型改进

这部分基本就按照之前在模型评价中的缺点部分提出相应的改进方案即可。

5. 参考文献

引用别人的成果或其他公开的资料（包括网上查到的资料）必须按照规定的参考文献的表述方式在正文引用处和参考文献中均明确列出。正文引用处用方括号标示参考文献的编号，如［1］、［3］等；引用书籍还必须指出页码。参考文献按正文中的引用次序列出。

（1）著作类

【格式】

［序号］著者. 书名［M］. 出版地：出版者，出版年.

【举例】

［1］张奠宙，李士琦，李俊. 数学教育学导论［M］. 北京：高等教育出版社，2003.

（2）期刊类

【格式】

［序号］作者. 篇名［J］. 刊名，出版年份，卷号（期号）：起止页码.

【举例】

［2］陈德前. 中考数学命题中应注意的新问题［J］. 中学数学研究，2010，9（1）：26-29.

（3）学位论文类

【格式】

［序号］作者. 题名［D］. 保存地：保存单位，年份.

【举例】

［3］张和生. 地质力学系统理论［D］. 太原：太原理工大学，1998.

（4）电子文献

【格式】

［序号］主要责任者. 电子文献题名. 电子文献出处［电子文献及载体类型标识］. 或可获得地址，发表或更新日期/引用日期.

（5）报纸文章

【格式】

［序号］主要责任者. 文献题名［N］. 报纸名，出版日期（版次）.

【举例】

［4］谢希德. 创造学习的新思路［N］. 人民日报，1998-12-25（10）.

6. 附录

计算程序，框图；各种求解演算过程，计算中间结果；各种图形、表格。

7. 写作注意事项

（1）图形

图形是一篇论文最吸引目光的地方，图的数量和质量直接反映一篇论文的好坏。图形的注意事项有以下四点。

①每张图都要标号、命名。图的标号在每张图的下面，不可与图形分割为两页，标准格式为："图1：＊＊＊＊图"，图有文饰图、示意图、趋势图、说明图、饼图、直方图、火柴图、雷达图、网络图、结构图等，尽量起严格准确的名字，否则至少要说清楚图在说什么。

②每张图都要说明。每张图下面紧跟的文字就是对图中反映的现象或结论的总结和说明，对图的说明务必认真详细，详细到即使不看图只看说明也大致可以知道你的图中有什么。

③图的大小要适中。图的大小要根据图的重要性和图所反映的信息量而定。一般容易将图贴的太大。而实际上一般图的大小绝不能超过一张纸的一半，小巧玲珑的图形才能反映出你的严谨工整。

④图本身的标注要详尽。一般的图都要具备：图头的说明（可能会和下面起的图名重复，但还是要写）；每个坐标方向都要注明意义；每条曲线、每个点都要标注其意义（最好不要直接在曲线旁边标注）。

（2）表格

表格是一次性展示大量数据或信息的有效途径，但论文中应慎重处理表格。首先，表格一般看起来都很烦琐，很难被认真关注到；其次，表格中无用的信息一般较多，且所占篇幅很大。应注意以下三点。

①每张表都要有对应的表名，表名标在表头处，标准格式："表一：……"。

②表格下面要有对此表格的分析或解释。

③表中的重要数据要用适当方法标出。

（3）公式

公式是所构建模型好坏的最直接的反映。公式的书写一定要工整严谨。Word、MathType 都可以打公式，数学公式一般可使用 MathType、Wps 的公式编辑器。应注意以下两点。

①每一个式子都要独占一行且居中，要在式子最后标注序号，要做到提到每个式子的时候只要提"式（＊）"就可以准确的指示到对应的式子。

②式子一定要有解释，一般在式子的下面，主要说明之前没有提到的变量，式子的意义、理论基础或所包含的思想。

矩阵在交通枢纽接驳布局设计的应用[①]

摘要：公共交通作为城市的基础建设，随着世界经济的整体发展和城市化水平的不断提高，逐渐表现出其公共交通运量大、集约化经营、污染小等优点。但也由于其不断发展，轨道交通与道路交通周转不协调，交通拥堵等问题也逐渐显现。对于轨道交通和道路交通之间的周转问题，目前获得较多认可的解决方案之一是建设交通枢纽接驳站，但要如何合理规划各交通工具的衔接，让市民更便捷地转乘仍是一个正在不断探索试验的问题。

本文主要研究关于交通枢纽接驳布局的问题，其中通过网络查找与询问相关工作人员获得各交通工具型号及轨道长等相关数据的具体资料，并通过计算与比较适当选取一般情况设定各交通工具的具体参数，通过分析与计算，以及绘制各功能区内轨道的简单设计图得出各功能区的所需数量，并分析得到枢纽的建设层数。然后通过 Matlab 运用穷举法列出枢纽内部功能区的所有排布方式，接着将编程中矩阵排布顺序转化并转化为二维平面坐标，按照人流换乘距离最短原则取最优组合，再通过 3Ds Max 进行人流仿真模拟，检验所建立的模型，最后讨论与分析所研究的优缺点，对模型进一步改进，总结出模型的适用性和推广性。

针对问题一，本组通过网上查找资料以及询问相关人员，得到各交通工具的相关参数，通过计算与比较选取了适当的数据并列出表格。根据获得的数据，通过分析功能区宽度和功能区内部的轨道宽度之间的关系，运用 Auto CAD 绘图软件对各功能区内轨道的排布进行了简单的设计。运用公式 $b =$

[①] 本章的结尾是一篇数学建模论文，本论文获得 IMMC2018 国际数学建模挑战赛一等奖，由厦门六中学生詹致宝、许丽芸、林冉升、郑涵四位同学组成的数学建模小组完成，供读者阅读和参考。

$$\frac{[d_3/(d_1+d_2)]\,k_1 f_1}{k_3}$$ 分别算出高铁场站、轻轨场站、出租车场站和公交场站需要的个数分别为 1，1，1，3。步行广场则根据设定的人均占有面积以及给定的人流量，得到步行广场需要的个数为 1。最后从建造费用最低以及功能区之间距离最小方面考虑，得出枢纽的层数应设置为 2 的结论。

针对问题二，在问题一所求得的枢纽层数的基础上，本组将所需功能区的面积作为组合元素，运用矩阵排列组合与穷举法结合的方式，算出不同排列方式的总数，再通过 Matlab 编程将所有的排列矩阵的顺序转化成功能区在空间排布的坐标，并简化为二维平面直角坐标图，由此可以确定各功能区的相对位置。运用公式 $S=\sum_i^n F_i \times D_i$ 计算各功能区之间的距离和人流量的乘积的最小值，取具有最小值的排列组合作为较优的结果。这样以后可以得出在层数确定的前提下，得出空间分布的最优结果，使换乘总距离和总金额都相对优化的方案。再利用 Sketchup 绘图软件画出该方案的三维空间分布图，利用算法计算出该分布方式所需的建设费用。

关键词：矩阵的应用；交通枢纽接驳；枢纽布局；Matlab 编程；穷举法

一、问题重述与分析

（一）问题重述

公共交通，泛指所有收费提供交通服务的运输方式，也有极少数免费服务，由道路、交通工具、站点设施等物理要素构成。[1]随着城市化的发展，公共交通的速度与技术有了显著的提高，也出现了越来越多更方便的新型公共交通工具，为市民的生活提供了更多的便利。但是，各类公共交通系统的相对独立性也使其在作为城市道路交通系统时，面对大量的客流量难以协调周转。

针对此问题，本文选择了目前获得较多认可的交通枢纽接驳的方法，即运行到指定的接驳点后，当班驾驶员停车落地休息，与在接驳点休息等待的备勤驾驶员进行接驳，这不仅大大提高了长途客运的行车安全和服务质量，还较好地满足了长途旅客出行的需求，同时提高了长途客运企业的竞争力。通过调查与分析，运用矩阵的方法，主要对枢纽各功能区内部轨道分布以及功能区的合理布局进行研究。

根据题目所提供的基本条件和信息，本组提出以下二个问题。

问题一：枢纽需要建设几层？

问题二：在问题一已求得的层数的基础上，各功能区应如何分布？

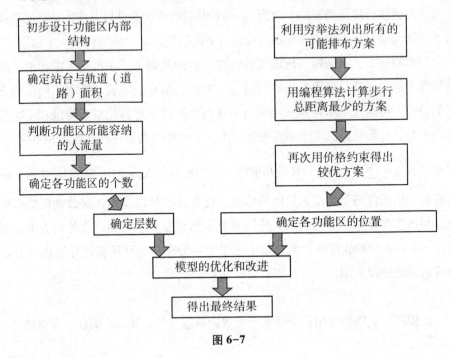

图 6-7

（二）问题分析（如图 6-7 所示）

对于问题一，本组成员通过网上查找资料以及询问相关人员，得到各类交通工具的相关参数、发车频率以及道路宽度。根据相关数据，通过计算得出各类交通工具的站台宽度，各功能区每小时的总载客量与总发车率，再运用 *AutoCAD* 绘图软件绘制出各功能区内轨道的简单排布，根据所绘的简单排布图，并运用公式得出轨道数。最后通过计算与分析，得出各功能区所需的最低个数，依据建造费用最低原则得出枢纽的层数。

对于问题二，本组成员先运用穷举法列出各功能区在枢纽中的所有排布方式，通过条件判断程序和 *unique* 函数，将不符合条件及重复的排列方式排除，步步优化，最后得出所有可行的排列方法。通过 *Matlab* 编程，将所排列出的矩阵顺序转化成功能区的空间排布坐标。将其简化为二维平面直角坐标图后，再编程算法计算出不同排列方式各功能区之间的距离及对应组合方式所需的建设总费用，根据以上两个计算值选择距离较小并且建设费用较低的方案，最终得出较优结果。

　　由于无法全面考虑所有因素，我们选择排除主观因素的影响，主要在总换乘距离和总建设费用方面进行优化，在确定功能区层数和确定布局时我们也主要围绕这两个因素进行建模。考虑因素如图 6-8 所示：

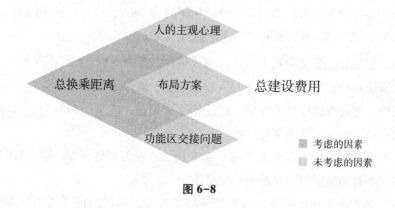

图 6-8

二、模型假设及其合理性

（一）模型假设

1. 枢纽建设所需层数问题

（1）设人均占地面积 S_0 为 0.5 人 $/m^2$。

（2）设无高峰期，各类交通每小时都会发车，且发车频率固定不变。则各类交通工具每小时的发车频率即为各交通工具的平均发车频率。

（3）设在每个功能区内，各类交通工具都沿功能区的长单向运动，且速度相同。

（4）设人的步行速度 v_0 为 $1m/s$。

（5）假设行人在换乘时不会相互间影响到各自的行动路线，即不考虑行人的冲突。

2. 功能区的分布问题

（1）假设在相同平面各功能区之间行人的换程距离为功能区几何中心间的距离；若在不同平面，则令其排布在同一平面内，计算几何中心的距离，再加上楼层间距（15m）。

（2）不考虑电梯、厕所等公共设施所占的面积。

（3）假设步行广场的面积为 $2499m^2$。

（4）假设减小换乘总距离为优化的主要目的，而节省资金为次要目的。

（二）模型假设的说明及合理性

1. 枢纽建设所需层数问题

（1）根据相关资料可知成年人步行频率约为 $1m/s$，所以设置枢纽中人均占地面积 S_0 为 0.5 人$/m^2$，人的步行速度 S_0 为 $1m/s$。

（2）根据相关论文资料[2]可知：侧式站台需要的面积＝人均占地面积×高峰小时客流量×超高峰系数/高峰小时发车的数量。如果考虑各交通方式的运行与换乘高峰，便较难进行分析讨论，且计算十分烦琐，故设无高峰期，且每小时发车频率固定不变，则超高峰系数为 1。

（3）各功能区的内部分类不属于本文所需解决的具体问题，故在此只做简单设计，不对功能区内部设施做具体设计。

（4）若考虑人在各功能区内的具体活动轨迹，则模型需考虑的因素过多，模型过于复杂，故在此不做考虑。

2. 功能区的分布问题

（1）由于本文对各功能区内的轨道只做简单设计，故计算各功能区间距时只将其简化为几何矩形，计算几何中心间距。

（2）为了在排列组合中能够区别步行广场（面积为 50 米×50 米）与公交场站（面积为 50 米×50 米），便于编程计算。

（3）由于问题一在解决枢纽层数问题时已考虑建设资金的问题，故问题二的解决过程中不做过多考虑，且经过查找资料与询问相关人员，行人通行的自由程度的重要性大于节省用地费用。

三、符号说明

表 6-16　各交通工具相关参数表

符号	说明
k_1	各类交通工具单位列数的平均载客量
k_2	各功能区单位时间内总载客量
k_3	各交通方式的换乘量

符号	说明
k_4	步行广场所能容纳的静止人数
k_5	步行广场所能容纳的人数
f_1	单位道路数每小时的平均发车频率
f_2	各功能区的总发车频率
d_1	各交通工具道路宽度
d_2	单位数量站台宽度
d_3	各个功能区宽度
S_0	人均占地面积
S_1	单个步行广场的面积
l_1	各功能区长度
x_1	各个功能区的轨道数或道路数
b_1	各功能区所需的最低个数
b_0	人的步行速度
v	矩阵的组合元素
D_i	某两个功能区之间的距离
F_i	相应功能区间换乘的人流量
S	总换乘距离

四、模型建立与求解

(一) 问题一

1. 各类交通工具的相关数据

通过查阅网上相关资料[3][4][5][6][7][8][9]，本组得到了各类交通工具的相关参数，发车频率 f_1 以及道路宽度 d_1。并且通过比较与计算，适当地选取并简化了其中较为一般的数据，制得下表 6-17：

表 6-17   各交通工具相关参数

交通方式	长（米）	宽（米）	道宽（米）	单位工具的平均载客量（人/次）	发车频率（次/小时）
高铁	25.00	3.30	4.00	320	2
轻轨	20.00	2.60	3.00	172	10
出租车	4.50	1.70	3.50	4	100
公交车	10.00	2.30	3.75	50	12

2. 各个功能区内轨道的简单排布及各功能区的个数

本题要求出枢纽的层数 m_1，所以先需得出各功能区的个数 b_1。

已知单位列数的平均载客量 k_1，功能区长度 l_1，人均占地面积 S_0，将平均载客量 k_1 乘以功能区长度 l_1，得到各条轨道的分载客量，再除以人均占地面积 S_0，则可求出单位数量站台宽度 d_2，将各交通工具的具体数值代入公式：

$$d_2 = \frac{k_1 l_1}{S_0}$$

求得的数据如下表 6-18 所示：

表 6-18   各交通工具单位数量站台宽度

交通方式	站台宽（米）
高铁	1.60
轻轨	1.08
出租车	0.44
公交车	1.25

为了使每个站台的站台容量最大，且不影响交通工具的运行，则轨道长即为功能区长度且轨道在外侧，每条轨道沿着功能区的宽与两个侧式站台交替平行排布。由于需要各功能区单位时间内总载客量 k_2 与各功能区的总发车频率 f_2 来计算各功能区的所需个数 b_1，必须对各个功能区的轨道数或道路数 x_1 进行计算。所以利用各交通工具道路宽度 d_1，单位数量站台宽度 d_2 对各功能区内部进行简单布局。

如下图 6-9、6-10、6-11、6-12 所示：

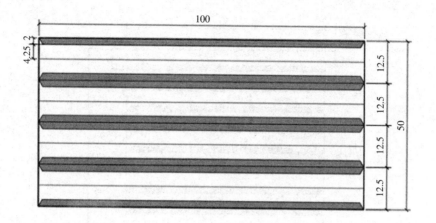

图 6-9 高铁功能区内的简单排布

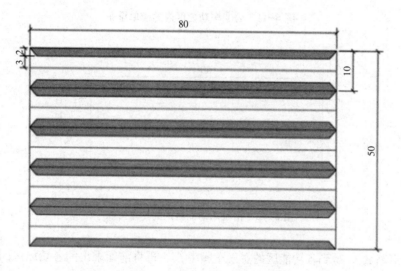

图 6-10 轻轨功能区内的简单排布

在以上各交通类型功能区内轨道简单布局的基础上，已知各个功能区宽度 d_3，各交通工具道路宽度 d_1，单位数量站台宽度 d_2，分别代入公式：

$$x_1 = \frac{d_3}{d_1 + d_2}$$

可计算出各个功能区的轨道数或道路数 x_1。同时将各类交通工具单位列数的平均载客量 k_1 乘以各个功能区的轨道数或道路数 x_1，即为各功能区单位时间内总载客量 k_2，将单位道路数每小时的平均发车频率 f_1 乘以各个功能区的轨道

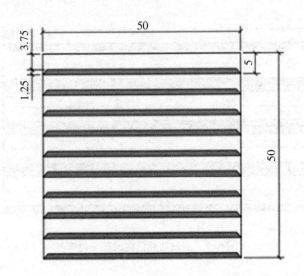

图 6-11　公交车功能区内的简单排布

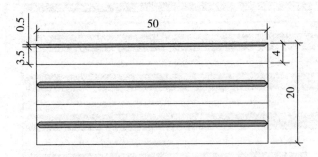

图 6-12　出租车功能区内的简单排布

数或道路数 x_1 得到各功能区的总发车频率 f_2。再将前面求出的各功能区的总发车频率 f_2 乘以各功能区单位时间内总载客量 k_2 得到使用各类交通工具的人流效率，最后用使用各类交通工具的人流效率除以各功能区单位时间内总载客量 k_2 得到各功能区所需的最低个数 b_1。通过计算可知求出各功能区所需的最低个数 b_1 的总公式为：

$$b_1 = \frac{[d_3 / (d_1 + d_2)] \, k_1 f_1}{k_3}$$

计算数值如下表 6-19 所示：

表 6-19 轨道数及各功能区所需的最低个数

交通方式	轨道数（条）	功能区（个）
高铁	8	1
轻轨	12	1
出租车	5	1
公交车	10	3

对于步行广场，可利用步行广场所能容纳的静止人数 k_4 与每人即此组人走过步行广场所需的时间求出步行广场所能容纳的流动人数，即步行广场所能容纳的人数 k_5。先用步行广场的面积 S_1 除以人均占地面积 S_0，得到步行广场所能容纳的静止人数 k_4，再将步行广场的长度 l_1 除以每人的步行速度 v_0，得到每人走过步行广场所需的时间，最后把步行广场所能容纳的静止人数 k_4 除以每人走过步行广场所需的时间，得到步行广场所能容纳的人数 k_5，计算出步行广场所能容纳的人数 k_5 的总公式：

$$k_5 = \frac{s_1 v_0}{s_0 l_1}$$

最后将各量的具体数值代入总公式中计算。

得出的答案远大于给定的数据 2800，所以步行广场的数量 b_1 为 1。

3. 交通枢纽层数

由上一步可知各功能区所需的最低个数为 b_1，经过排布与分析可知：将所需功能区全部排布且相互不重合的最小层数为 2。

又由于枢纽建造必须遵循费用低原则，而各功能区越往高处或往地下多建一层，费用都会加高，即限定了各功能区必须尽量密铺，且最大限度利用靠近地面的枢纽层。

综上所述，交通枢纽的层数即为枢纽的最小层数 2。

（二）问题二

1. 功能区排布种类的计算

由题目中所给各交通方式换成量，我们经分析发现其排列形式类似于 5 阶 Pascal 矩阵，且空间排布的方案可以有多种的排列方式。经过反复的思考与对比，本组决定运用矩阵和穷举法来解决该问题。穷举法的基本思想是根据题目的部分条件确定答案的大致范围，并在此范围内对所有可能的情况逐一验证，直到全部情况验证完毕。而运用矩阵可以进行大规模的运算，并运用循环选择结构来约束排除，最终得到所有符合实际的情况。

$$k_3 = \begin{bmatrix} 0 & 600 & 500 & 200 & 1500 \\ 600 & 0 & 1300 & 1000 & 3000 \\ 500 & 1300 & 0 & 100 & 800 \\ 200 & 1000 & 100 & 0 & 200 \\ 1500 & 3000 & 800 & 200 & 0 \end{bmatrix}$$

根据上一问中求得的层数 2，先假设地面平层有 3 个功能区，地上一层有 4 个功能区。为了使矩阵的维度相同，我们设置了零功能区，用各功能区的面积表示相应的功能区，设置组合元素为 $v = [1000, 2499, 2500, 2500, 2500, 4000, 5000]$，即出租车场站为 1000，轻轨场站为 4000，高铁场站为 5000。其中，为了将步行广场与公交场站区分开来，本文将步行广场设为 2499，将公交场站设为 2500。

于是本文用零功能区将地面平层和地上一层区分开，运用穷举法列出所有组合方式。经过观察题目所给的数据，发现只需要各层各功能区（不包括零功能区）的面积之和小于等于 10000m² 就可以使各功能区在该层不重叠地排布。因此，本组设计出循环判断程序，将不符合题目要求的方式排除，再通过 unique 函数，把由三个公交站引起的部分重复排列组合排除，最终得出所有可能的 168 项排列方式。

2. 矩阵与平面坐标的转换

编程中 Table 矩阵每一行共八个元素，前四个元素排布在地面平层，后四个元素排布在地上一层，在平面上时从左上角开始顺时针排布，故矩阵的每一行都代表着特定的排列方式。因此本组成员通过 Matlab 编程（附录 A）将各种排列的矩阵转化为平面坐标系上的坐标，这样以后，就可以将原来无法计算的距离，转化为两点之间的距离。既保证了功能区之间不重叠，又可以计算出各功能区间的距离，并且保证所有排列组合的可能性都被考虑到。

3. 所有功能区间换乘总距离的计算

由于在问题一解决的步骤中，已经考虑了资金对功能区排布的影响。故在本题的解答中主要考虑总换乘距离的优化问题。

设总换乘距离为 S，于是运用公式进行计算可得出总换乘距离。公式为：

$$S = \sum_{i}^{n} F_i \times D_i \, (\text{其中} \, i = 1, \, 2, \, 3, \, \cdots; \; n = 1 + 2 + \ldots + 6 = 21)$$

然后运用 Matlab 编程并利用判断循环结果，可以直观地从 168 种不同的排列组合中功能区间观察出具有最小换乘总距离 S_{min} 的矩阵。观察出的矩阵为 [5000, 2500, 2500, 0, 2500, 2499, 1000, 4000]，对应的坐标为（50，25）（25，-25）（75，-25）（0，0）（25，25）（75，25）（10，-25）（60，25）。

根据计算出的空间坐标及矩阵所提供的各功能区的位置数据，可以用 Sketchup 绘图软件画出该方案的空间分布图。如图 6-13 所示：

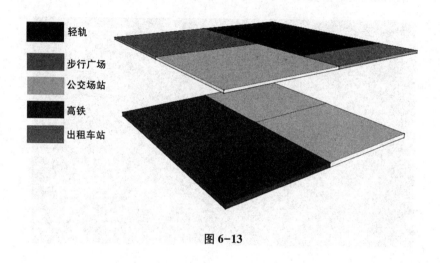

图 6-13

4. 总金额的计算与优化

在考虑了最小换乘距离后，为了使最终求得的各功能区分布方案更准确，本组决定再在总换乘量最少的排列方案的基础上，对因各层功能区数具有的两种方案，而产生对建设总费用的不同影响进行考虑。于是本组决定运用 Matlab 来实现对建设总费用的计算。

在上一步中，我们先假设了地面平层 3 个功能区，地上一层 4 个功能区的情况，从而确定了各功能区间的相对位置。若保证功能区间的相对位置不变，将各层功能区进行交换，接着进行总换乘量及建设总资金的计算，通过对比可得出结论。分析结果，发现各层不同的功能区数的影响对比总换乘距离的影响较小，可忽略。

由此，我们得出了问题二的结论：在节省成本和缩短换乘距离的条件下，各层各功能区的排布为（从左到右、从上到下）地面平层：高铁、公交车场、公交车场；地上一层：步行广场、轻轨、公交车场、出租车场。

五、模型检验

对于模型的检验，本组选择运用 3Ds Max 进行仿真模拟（如图 6-14 所示）。该软件可以更好地模拟现实生活中人们在通行时的状况，使所建模型更具现实意义。本组将建立的模型在 3Ds Max 中进行模拟，并把问题一中设计的内部结构运用在模型中，观察人流的通行状况。发现在本组所设计的方案中，行人能够较为自由地在交通枢纽中同行，说明本组所设计的方案是可行且较优的。

图 6-14　运用 3Ds Max 模拟出的人流同行情况

六、模型的评价

（一）模型的优点

1. 详细考虑了功能区内部因素关系，直观而有目的地得到了各功能区所需个数与该交通枢纽的层数。

2. 运用矩阵达到了各功能区不重合的条件，并巧妙地用 Matlab 将矩阵转化为坐标，算出总换乘。

3. 运用 Matlab 编程得出了各功能区的所有符合条件的所有不同排列方式，避免了由于排列组合缺漏造成的所求数据不准确的问题。

4. 算法直观，公式较简单且较准确，可以针对不同情况进行代入。

5. 模型有较好的适用性，在数据变化时，我们所编辑的算法可以进行计算。

（二）模型的缺点

1. 数学模型稍显绝对，没有考虑人的主观心理因素对行走路径有影响。

2. 没有考虑高峰期对功能区内部发车效率的影响。

3. 对功能区之间的交接问题只是粗略地分析。

4. 模型假设功能区间的距离为几何中心的距离，与实际情况又有所差异。

七、参考文献